上海WTO事务咨询中心系列丛书

主要国家和地区
贸易调整援助法律法规

张斌◎编著

TRADE ADJUSTMENT ASSISTANCE
LAWS AND REGULATIONS OF
SELECTED COUNTRIES AND REGIONS

上海人民出版社

前　　言

　　贸易调整援助是指对因国际贸易环境突变、进口激增或产业被迫转移等而陷入困境的企业,政府提供临时援助,帮助调整应对的一种制度安排。其雏形可追溯到欧洲区域一体化初期欧洲煤钢共同体设立的再调整基金(Readaptation Fund),而美国《1962 年贸易扩大法》第 3 编"关税调整和其他调整援助"(Tariff Adjustment and Other Adjustment Assistance)的颁布,则是该制度正式建立的标志。

　　20 世纪 70 年代,在一系列外部冲击下,发达国家在实施新贸易保护主义的同时纷纷出台类似制度帮助受影响要素和地区实施结构调整,美国《1974 年贸易法》对其贸易调整援助制度作首次全面扩展,加拿大一般调整援助、澳大利亚结构调整援助、日本雇佣调整补贴等相继建立,欧共体则对其欧洲社会基金作调整。进入 21 世纪,随着中国、印度等发展中大国全面融入全球经济、区域贸易投资自由化向纵深推进,加上全球金融危机和新冠疫情冲击,发达国家的贸易调整援助制度进一步强化,标志是美国《2002 年贸易调整援助改革法》和《2009 年贸易与全球化调整援助法》使其贸易调整援助的范围和规模不断突破历史最高水平,欧盟和韩国则参照美国模式分别于 2006 年 4 月和 12 月颁布《制造业等贸易调整援助法》和《欧洲议会和欧盟理事会关于建立欧洲全球化调整基金的第(EC)1927/2006 号条例》,建立各自的贸易调整援助制度。

　　中国特色的贸易调整援助制度建设也已酝酿多年。2008 年商务部就提出《贸易调整援助暂行办法(草案)》;2009 年 3 月,王新奎委员向全国政协第十一届二次会议提交了"关于尽快建立我国贸易调整援助制度"的提案;2015 年 12 月,《国务院关于加快实施自由贸易区战略的若干意见》首次在官方文件中正式提出"借鉴有关国家实践经验,研究建立符合世贸组织规则和我国国情的贸易调整援助机制,对因关税减让而受到冲击的产业、企业和个人提供援助,提升其竞争力,促进产业调整";2019 年 11 月,《中共中央、国务院关于推进贸易高质量发展的指导意见》提出"研究设立贸易调整援助制度"，以加强贸易领域风险防范；2021 年 3 月，《中华人民共和国国民经济和社会发展第十四个五年规划和 2035 年远景目标纲要》明确要求"丰富贸易调整援助、贸易救济等政策工具"，以构筑与更高水平开放相匹配的风险防范体系；同年 10 月，商务部、工业和信息化部、财政部、人力资源和社会保障部、农业农村部等 5 部门联合印发《关于推进贸易调整援助工作的意见》，支持和鼓励地方积极开展贸易调整援助实践探索；2022 年 1 月，为应对中美经贸冲突加剧和新冠疫情后的市场不确定性和不稳定性，《国务院办公厅关于做好跨周期调节进一步稳外贸的意见》提出"支持各地方结合本地实际建立健全贸易调整援助制度，积极开展贸易调整援助工作，助力稳定产业链供应链"。

在此背景下，我国省域层面的贸易调整援助试点逐步展开。2017 年 6 月，《中国（上海）自由贸易试验区贸易调整援助试点办法》率先在国内自贸试验区中引入贸易调整援助制度，为期 2 年，后宣布续期。2021 年 12 月，《上海市贸易调整援助办法》又率先以地方规范性文件形式发布并实施，为期 5 年。

2020 年 6 月，浙江省获得商务部支持率先在省域范围开展贸易调整援助试点；2021 年 1 月，《浙江省贸易调整援助试点总体方案》明确了浙江省贸易调整援助的指导思想、基本原则、工作目标，援助对象、内容、标准、方式、实施程序等，并完善形成《浙江省贸易调整援助试点实施方案》，首批确定 7 个市县为贸易调整援助试点地区，明确地区具体实施方案。此后，其他省（直辖市）也相继推出试点方案，如《江苏省贸易调整援助工作方案（试行）》（2021 年 12 月）、《关于推进广东省贸易调整援助工作方案》（2021 年 12 月）、山东省《关于开展贸易调整援助试点的通知》（2022 年 1 月）、《关于在中国（河南）自由贸易试验区开展贸易调整援助试点工作的意见》（2022 年 7 月）、《天津市贸易调整援助办法》（2023 年 6 月）等。

由此可见，如何建设中国特色贸易调整援助制度依然处于探索阶段。而全球范围内，已有 6 个国家和地区自 20 世纪 60 年代开始相继建立了此类制度，即美国、欧盟、韩国、日本、加拿大和澳大利亚，其中，加拿大和澳大利亚实施期较短，在 20 世纪 80—90 年代即已退出。从各自制度的纵向演进看，在援助前提、对象范围、资格条件、措施方法、援助规模、援助周期、绩效评估等方面均处于不断调整之中，从国家和地区间横向比较看，在上述各方面均存在显著差异。本书正是试图通过对前 5 个经济体相关法律法规的翻译整理，为中国特色贸易调整援助制度建设提供立法经验借鉴。

但此项工作并非易事。

首先，法律原文涉及多种语言。本书法律法规原文全部来自相关国家和地区官方数据库，分别为：美国政府出版署政府信息数据库（GovInfo）、《美国法典》和《联邦法律大全》数据库、欧盟法律法规数据库（EUR-Lex）、加拿大司法部联邦法律法规数据库（Justice Laws Website）、韩国政府立法部国家法令信息中心（국가법령정보센터）数据库、日本总务省法令检索（e-Gov 法令检索）数据库，涉及英、日、韩三种语言，对译者语言要求较高。

其次，立法时间跨度大。本书不仅纳入 5 个经济体贸易调整援助的最新法律法规，而且试图涵盖美国、欧盟和韩国不同时期的代表性法律法规，涉及美国《1962 年贸易扩大法》《1974 年贸易法》《NAFTA 实施法》和《2009 年贸易与全球化调整援助法》，欧洲议会和欧盟理事会关于欧洲全球化调整基金的第 1927/2006 号、第 1309/2013 号和第 2021/691 号条例，以及韩国《自由贸易协定下的农渔民等援助特别法》和《贸易调整援助法》的初始立法、重大修订和最新修订，不仅需要对各经济体的制度演变有较为清晰和全面的了解，而且必须对所有相关法律文本进行分析、解读和筛选。因此，本书在对各经济体贸易调整援助法律法规进行翻译整理的同时，也对各自制度的演变作了简要梳理，同时阐明本书筛选法律法规文本的依据。

第三，法律文本的体例差异大。我国《立法法》对法律文本的结构单位有明确规定，即编、章、节、条、款、项、目，其中，前 3 者为标题构成单位，后 4 者为条文构成单位。但日本法律文件的结构单位一般分为编、章、节、款、目、条、项、号，前 5 者为标题构成单位，后 3 者为条文构成单位，"号"以下还可进一步细分（尤其在法规中），但无对应单位名称；韩国法律文件的结构单位则一般分为编、章、节、款、条、项、号、目，前 5 者为标题构成单位，后 3 者为条文构成单位。本书所译日本法律法规的体例结构仅涉及章、节、条、项、号和"号"以下无对应单位名称的进一步细分 6 个层次，韩国法律法规体例结构则涉及章、节、条、项、号、目 6 个层次，由于前 3 个结构单位名称与中文完全对应，本书将两国法律法规"条"以下的 3 个层次按中文习惯，依次翻译为"款""项""目"。

美国法律和法典的文本结构一般为编（Title）、章（Chapter）、分章（Subchapter）、部分（Part）、分部分（Subpart）、节（Section）、小节（Subsection）、段（Paragraph）、小段（Subparagraph）、款（Clause）、子条款（Subclause），前 7 者为标题构成单位，后 4 者为条文构成单位；欧盟法律文本结构一般为编（Title）、章（Chapter）、节（Section）、条（Article）、段（Paragraph）、小段（Subparagraph)和点(Point),前 4 者为标题构成单位,后 3 者为条文构成单位;加拿大法律文本结构则为节(Section)、小节(Subsection)、段(Paragraph)和小段(Subparagraph),均为条文构成单位,标题一般无单位。对这三个经济体法律文本的翻译,本书均完全按原文结构。

　　本书是作者主持的上海市哲学社会科学规划 2021 年度课题《贸易调整援助制度的国际比较研究》(2021BGJ001)的中期成果,其出版应感谢上海WTO 事务咨询中心总裁黄鹏博士、副总裁陈波博士和业务总监伍穗龙博士的大力支持和上海人民出版社编辑王吟女士的辛勤付出。

　　如前所述,本书所译法律原文涉及 3 种语言,加上不同经济体法律文本的体例和表述差异巨大,缺陷和纰漏在所难免,望同行批评指正。

张　斌

2023 年 7 月 28 日

法律法规名称原文—中文对照表

经济体	原文名称	中文名称
美国	Trade Expansion Act of 1962 Title III	《1962 年贸易扩大法》第 3 编
	Trade Act of 1974 Title II	《1974 年贸易法》第 2 编
	United States Code 1994 Edition Title 19 Chapter 12	《美国法典》(1994 年版)第 19 编第 12 章
	United States Code 2009 Edition Title 19 Chapter 12	《美国法典》(2009 年版)第 19 编第 12 章
欧盟	Regulation(EC) No.1927/2006 of the European Parliament and of the Council of 20 December 2006 Establishing the European Globalisation Adjustment Fund	《欧洲议会和欧盟理事会关于建立欧洲全球化调整基金的第 1927/2006 号条例》
	Regulation(EC) No.546/2009 of the European Parliament and of the Council of 18 June 2009 Amending Regulation(EC) No.1927/2006 on Establishing the European Globalisation Adjustment Fund	《欧洲议会和欧盟理事会关于修改第 1927/2006 号条例的第 546/2009 号条例》
	Regulation(EU) No.1309/2013 of the European Parliament and of the Council of 17 December 2013 on the European Globalization Adjustment Fund(2014—2020) and Repealing Regulation(EC) No.1927/2006	《欧洲议会和欧盟理事会关于欧洲全球化调整基金(2014—2020)和废除第 1927/2006 号条例的第 1309/2013 号条例》
	Regulation(EU，Euratom) 2018/1046 of the European Parliament and of the Council of 18 July 2018 on the Financial Rules Applicable to the General Budget of the Union，Amending Regulations(EU) No.1296/2013，(EU) No.1301/2013，(EU) No.1303/2013，(EU) No.1304/2013，(EU) No.1309/2013，(EU) No.1316/2013，(EU) No.223/2014，(EU) No.283/2014，and Decision No.541/2014/EU and Repealing Regulation(EU，Euratom) No.966/2012	《欧洲议会和欧盟理事会关于适用于欧盟总预算财政规则并修订第(EU) 1296/2013、第(EU) 1301/2013、第(EU) 1303/2013、第(EU) 1304/2013、第(EU) 1309/2013、第(EU) 1316/2013、第(EU) 223/2014、第(EU) 283/2014 号条例，第 541/2014/EU 号决定和废除第(EU，Euratom) 966/2012 号条例的第(EU，Euratom) 2018/1046 号条例》

经济体	原文名称	中文名称
欧盟	Regulation（EU）No.2021/691 of the European Parliament and of the Council of 28 April 2021 on the European Globalization Adjustment Fund for Displaced Workers and Repealing Regulation（EU）No.1309/2013	《欧洲议会和欧盟理事会关于欧洲失业工人全球化调整基金和废除第1309/2013号条例的第2021/691号条例》
韩国	자유무역협정 체결에 따른 농어업인 등의 지원에 관한 특별법(약칭:자유무역협정(FTA)농어업법)	《自由贸易协定下的农渔民等援助特别法》（简称:《自由贸易协定(FTA)农渔业法》）
	자유무역협정 체결에 따른 농어업인 등의 지원에 관한 특별법 시행령 (약칭: 자유무역협정（FTA）농어업법 시행령)	《〈自由贸易协定下的农渔民等援助特别法〉实施令》(简称:《〈自由贸易协定(FTA)农渔业法〉实施令》)
	제조업 등의 무역조정 지원에 관한 법률 （약칭: 자유무역협정(FTA)조정법)	《制造业等贸易调整援助法》(简称:《自由贸易协定(FTA)调整法》)
	제조업 등의 무역조정 지원에 관한 법률 시행령 (약칭: 자유무역협정(FTA)조정법 시행령)	《〈制造业等贸易调整援助法〉实施令》(简称:《〈自由贸易协定(FTA)调整法〉实施令》)
	자유무역협정 체결에 따른 무역조정 지원에 관한 법률(약칭: 자유무역협정(FTA)조정법)	《自由贸易协定下的贸易调整援助法》(简称:《自由贸易协定(FTA)调整法》)
	자유무역협정 체결에 따른 무역조정 지원에 관한 법률 시행령(약칭: 무역조정법 시행령)	《〈自由贸易协定下的贸易调整援助法〉实施令》(简称:《〈贸易调整法〉实施令》)
	무역조정 지원 등에 관한 법률	《贸易调整援助法》
	무역조정 지원 등에 관한 법률 시행령	《〈贸易调整援助法〉实施令》
日本	《雇用保険法》第四章	《雇佣保险法》第4章
	《雇用保険法施行規則》第四章第一節	《雇佣保险法实施规则》第4章第1节
加拿大	Labour Adjustment Benefits Act	《劳动力调整福利法》
	Regulations Respecting Canadian Industrial Renewal	《加拿大产业复兴条例》

目　　录

第一部分　美国贸易调整援助法

美国贸易调整援助制度经历了 60 多年的演变,大致可分为 6 个阶段:20世纪 60 年代创设、70 年代首次扩张、80 年代萎缩、90 年代稳定运行和 21 世纪初的两度扩张,涉及法律 28 部。对规则演变产生影响的法律有以下 12部:《1962 年贸易扩大法》(P.L.87-794)、《1965 年汽车产品贸易法》(P.L.89-283)、《1974 年贸易法》(P.L.93-618)、《1981 年综合预算协调法》(P.L.97-35)、《1984 年赤字削减法》(P.L.98-369)、《1986 年贸易调整援助改革和延长法》[《1985 年统一综合预算协调法》(P.L.99-272)第 13 编第 1 部分]、《1988年综合贸易与竞争法》(P.L.100-418)、《NAFTA 实施法》(P.L.103-182)、《2002 年贸易调整援助改革法》[《2002 年贸易法》(P.L.107-210)第 1 部类(Division A)]、《2009 年贸易与全球化调整援助法》[《2009 年美国复苏与再投资法》(P.L.111-5)第 2 部类第 1 编第 9 分编]、《2010 年综合贸易法》(P.L.111-344)和《2015 年贸易调整援助再授权法》[《2015 年贸易优惠延长法》(P.L.114-27)第 4 编]。其中,《1962 年贸易扩大法》《1974 年贸易法》《1981年综合预算协调法》《NAFTA 实施法》《2002 年贸易调整援助改革法》《2009年贸易与全球化调整援助法》是 6 个阶段的代表性立法,而《2009 年贸易与全球化调整援助法》则是美国贸易调整援助制度的历史最高水平。

从内容(或援助对象)看,美国贸易调整援助分为工人、企业、农民和社区援助 4 部分。前两者历史最悠久,产生于《1962 年贸易扩大法》,并一直延续至今。农民援助的历史最短,始于《2002 年贸易调整援助改革法》,2011年后停止运行。社区援助虽形成于《1974 年贸易法》,但在 1982 年至 2009年间长期中断,《2009 年贸易与全球化调整援助法》恢复并细分为社区贸易调整援助、产业或部门伙伴关系资助、社区大学和职业培训资助 3 个项目,但三者均为阶段性实施。前两者已由《2011 年贸易调整援助延长法》撤销,且产业或部门伙伴关系资助项目因未获国会拨款而实质上并未实施,而社区大学和职业培训资助方案作为工人贸易调整援助的补充和强化,其实施期为 2011 年至 2018 年。

为体现美国贸易调整援助制度纵向深度和横向广度,本部分包括《1962年贸易扩大法》《1974 年贸易法》《NAFTA 实施法》和《2009 年贸易与全球化调整援助法》与贸易调整援助相关的章节。前两者为原始立法,翻译基于这两部法律的相关章节;而后两者则是在《1974 年贸易法》基础上的修订,为体现截至这两部法律的规则修订全貌,翻译基于《美国法典》1994 年版和 2009年版第 19 编第 12 章(《1974 年贸易法》)相关分章。

《1962 年贸易扩大法》(P.L.87-794)
第3编 关税调整和其他调整援助

第1章 援助资格

第301节 关税委员会调查和报告

（a）（1）第 351 节下的关税调整请求可由行业协会、厂商、经认证或认可的工会，或产业其他代表向关税委员会提出。

（2）第 2 章下的调整援助申请资格认定请求可由厂商或其代表向关税委员会提出，第 3 章下的调整援助资格认定请求可由一工人群体或其认证或认可的工会或其他正式授权代表向关税委员会提出。

（3）对于本小节下的任何请求，关税委员会均应将其副本送交商务部长。

（b）（1）应总统要求、经参议院财政委员会或众议院筹款委员会决议、根据其自主动议，或根据第（a）（1）小节提出的请求，关税委员会应立即展开调查，以确定是否正因贸易协定项下的主要减让导致一商品进口到美国，其数量增长对生产与该进口商品同类或直接竞争商品的国内产业造成或威胁造成严重损害。

（2）关税委员会根据第（1）段作出决定时，应考虑其认为相关的所有经济因素，包括生产设施的闲置、无法以合理的利润水平运营，以及失业或就业不足。

（3）就第（1）段而言，当关税委员会发现进口增长已成为造成或威胁造成国内相关产业严重损害的主要因素时，即应认为此类进口增长造成或威胁造成此类损害。

（4）就第（1）段而言，不得应第（a）（1）小节下的请求对先前调查的相同标的进行该段下的调查，除非关税委员会向总统提交该先前调查结果报告超过 1 年。

（c）（1）如果一厂商根据第 2 章请求确定其调整援助申请资格，关税委员会应立即展开调查，以确定是否正因贸易协定项下的主要减让导致与该厂商所生产商品同类或直接竞争的商品进口到美国,其数量增长对该厂商造成或威胁造成严重损害。关税委员会根据本段作出决定时,应考虑其认为相关的所有经济因素,包括厂商生产设施的闲置、厂商无法以合理的利润水平运营,以及该厂商的失业或就业不足。

(2) 如果一工人群体根据第 3 章请求确定其调整援助申请资格,关税委员会应立即展开调查,以确定是否正因贸易协定项下的主要减让导致与此类工人的厂商或其适当分部所生产商品同类或直接竞争的商品进口到美国,其数量增长对该厂商或其分部重大数量或比例的工人造成或威胁造成失业或就业不足。

(3) 就第(1)段和第(2)段而言,当关税委员会发现进口增长已成为造成或威胁造成厂商严重损害或失业或就业不足的主要因素时,即应视具体情况,认为此类进口增长对厂商或失业或就业不足造成或威胁造成此类损害。

(d) (1) 在根据第(b)(1)小节进行的任何调查过程中,关税委员会应在合理通知后举行公开听证会,并应提供有关当事方出席听证、出示证据和现场发表意见机会。

(2) 在根据第(c)(1)小节或第(c)(2)小节进行的任何调查过程中,如果请求人要求,或在请求书提交之日起 10 天内,如果对调查标的表现出适当兴趣的任何其他方要求,关税委员会应在合理通知后举行公开听证会,并应提供有关当事方出席听证、出示证据和现场发表意见机会。

(e) 如果关税委员会根据其调查结果,发现任何商品存在第(b)小节所述严重损害或损害威胁,则应查明防止或补救此类损害所必需的、对此类商品增加或征收关税的金额或其他进口限制,并包含在其提交总统的报告中。

(f) (1) 关税委员会应向总统报告根据本节进行的每次调查结果,并在报告中包含任何不同意见或分歧。关税委员会应向总统提供听证会笔录和与每次调查有关的诉讼摘要。

(2) 关税委员会根据第(b)小节的裁决应在可行的最早时间作出,但不得迟于请求提交之日(或收到总统要求或国会决议之日或国会动议通过之日,视情况而定)起 6 个月。关税委员会向总统提交报告后,应立即将其公开,并将其摘要公布在《联邦纪事》上。

(3) 关税委员会根据第(c)(1)小节或第(c)(2)小节就任何厂商或工人群体的裁决报告应在可行的最早时间作出,但不得迟于请求提交之日起 60 天。

(g) 除非第 257(e)(3)节另有规定,在本法颁布之日起第 60 天之前,不得根据第（a）小节提出请求，或根据第（b）小节提出要求、决议或动议。

第302节　关税委员会裁决后的总统行动

（a）收到关税委员会第301（b）节下有关任何产业肯定结论的报告后，总统可以：

（1）根据第351节或第352节为该产业提供关税调整；

（2）规定该产业中的厂商可向商务部长申请第2章下调整援助的资格证明；

（3）规定该产业中的工人可向劳工部长申请第3章下调整援助的资格证明；

（4）采取上述行动的任何组合。

（b）（1）对于总统采取第（a）（2）小节行动的产业，一经该产业任何厂商向商务部长出示其满意的证据，表明进口增长（关税委员会已裁定由贸易协定项下的减让所致）已对其造成严重损害或损害威胁，商务部长应向有资格根据第2章申请调整援助的任何此类厂商提供证明。

（2）对于总统采取第（a）（3）小节行动的产业，一经该产业任何工人群体向劳工部长出示其满意的证据，表明进口增长（关税委员会已裁定由贸易协定项下的减让所致）已对其厂商或其分部重大数量或比例的工人造成或威胁造成失业或就业不足，劳工部长应向有资格根据第3章申请调整援助的任何此类工人群体提供证明。

（c）收到关税委员会第301（c）节下有关任何厂商或工人群体肯定结论的报告后，总统可以证明该厂商或工人群体有资格申请调整援助。

（d）第（b）小节或第（c）小节下工人群体有资格申请调整援助的任何证明，应具体说明失业或就业不足或此类威胁的起始日期。

（e）对于工人群体的任何资格证明，凡总统认定其与厂商或其分部的脱离不再归因于第301（c）（2）节或该节第（b）（2）小节规定的条件时，总统应终止该证明的效力，该终止仅适用于总统规定的终止日期之后的脱离。

第2章　厂商援助

第311节　调整建议的认证

（a）根据第302节认证有资格申请调整援助的厂商，可在该认证日期后2年内的任何时间，依据本章向商务部长提出调整援助申请。提出申请后合理时间内，厂商应提供其经济调整建议。

（b）本章下的调整援助包括技术援助、财政援助和税收援助，可单独或组合提供，除非第（c）小节另有规定。不得向厂商提供本章下的调整援助，除非其调整建议被商务部长证明为：

（1）经合理计算实质性有助于厂商的经济调整；

（2）充分考虑因执行贸易协定所采取行动遭受不利影响厂商的工人利益；

（3）表明厂商将尽一切合理努力使用其自身资源以促进经济发展。

（c）为协助申请本章下调整援助的厂商准备合理的调整建议，商务部长可在认证其调整建议前向该厂商提供技术援助。

（d）根据本节作出的任何证明仅在商务部长规定的期限内有效。

第 312 节　现有机构的使用

（a）商务部长应将每份经认证的调整建议移交给其认为适当的一个或几个机构，以提供实施该建议所需的技术和财政援助。

（b）收到经认证的调整建议后，相关机构应立即：

（1）审查该建议与其职能相关的方面；

（2）将其准备为实施该建议而提供技术和财政援助的决定通知商务部长。

（c）如果被移交调整建议的任何机构通知商务部长，决定不提供技术或财政援助，但商务部长认定此类援助为实施调整建议所必需，商务部长可根据第 313 节和第 314 节向相关厂商提供调整援助。

（d）特此授权拨付商务部长不时所需之款项，以履行其本章下与向厂商提供调整援助相关的职能，该被授权的拨款可随时动用直至支出。

第 313 节　技术援助

（a）在遵守第 312（c）节规定情况下，商务部长可根据其认为适当的条款和条件向厂商提供其认为实质有助该厂商经济调整的技术援助。

（b）在切实可行的最大范围内，商务部长应通过现有机构，或通过私人、私有厂商或机构提供本节和第 311（c）节下的技术援助。

（c）商务部长应要求获得本节或第 311（c）节下技术援助的厂商分担其认为适当的成本。

第 314 节　财政援助

（a）在遵守第 312（c）节规定情况下，商务部长可根据其认为适当的条款和条件向厂商提供贷款担保、延期参与贷款协议、贷款等形式的其认为实质有助该厂商经济调整的财政援助。就本节而言，厂商承担未偿债务，无论是否有追索权,均应视为放贷。

(b) 本节下的担保、延期参与协议或贷款,仅向厂商提供资金用于:

(1) 土地、厂房、建筑物、设备、设施或机械的购置、建造、安装、现代化、开发、转换或扩建;

(2) 在商务部长认定为例外的情况下,提供营运资金。

(c) 在切实可行的最大范围内,商务部长应通过根据其他法律提供财政援助的机构提供本节下的财政援助。

第 315 节　财政援助条件

(a) 商务部长提供的贷款担保和延期参与贷款协议,其金额不得超过为第 314(b)节之目的所规定的那部分贷款的 90%。

(b) (1) 商务部长提供或延期参与的任何贷款,应计息,利率不低于下列两者的高者:

(A) 年利率 4%;

(B) 贷款提供或延期参与协议订立当年由财政部长确定的利率。

(2) 财政部长应每年确定第(1)(B)段所指利率,并考虑与第 314 节下未偿贷款可比期限的美国有息可售公共债务的当前平均市场收益率。

(c) 商务部长仅对其认为利率合理的有息贷款提供担保或订立延期参与协议。任何情况下,受担保或延期参与协议涵盖部分贷款年利率不得高出(b)小节规定利率 1 个百分点(在提供担保或达成协议之时确定),除非商务部长认定特殊情形存在支付更高利率的合理性。在此情况下,该部分贷款计息利率不得高于上述规定利率 2 个百分点。

(d) 商务部长不得提供期限超过 25 年(包括续期和延期)的贷款或担保,也不得就延期参与期限超过 25 年(包括续期和延期)的贷款达成协议。但是,该期限限制不适用于:

(1) 商务部长在破产或公平重组中收到的作为索偿人的证券或债务,或在债务人破产后其他连带诉讼中收到的作为债权人的证券或债务;

(2) 如果商务部长认为延期或续期对于有序清算贷款是合理必要的,则延期或续期不超过 10 年。

(e) 不得提供第 314 节下的财政援助,除非商务部长认定厂商无法以合理条件从美国政府以外其他来源获得此类援助,且有借款人偿还债务的合理保证。

(f) 商务部长应为第 314 节下担保和延期参与协议的预期索偿保留运行准备金,此类准备金,就《1955 年补充拨款法》第 1311 节[31 U.S.C.200]而言,应被视作构成债务。

第 316 节　财政援助管理

(a) 在制定和管理第 314 节下的担保、延期参与协议和贷款时,商务部长可:

(1) 要求对任何此类担保、协议或贷款提供保证,并实施、豁免此类保证或使之处于从属地位;

(2) 以其认为合理的条款和条件及出于其认为合理的考虑,公开或私人转让或出售或以其他方式处置其受让或持有的与此类担保、协议或贷款有关的任何债务、合同、债权、个人财产或保证证据,并收取、折中、获取其受让或持有的与此类担保、协议或贷款有关的所有债务的补足裁决,直至此类债务可提交总检察长进行诉讼或追收;

(3) 以其认为合理的条款和条件及出于其认为合理的考虑,对其受让或以其他方式获得的与此类担保、协议或贷款有关的任何不动产或私人财产进行翻新、改进、现代化、完善、保险、出租、出售或以其他方式处理;

(4) 必要或适当时获取、持有、转移、放弃或转让任何不动产或个人财产或其中任何权益,并为此执行所有法律文件;

(5) 行使所有其他权力,并采取必要或附带的其他行为,履行第 314 节下的职能。

(b) 作为第(a)小节下保证所获任何抵押应依据适用州法律进行记录。

第 317 节　税收援助

(a) 如果:

(1) 为实施第 311 节所认证厂商的调整建议,该厂商根据该节在一纳税年度结束后 24 个月内申请税收援助,并在申请中声称其在该纳税年度遭受经营净亏损;

(2) 商务部长认定,在该纳税年度中,任何此类所声称的亏损主要是由于该年度中进口增长对贸易或业务经营的严重损害,且关税委员会已认定进口增长由贸易协定下的减让所致;

(3) 商务部长认定,本条下的税收援助将实质性有助于该厂商的经济调整,那么,商务部长应对该厂商该纳税年度的上述认定提供证明。就《1954年国内税法典》第 172 节而言,本小节下的任何认定或证明均不构成对任何净营业亏损存在或金额的认定。

(b) 对于 1955 年 12 月 31 日之后纳税年度的净营业亏损,《1954 年国内税法典》第 172(b)节(与净营业亏损抵前和抵后有关)修改如下:

"（b）净营业亏损抵前和抵后。

"（1）可抵减亏损的年限。

"（A）（i）除第（ii）款另有规定外，1957年12月31日后任何纳税年度的净营业亏损应在该亏损纳税年度前3年的每一年中抵扣。

"（ii）对于根据《1962年贸易扩大法》第317节签发证明的纳税人，1962年12月31日或之后纳税年度的净营业亏损应在该亏损纳税年度前5年的每一年中抵扣。

"（B）除第（C）小段另有规定外，1955年12月31日后任何纳税年度的净营业亏损应在该亏损纳税年度后5年的每一年中抵扣。

"（C）如果纳税人为一受规制运输公司（由第（j）（1）小节定义），1955年12月31日后任何纳税年度的净营业亏损（除第（j）小节另有规定外）应在该亏损纳税年度后7年的每一年中抵扣。

"（2）抵前和抵后金额。

除第（i）小节和第（j）小节另有规定外，任何纳税年度（本节以下简称"亏损年度"）的净营业亏损总额应抵转该亏损可抵最早纳税年度（由第（1）段规定），其他每个纳税年度的抵转部分，应为该亏损金额超过其可抵的每个之前纳税年度应税所得之和的部分（如果有的话）。就上一句而言，任何之前纳税年度应税所得的计算应：

"（A）采用第（d）小节规定的修改，第（1）段、第（4）段和第（6）段除外；

"（B）不考虑亏损年度或此后任何纳税年度的净营业亏损额，确定净营业亏损扣除额。

如此计算的应纳税所得额应认为不小于零。

"（3）特别规则。

"（A）第（1）（A）（ii）段仅在以下情况中适用：

"（i）已按部长或其代表规定的时间和方式提交《1962年贸易扩大法》第317节下的税收援助申请通知书，并在该节证明签发后，提交该证明副本；

"（ii）在与部长或其代表达成一致的期限内，纳税人以书面形式同意对任何年份因先前不允许对此类净营业亏损进行扣除所导致的任何不足进行评估，即使在提交此同意时，此类不足评估会受阻于任何法律或法规的实施。

"（B）在以下情况中：

"（i）合伙厂商及其合伙人，

"（ii）第S分章下有选择权小型公司及其股东，

第（1）（A）（ii）段应按部长或其代表的规定适用。该段适用于合伙人或股东净营业亏损的唯一条件是：对于导致此类亏损的主要损失，已出具《1962 年贸易扩大法》第 317 节下的证明。"

（c）修改《1954 年国内税法典》第 6501（h）节（与净营业亏损抵后评估和征收限制有关），在句号前插入如下内容："，或在纳税人根据第 172（b）（3）节提交《1962 年贸易扩大法》第 317 节下签发的（针对该纳税年度）证明副本之日起 18 个月内，以较晚者为准"。

（d）《1954 年国内税法典》第 6511（d）（2）（A）节（与净营业亏损抵后信贷或退款特殊限制期限有关）修改如下：

"（A）限制期限。

如果信贷或退款索偿要求与净营业亏损抵后的超额支付有关，取代第（a）小节规定的 3 年期限，该期限为：该抵后净营业亏损应纳税年度结束后第 40 个月（对于公司而言，为第 39 个月）的第 15 天到期，或第（c）小节有关该纳税年度期限的规定，以较晚者为准。除了：

"（i）对于因《1962 年贸易扩大法》第 317 节下向纳税人所签发证明而将净营业亏损抵后至任何年份而产生的超额支付，该期限不得早于向纳税人签发此类证明月份后 6 个月；

"（ii）对于因重新协商（第 1481（a）（1）（A）节界定）消除过多利润而产生或增加净营业亏损抵后所导致的超额支付，该期限不得早于 1959 年 9 月 1 日，或消除该过多利润的协议或命令最终确定之月后 12 个月，以较晚者为准。

"在此类索偿要求下，信贷或退款可能超出第（b）（2）小节或第（c）小节（以适用者为准）所规定期限内已付税款部分，金额可达此类抵后所导致的超额支付额。"

第 318 节　保护性规定

（a）第 313 节、第 314 节或第 317 节下的调整援助接受者均应有充分披露其对此类调整援助收益（如果有的话）金额和处置的记录，并为有效审计提供便利，接受者还应保留商务部长可能规定的其他记录。

（b）为审计和核查之目的，商务部长和美国总审计长有权获得与第 313 节、第 314 节和第 317 节下调整援助有关的受援人任何账本、公文、文件和记录。

（c）不得向任何厂商提供第 313 节、第 314 节或第 317 节下的调整援助，除非其所有人、合伙人或管理人员向商务部长证明：

（1）为加快申请此类调整援助而由厂商委聘或代表厂商的任何律师、代理和其他人员的姓名；

（2）向任何此类人员已付或将付费用。

（d）不得向任何厂商提供第314节下的财政援助,除非其所有人、合伙人或管理人员在此类财政援助提供后执行对其及厂商具有为期2年约束力的协议,不得雇用下列人员为其提供职位或就业,或留用其提供专业服务:在提供此类援助或此类援助任何部分之日或之前1年内,在商务部长认定的与此类财政援助提供裁量权有关的职位或相关活动中曾担任官员、律师、代理或雇员。

第319节　处罚

出于以任何方式影响商务部长本章下行动之目的,或为获得本章下金钱、财产或任何有价物品之目的,任何人故意对重大事实作出虚假陈述或故意不披露重大事实,或故意高估任何担保的价值,应处以5 000美元以下罚款或2年以下监禁,或两者并罚。

第320节　诉讼

提供第313节和第314节下的技术和财政援助时,商务部长可在具有一般管辖权的州任何登记在册法院,或在美国任何地区法院提起诉讼和被提起诉讼,并赋予此类地区法院管辖权,在不考虑争议金额情况下裁定此类争议;但不得针对其或其财产签发任何（中间的或最终的）附件、禁令、扣押令或其他类似程序。本节任何内容不得解释为将第313节和第314节下的活动排除在以下法律的适用之外:《美国法典》第28编第507（b）节和第2679节,以及《修订法律》第367节（5 U.S.C.316）。

第3章　工人援助

第321节　权限

劳工部长应根据本章确定申请人是否有资格获得援助,并向获资格的申请人支付或提供此类援助。

第A分章　贸易再调整津贴

第322节　资格要求

（a）自本法颁布之日起第30天后及根据第302（d）节确定的日期之后,应根据第（b）小节和第（c）小节规定,向遭受不利影响而为其失业申请贸易再调整津贴的任何工人支付此类津贴。

(b) 全部或部分脱离应发生在：

(1) 本法颁布之日后，及在第 302(d)节确定的日期后；

(2) 第 302(d)节下最新认定之日起 2 年期满前，以及第 302(e)节规定的终止日期（如果有）前。

(c) 该工人应：

(1) 在完全或部分脱离前 156 周内，至少有 78 周的工作，且周薪至少 15 美元；

(2) 在上述完全或部分脱离前 52 周内，至少有 26 周就业于第 302 节认定的失业或就业不足的一家或多家厂商，且周薪至少 15 美元。

若无法获得工作周数相关数据，则按劳工部长所规定条例计算的就业相当周数。

第 323 节　每周金额

(a) 在符合本节其他规定情况下，向受不利影响工人提供的贸易再调整津贴，每周金额应为其周平均工资的 65％或制造业周平均工资的 65％，以较少者为准，减去其在该周内所提供服务报酬金额的 50％。

(b) 任何有权获得贸易再调整津贴且正接受劳工部长批准的培训（包括在职培训）的受不利影响工人，应在其接受任何此类培训的每一周获得贸易再调整津贴，其金额（针对该周计算）等于第(a)小节计算得出的金额，或（如果较大），根据任何其他联邦法律，其有权获得的针对工人培训的任何每周津贴，如果其申请了此类津贴。贸易再调整津贴应取代该工人根据上述其他联邦法律有权获得的任何培训津贴。

(c) 根据第(a)小节或第(b)小节每周向受不利影响工人支付的贸易再调整津贴额，应减去其该周已收到或正在寻求的失业保险金；但是，如果相应州或联邦机构最终认定该工人在该周无权领取失业保险，则该周的扣减不适用。

(d) 对受不利影响而失业的任何工人，如果每周支付了失业保险或《1962 年人力开发和培训法》或《区域重建法》下的培训津贴，同时，如果他对该失业申请贸易再调整津贴，会有权（在不考虑第(c)小节或第(e)小节或第 327 节下任何资格取消规定情况下认定）获得该津贴，则应从其申请贸易再调整津贴并被认定有权获得第 324(a)节下津贴而受支付的总周数中扣除获上述失业保险或培训津贴周数。如果任何失业周内支付给该工人的失业保险或培训津贴少于其若申请即有权获得的贸易再调整津贴额，则当其申请贸易再调整津贴并被认定有权获得该津贴时，该周的贸易再调整津贴应为两者差额。

（e）对于任何失业周，作为该周内提供服务的报酬、失业保险、第（d）小节所述培训津贴及贸易再调整津贴支付给受不利影响工人的总金额，凡超过其周平均工资的 75％，则该周贸易再调整津贴应减去该超额部分。

（f）本节下的每周应支付金额，若非整数，应四舍五入至下一个较高的整数。

（g）（1）如果根据州法律已向受不利影响工人支付了失业保险，而该周出现以下两种情形之一的：

（A）该工人获得贸易再调整津贴；

（B）该工人申请贸易再调整津贴，且（在不考虑第（c）小节或第（e）小节规定下认定）会有权领取该津贴，

则该州机构的此类支付应从第 337 节规定的拨付资金中偿还，除非根据其他联邦法律已作偿还，若其尚未收到州支付，偿还额不超过该工人本该收到，或本该有权收到（视情况而定）的贸易再调整津贴额。此类偿还金额应由劳工部长根据州机构提供的报告确定。

（2）在任何情况下，如果根据第（1）段向州机构偿还了其向受不利影响工人支付的失业保险金，在确定雇主是否有权享受州法律所允许的降低缴费率方面，该笔保险金及其所支付的该工人失业期应根据州法律（并为适用《1954 年国内税法典》第 3303 节之目的）不予考虑。

第 324 节　贸易再调整津贴时限

（a）向受不利影响工人支付贸易再调整津贴不得超过 52 周，但根据劳工部长制定的条例，如下情况除外：

（1）可向受不利影响工人额外支付不超过 26 周津贴，以帮助其完成劳工部长批准的培训；

（2）对于完全或部分脱离之日或之前已满 60 岁的受不利影响工人，应额外支付不超过 13 周津贴。

（b）除第（a）小节所规定的额外周支付外，对于适当周后 2 年以上开始的失业周，不得支付贸易再调整津贴，对于适当周后 3 年以上开始的失业周，则不得为任何额外周支付第（a）小节规定的贸易再调整津贴。对于完全脱离工人，适当周是其最近的完全脱离周；对于部分脱离工人，适当周是其最近一次部分脱离后首次获得贸易再调整津贴的那一周。

第 325 节　州法律的适用

除非与本章规定不符，并受劳工部长可能制定的条例约束，如下州法

律,其效力和取消资格条款应适用于提出贸易再调整津贴索偿的任何工人:

(1)受不利影响工人有权获得失业保险(无论是否提出失业保险索偿)的州法律;

(2)如果无权按上述条件获得失业保险,其完全或部分脱离所在州的法律。

就前句而言,对于确定工人脱离的州法律应维持对该脱离的适用,直至该工人根据另一州法律有资格领取失业保险(无论其是否提出此类保险索偿)。

第 B 分章　培训

第 326 节　一般规定

(a)为确保尽快有效地对受不利影响的工人进行再调整,并尽量减少对本章所规定贸易再调整津贴的依赖,应尽一切努力根据每名工人的能力和潜在就业机会为其提供充分就业准备。为此,在不违反本章规定前提下,应酌情为受不利影响的工人提供符合任何联邦法律规定的测试、咨询、培训和安置服务。如果此类培训在其正常居住地通勤距离外的设施中提供,还可为此类工人提供必要的补充援助,以支付运输和生活费用,用于与家庭分离的生活维持。劳工部长在支付此类生活费时,任何人每日津贴不得超过 5 美元,运输费用不得超出每英里 10 美分。

(b)在可行范围内,在对受不利影响工人进行培训前,劳工部长应咨询该工人的厂商及其经认证或认可的工会或其他授权代表,制定工人再培训计划,以培训该工人满足该厂商的劳动力需求,从而维护或恢复工人与该厂商的雇佣关系。

第 327 节　拒绝培训的资格丧失等

受不利影响的任何工人无正当理由拒绝接受或继续进行劳动部长所推荐的适当培训,或未能取得令人满意的进展,在其参加或恢复所推荐的该培训前,无权获得贸易再调整津贴。

第 C 分章　安置津贴

第 328 节　所提供的安置津贴

受不利影响的任何工人为劳工部长所制定条例界定的一家之主,且已完全脱离,可根据本分章条款和条件申请安置津贴。

第 329 节　资格要求

（a）安置津贴仅可用于援助受不利影响工人在美国境内迁移,前提是劳工部长确定无法合理预期该工人在其居住的通勤区内找到合适工作,且该工人满足以下两种情形之一:

（1）在其欲安置地区获得了具有长期就业合理预期的合适工作;

（2）获得了此类就业的真实录用通知。

（b）不得向该工人发放安置津贴,除非满足以下两个条件:

（1）在此类津贴申请提交当周,（在不考虑第 323（c）节和第 323（e）节情况下认定）其有权获得贸易再调整津贴,或（在不考虑其是否提出申请的情况下认定）若不是已获第（a）（1）小节所指工作,会有此权利。

（2）该安置在提出申请后合理期限内发生,或（对于被劳工部长推荐培训的工人）在培训结束后合理期限内发生。

第 330 节　安置津贴定义

就本分章而言,"安置津贴"的含义满足以下两个条件:

（1）劳工部长制定的条例所规定的合理和必要的支出,用于运送一工人及其家人和家庭财物;

（2）相当于制造业周平均工资的 2.5 倍。

第 D 分章　一般规定

第 331 节　与各州协议

（a）授权劳工部长代表美国与各州或州机构达成协议。根据此类协议,州机构:

（1）作为美国的代理机构,根据本章规定接受申请并提供援助;

（2）适当情况下,向根据本章申请援助的受不利影响工人提供测试、咨询、培训推荐和安置服务;

（3）在其他方面与劳工部长、州和联邦其他机构合作,提供本章下的援助。

（b）本分章下的每项协议均应规定协议修改、暂缓或终止的条款和条件。

（c）本分章下的每项协议均应规定,应支付给任何受不利影响工人的任何一周的失业保险,不得因本章规定的任何津贴权利而拒绝或削减。

第 332 节　对各州的支付

（a）劳工部长应不时向财政部长证明,向已达成第 331 节下协议的各州支付:

（1）必要款项，使该州作为美国政府代理机构支付本章规定的津贴；

（2）第 323（g）节下应偿还各州的款项。

财政部长在审计总署审计或结算之前，应根据该证明从执行本章目的的资金中向各州付款。第 323（g）节下应偿还一州的款项应记入该州在失业信托基金中的账户，并应仅用于支付与失业有关的个人现金福利，不包括行政费用。

（b）本节下支付给一州的所有款项应仅用于支付该款项的目的，任何未用于该目的的已付款项应在本分章下协议规定的时间退还财政部，并记入本节下向各州付款的当前适用专款、基金或账户贷方。

（c）本分章下的任何协议可要求州任何官员或雇员对该协议下的付款或支付资金提供核证，或参与该协议的履行，向美国政府提供金额为劳工部长认为必要的保证金，并可规定为执行本章目的而从基金中支付此类保证金。

第 333 节　核证和出纳官员责任

（a）在无重大疏忽或欺诈美国意图的情况下，由劳工部长或本章协议指定的核证官，不应对本章下其核证的任何津贴支付承担责任。

（b）在无重大疏忽或欺诈美国意图的情况下，如果出纳官根据第（a）小节下所指定的核证官签署的凭单付款，该出纳官不应对其在本章下的任何款项支付承担责任。

第 334 节　多付款项的收回

（a）如果州机构或劳工部长或具有管辖权的法院发现任何人：

（1）明知虚假，却作出或由他人导致作出重大事实的虚假陈述或表述，或故意或使他人未能披露重大事实；

（2）因此收到其无权获得的本章下的任何津贴，

则此人应向州机构或劳工部长（视情况而定）偿还该款项，或采用上述任何一种方法从本章下支付给此人的任何津贴中扣除以偿还该款项。州机构或劳工部长的任何此类裁定只能在有机会进行公正听证后作出。

（b）本节下偿还州机构的任何款项，应存入付款所用基金。本节下偿还劳工部长的任何款项，应退还给财政部，并记入当前适用的专款、基金或付款账户贷方。

第 335 节　惩罚

任何人明知虚假却作出重大事实的虚假陈述，或故意不披露重大事实，使本人或他人获取或增加由本章或第 331 节下协议授权提供的任何付款或援助,应处以不超过 1 000 美元的罚款或不超过 1 年的监禁,或两者并罚。

第 336 节　审查

除非劳工部长为执行本章规定职能制定的条例另有规定,本章下有关个人获得调整援助权利所作裁定对于所有目的均具终局性和结论性,且不受任何法院或任何其他官员的审查。在最大可行范围内,并与本章目的保持一致,此类条例应规定州机构所作此类裁定应按与州法律下的裁定同等方式和同等程度接受审查。

第 337 节　拨款授权

特此授权拨付劳工部长履行其本章下与向工人提供调整援助相关职能不时所需之款项,该被授权的拨款可随时动用直至支出。

第 338 节　定义

为本章之目的:

(1)"受不利影响就业",指在一厂商或其适当分部的就业,前提是该厂商或其分部工人有资格申请本章下的调整援助。

(2)"受不利影响工人",指由于受不利影响就业中缺乏工作,个人满足以下两种情形之一:

(A) 完全或部分脱离该就业;

(B) 与厂商分部的就业完全脱离,该厂商分部存在受不利影响就业。

(3)"制造业周平均工资",指本章下提供援助期前最新公布的最近日历年(由劳工部劳动统计局每年正式发布)制造业生产工人全国平均每周总收入。

(4)"周平均工资",指在高季度向个人支付的总工资的十三分之一,在此计算中,高季度应是计算周所在季度前最近 5 个完整日历季度中前 4 个季度中个人总工资最高的那个季度。该周应为发生完全脱离的那周,或在声称部分脱离的情况下,劳工部长所制定条例界定的适当周。

(5)"周平均工作时间",指在第(4)段最后一句所规定的那周前 52 周内(不包括个人病假或休假周数),个人在其已经或声称已经脱离的就业中的平均工作时数(不包括加班)。

(6)"部分脱离",指尚未完全脱离的个人,在受不利影响就业中,工作时间减少到其周平均工作时间 80% 或以下,且在该受不利影响就业中,其工资减少到其周平均工资 75% 或以下。

(7)"报酬",指以个体经营者身份提供服务所产生的工资和净收入。

(8)"州",包括哥伦比亚特区和波多黎各自治邦;"美国"在地理意义上使用时包括该自治邦。

（9）"州机构"，指执行州法律的州机构。

（10）"州法律"，指劳工部长根据《1954年国内税法典》第3304节批准的州失业保险法。

（11）"完全脱离"，指个人被存在受不利影响就业的厂商或其分部解雇或遣散。

（12）"失业保险"，指根据州法律或联邦失业保险法应向个人支付的失业保险，包括《美国社会保障法》第15编、《铁路失业保险法》和《1961年美国临时扩展失业补偿法》。

（13）"周"，指适用的州法律所定义的周。

（14）"失业周"，指提供服务报酬低于其周平均工资75%的任何一周，在该周个人因如下情形之一而缺乏工作：

（A）如果完全脱离，其在目前职业的工作时间少于全职工作周（不包括加班）；

（B）如果部分脱离，工作时间为其周平均工作时间80%或以下。

第4章　关税调整（略）
第5章　咨询委员会

第361节　调整援助咨询委员会

（a）特此设立调整援助咨询委员会，该委员会由商务部长担任主席，包括财政部、农业部、劳工部、内务部，及卫生、教育和福利部部长和小企业管理局局长，以及总统认为合适的其他人员。委员会每位成员可指定其机构的一名官员代其担任委员会成员，主席可不定期邀请行政部门其他机构的官员参加。

（b）应总统要求，委员会应向总统和第2章、第3章下的调整援助提供机构，就协调开发援助项目提供咨询意见，并在与良好的经济调整相一致情况下，充分考虑保持和恢复厂商与工人雇佣关系的可能方法。

（c）主席可为任何产业任命一个由雇主、工人和公众代表组成的产业委员会，为咨询委员会提供建议。产业委员会成员参加会议时，有权获得第401（3）节规定的补偿和报销，《1958年国防教育法》第1003节（20 U.S.C. 583）的规定应适用于该委员会成员。

《1974 年贸易法》(P.L.93-618)
第 2 编　进口竞争的损害救济

第 1 章　进口救济

第 201 节　国际贸易委员会的调查

（a）（1）代表一产业的实体,包括行业协会、厂商、经认证或认可的工会,或工人群体,可向国际贸易委员会(以下简称"委员会")提交进口救济资格请求,以促进应对进口竞争的有序调整。该请求应包括寻求进口救济的具体目的说明,可包括有序促进资源向替代用途转移和其他适应新竞争条件的手段等目标。

（2）本小节下的请求一经提出,委员会应将其副本送交贸易谈判特别代表和直接有关的机构。

（b）（1）应总统或贸易谈判特别代表要求、经众议院筹款委员会或参议院财政委员会决议、根据其自主动议,或根据第(a)(1)小节提交的请求,委员会应立即进行调查,以确定某商品是否正以增长的数量进口到美国,以致成为生产与该进口商品同类或直接竞争商品的国内产业严重损害或严重损害威胁的实质原因。

（2）委员会在作出第(1)段下的认定时,应考虑其认为相关的所有经济因素,包括(但不限于)：

（A）对于严重损害,该产业生产设施的重大闲置,相当数量厂商无法以合理的利润水平运营,以及该产业内出现大量失业或就业不足;

（B）对于严重损害威胁、销售下降、库存增加且还在增长,及相关国内产业生产、利润、工资或就业(或不充分就业的增加)呈下降趋势;

（C）对于实质原因,进口增加(实际或相对于国内生产)和国内生产商供给国内市场的比例下降。

（3）就第(1)段而言,在认定生产与一进口商品同类或直接竞争商品的国内产业时,委员会：

（A）对于也从事进口的国内生产商,可仅将其国内生产视为该国内产业的一部分；

（B）对于生产多个商品的国内生产商，可仅将生产同类或直接竞争商品生产商的该部分或该细分视为该国内产业的一部分；

（C）对于一个或多个国内生产商，其在美国主要地理区域生产同类或直接竞争商品，在该地区该商品的生产设施构成美国国内产业的实质组成部分，且主要服务于该地区市场，而进口集中在该地区，则可将位于该地区的那部分生产视为国内产业。

（4）就本节而言，"实质原因"指重要且不次于其他任何原因的原因。

（5）在本小节下的任何程序中，为协助总统根据第 202 节和第 203 节作出决定，委员会应对该产业厂商和工人为与进口产品更有效竞争而作的努力进行调查并提交报告。

（6）在本小节下的任何程序中，委员会应对其认为可能有助于增加受调查商品进口的任何因素进行调查；并且，只要委员会在调查过程中有理由认为，进口增加的部分原因属《1921 年反倾销法》和《1930 年关税法》第 303 节或第 337 节或其他法律救济条款的管辖范围，应立即通知相关机构，以便可以采取此类法律条款授权的行动。

（c）在第（b）小节下的任何程序中，委员会应在合理通知后举行公开听证会，并应提供有关当事方出席听证、出示证据和现场发表意见机会。

（d）（1）委员会应向总统报告第（b）小节下的调查结果和依据，并在报告中包含任何不同意见或分歧。如果委员会因其调查结果发现任何商品存在第（b）小节所述严重损害或严重损害威胁，应：

（A）查明为防止或补救损害而对该商品增加或施加任何关税或进口限制的数额；

（B）如果认定根据第 2 章、第 3 章和第 4 章下的调整援助可有效地纠正该损害，则建议提供此类援助。

并应在向总统提交的报告中包含此类调查结果或建议。委员会应向主席提供与每次调查有关的听证会记录和任何诉讼摘要。

（2）委员会应在可行的最早时间报告其在第（b）小节下的决定，但不得迟于提出请求（或收到要求或决议或采纳动议，视情况而定）之日后 6 个月。向总统报告后，委员会还应立即公布此类报告（委员会认为的机密信息除外），并应将其摘要发布在《联邦纪事》上。

（e）除委员会认定存在正当理由外，不得对本节下先前调查的相同标的进行本节下的调查，除非委员会向总统提交该先前调查结果报告超过 1 年。

（f）（1）委员会根据《1962 年贸易扩大法》第 301（b）节（在本法颁布之日前有效）的任何调查在本法颁布之日前尚处进行中，应按本节规定继续进行，就如最初即按本节发起调查一样。就第（d）（2）小节而言，对于适用前句的任何调查，应视作在本法颁布之日请求已提出、要求或决议已收到，或动议已采纳（视具体情况而定）。

（2）如果在本法颁布之日，对委员会在《1962 年贸易扩大法》第 301（b）节（在本法颁布之日前有效）下的调查得出肯定裁定的任何报告，总统未采取任何行动，该报告应视作在本法颁布之日由总统根据本节收到的报告。

第 202 节　调查后的总统行动

（a）收到委员会报告，根据第 201（b）节得出进口增长是产业严重损害或严重损害威胁实质原因的肯定结论后，总统：

（1）（A）应根据第 203 节为该产业提供进口救济，除非认定此类救济的提供不符合美国国家经济利益；

（B）应评估根据本编第 2 章、第 3 章和第 4 章向该产业工人和厂商及此类工人和厂商所在社区已提供（或可提供）调整援助的程度，并在此类评估后，指示劳工部长和商务部长对调整援助请求予以迅速考虑。

（2）如果委员会根据第 201（d）节建议提供调整援助，则应对劳工部长和商务部长作出第（1）（B）段所述指示。

（b）收到第 201（b）节下得出肯定结论的委员会报告后 60 天内（对于第（d）小节下的补充报告，则为 30 天），或在该 60 天（或 30 天）内，根据《1930 年关税法》第 330（d）节，认为第 201（b）节下的结论为肯定结论，总统应：

（1）确定其将提供的进口救济方法和金额，或确定提供此类救济不符合美国国家经济利益，及是否指示对调整援助请求予以迅速考虑，并在《联邦纪事》公布其上述决定；

（2）如果此类报告建议提供调整援助，则在《联邦纪事》上公布其要求劳工部长和商务部长对调整援助请求予以迅速考虑的命令。

（c）根据第 203 节确定是否提供进口救济及提供进口救济的方式和金额时，除考虑其认为相关的其他考虑因素外，总统还应考虑：

（1）劳工部长提供的有关该产业工人已申请、正接受或可能接受第 2 章下调整援助或其他人力计划项目利益程度的信息和建议；

（2）商务部长提供的有关该产业厂商已申请、正接受或可能接受第 3 章和第 4 章下调整援助程度的信息和建议；

（3）进口救济作为促进调整手段的可能效力、有关产业为适应进口竞争

而正在或将要作出的努力，以及与该产业在国家经济中地位有关的其他
考虑；

（4）进口救济对消费者的影响（包括进口商品和美国生产的同类或直接
竞争商品的价格和可获性）及对此类商品在国内市场竞争的影响；

（5）进口救济对美国国际经济利益的影响；

（6）与补偿有关的国际义务导致关税或其他进口限制的任何可能修改
对美国产业和厂商的影响；

（7）进口产品在美国市场的地理集中度；

（8）由于限制该商品向第三国市场出口或由第三国市场进口，美国市场
成为该商品出口焦点的程度；

（9）如果提供或不提供进口救济，纳税人、社区和工人将承担的经济和
社会成本。

（d）收到委员会第 201（b）节下有关某产业的肯定裁定后 15 天内，总统
可要求委员会提供更多信息。委员会应尽快，最迟不超过收到总统要求之
日后 30 天，提供有关该产业附加信息的补充报告。

第 203 节　进口救济

（a）如果总统决定根据第 202（a）（1）节提供进口救济，则在其认为必要
的范围和时间内（不超过 5 年），在考虑第 202（c）节所规定的为防止或补救
相关产业严重损害或严重损害威胁和促进相关产业有序适应新竞争条件各
种因素的情况下，应：

（1）宣布对该产业造成或威胁造成严重损害的该商品增加或征收任何
关税；

（2）宣布对该商品征收关税配额；

（3）宣布对进口到美国的该商品修改或实施数量限制；

（4）与外国进行有序销售协议谈判，以限制外国出口和美国进口该
商品；

（5）采取此类行动的任何组合。

（b）（1）在宣布本节下的进口救济，或宣布一项或多项有序销售协议谈
判意向当日，总统应向国会传送一份文件，阐明其在本节下正采取的行动，
如果总统采取的行动与委员会根据第 201（b）（1）（A）节向其建议的行动不
同，则应说明其原因。

（2）在认定提供进口救济不符合美国国家经济利益之日，总统应向国会
传送一份文件，阐明该决定、其出于国家经济利益考虑不提供进口救济的理

由,以及除立即可提供的帮助该产业克服严重损害和工人找到生产性就业的调整援助项目外,其正采取的其他步骤。

(c)(1)如果总统根据第(b)小节报告其正采取的行动与委员会根据第201(b)(1)(A)节建议的行动不同,或将不提供进口救济,委员会建议的行动应在国会两院以如下方式通过(在第(b)小节所指文件传送国会之日起90天之内)后生效(按第(2)段的规定),即两院多数出席议员投赞成票,同时达成共同决议,不批准总统根据第202(a)(1)(A)节采取的行动或其不提供进口救济的决定。

(2)如果发生第(1)段所述意外情况,总统应(在该决议通过后30天内)宣布对该商品增加或实施委员会根据第201(b)节建议的任何关税或其他进口限制。

(d)(1)不得根据第(a)小节或第(c)小节宣布将税率提高至(或征收)高出宣布时现有税率(如有)50%从价。

(2)根据第(a)小节或第(c)小节宣布的任何数量限制,以及根据第(a)小节谈判达成的有序销售协议,应允许进口的商品数量或价值不少于总统确定的代表该商品进口的最近时期内美国进口该商品的数量或价值。

(e)(1)本节下的进口救济应在确定进口救济之日后15天内宣布并生效,除非总统在该日期宣布其打算根据第(a)(4)小节或第(a)(5)小节谈判一项或多项有序销售协议,在此情况下,进口救济应在确定进口救济之日后90天内宣布并生效。

(2)如果总统根据第(a)(1)小节、第(a)(2)小节、第(a)(3)小节或第(a)(5)小节提供进口救济,则可在救济生效后与外国谈判有序销售协议,并可在此类协议生效后,暂停或终止全部或部分此类进口救济。

(3)如果总统根据第(a)(4)小节或第(a)(5)小节谈判有序销售协议,且此类协议不继续有效,则可在与第(h)小节限制一致的情况下,根据第(a)(1)小节、第(a)(2)小节、第(a)(3)小节或第(a)(5)小节提供进口救济。

(4)就本小节而言,"确定进口救济之日"指第202(b)节下的总统确定日期。

(f)(1)就第(a)小节和第(c)小节而言,中止《美国关税税则》第806.30或第807.00号税则号下的某商品应视为增加关税。

(2)就第(a)小节和第(c)小节而言,为第5编之目的而中止将任何商品指定为符合资格的商品,应视为增加关税。

(3)不得根据第(a)小节或第(c)小节对任何商品宣布第(1)段所述的中

止,除非委员会根据第 201(b)节对此类商品作出肯定裁定外,在第 201(b)节下的调查过程中认定,第 806.30 税则号或第 807.00 税则号的适用实质导致进口对生产同类或直接竞争商品的国内产业造成严重损害或严重损害威胁。

(4) 不得根据第(a)小节或第(c)小节仅对任何商品宣布第(2)段所述的中止,除非委员会根据第 201(b)节对此类商品作出肯定裁定外,在第 201 (b)节下的调查过程中认定,为第 5 编之目的而将任何商品指定为符合资格的商品实质导致进口对生产同类或直接竞争商品的国内产业造成严重损害或严重损害威胁。

(g) (1) 总统应通过法规规定对根据第(a)(3)小节或第(c)小节宣布的任何数量限制进行有效和公正管理。

(2) 为执行根据第(a)(4)小节、第(a)(5)小节或第(e)(2)小节达成的协议,总统有权制定有关协议所涵盖商品进出仓库的规定。此外,为了执行第(a)(4)小节、第(a)(5)小节或第(e)(2)小节下与一个或多个国家/地区达成的协议,且此类国家/地区占美国进口(包括美国主要地理区域的进口)协议所涵盖商品的大部分,总统有权发布有关非此类协议成员国同类商品进出仓库的规定。

(3) 本小节下所制定的规定,在可行范围内并与有效、公平管理相一致前提下,应确保防止相对少数大进口商占有不公平的进口份额。

(h) (1) 本节下提供的任何进口救济,除非按照第(3)段延长期限,其终止时间不得迟于相关商品进口救济根据本节首次生效之日起 5 年。

(2) 在可行范围内,本节下提供的任何进口救济超过 3 年的,应在救济期间内逐步削减,且救济的首次削减不得迟于此类救济首次生效之日起 3 年。

(3) 总统可延长根据本节或《1962 年贸易扩大法》第 351 节或第 352 节提供的任何进口救济,但不得超过该延期前的实际救济水平,期限 3 年,条件是在考虑第(i)(2)小节下的委员会建议和第 202(c)节所述因素后,总统认为此类延期符合国家利益。

(4) 在考虑第(i)(2)小节下的委员会建议,并征询商务部长和劳工部长意见后,如果总统确定削减或终止根据本节提供的任何进口救济符合国家利益,则可削减或终止此类救济。

(5) 就本小节和第(i)小节而言,在有序销售协议下提供的进口救济应为该协议所考虑的救济水平。

（i）（l）只要根据本节或《1962年贸易扩大法》第351节或第352节提供的任何进口救济仍然有效,委员会应不断审查相关产业的发展情况（包括相关产业厂商对进口竞争的调整进展和具体努力）,并应总统要求向其报告有关此类发展情况。

（2）经总统要求或其自主动议,委员会应对本节下延长、削减或终止进口救济对相关产业可能产生的经济影响作出判断,并通知总统。

（3）根据本节或《1962年贸易扩大法》第351节或第352节提供的任何进口救济因其初始期限届满而终止前不早于9个月但不迟于6个月,经相关产业代表请求,委员会应就该终止对该产业可能产生的经济影响作出判断,并通知总统。

（4）根据第（2）段或第（3）段就有关产业可能受到的经济影响向总统提供建议时,委员会应考虑其认为相关的所有经济因素,包括第202（c）节所述考虑因素及相关产业对进口竞争的调整进展和具体努力。

（5）第（2）段或第（3）段下的委员会建议应在调查基础上提出,调查过程中,委员会应举行听证会,并应给予利益相关人员合理机会出席听证、出示证据、发表意见。

（j）不得对已获得本节下进口救济的商品进行第201节调查,除非对该商品提供本节下进口救济的最后一天已过去2年。

（k）（1）总统只有在考虑了此类行动与美国国际义务间的关系之后,方可在不考虑本法第126（a）节的情况下采取本节下的行动。

（2）如果委员会将位于美国主要地理区域的生产视为第201（b）（3）（C）节下的国内产业,则总统应在考虑国内生产的地理集中度及该地区进口的情况下提供进口救济（如果有的话）,其中可包括第（1）段下授权的行动。

第2章　工人调整援助
第A分章　请求和认定

第221节　请求

（a）一工人群体或其认证或认可的工会或其他适当授权代表可向劳工部长（本章以下称“部长”）提出本章下申请调整援助资格证明的请求。收到请求后,部长应立即在《联邦纪事》上发布通告,告知已收到请求并开始调查。

（b）如果请求人或部长发现存在与调查程序有实质利益关系的任何其

他人,在部长发布第(a)小节下的通告之日起 10 天内提出听证要求,部长应规定进行公开听证,并给予利益相关人员机会出席听证、出示证据、发表意见。

第 222 节　群体资格要求

部长应证明一工人群体有资格申请本章规定的调整援助,如果其认定满足以下条件:

(1) 此类工人所在厂商或其适当分部重大数量或比例的工人已与其完全或部分脱离,或受完全或部分脱离的威胁;

(2) 此类厂商或其分部的销售或生产或两者已绝对下降;

(3) 与此类工人所在厂商或其适当分部所生产商品同类或直接竞争商品的进口增长重要促成了此类完全或部分脱离或脱离威胁,及此类销售或生产下降。

就第(3)段而言,"重要促成"指重要但不一定比任何其他原因更重要的原因。

第 223 节　劳工部长的认定

(a) 在第 221 节下的请求提出之日后,部长应尽快,但无论如何不得迟于该日期后 60 天,确定该提出请求的群体是否符合第 222 节的要求,并签发资格证明,以使符合该要求的任何群体中的工人申请本章下的援助。每份证明应写明完全或部分脱离开始或威胁开始的日期。

(b) 本节下的证明不适用于任何工人,其在提出第 231 节下的申请前与厂商或厂商适当分部的最后一次完全或部分脱离发生在:

(1) 获得证明的请求日期前 1 年以上;

(2) 本章生效日期前 6 个月以上。

(c) 对请求作出认定后,部长应立即将认定摘要及其理由一并公布在《联邦纪事》上。

(d) 就某厂商或其分部工人的任何资格证明,凡部长裁定与该厂商或其分部的完全或部分脱离不再归因于第 222 节规定的条件,就应终止该证明,并立即将该裁定及其理由一并公布在《联邦纪事》上。该终止仅适用于部长规定的终止日期后发生的完全或部分脱离。

第 224 节　国际贸易委员会开始调查时劳工部长进行的研究;肯定结论下的行动

(a) 凡国际贸易委员会(本章以下称"委员会")根据第 201 节开始对某产业进行调查,委员会应立即将此通知部长,部长应立即就如下事项展开研究:

（1）生产同类或直接竞争商品的国内产业中已经或可能被证明有资格获得调整援助的工人数量；

（2）通过使用现有项目可在多大程度上促进此类工人对进口竞争作出调整。

（b）部长在第（a）小节下的研究报告应不迟于委员会作出第 201 节报告后 15 天内提交总统。报告一经提交总统，部长应立即将其公开（部长认为的机密信息除外），并在《联邦纪事》上公布其摘要。

（c）凡委员会根据第 201（b）节作出肯定结论，认为进口增长是造成一产业严重损害或严重损害威胁的实质原因时，部长应在可行范围内向该产业工人提供充分信息，使此类工人了解可有助于促进其适应进口竞争的各个项目，并应对此类工人请求和申请项目利益的准备和处理工作提供协助。

第 B 分章　项目利益

第 1 部分　贸易再调整津贴

第 231 节　工人资格要求

第 A 分章下的证明所涵盖的受不利影响工人，依据第 223（a）节，就该证明所规定日期后的任何失业周申请贸易再调整津贴，应予以支付，前提是满足下列条件：

（1）该工人提出本章下申请前的最后一次完全或部分脱离发生在：

（A）涵盖该工人的证明所规定的、其在受不利影响就业中完全或部分脱离开始或威胁开始之日或之后；

（B）第 223 节下的认定作出之日起的 2 年期限届满之前；

（C）根据第 223（d）节确定的终止日期（如果有）前。

（2）该工人在完全或部分脱离前 52 周内，至少有 26 周受雇于一家就业受不利影响的厂商或其分部，周薪为 30 美元或以上，或若无法获得就业周数相关数据，则按部长规定条例计算就业相当周数。

第 232 节　每周金额

（a）在不违反本节其他规定的前提下，受不利影响工人失业一周，为其支付的贸易再调整津贴应为：其周平均工资的 70%（但不超过制造业周平均工资），减去该周内所提供服务报酬金额的 50%。

（b）任何有权获得贸易再调整津贴且正接受部长批准的培训（包括在职

培训)的受不利影响工人,应在其接受任何此类培训的每一周获得贸易再调整津贴,其金额(针对该周计算)等于第(a)小节计算所得金额,或如果其提出申请,则根据任何其他联邦法律,其有权获得的针对工人培训的任何每周津贴(如果更大)。贸易再调整津贴应取代该工人根据上述其他联邦法律有权获得的任何培训津贴。

(c) 根据第(a)小节每周向受不利影响工人支付的贸易再调整津贴额,应减去其该周收到或若申请就会收到的失业保险金;但是,如果相应州或联邦机构最终认定该工人在该周没有资格领取失业保险,则该周的扣减不适用。

(d) 对受不利影响而失业的任何工人,如果支付了失业保险或任何联邦法律下的培训津贴,同时,如果他对该失业申请贸易再调整津贴,会(在不考虑第(c)小节或第(e)小节或第236(c)节下任何资格取消规定情况下认定)有权获得该津贴,则应从其申请贸易再调整津贴并被认定有权获得第233(a)节下津贴而受支付的总周数中扣除获上述失业保险或培训津贴周数。如果任何失业周内支付给该工人的失业保险或培训津贴少于其若申请即有权获得的贸易再调整津贴额,则当其申请贸易再调整津贴并被认定有资格获得该津贴时,该周的贸易再调整津贴应为两者差额。

(e) 对于任何失业周,作为该周内提供服务的报酬、失业保险、第(d)小节所述培训津贴及贸易再调整津贴支付给受不利影响工人的总金额,若超过其周平均工资的 80%(或者,如果较少,则为制造业周平均工资的130%),则该周贸易再调整津贴应减去该超额部分。

(f) 本节下的每周应支付金额,若不是整数,应四舍五入至下一个较高的整数。

第 233 节　　贸易再调整津贴时限

(a) 向受不利影响工人支付贸易再调整津贴不得超过 52 周,但根据部长制定的条例,如下情况除外:

(1) 可向受不利影响工人额外支付不超过 26 周津贴,以帮助其完成部长批准的培训;

(2) 对于完全或部分脱离之日或之前已满 60 岁的受不利影响工人,应额外支付不超过 26 周津贴。

任何情况下,为受不利影响工人提供的贸易再调整津贴不得超过 78 周。

(b) (1) 除第(a)(1)小节或第(a)(2)小节所规定的额外周支付外,对于适当周后 2 年以上开始的失业周,不可支付贸易再调整津贴。

（2）在适当周结束后或由部长签发的首份调整援助申请资格证明日期后 180 天内（以较晚者为准），如果欲领取此类津贴的受不利影响工人未向部长批准的培训项目提出真实申请，则不可对第（a）（1）小节规定的额外周支付贸易再调整津贴。

（3）对于适当周后 3 年以上开始的额外周，不得为此类额外周支付第（a）小节规定的贸易再调整津贴。

（4）就本小节而言，适当周：

（A）对于完全脱离工人，是其最近的完全脱离周；

（B）对于部分脱离工人，是其最近一次部分脱离后获得贸易再调整津贴的第一周。

第 234 节　州法律的适用

除非与本章规定不符，并受部长可能制定的条例约束，如下州法律，其效力和资格取消条款应适用于提出贸易再调整津贴索偿的任何工人：

（1）受不利影响工人据以获得失业保险（无论是否提出失业保险索偿）的州法律；

（2）如果无权按上述条件获得失业保险，其完全或部分脱离所在州法律。

就前句而言，确定工人脱离的州法律应维持对该脱离的适用，直至该工人根据另一州法律有资格领取失业保险（无论其是否提出此类保险索偿）。

第 2 部分　培训和相关服务

第 235 节　就业服务

部长应尽一切合理努力为本章第 A 分章下证明所涵盖的受不利影响工人获得任何联邦法律规定的咨询、测试和安置服务，以及支持服务和其他服务，部长应酌情通过与合作的州机构达成协议采购此类服务。

第 236 节　培训

（a）对于本章第 A 分章下证明所涵盖的受不利影响工人，如果部长认定无合适就业机会，但如果该工人接受了适当培训，则可获得适当就业（可包括技术和专业就业），则可批准此类培训。部长应尽可能提供或确保提供此类在职培训。

（b）如果培训是在工人正常居住地通勤距离外的设施中提供，部长可酌情授权提供必要的补充援助，以支付运输和生活费用，用于脱离后的生活维持。部长授权支付的生活费每天不得超过 15 美元；交通费不得超过每英里

12美分。

（c）受不利影响工人无正当理由拒绝接受或继续进行部长所推荐的适当培训，或未能取得令人满意的进展，在其参加或恢复所推荐的培训前，无权获得本章下的支付。

第3部分　求职和安置津贴

第237节　求职津贴

（a）本章第A分章证明所涵盖的受不利影响的任何完全脱离工人，可向部长提出求职津贴申请。此类津贴，如果授予，应按部长制定的条例对工人求职的必要费用补偿80％；但对于任何工人，此类补偿不可超过500美元。

（b）求职津贴只可在如下情形提供：

（1）援助受不利影响工人在美国境内求职；

（2）部长认定不能合理期望该工人在其居住的通勤地区找到合适工作；

（3）不迟于工人根据本章提出申请前最后一次完全脱离之日起1年，或（对于已由部长推介培训的工人）在培训期结束后的合理时间内，向部长提出此类津贴申请。

第238节　安置津贴

（a）本章第A分章证明所涵盖的受不利影响的任何完全脱离工人，可根据本节条款和条件向部长提出安置津贴申请。

（b）安置津贴仅可用于援助受不利影响工人在美国境内迁移，前提是劳工部长确定无法合理预期该工人在其居住的通勤区中找到合适就业，且该工人满足以下两种情形之一：

（1）在其欲搬迁地区获得了长期工作合理预期的合适就业；

（2）获得了此类就业的真实录用通知。

（c）不得向此类工人发放安置津贴，除非满足以下两条件：

（1）在此类津贴申请提交当周，（在不考虑第232（c）节和第232（e）节情况下认定）其有权获得贸易再调整津贴，或（在不考虑其是否提出申请的情况下认定）若不是已获第（b）（1）小节所指就业，会有此权利。

（2）该搬迁在提出申请后合理期限内发生，或（对于被劳工部长推荐培训的工人）在培训结束后合理期限内发生。

根据部长制定的条例，对于同一搬迁，不得向一个以上家庭成员提供安置津贴。

（d）就本节而言，"安置津贴"的含义是：

（1）部长制定的条例所规定，运送一工人及其家人（如果有的话）和家庭用品的合理和必要支出的 80％；

（2）一次性支付，金额相当于工人周平均工资的 3 倍，上限 500 美元。

第 C 分章　一般规定

第 239 节　与各州协议

（a）授权部长代表美国与各州或州机构（本分章分别称"合作州"和"州合作机构"）达成协议。根据此类协议，州合作机构（1）作为美国的代理机构，根据本章规定受理申请并提供支付；（2）适当情况下，向根据本章申请支付的受不利影响工人提供测试、咨询、培训推荐和安置服务；（3）在其他方面与部长、州和联邦其他机构合作，提供本章下的支付和服务。

（b）本分章下的每项协议均应规定协议修改、暂缓或终止的条款和条件。

（c）本分章下的每项协议均应规定，应支付给任何受不利影响工人的任何失业保险，不得因本章规定的任何津贴权利而有任何拒绝或削减。

（d）州合作机构有关协议项下项目利益的裁定，应与适用州法律下裁定的相同方式和程度进行审查，且只能以此方式和程度进行审查。

（e）对《1954 年国内税法典》第 3302（c）节（与联邦失业税抵免有关）作修订，在第（3）段后插入了以下新段落：

"（4）如果劳工部长确定某个州或州机构不满足以下两种情形之一的：

"（A）在 1975 年 7 月 1 日之前与劳工部长达成《1974 年贸易法》第 239 节所述协议；

"（B）履行与劳工部长达成的《1974 年贸易法》第 239 节所述协议承诺，

则对于受该州失业补偿法约束的纳税人，本节下该州或州机构未签订或未履行此类协议 1 年所允许的抵免总额（在适用本节第（a）小节和第（b）小节及第（1）段、第（2）段和第（3）段的规定后），应减少该纳税人在该年度向该州缴纳的工资税 15％。"

第 240 节　没有州协议时的管理

（a）在未与州或州机构达成第 239 节下有效协议的州中，部长应根据其制定的条例安排履行本章第 B 分章规定的所有必要职能，包括为支付申请遭拒绝的任何工人举行公平听证会。

（b）根据第（a）小节对本章第 B 分章下的项目利益权利所作的最终裁定应服从法院以《社会保障法》第 205（g）节〔42 U.S.C.405（g）〕所规定的相同方

式和程度所进行的审查。

第241节　对各州的支付

（a）部长应不时向财政部长证明对各合作州支付必要款项,使该州作为美国代理机构支付本章规定的津贴。财政部长在审计总署审计或结算之前,应根据该证明从第245节设立的调整援助信托基金中向各州付款。

（b）本节下支付给一州的所有款项应仅用于支付该款项的目的,任何未用于该目的的已支付款项应在本分章下协议规定的时间退还财政部,并记入调整援助信托基金。

（c）本分章下的任何协议可要求提供该协议下付款或资金支付证明或参与该协议履行的州任何官员或雇员,向美国提供金额为部长认为必要的保证金,并可规定从执行本章目的而设立的基金中支取此类保证金。

第242节　核证和出纳官员责任

（a）在无重大疏忽或欺诈美国意图的情况下,由部长或本章协议指定的核证官,不应对本章下其核证的任何款项支付承担责任。

（b）在无重大疏忽或欺诈美国意图的情况下,如果出纳官根据第（a）小节下所指定的核证官签署的凭单付款,该出纳官不应对其在本章下的任何款项支付承担责任。

第243节　多付款项的收回

（a）如果州合作机构或部长或有管辖权的法院发现任何人：

（1）明知虚假,却作出或由他人导致作出重大事实的虚假陈述或表述,或故意或使他人未能披露重大事实；

（2）因此收到其无权获得的本章下的任何支付,

则此人应向州机构或部长（视情况而定）偿还该款项,或者采用上述任何一种方法从本章下支付给此人的任何津贴中扣除以偿还该款项。州机构或部长的任何此类裁定只能在有机会进行公正听证后作出。

（b）本节下偿还州机构的任何款项,应存入付款所用基金。本节下偿还部长的任何款项,应退还给财政部长,并记入调整援助信托基金。

第244节　处罚

任何人明知虚假却作出重大事实的虚假陈述,或故意不披露重大事实,使本人或他人获取或增加由本章或第239节下协议授权提供的任何支付,应处以不超过1 000美元的罚款或不超过1年的监禁,或两者并罚。

第245节　设立信托基金；根据海关税款凭证批准拨款

（a）特此在美国财政部账簿上设立一个信托基金,称为"调整援助信托基金"(本节称"信托基金")。信托基金应包含根据第(b)小节授权可能存放其中的金额。信托基金的款项只能用于执行本章的规定(包括行政费用)。财政部长应为信托基金受托人,并应在每年3月1日前向国会报告上一个财政年度信托基金的运作和状况。

(b)(1)特此授权自本协定颁布之日起,对每个财政年度,从财政部普通基金中未另行分配的所收关税中拨出款项给信托基金,金额为执行本章规定所需费用(包括行政费用)。

(2)授权拨付信托基金第236节下培训(包括行政费用)可能所需款项。

第246节　过渡性条款

(a)如果一工人群体已获《1962年贸易扩大法》第302(b)(2)节或第302(c)节下调整援助资格申请证明,按该法第322节申请贸易再调整津贴的任何工人,在本章生效前未被拒绝者,可按本法第231节提出申请,就好像其索偿所依据的群体证明是根据本章第A分章出具的。

(b)在任何情况下,如果一工人群体或经其认证或认可的工会或其他正式授权代表根据《1962年贸易扩大法》第301(a)(2)节,在本章生效之日前4个月前提交了请求,且:

(1)在本章生效之日前委员会未拒绝该请求;

(2)在本章生效之日前总统或其代表未根据该法第302(c)节向提出请求的工人群体签发证明,

则该群体或其代表可根据本法第221节在本章生效之日起90天内提交新请求。对第223(b)(1)节而言,应适用该群体或其代表根据《1962年贸易扩大法》提交请求的日期。符合本小节要求提交请求,由此签发证明所涵盖的工人,第223(b)(2)节不适用。

(c)对本章生效日期前开始的失业周(按《1962年贸易扩大法》定义),或同时涵盖上述失业周和本章生效之日或之后的失业周,一工人群体可根据第221节提出请求。

(d)根据本节获得支付的任何工人有权:

(1)对本章生效之日前开始的失业周(按《1962年贸易扩大法》定义),享有该法第3编第3章所规定的权利和特权;

(2)对从本章生效之日或之后开始的失业周,享有本章规定的权利和特权,但按《1962年贸易扩大法》定义的、根据该法应支付贸易再调整津贴的失业总周数应从受不利影响工人有资格根据本章获得贸易再调整津贴的失业总周数中扣除。

（e）委员会应根据要求向部长提供其在《1962 年贸易扩大法》第 301 节调查中所获的本章生效之日前 2 年间未导致总统采取该法第 302（a）（3）节或第 302（c）节行动的数据。

第 247 节　定义

为本章之目的：

（1）"受不利影响就业"，指在一厂商或其适当分部的就业，前提是该厂商或其分部工人有资格申请本章下的调整援助。

（2）"受不利影响工人"，指由于受不利影响就业中缺乏工作，个人满足以下两种情形之一的：

（A）完全或部分脱离该就业；

（B）与厂商分部的就业完全脱离，该厂商分部存在受不利影响就业。

（3）"制造业周平均工资"，指本章下提供援助期前最新公布的最近日历年（由劳工部劳动统计局每年正式发布）制造业生产工人全国平均每周总收入。

（4）"周平均工资"，指在高季度向个人支付的总工资的十三分之一，在此计算中，高季度应是计算周所在季度前最近 5 个完整日历季度中前 4 个季度中个人总工资最高的那个季度。该周应为发生完全脱离的那周，或在声称部分脱离的情况下，部长所制定条例界定的适当周。

（5）"周平均工作时间"，指在第（4）段最后一句所规定的那周前 52 周内（不包括个人病假或休假周数），个人在其已经或声称已经脱离的就业中的平均工作时数（不包括加班）。

（6）"部分脱离"，指对于尚未完全脱离的个人，其已满足以下两种情形：

（A）在受不利影响就业中，工作时间减少到周平均工作时间 80％ 或以下；

（B）在该受不利影响就业中，工资减少到其周平均工资 80％ 或以下。

（7）"报酬"，指以个体经营者身份提供服务所产生的工资和净收入。

（8）"州"包括哥伦比亚特区和波多黎各自治邦；"美国"在地理意义上使用时包括该自治邦。

（9）"州机构"，指执行州法律的州机构。

（10）"州法律"，指劳工部长根据《1954 年国内税法典》第 3304 节批准的州失业保险法。

（11）"完全脱离"，指个人被存在受不利影响就业的厂商或其分部解雇或遣散。

（12）"失业保险"，指根据任何州法律或联邦失业保险法应向个人支付的失业补偿,包括《美国法典》第 5 编第 85 章和《铁路失业保险法》。

(13)"周",指适用的州法律所定义的周。

(14)"失业周",指个人提供服务报酬低于其周平均工资 80％的任何一周,且在该周其因如下情形之一而缺乏工作:

(A)如果完全脱离,其在目前职业的工作时间少于全职工作周(不包括加班);

(B)如果部分脱离,工作时间为其周平均工作时间 80％或以下。

第 248 节　法规

部长应制定必要法规执行本章规定。

第 249 节　传唤权

(a)为作出本章规定的裁决,部长可通过传唤要求证人出席并出示必要证据。

(b)如果有人拒绝服从第(a)小节下发出的传票,对本章下相关程序具有管辖权的美国地区法院可在部长请求下,签发命令要求服从该传唤。

第 250 节　司法审查

(a)工人、工人群体、经认证或认可的工会,或工人或团体授权的代表,因部长根据第 223 节规定所作最终裁定而遭受权益侵犯,可在裁定通告 60 天内,向该工人或群体所在巡回上诉法院或美国哥伦比亚特区巡回上诉法院提出上诉请求,以复核该裁定。该法院书记员应将该请求副本发送部长。收到此类请求后,部长应立即向该法院证明并提交其裁定依据记录。

(b)部长的事实调查结果,如果有大量证据支持,应是结论性的;但法院出于正当理由可将案件发回部长以进一步取证,部长可随即作出新的或修改的事实调查结果,修改其先前行动,并应对其进一步程序记录向法院提交证明。如果有大量证据支持,则此类新的或修改后的事实调查结果同样具有结论性。

(c)法院应有权批准部长的行动或将其全部或部分搁置。法院判决应由美国最高法院根据《美国法典》第 28 编第 1254 节规定的调卷令或证明进行审查。

第 3 章　厂商调整援助

第 251 节　请求和认定

(a)厂商或其代表可向商务部长(本章以下称"部长")提交请求申请本

章下的调整援助资格证明。收到请求后，部长应立即在《联邦纪事》上发布通告，告知其已收到请求并开始调查。

（b）如果部长认为请求人或任何其他个人、组织或群体在程序中具有实质利益，并在部长公布第（a）小节下的通告之日起 10 天内提交听证要求，部长应举行公开听证会，并给予利益相关人员机会出席听证、出示证据、发表意见。

（c）部长应证明一厂商有资格申请本章规定的调整援助，如果其认定满足以下条件：

（1）此类厂商重大数量或比例的工人已完全或部分脱离，或受完全或部分脱离的威胁；

（2）此类厂商的销售或生产或两者已绝对下降；

（3）与此类厂商所生产商品同类或直接竞争商品的进口增长重要促成了此类完全或部分脱离或脱离威胁，及此类销售或生产下降。

就第（3）段而言，"重要促成"指重要但不一定比任何其他原因更重要的原因。

（d）本节下的请求提出之日后，部长应尽快作出认定，但无论如何不得迟于该日期后 60 天。

第 252 节　调整建议的批准

（a）根据第 251 节认证有资格申请调整援助的厂商，可在该认证日期后 2 年内的任何时间，依据本章向部长提出调整援助申请。此类申请应包含一项其经济调整建议。

（b）（1）本章下的调整援助包括技术援助和财政援助，可单独或组合提供。只有在如下情况下部长才可批准厂商的调整援助申请：

（A）该厂商无通过私人资本市场获得融资的合理途径。

（B）该厂商的调整建议：

（i）经合理计算，实质性有助于厂商的经济调整；

（ii）充分考虑该厂商工人的利益；

（iii）表明厂商将尽一切合理努力使用其自身资源促进经济发展。

（2）本节下的申请提出之日后，部长应尽快作出认定，但无论如何不得迟于该日期后 60 天。

（c）为协助已认证为有资格申请本章下调整援助的厂商准备可行的调整建议，部长可向该厂商提供技术援助。

（d）一旦认定任何厂商不再需要本章下的援助，部长应终止其资格证明，并立即在《联邦纪事》上公告该终止，该终止应自部长指定的终止日期起生效。

第 253 节　技术援助

（a）本章下的技术援助应包括：

（1）协助厂商制定经济调整建议；

（2）协助厂商执行该建议；

（3）两者兼而有之。

（b）部长可根据其认为适当的条款和条件向本节下被认证的厂商提供其认为将实现该厂商本章目的的技术援助。

（c）部长应通过现有政府机构及私人、公司和机构提供本章下的技术援助。如果是通过私人、公司和机构（包括私人咨询服务）提供援助，部长可以分担其费用（但美国政府承担的费用不可超过此类费用的 75%）。

第 254 节　财政援助

（a）部长可根据其认为适当的条款和条件向厂商提供直接贷款或贷款担保等形式的其认为实质有助该厂商经济调整的财政援助。就本节而言，承担厂商未偿债务，无论是否有追索权，均应视为借贷。

（b）本节下的贷款或贷款担保，仅向厂商提供资金用于：

（1）土地、厂房、建筑物、设备、设施或机械的购置、建造、安装、现代化、开发、转换或扩建；

（2）提供必要的营运资金，使厂商得以实施其调整建议。

（c）如果可以第 255（b）节第一句规定的利率从私人来源（无论有无担保）获得贷款资金，则不得根据本章向厂商提供直接贷款。

第 255 节　财政援助条件

（a）部长不得提供本章下的财政援助，除非其认定满足以下条件：

（1）所需资金无法从厂商自有资源中获得；

（2）有偿还贷款的合理保证。

（b）本章下担保的贷款利率应不高于所参与金融机构根据《小企业法》第 7(a) 节[15 U.S.C. 636(a)]对担保贷款可确定的最高年利率。本章下的直接贷款利率应为以下两项之和：

（i）财政部长考虑美国未偿可售债务当前市场平均收益率确定的利率，调整至最接近 1% 的八分之一，未偿可售债务的剩余到期时间应与此类贷款的平均期限可比；

（ii）部长认为足以支付该担保项目行政费用和可能损失的金额。

（c）部长不得提供期限超过 25 年（包括续期和延期）的贷款或为此类贷

款提供担保。但该期限不适用于：

（1）部长作为索偿人在破产或公平重组中收到的证券或债务，或作为债权人在债务人破产后其他连带诉讼中收到的证券或债务；

（2）不超过 10 年的延期或续期，如果部长认为该延期或续期对于有序清算贷款是合理必要的。

（d）在提供贷款担保和直接贷款时，部长应优先考虑《小企业法》（以及根据该法颁布的条例）所指的小厂商。

（e）部长所担保的贷款金额不得超过未偿还贷款余额的 90%。

（f）部长应为本章下担保的预期索偿保留营运准备金，就《1955 年补充拨款法》第 1311 节［31 U.S.C. 200］而言，此类准备金应被视作债务。

（g）部长可向本章下受担保的贷款放款人收取一定费用，以支付该担保必要的管理费用。

（h）（1）本章下受担保的向任何厂商提供的未偿贷款总额任何时候均不得超过 300 万美元。

（2）本章下向任何厂商提供的未偿直接贷款总额任何时候均不得超过 100 万美元。

第 256 节　对小企业管理局的职能委托；拨款授权

（a）对于任何小型公司（《小企业法》及据此颁布法规定义），部长可将其在本章下的所有职能（除第 251 节和第 252(d) 节下有关资格认证职能和第 264 节）委托给小企业管理局局长。

（b）特此授权拨付部长不时所需之款项，以履行其本章下与向厂商提供调整援助相关的职能，该被授权的拨款可随时动用直至支出。

（c）《1962 年贸易扩大法》第 312(d) 节授权的未动用拨款余额移交部长，以履行其在本章下的职能。

第 257 节　财政援助管理

（a）在提供和管理第 254 节下担保和贷款时，部长可：

（1）要求对任何此类担保或贷款提供保证，并执行、豁免此类保证或使之处于从属地位；

（2）以其认为合理的条款和条件及出于其认为合理的考虑，公开或私人转让或出售或以其他方式处置其受让或持有的与此类担保或贷款有关的任何债务、合同、债权、个人财产或保证证据，并收集、折中、获取其受让或持有的与此类担保或贷款有关的所有债务的补足裁决，直至此类债务可提交总检察长进行诉讼或追收；

（3）以其认为合理的条款和条件及出于其认为合理的考虑,对其受让或以其他方式获得的与此类担保或贷款有关的任何不动产或私人财产进行翻新、改进、现代化、完善、保险、出租、出售或以其他方式处理;

（4）必要或适当时获取、持有、转移、放弃或传让任何不动产或个人财产或其中任何权益,并为此执行所有法律文件;

（5）行使所有其他权力,并采取必要或附带的其他行为,以履行第254节下的职能。

（b）作为第（a）小节下保证的任何抵押应依据适用州法律进行记录。

（c）部长根据本章达成交易所产生的贷款偿还、利息支付和其他收款,应用于本章下所履行的融资职能,包括与此类职能有关的行政费用。

第 258 节　保护性规定

（a）本章下的调整援助接受者均应有充分披露其对此类调整援助收益（如果有的话）金额和处置的记录,并有助于进行有效审计,接受者还应保留部长可能规定的其他记录。

（b）为审计和核查之目的,部长和美国总审计长有权获得与本章下调整援助有关的受援人的任何账本、公文、文件和记录。

（c）不得向任何厂商提供本章下的调整援助,除非其所有人、合伙人或管理人员向部长证明:

（1）为加快申请此类调整援助而由厂商委聘或代表厂商的任何律师、代理和其他人员的姓名;

（2）向任何此类人员已付或将付费用。

（d）不得向任何厂商提供本章下的财政援助,除非其所有人、合伙人或管理人员在此类财政援助提供后执行对其及厂商具有为期2年约束力的协议,不得雇用下列人员、为其提供职位或就业,或留用其提供专业服务:在提供此类援助或其任何部分之日或之前一年内,在部长认定的与此类财政援助提供裁量权有关的职位或相关活动中担任官员、律师、代理或雇员。

第 259 节　处罚

出于以任何方式影响本章下裁决之目的,或为获得本章下金钱、财产或任何有价物品之目的,任何人故意对重大事实作出虚假陈述或故意不披露重大事实,或故意高估任何担保的价值,应处以5 000美元以下罚款或2年以下监禁,或两者并罚。

第 260 节　诉讼

提供本章下的技术和财政援助时,部长可在具有一般管辖权的州任何登记在册法院,或在美国任何地区法院提起诉讼和被提起诉讼,并赋予此类地区法院管辖权,在不考虑争议金额情况下裁定此类争议;但不得针对其或其财产签发任何(中间的或最终的)附件、禁令、扣押令或其他类似程序。本节任何内容不得解释为将第 253 节和第 254 节下的活动排除在《美国法典》第 28 编第 516 节、第 547 节和第 2679 节的适用之外。

第 261 节　定义

本章中,"厂商"包括个人独资企业、合伙企业、合资企业、社团、公司(包括开发公司)、商业信托、合作社、破产受托人和法院判令下的接管人。一厂商及其前任或继任厂商,或由实质相同的人控制或实益拥有的任何关联公司,在必要时可被视为单一厂商以防止不正当利益。

第 262 节　法规

部长应制定必要法规执行本章规定。

第 263 节　过渡性规定

(a) 在任何情况下,如果一厂商或其代表根据《1962 年贸易扩大法》第 301(a)(2)节已向国际贸易委员会(以下称"委员会")提交请求,但委员会在本章生效之日前尚未根据该法第 301(c)节作出裁定,此类厂商可根据本法第 251 节规定重新申请。为协助部长根据第 251 节对此类厂商作出认定,应部长要求,委员会应将其调查所获数据提供给部长。

(b) 在本章生效之日,对含有《1962 年贸易扩大法》第 301(c)节下肯定结论的委员会报告,或持不同结论委员数均等的报告,如果总统(或其代表)尚未采取该法第 302(c)节下的行动,部长可将该报告视为在本章生效之日根据本法第 251 节作出的资格证明。

(c) 本章生效之日前根据《1962 年贸易扩大法》第 302(c)节作出的任何厂商的资格证明,均应视为本法颁布之日根据本法第 251 节作出的资格证明,除本章生效之日前其调整建议已获《1962 年贸易扩大法》第 311 节下认证的厂商,此类厂商可按受认证建议所规定的水平获得调整援助。

第 264 节　国际贸易委员会开始调查时商务部长进行的研究;肯定结论下的行动

(a) 凡委员会根据第 201 节开始对某产业进行调查,委员会应立即将此通知部长,部长应立即就如下事项展开研究:

(1) 生产同类或直接竞争商品的国内产业中已经或可能被证明有资格获得调整援助的厂商数量;

(2) 通过使用现有项目可在多大程度上促进此类厂商有序适应进口

竞争。

（b）部长在第（a）小节下的研究报告应不迟于委员会作出第 201 节下报告后 15 天之内提交总统。报告一经提交总统，部长应立即将其公开（部长认为的机密信息除外），并在《联邦纪事》上公布其摘要。

（c）凡委员会根据第 201（b）节作出肯定结论，认为进口增长是造成一产业严重损害或严重损害威胁的实质原因时，部长应在可行范围内向该产业厂商提供充分信息，使此类厂商了解可有助于促进其有序适应进口竞争的各个项目，并应对此类厂商请求和申请项目利益的准备和处理工作提供协助。

第 4 章　社区调整援助

第 271 节　请求和认定

（a）州下属政治区划（本章以下称"社区"）、此类社区群体或代表此类社区的州长可向商务部长（本章以下称"部长"）提交请求申请本章下的调整援助资格证明。收到请求后，部长应立即在《联邦纪事》上发布通告，告知其已收到请求并开始调查。

（b）如果部长认为请求人或任何其他人在程序中具有实质利益，并在部长公布第（a）小节下的通告之日起 10 天内提交听证要求，部长应举行公开听证会，并给予利益相关人员机会出席听证、出示证据、发表意见。

（c）部长应证明一社区有资格申请本章规定的调整援助，如果其认定：

（1）此类社区所在受贸易影响地区重大数量或比例的工人已完全或部分脱离，或受完全或部分脱离的威胁；

（2）位于第（1）段所指受贸易影响地区的厂商或厂商分部的销售或生产或两者已绝对下降；

（3）与位于第（1）段所指受贸易影响地区的厂商或厂商分部所生产商品同类或直接竞争商品的进口增长，或位于此类地区的厂商或厂商分部向外国的转移重要促成了第（1）段所述完全或部分脱离或脱离威胁，及第（2）段所述销售或生产下降。

就第（3）段而言，"重要促成"指重要但不一定比任何其他原因更重要的原因。

（d）本节下的请求提出之日后，部长应尽快，但无论如何不得迟于该日期后 60 天，认定提出请求的社区或社区群体是否符合第（c）小节要求，并应根据本章签发援助资格证明,涵盖符合此类要求的请求人所在同一受贸易影响地区中的任何社区。

（e）在咨询劳工部长后,同时考虑第（c）小节标准,及在相关范围内,考虑《1965 年公共工程和经济发展法》第 401 节下重建地区标准所规定的因素,部长应确定每一受贸易影响地区的规模和边界。

（f）如果部长确定一社区不需要本章下的任何附加援助,则应终止该社区的资格证明,并应立即在《联邦纪事》上公布此终止通告,该终止应在部长规定的终止日期生效。

第 272 节　受贸易影响地区理事会

（a）在一社区获得第 271 节下的认证后 60 天内,部长应派代表前往该社区所在的受贸易影响地区,告知社区官员和该地区其他居民本法下可获得利益,并协助此类官员和居民建立该地区的受贸易影响地区调整援助理事会（本章以下称"理事会"）。

（b）（1）在不违反本段最后一句前提下,部长应为每一由一个或多个获第 271 节认证社区所在的受贸易影响地区建立一理事会,该理事会应:

（A）为受贸易影响地区认证社区的经济复兴制定调整援助计划建议;

（B）在部长批准的调整援助计划下协调社区行动。

如果在该地区已存在执行第（A）小段和第（B）小段所规定职能的适当实体,部长可指定该实体为该地区的理事会。

（2）该理事会代表应来自其所涵盖的受贸易影响地区的认证社区、产业、劳工和普通大众。

（c）授权部长在由第（b）小节设立的理事会申请下,向该理事会拨款以维持适当的专业和文职人员。在理事会成立或指定之日起 2 年期限结束后,不得拨付理事会维持工作人员的费用。

（d）本节下设立的理事会可根据本章向部长提出调整援助申请,此类申请应包含理事会为受贸易影响地区内社区制定的调整援助计划建议。

第 273 节　项目利益

（a）本章下的调整援助包括:

（1）《1965 年公共工程和经济发展法》提供给重建地区的除贷款担保外的所有形式的援助;

（2）第（d）小节所述贷款担保项目。

（b）除非部长批准根据第 272（d）节提交的调整援助计划,否则不得向受贸易影响地区的任何社区或个人提供本章下的调整援助。

(c) 对于《1965 年公共工程和经济发展法》：

(1) 已根据第 272(d)节批准了调整援助计划的受贸易影响地区应被视为重建地区,但：

(A) 不得根据该法向任何人提供贷款担保；

(B) 1980 年 9 月 30 日后,不得向该地区任何接受人提供贷款或赠款。

(2) 批准根据第 272(d)节提交的调整援助计划,应视为批准该法第 202 (b)(10)节下的整体经济发展项目。

(d) 授权部长为以下方面的贷款提供担保：

(1) 土地、厂房、建筑物、设备、设施或机械的购置、建造、安装、现代化、开发、转换或扩建；

(2) 营运资金。

此类贷款由私人借贷机构向私人借款者提供,与受贸易影响地区的项目有关,且与《1965 年公共工程和经济发展法》第 202 节下的贷款担保条款和条件相同,包括记录和审计要求及处罚,但：

(1) 在 1982 年 9 月 30 日后,不得根据本小节提供新的贷款担保；

(2) 可为此类贷款未偿余额的全部金额提供贷款担保；

(3) 本小节下美国可提供的贷款担保金额中一个州不得超过 20%。

(e) 第(b)小节下贷款担保申请人所在州州长、社区授权代表,或州长及社区授权代表可与部长达成协议,规定如果该担保申请人所在州已依法设置了部长为本节目的而批准的项目,该州或该社区或该州及该社区将支付不超过第(d)小节下贷款担保所产生任何负债金额的一半。

(f)(1) 在考虑是否为第(d)小节下符合条件的公司提供贷款担保时,部长应优先考虑同意履行以下贷款要求的公司：

(A) 贷款本金的 25%由贷方支付给受贷公司、其母公司或子公司,或包括受贷公司在内的几家公司建立和维护的员工持股计划所设合格信托；

(B) 员工持股计划符合本小节的要求；

(C) 受贷公司、贷方和与贷款有关的合格信托间协议符合本节要求。

(2) 员工持股计划不符合本小节要求,除非该计划的治理工具规定：

(A) 根据第(1)(A)段支付给合格信托的贷款用于购买合格雇主证券；

(B) 合格信托将从受款公司向其缴纳的款项中偿还贷款人的贷款金额和利息；

(C) 随着合格信托偿还该贷款,该信托将不时按第(4)段规定在参与者及其受益人的个人账户中分配合格雇主证券。

（3）受款公司、贷方和合格信托间协议不符合本小节要求，除非：

（A）任何一方均可联合或单独无条件地对另一方强制执行；

（B）其规定，合格信托在任何时候偿还其贷款的债务额不可超过该信托实际收到的第（2）（B）段所规定的缴款额；

（C）其规定，受款公司从合格信托收到的、为本小节目的而购买合格雇主证券的金额，将由受款公司专门用于与贷方直接支付部分贷款可用的相同目的；

（D）其规定，合格信托为本小节目的购买合格雇主证券之日起1年内，受款公司不得减少其股权资本额；

（E）其规定，受款公司向合格信托的缴款额不低于该信托履行其偿还贷款本金和利息义务必要的金额，无论该公司是否可根据《1954年国内税法典》第404节扣减此类缴款，也无论受款公司是否有法律义务下或员工持股计划下的任何其他缴款。

（4）在每个计划年度结束时，员工持股计划应将合格雇主证券的那部分分配到参与员工账户，其成本占根据本小节第（2）（A）段购买全部合格雇主证券的成本比与该合格信托该年内偿还贷款本利总额占该信托在该贷款期内应偿还贷款本利总额之比实质相同。一个计划年度内分配给参与者个人账户的合格雇主证券占分配给该计划所有参与者所有此类证券数量比，须与支付给此类参与者补偿金额占当年支付给所有此类参与者补偿总额之比实质相同。

（5）就本小节而言，术语：

（A）"员工持股计划"，指《1974年雇员退休收入保障法》第407（d）（6）节、《1954年国内税法典》第4975（e）（7）节和《1973年区域铁路重组法》第102（5）节所述计划，符合《1974年雇员退休收入保障法》第1编和《1954年国内税法典》第1章第4分章第1部分的要求。

（B）"合格信托"，指根据员工持股计划建立、符合《1974年雇员退休收入保障法》第1编和《1954年国内税法典》第1章第4分章第1部分要求的信托。

（C）"合格雇主证券"，指受贷公司或其母公司或子公司发行的普通股，其表决权和股息权不低于发行公司发行的其他普通股的表决权和股息权，表决权在被分配到员工持股计划参与者的持股计划账户后由参与者行使。

（D）"股权资本"，指对于受贷公司而言，其货币和其他财产的总和（其金额等于此类财产的调整后基准，但不考虑第（3）（D）段所述期间因折旧或摊销所作的调整），减去其债务。

（g）美国在第（d）小节下所提供贷款担保的未偿还贷款份额，任何时候不得超过 5 亿美元。

第 274 节　社区调整援助基金和拨款授权

（a）在美国财政部账簿上设立一项循环基金，称社区调整援助基金。基金应包括根据第（b）小节授权可能存放在其中的款项，及根据第 273（a）节设立的项目所收到的任何收款、贷款偿还款或其他收入。基金款项只能用于执行第 272 节和第 273（b）节的规定，包括行政费用。拨付给该基金的款项应提供给部长，不受财政年度限制。在清算所有剩余债务后，1980 年 9 月30 日之后基金中的任何余额应转入财政部普通基金。

（b）为执行第 272 节和第 273（a）节规定，授权向社区调整援助基金拨款，1975 年 6 月 30 日结束的财政年度 * 为 1 亿美元，后续 7 个财政年度为必要金额。

（c）授权向部长拨付执行第 273（d）节下贷款担保项目的必要款项。

第 5 章　其他规定

第 280 节　审计总署报告

（a）美国总审计长应对本编第 2 章、第 3 章和第 4 章建立的调整援助项目进行研究，并在 1980 年 1 月 31 日前向国会报告该研究结果，该报告应包括对以下方面的评估：

（1）此类项目在帮助工人、厂商和社区适应因国际贸易方式变化所致经济条件变化方面的有效性；

（2）此类项目和其他提供失业补偿、萧条地区救济的政府项目管理间的协调。

（b）在履行本节规定的职责时，总审计长应在可行范围内获得劳工部和商务部协助，劳工部和商务部长应给予总审计长任何必要协助，以对本编建立的调整援助项目进行有效评估。

---

* 《1974 年国会预算及扣押款项控制法》（The Congressional Budget and Impoundment Control Act of 1974，P.L.93-344）第 501 节规定，自 1976 年开始，美国财政年度的起始时间调整为当年 10 月 1 日至翌年 9 月 30 日。采用跨日历年度制的财政年度，一般以财政年度终止日所属年份为该期间的财政年度命名，即 1976 年 10 月 1 日至 1977 年 9 月 30 日财政年度为 1977 财政年度。——译者注

第 281 节　协调

建立调整援助协调委员会,由一名副贸易特别代表担任主席,并由劳工部、商务部和小企业管理局负责调整援助的官员组成。委员会的职责是协调所涉各机构的调整援助政策、研究和项目,并促进调整援助利益的高效和有效提供。

第 282 节　贸易监测系统

商务部长和劳工部长应建立并维持一项美国进口商品监控项目,以反映此类商品的进口变化、此类进口与国内生产变化的关系、生产与进口商品同类或与其直接竞争商品的国内产业的就业变化,以及此类生产和就业变化在美国特定地理区域的集中程度。根据本节收集的信息摘要应定期公布,并提供给调整援助协调委员会、国际贸易委员会和国会。

第 283 节　搬迁到外国的厂商

将生产设施从美国搬迁到外国之前,每个厂商应:

(1) 在搬迁之日前至少 60 天,对因搬迁而可能完全或部分脱离的员工作出通知;

(2) 在根据第(1)段通知员工的同一天,向劳工部长和商务部长提供搬迁通知。

(b) * 国会认为,每家此类厂商均应:

(1) 申请并使用本编下其有资格获得的所有调整援助;

(2) 在美国为因搬迁而完全或部分脱离的员工提供就业机会(如果有的话);

(3) 协助将员工重新安置到美国存在就业机会的其他地方。

第 284 节　生效日期

本编第 2 章、第 3 章和第 4 章应于本法颁布之日后第 90 天生效,应于1982 年 9 月 30 日终止。

＊　原文如此,第 1 段未加序号"(a)"。——译者注

《美国法典》(1994 年版)
第 19 编　关税

第 12 章　《1974 年贸易法》
第 2 分章　进口竞争的损害救济

第 1 部分　进口损害产业的积极调整

第 2251 节　应对进口竞争的积极调整促进行动

(a) 总统的行动

如果美国国际贸易委员会(本部分以下称"委员会")根据本编第 2252 (b)节认定,一商品正以增长的数量进口到美国,以致成为生产与该进口商品同类或直接竞争商品的国内产业严重损害或严重损害威胁的实质原因,总统应根据本部分,在其权力范围内采取适当和可行的、其认为将促进国内产业努力对进口竞争作出积极调整,并产生优于成本的经济和社会效益的一切行动。

(b) 应对进口竞争的积极调整

(1) 就本部分而言,应对进口竞争的积极调整发生在:

(A) 国内产业:

(i) 在根据本编第 2254 节采取的行动终止后,能与进口产品成功竞争;

(ii) 国内产业将资源有秩序转移到其他生产领域。

(B) 产业中的失业工人有秩序过渡到生产领域。

(2) 即使国内产业的规模和组成与发起本编第 2252(b)节下的调查时不同,也可视为对进口竞争作出了积极调整。

第 2252 节　委员会调查、认定和建议

(a) 请求和调整计划

(1) 代表一产业的实体,包括行业协会、厂商、经认证或认可的工会,或工人群体,可向委员会提交请求,要求采取本部分下的行动,以促进应对进口竞争的积极调整。

（2）第（1）段下的请求：

（A）应包括寻求采取行动的具体目的说明，可包括促进资源有秩序转移到更有生产力的领域、提高竞争力或其他适应新竞争条件的调整方式。

（B）（i）可在不违反本节第（d）（1）（C）（i）小节的情况下，请求提供本节第（d）（1）小节下的临时救济；

（ii）可请求提供本节第（d）（2）小节下的临时救济。

（3）第（1）段下的请求一经提出，委员会应立即将其副本送交美国贸易代表办公室和其他直接有关的联邦机构。

（4）第（1）段下的请求人可与请求书一起或请求提出之日后120天内，向委员会和美国贸易代表（本部分以下称"贸易代表"）提交一项促进应对进口竞争的积极调整计划。

（5）（A）提交第（4）段下的调整计划前，请求人及第（1）段所指希望参与的其他实体可与贸易代表和贸易代表认为适当的任何联邦机构的官员和雇员进行磋商，以评估考虑纳入计划的、有关可采取本部分下具体行动的建议是否充分。

（B）第（A）小段下的任何磋商要求必须向贸易代表提出。收到此类要求后，贸易代表应与请求人协商，提供切实可行的协助，包括在《联邦纪事》上公布适当通知，争取其他参与者参与磋商。除非贸易代表或其代表出席，否则不得根据第（A）小段进行磋商。

（6）（A）在根据本节第（b）小节进行的任何调查过程中，委员会应（酌情在保密基础上）索取有关产业内厂商和工人为对进口竞争作出积极调整而正在采取或计划采取或同时采取这两方面行动的资料。

（B）无论请求人是否根据第（4）段提交了调整计划，如果委员会根据本节第（b）小节作出肯定认定，任何

（i）国内产业中的厂商；

（ii）国内产业中经认证或认可的工会或工人群体；

（iii）州或地方社区；

（iv）代表国内产业的行业协会；

（v）任何其他个人或人员群体，

可单独向委员会提交此类个人和实体准备采取行动的承诺，以促进应对进口竞争的积极调整。

（7）第（5）段和第（6）段的任何规定不得解释为提供反托拉斯法下的豁免。

（8）1930 年《关税法》第 332(g) 节 [19 U.S.C. 1332(g)] 规定的机密商业信息公布程序应适用于委员会根据本部分和《北美自由贸易协定实施法》[19 U.S.C. 3351 et seq.] 第 3 编进行调查所收到的信息。委员会可要求提供商业机密信息的当事方提供其非机密性摘要，或如果此类当事方表示无法对提交信息进行概述，则可要求其说明理由。如果委员会认为保密要求没有依据，且有关当事方既不愿公布信息或也不愿授权以概括或摘要形式公布信息，委员会可对所提交信息不作考虑。

（b）委员会的调查和认定

（1）（A）应本节第(a)小节下所提交的请求、应总统或贸易代表要求、经众议院筹款委员会或参议院财政委员会决议，或经其自主动议，委员会应立即进行调查，以确定某商品是否正以增长的数量进口到美国，以致成为生产与该进口商品同类或直接竞争商品的国内产业严重损害或严重损害威胁的实质原因。

（B）就本节而言，"实质原因"指重要且不次于其他任何原因的原因。

（2）（A）除第(B)小段规定外，委员会应在提出请求、收到要求或决议或通过动议（视具体情况）之日起 120 天（如果请求书声称存在危急情况，则为 180 天）内根据第(1)段作出认定。

（B）如果根据本节第(a)(1)小节提出请求后第 100 天之前，委员会认定调查极为复杂，委员会应在第(A)小段所述日期之后 150 天（如果请求书声称存在危急情况，则为 210 天）内根据第(1)段作出认定。

（3）委员会应在《联邦纪事》上公布启动本小节任何程序的通告，并应在此后合理时间内举行公开听证会，给予有关各方和消费者机会出席听证会、出示证据、就本节第(a)小节下提交的任何调整计划陈述看法、对其他各方和消费者陈述作出答复，并以其他方式发表意见。

（c）作出认定的适用因素

（1）委员会根据本节第(b)小节作出认定时，应考虑其认为相关的所有经济因素，包括（但不限于）：

（A）对于严重损害：

（i）国内产业生产设施的重大闲置；

（ii）相当数量厂商无法以合理的利润水平进行国内生产；

（iii）国内产业内出现大量失业或就业不足。

（B）对于严重损害威胁：

（i）销售或市场份额下降，库存增加和增长（无论国内生产商、进口商、批发商还是零售商），及国内产业的生产、利润、工资、生产率或就业（或不充分就业的增加）呈下降趋势；

（ii）国内产业的厂商无法产生足够资本为其国内工厂和设备现代化提供融资，或无法维持现有研发支出水平的程度；

（iii）因第三国出口或进口限制，美国市场成为相关商品出口转移焦点市场的程度。

（C）对于实质原因，进口增加（实际或相对于国内生产）和国内生产商供给国内市场的比例下降。

（2）在根据本节第（b）小节作出认定时，委员会应：

（A）考虑相关商业周期内国内产业状况，但不可将与美国经济衰退或经济下降有关的需求下降原因汇总成严重损害或损害威胁的单一原因；

（B）审查进口以外可能对国内产业造成严重损害或严重损害威胁的因素。

委员会应将其第（B）小段下的审查结果纳入其根据本节第（e）小节提交总统的报告。

（3）第（1）段第（A）小段和第（B）小段要求委员会评估的任何因素，无论是否存在，对判定某商品是否正以增长的数量进口到美国，以致成为生产与该进口商品同类或直接竞争商品国内产业严重损害或严重损害威胁的实质原因，并不一定具有决定性。

（4）就本节第（b）小节而言，在认定生产与一进口商品同类或直接竞争商品的国内产业时，委员会：

（A）在信息可获得范围内，对于也从事进口的国内生产商，应仅将其国内生产视为该国内产业的一部分；

（B）对于生产多个商品的国内生产商，可仅将生产同类或直接竞争商品生产商的该部分或该细分视为该国内产业的一部分；

（C）对于一个或多个国内生产商，其在美国主要地理区域生产同类或直接竞争商品、在该地区该商品的生产设施构成美国国内产业的实质组成部分，且主要服务于该地区市场，而进口集中在该地区，可将位于该地区的那部分生产视为国内产业。

（5）在本小节下的任何程序中，委员会应调查其认为可能导致受调查商品进口增加的任何因素。调查过程中，凡委员会有理由认为进口增加的部分原因属《1930 年关税法》第 7 编第 A 分编和第 B 分编［19 U.S.C. 1671 et seq.，1673 et seq.］或第 337 节［19 U.S.C. 1337］，或属法律其他救济条款范围,委员会应立即通知有关机构,以便采取此类法律条款另有授权的行动。

(6) 就本节而言:

(A)(i) "国内产业",指对某一商品,同类商品或直接竞争商品的全部生产者,或同类商品或直接竞争商品的集体生产占该商品国内生产总量主要部分的生产者。

(ii) "国内产业"包括位于美国岛屿属地的生产者。

(B) "生产设施的重大闲置"包括关闭工厂或产能利用不足。

(C) "严重损害",指国内产业地位的重大总体削弱。

(D) "严重损害威胁",指明显将要发生的严重损害。

(d) 临时救济

(1)(A) 代表国内产业生产与进口易腐农产品或柑橘类产品同类或直接竞争的易腐农产品或柑橘类产品的实体,可根据第(B)小段向贸易代表提出监控此类产品进口的请求。贸易代表应在收到请求后 21 天内确定:

(i) 进口产品是否属易腐农产品或柑橘类产品;

(ii) 有否合理迹象表明,这种产品正以增长的数量进口到美国,以致或可能成为国内此类产业严重损害或严重损害威胁的实质原因。

(B) 如果根据第(A)(i)小段和第(A)(ii)小段作出肯定认定,贸易代表应根据《1930 年关税法》第 332(g)节[19 U.S.C. 1332(g)],要求委员会监控和调查有关进口商品,为期不超过 2 年。监控和调查可包括收集和分析信息,以加快本节第(b)小节下的调查。

(C) 如果根据本节第(a)小节提出的请求:

(i) 指控易腐农产品或柑橘类产品进口造成损害,而此类产品在指控纳入请求书之日,由委员会进行第(B)小段下的监控时间已不少于 90 天;

(ii) 要求根据本小节就此类进口提供临时救济,

委员会应不迟于请求提出之日后第 21 天,基于可获得信息,确定易腐农产品或柑橘类产品的进口增加(实际或相对于国内生产)是否造成生产同类或直接竞争易腐农产品或柑橘类产品的国内产业严重损害或严重损害威胁的实质原因,以及以下情况:

(I) 严重损害是否因同类或直接竞争农产品的易腐性而可能难以修复;

(II) 严重损害不能通过本节第(b)小节下的调查和本编第 2253 节下的行动及时防止。

(D) 应委员会要求,农业部长应迅速向委员会提供农业部可能掌握的任何相关信息,以作出本小节下的认定和调查结论。

（E）当委员会根据第（C）小段作出初步肯定认定，委员会应寻找防止或补救严重损害所必需的临时救济数量或范围。在执行本小段时，如果可行并可防止或补救严重损害，委员会应优先考虑增加或实施进口关税。

（F）委员会应立即向总统报告其第（C）小段下的认定，如果是肯定认定，则应报告根据第（E）小段作出的结论。

（G）总统在收到委员会根据第（F）小段提交的肯定认定报告后7天内，如果认为有必要给予临时救济，并考虑委员会根据第（E）小段作出的结论，应宣布其认为有必要的临时救济，以防止或补救严重损害或严重损害威胁。

（2）（A）如果本节第（a）小节下的请求声称存在危急情况，并要求根据本小节就请求书所述商品的进口提供临时救济，委员会应不迟于请求提出后60天内，基于可获得信息，确定：

（i）是否存在明确证据表明该商品的进口增长（实际或相对于国内生产）是生产与该进口商品同类或直接竞争商品国内产业严重损害或严重损害威胁的实质原因；

（ii）延迟采取本部分下的行动将对该产业造成难以修复的破坏。

（B）如果第（A）（i）小段和第（A）（ii）小段下的认定是肯定的，委员会应寻找防止或补救严重损害所必需的临时救济数量或范围。在执行本小段时，如果可行并可防止或补救严重损害，委员会应优先考虑增加或实施进口关税。

（C）委员会应立即向总统报告其第（A）（i）小段和第（A）（ii）小段下的认定，如果是肯定认定，则应报告根据第（B）小段作出的结论。

（D）总统在收到委员会根据第（C）小段提交的包含第（A）（i）小段和第（A）（ii）小段下肯定认定的报告后30天内，如果认为有必要给予临时救济，并考虑委员会根据第（B）小段作出的结论，应宣布其认为有必要的期限不超过200天的临时救济，以防止或补救严重损害或严重损害威胁。如果可行并可防止或补救严重损害，此类救济应对进口商品增加或实施关税。

（3）如果根据第（1）（G）段或第（2）（D）段宣布的临时救济采用增加或实施关税形式，对第（1）（C）段或第（2）（A）段（视情况而定）下肯定裁定的、在裁定之日或之后进入仓库或出库供消费的所有进口商品，总统应下令暂停清关。

（4）（A）本小节下对进口商品实施的任何临时救济，应在下述日期终止：

（i）如果此类救济根据第（1）（G）段或第（2）（D）段宣布，为委员会根据本节第（b）小节对此类商品进口的损害或损害威胁作出否定裁定之日；

(ii) 本编第 2253(a)(3)(A)节或第 2253(a)(3)(C)节所述行动根据本编第 2253 节对此类商品生效之日；

(iii) 总统根据本编第 2253(a)节对此类商品不采取任何行动的决定成为终局之日；

(iv) 凡总统确定,由于情况发生变化,此类救济不再必要之日。

(B) 第(3)段下的进口商品暂停清关令应在根据第(A)小段的此类商品临时救济终止之日终止。

(C) 如果根据本编第 2253 节对进口商品宣布增加或实施的关税与根据本节对该商品宣布增加或实施的关税不同,则根据第(3)段暂停清关的任何此类商品的进入应按两类税率较低者予以清关。

(D) 如果根据本节对进口商品宣布的临时救济形式为增加或实施关税,而根据本编第 2253 节对该商品既未宣布增加也未宣布实施关税,则根据第(3)段暂停清关的任何此类商品的进入可按临时救济前的适用税率予以清关。

(5) 对本小节而言:

(A) "柑橘类产品",指任何加工的柑橘或葡萄柚,或任何柑橘或葡萄柚汁,包括浓缩液。

(B) "易腐农产品",指贸易代表在考虑以下因素后认为采取本节下的行动是适当的任何农业商品,包括牲畜:

(i) 此类商品是否具有:

(I) 短保质期;

(II) 短生长季;

(III) 短销售期。

(ii) 该商品是否为任何其他联邦法律法规视为易腐产品。

(iii) 贸易代表认为适当的任何其他因素。

第(i)款、第(ii)款和第(iii)款要求贸易代表考虑的任何因素,无论是否存在,对判定某商品是否属于易腐农产品,并不一定具有决定性。

(C) "临时救济"指:

(i) 任何关税的增加或实施;

(ii) 对美国进口商品数量限制的任何修改或实施;

(iii) 第(i)款和第(ii)款下任何行动的组合。

(e) 委员会建议

(1) 如果委员会根据本节第(b)(1)小节作出肯定认定,委员会还应对如下问题提出行动建议:解决国内产业严重损害或严重损害威胁并最有效促进国内产业对进口竞争作出积极调整。

(2) 授权委员会根据第(1)段提出建议:

(A) 对进口商品增加或实施任何关税;

(B) 对该商品实施关税配额;

(C) 对美国进口商品数量限制的任何修改或实施;

(D) 一项或多项适当调整措施,包括根据本分章第2部分提供贸易调整援助;

(E) 第(A)小段至第(D)小段所述行动的任何组合。

(3) 委员会应具体说明根据第(1)段建议采取行动的类型、数额和期限。本编第2253(e)节所列限制适用于委员会建议的行动。

(4) 除根据第(1)段提出的建议外,委员会还可建议总统:

(A) 发起国际谈判,以解决商品进口增加的根本原因,或以其他方式缓解损害或威胁;

(B) 采取法律授权的任何其他可能行动,促进应对进口竞争的积极调整。

(5) 为根据本小节提出建议,委员会应:

(A) 在发出合理通告后,举行公开听证会,向所有有关各方提供作证和出示证据的机会;

(B) 考虑如下事项:

(i) 第(2)(A)段、第(2)(B)段和第(2)(C)段所述防止或补救损害或损害威胁的行动形式和数量;

(ii) 如果根据本节第(a)(4)小节提交调整计划,该计划规定的任何目标和行动;

(iii) 根据本节第(a)(6)小节提交委员会的任何个人承诺;

(iv) 委员会可获得有关国内和世界市场竞争状况的任何信息,以及在所要求采取行动期间影响此类状况的可能发展;

(v) 国际谈判是否可以建设性地应对损害或威胁,或促进调整。

(6) 只有同意本节第(b)小节下肯定认定的委员会成员才有资格就第(1)段要求或根据第(3)段可能提出的建议进行表决。不同意肯定认定的委员会成员可在本节第(f)小节所要求的报告中就应根据本编第2253节采取何种行动提出单独意见。

(f) 委员会报告

(1) 委员会应就本节第(b)小节下的每项调查向总统提交报告,报告应尽早提交,但不得迟于提出请求、收到要求或决议或通过动议(视具体情况)之日起 180 天(如果请求书声称存在危急情况,则应为 240 天)。

(2) 委员会应在第(1)段所要求的报告中列入以下内容:

(A) 根据本节第(b)小节所作认定并解释其依据。

(B) 如果根据本节第(b)小节作出肯定认定,则根据本节第(e)小节提出的行动建议并解释其依据。

(C) 委员会成员对第(A)小段和第(B)小段所述认定和任何建议的任何异议或分歧。

(D) 本节第(c)(2)小节下报告所要求包含的调查结论。

(E) 本编第 2251(b)(4)节下提交的调整计划副本(如果有)。

(F) 在国内产业中厂商和工人正在或计划采取的、促进应对进口竞争的积极调整措施方面,委员会提交的承诺和获得的信息。

(G) 下列情况说明:

(i) 实施本节第(e)小节所建议的行动对提出请求的国内产业、其他国内产业和消费者可能产生的短期和长期影响;

(ii) 不采取所建议的行动对提出请求的国内产业、其工人和该产业生产设施所在社区及其他国内产业产生的短期和长期影响。

(3) 在根据第(1)段向总统提交报告后,委员会应迅速公之于众(根据本节第(a)(6)(B)小节所获机密信息和委员会认为机密的任何其他信息除外),并将其摘要公布在《联邦纪事》上。

(g) 调整援助请求的加速审议

如果委员会根据本节第(b)(1)小节作出肯定认定,委员会应立即将决定通知劳工部长和商务部长。收到此类通知后:

(1) 劳工部长应加快审议国内产业工人申请本分章第 2 部分下调整援助的资格认证请求;

(2) 商务部长应加快审议国内产业厂商申请本分章第 3 部分下调整援助的资格认证请求。

(h) 对调查的限制

(1) 除委员会认定存在正当理由外,不得对本部分下先前调查的相同标的进行本节下的调查,除非委员会向总统提交该先前调查结果报告超过 1 年。

(2) 如果总统在新调查中可根据本编第 2253 节采取行动的最后日期早

于本编第 2253(e)(7)节允许的日期,则不得对受本编第 2253(a)(3)(A)节、第 2253(a)(3)(B)节、第 2253(a)(3)(C)节或第 2253(a)(3)(E)节下采取或已采取行动约束的商品进行新的调查。

(3)(A)不迟于《纺织品协定》对美国生效之日,商务部长应在《联邦纪事》上公布《纺织品协定》所涉所有商品清单。仅当如商务部长在《联邦纪事》上公布的公告(包括根据本编第 3591 节公布的公告)所述,美国根据《纺织品协定》将相关商品纳入《1994 年关贸总协定》,才可根据本节对《纺织品协定》所涉商品的进口进行调查。

(B)就本段而言:

(i)"纺织品协定",指本编第 3511(d)(4)节所指《纺织品和服装协定》。

(ii)"关贸总协定 1994 年",指本编第 3501(1)(B)节所指的含义。

(i) 根据保护令有限披露机密商业信息

委员会应颁布条例,根据保护令向本节下参与调查有关各方的授权代表提供获取机密商业信息的机会。

第 2253 节　进口损害裁定后的总统行动

(a) 一般规定

(1)(A)在收到根据本编第 2252(f)节提交的、得出国内产业严重损害或严重损害威胁肯定结论的报告后,总统应在其权力范围内采取适当和可行的、其认为将促进国内产业努力对进口竞争作出积极调整,并产生优于成本的经济和社会效益的一切行动。

(B)总统根据第(A)小段采取的行动在符合本节第(e)(1)小节前提下,其范围和持续时间应为总统认为在此小段下适当和可行的。

(C)对于本编第 2252(f)节下报告的每一项肯定裁决,根据本编第 1872(a)节设立的跨部门贸易组织应向总统提出建议,说明其应根据第(A)小段采取何种行动。

(2)在决定根据第(1)段采取何种行动时,总统应考虑:

(A)委员会的建议和报告。

(B)国内产业的工人和厂商在多大程度上:

(i)受益于调整援助和其他劳动力项目;

(ii)从事工人再培训。

(C)国内产业正在或将要实施的应对进口竞争所作积极调整的各项努力(包括根据本编第 2252(a)节提交委员会的任何调整计划或承诺所包含的各项努力)。

（D）第（3）段授权采取的促进积极调整应对进口竞争的各项行动的可能效果。

（E）第（3）段所授权行动短期和长期经济和社会的相对效益和成本，及与国内产业在美国经济中地位相关的其他考虑因素。

（F）与美国国家经济利益有关的其他因素，包括但不限于：

（i）如果不提供本部分下的进口救济，纳税人、社区和工人将承担的经济和社会成本；

（ii）实施本节下行动对消费者和国内商品市场竞争的影响；

（iii）国际补偿义务对美国产业和厂商的影响。

（G）外国限制导致外国出口对美国市场的转移程度。

（H）对本节下任何行动的潜在规避。

（I）美国的国家安全利益。

（J）本编第 2252（e）（5）节要求委员会考虑的因素。

（3）为采取第（1）段下行动之目的，总统可：

（A）宣布对进口商品增加或实施任何关税；

（B）宣布对该商品实施关税配额；

（C）宣布修改或实施对该商品进口美国的任何数量限制；

（D）执行一项或多项适当的调整措施，包括根据本分章第 2 部分提供贸易调整援助；

（E）与外国谈判、缔结和执行限制外国出口和美国进口此类商品的协定；

（F）宣布必要程序，通过拍卖进口许可证，在进口商间分配允许进口到美国的商品数量；

（G）发起国际谈判，解决该商品进口增加的根本原因，或以其他方式缓解其损害或损害威胁；

（H）向国会提交立法提案，促进国内产业努力对进口竞争作出积极调整；

（I）采取总统可采取的法律授权的任何其他行动和为第（1）段目的，其认为适当和可行的任何其他行动；

（J）采取第（A）至第（I）小段所列行动的任何组合。

（4）（A）在不违反第（B）小段前提下，在收到委员会根据本编第 2252（b）（1）节作出肯定裁决的报告（或一项裁决，因本编第 1330（d）节其认为据该节为肯定裁决）后 60 天（如果总统已根据本编第 2252（d）（2）（D）节就有关商品宣布临时救济的,则为 50 天)内,总统应采取第(1)段下的行动。

(B) 如果根据第(5)段要求提交补充报告,总统应在收到补充报告后 30 天内采取第(1)段下的行动,但在总统根据本编第 2252(d)(2)(D)节对有关商品宣布临时救济的情况下,总统采取第(1)段下的行动不得迟于宣布临时救济后第 200 天。

(5) 在收到委员会根据本编第 2252(b)(1)节作出肯定裁决的报告之日后 15 天内,总统可要求委员会提供附加信息。委员会应在可行情况下尽快,但无论如何不得迟于收到总统要求之日后 30 天,提供有关该产业附加信息的补充报告。

(b) 对国会的报告

(1) 在总统根据本节第(a)(1)小节采取行动的当天,总统应向国会提交文件,说明所采取的行动及其理由。如果总统采取的行动与委员会根据本编第 2252(e)(1)节建议采取的行动不同,应详细说明造成差异的原因。

(2) 在总统作出决定认为不存在本节第(a)(1)小节下对国内产业可采取的适当和可行行动的当日,总统应向国会提交文件,详细说明该决定的理由。

(3) 在总统根据本节第(a)(1)小节采取任何行动但未按第(1)段报告的当日,总统应向国会提交文件,说明正在采取的行动及其理由。

(c) 委员会建议行动的执行

如果总统根据本节第(b)(1)小节或第(b)(2)小节报告:

(1) 根据本节第(a)(1)小节采取的行动与委员会根据本编第 2252(e)(1)节建议采取的行动不同;

(2) 不会根据本节第(a)(1)小节对国内产业采取任何行动,

委员会建议的行动(如本节第(d)(2)小节所述),应于本节第(b)(1)小节或第(b)(2)小节所述文件提交国会之日起 90 天内,一经本编第 2192(a)(1)(A)节所述联合决议颁布即生效。

(d) 某些救济的生效时间

(1) 除第(2)段另有规定外,根据本节第(a)(1)小节采取的本节第(a)(3)(A)小节、第(a)(3)(B)小节或第(a)(3)(C)小节所述任何行动,应在总统宣布该行动之日起 15 天内生效,除非总统在决定采取此类行动之日宣布,打算就本节第(a)(3)(E)小节所述一项或多项协定进行谈判,在此种情况下,根据本节第(a)(3)(A)小节、第(a)(3)(B)小节或第(a)(3)(C)小节所采取的行动应在作出该决定之日后 90 天内宣布并生效。

（2）如果发生本节第（c）小节所述意外情况，总统应在该小节所述联合决议颁布之日后 30 天内宣布委员会根据本编第 2252（e）（1）节建议采取的行动。

（e）行动的时限

（1）（A）在不违反第（B）小段的情况下，本节下行动可能的有效期限不得超过 4 年。该期限应包含根据本编第 2252（d）节实施临时救济的任何时间。

（B）（i）在不违反第（ii）款的情况下，总统在收到委员会根据本编第 2254（c）节作出的肯定裁定（或如果委员会在裁定中正反意见相同，总统认为委员会裁定为肯定裁定）后，如果总统认定存在下列情况，可延长本节下任何行动的有效期：

（I）该行动仍然是防止或补救严重损害所必需的；

（II）有证据表明国内产业正在积极调整应对进口竞争。

（ii）本节下任何行动的有效期限，包括任何延期，合计不得超过 8 年。

（2）本节第（a）（3）（A）小节、第（a）（3）（B）小节或第（a）（3）（C）小节所述类型的行动，可根据本节第（a）（1）小节、本编第 2252（d）（1）（G）节或本编第 2252（d）（2）（D）节采取，但此类行动的累积影响不超过防止或补救严重损害所必需的程度。

（3）本节下采取的任何行动，提高税率（或实施税率）不得超过采取行动时的税率（如有）从价 50%。

（4）根据本节采取的宣布数量限制的任何行动，应允许进口不少于此类商品进口具有代表性且数据可获得最近 3 年此类商品进入美国的平均数量或价值，除非总统认为进口不同数量或价值对防止或补救严重损害是显然合理的。

（5）本节第（a）（3）（A）小节、第（a）（3）（B）小节或第（a）（3）（C）小节所述有效期超过 1 年的行动，应在行动实施期间定期予以逐步减少。

（6）（A）根据本节采取的任何行动，暂停：

（i）某一商品适用《美国协调关税税则》第 9802.00.60 税则号或第 9802.00.80 税则号；

（ii）将任何商品指定为符合本章第五分章的目的，

应视为增加关税。

（B）总统不得对任何商品宣布第（A）小段所指任何暂停，委员会也不得根据本编第 2252（e）节建议任何此类暂停，除非委员会根据本编第 2252（b）

(1)节作出肯定裁定外,在本编第 2252(b)节下的调查过程中,认定进口对生产同类或直接竞争商品的国内产业实质造成严重损害或严重损害威胁的原因可能在于(视具体情况):

(i) 适用《美国协调关税税则》第 9802.00.60 税则号或第 9802.00.80 税则号;

(ii) 将任何商品指定为符合本章第 5 分章的目的。

(7)（A）如果某商品是本节第（a）（3）小节第（A）小段、第（B）小段、第（C）小段或第（E）小段所采取行动的对象,不得根据上述任何小段就该商品采取新的行动,其期限:

(i) 从前一项行动终止之日起且等于前一项行动的有效期;

(ii) 从前一项行动终止之日起 2 年,

以较长者为准。

（B）尽管有（A）小段的规定,如果根据本节第（a）（3）小节第（A）、第（B）、第（C）或第（E）小段就某商品采取的前一项行动的有效期为 180 天或更短,总统可根据上述任何小段就该商品采取新的行动,如果:

(i) 自前一项行动生效以来至少已过 1 年;

(ii) 在与该商品有关的新行动首次生效之日前的 5 年期间,对该商品采取上述任何一小段所述行动的次数不超过两次。

(f) 某些协定

(1) 如果总统根据本节采取行动,而非执行本节第(a)(3)(E)小节所述类型的协议,总统可在此类行动生效后,就本节第(a)(3)(E)小节所述类型的协议进行谈判,并可在此类协议生效后,全部或部分暂停或终止先前采取的任何行动。

(2) 如果根据本节第(a)(3)(E)小节实施的协议无效,总统可在符合本节第(e)小节限制的前提下,根据本节第(a)小节采取进一步行动。

(g) 法规

(1) 总统应通过制定法规,对本部分下为提供进口救济而采取的所有行动进行有效和公平管理。

(2) 为了执行根据本部分缔结的国际协定,总统可制定法规管理此类协定所涵盖商品的进仓或出仓。此外,为了执行本节第(a)(3)(E)小节所述类型的与一个或多个国家在本部分下缔结的任何协定,这些国家占美国进口(包括进口到美国的主要地理区域)此类协定所涉商品的主要部分,总统可颁布法规,管理非此类协定缔约国产品的类似商品的进出仓库。

（3）本小节下所制定的法规，应在可行的范围内，并符合有效和公平管理，防止少数大进口商不公平占有进口份额。

第 2254 节　行动的监控、修改和终止

（a）监控

（1）只要根据本编第 2253 节采取的任何行动仍然有效，委员会即应监控国内产业的发展，包括国内产业的工人和厂商为应对进口竞争积极调整所取得的进展和作出的具体努力。

（2）根据本编第 2253 节采取行动的最初生效时间超过 3 年，或者此类行动的延长超过 3 年，委员会应向总统和国会提交一份第（1）段下的监控结果报告，提交时间不迟于最初生效期及每一次延长期的中点日期。

（3）在准备第（2）段下的报告过程中，委员会应举行听证会，给予有关人员合理机会出席听证、出示证据和发表意见。

（4）应总统要求，委员会应就正在审议的本编第 2253 节下所采取行动的任何削减、修改或终止对有关产业可能产生的经济影响，作出判断并通知总统。

（b）削减、修改和终止行动

（1）根据本编第 2253 条所采取的行动可由总统削减、修改或终止（但不得在总统收到本节第（a）（2）小节要求提交的报告之前），如果总统：

（A）在考虑委员会根据本节第（a）小节提交的任何报告或咨询意见，并在征求商务部长和劳工部长咨询建议后，根据以下两种情况之一：

（i）国内产业未作出充分努力对进口竞争作出积极的调整；

（ii）根据本编第 2253 节采取行动的效果因经济情况的改变而受损，认定情况的改变有必要作出这种削减或终止。

（B）在国内产业大多数代表向总统提出基于上述情况作出此类削减、修改或终止的请求后，认定国内产业对进口竞争作出了积极调整。

（2）尽管有第（1）段的规定，总统有权根据本编第 2253 节采取必要的额外行动，以消除对该节下任何先前行动的任何规避。

（3）尽管有第（1）段的规定，总统在收到委员会根据本编第 3538（a）（4）节作出的决定，并与众议院筹款委员会和参议院财政委员会协商后，可削减、修改或终止根据本编第 2253 节采取的行动。

（c）行动期限的延长

（1）应总统要求或在本编第 2253 节下的任何行动终止之日前不早于 9 个月、不晚于 6 个月内经有关产业代表向委员会提出请求，委员会应进行调查,以确定根据本编第 2253 节采取的行动是否仍然是预防或补救严重损害所必需的,及是否有证据表明该产业正在对进口竞争作出积极调整。

(2) 委员会应在《联邦纪事》上公布启动本小节下任何程序的通告,并应在此后合理时间内举行公开听证会,委员会应向有关各方和消费者提供机会出席听证、出示证据、对其他各方和消费者的陈述作出答复及以其他方式发表意见。

(3) 委员会应最迟于本编第 2253 节下的行动终止前 60 天,向总统提交报告,说明根据本小节进行的调查和作出的决定,除非总统规定了不同的日期。

(d) 行动有效性评估

(1) 在根据本编第 2253 节采取的任何行动终止后,委员会应根据总统在本编第 2253(b)节下提交国会的报告中所述的理由,对促进国内产业应对进口竞争的积极调整行动的有效性作出评估。

(2) 在根据第(1)段进行的评估过程中,委员会应在合理公告后举行有关行动有效性的听证会。所有相关人员应有机会参加此类听证会,并在听证会上提出证据或证词。

(3) 有关第(1)段下评估和第(2)段下听证会的报告,委员会应最迟于本编第 2253 节下的行动终止之日后第 180 天提交总统和国会。

(e) 其他规定

(1) 总统根据本部分采取的行动,可不考虑本编第 2136(a)节的规定,而仅考虑此类行动与美国国际义务的关系。

(2) 如果委员会根据本编第 2252(c)(4)(C)节将位于美国主要地理区域的生产视为国内产业,那么总统在采取第(1)段授权的任何行动时,应考虑国内生产和进口在该区域的地理集中度。

第 2 部分 工人调整援助
第 A 分部分 请求和认定

第 2271 节 请求

(a) 提交请求;公布通告

一工人群体(包括农业厂商或农业厂商分部的工人)或其认证或认可的工会或其他适当授权代表,可向劳工部长(本部分以下称"部长")提出本分部分下申请调整援助资格证明的请求。收到请求后,部长应立即在《联邦纪事》上发布通告,告知已收到请求并开始调查。

(b) 听证

如果请求人或部长发现存在与诉讼程序实质利益关系的任何其他人，在部长发布第(a)小节下的通告之日起 10 天内提出听证要求，部长应规定进行公开听证，并给予利益相关人员机会出席听证、出示证据、发表意见。

第 2272 节　群体资格要求；农业工人；石油天然气产业

(a) 部长应证明一工人群体(包括农业厂商或农业厂商分部的工人)有资格申请本分部分规定的调整援助，如果其认定：

(1) 此类工人就业厂商或其适当分部重大数量或比例的工人已全部或部分离职，或受全部或部分离职的威胁；

(2) 此类厂商或其分部的销售或生产或两者已绝对下降；

(3) 与此类工人就业厂商或其适当分部所生产商品同类或直接竞争商品的进口增长重要促成了此类全部或部分离职或离职威胁，及此类销售或生产下降。

(b) 就本节第(a)(3)小节而言：

(1) "重要促成"，指重要但不一定比任何其他原因更重要的原因。

(2)(A) 从事石油或天然气勘探或钻探的任何厂商或厂商的适当分支机构，应被视为生产石油或天然气的厂商。

(B) 从事石油或天然气勘探或钻探或以其他方式生产石油或天然气的任何厂商或厂商适当分部，应视为生产与进口石油和进口天然气直接竞争商品的厂商。

第 2273 节　劳工部长的认定

(a) 资格证明

在本编第 2271 节下的请求提出之日后，部长应尽快，但无论如何不得迟于该日期后 60 天，确定该提出请求的群体是否符合本编第 2272 节的要求，并签发资格证明，以使符合该要求的任何群体中的工人申请本章下的援助。每份证明应写明完全或部分离职开始或威胁开始的日期。

(b) 证明所涵盖工人

本节下的证明不适用于任何工人，其在提出本编第 2291 节下的申请前与厂商或厂商适当分部的最后一次全部或部分离职发生在以下两种情形之一：

(1) 获得证明的请求日期前 1 年以上；

(2) 本章生效日期前 6 个月以上。

(c)《联邦纪事》公布认定

对请求作出裁定后，部长应立即将裁定摘要及其理由一并公布于《联邦纪事》。

(d) 证明的终止

就某厂商或其分部工人的任何资格证明,凡部长裁定从该厂商或其分部的全部或部分离职不再归因于本编第 2272 节规定的条件,就应终止该证明,并立即将该裁定及其理由一并公布于《联邦纪事》。该终止仅适用于部长规定的终止日期后发生的全部或部分离职。

第 2274 节　国际贸易委员会开始调查时劳工部长进行的研究

(a) 研究主题

凡国际贸易委员会(本部分以下称"委员会")根据本编第 2252 节开始对某产业进行调查,委员会应立即将此通知部长,部长应立即就如下事项展开研究:

(1) 生产同类或直接竞争商品的国内产业中已经或可能被证明有资格获得调整援助的工人数量;

(2) 通过使用现有项目可在多大程度上促进此类工人对进口竞争作出调整。

(b) 报告;公布

部长在本节第(a)小节下的研究报告应不迟于委员会作出本编第 2252(f)节报告后 15 天之内提交总统。报告一经提交总统,部长应立即将其公开(部长认为的机密信息除外),并在《联邦纪事》上公布其摘要。

第 2275 节　工人利益信息

(a) 部长应向工人提供充分信息,说明根据本部分提供的利益津贴、培训和其他就业服务,请求和申请程序,以及这些津贴、培训和服务的适当申报日期。部长应对此类工人群体请求和申请项目利益的准备工作提供一切必要协助。部长应尽一切努力确保州合作机构充分遵守根据本编第 2311(a)节达成的协议,并应定期审查该遵守情况。部长应酌情向州职业教育委员会或同等机构以及其他公共或私营机构、组织和雇主通报根据本编第 2273节签发的每一份证书和该证书下根据本编第 2296 节进行培训的需求预测(如果有的话)。

(b)(1)部长应在下列时间就本部分下可获利益以邮件形式书面通知其有理由认为由本分部分或本部分第 D 分部分下证明所涵盖的每一名工人:

(A) 如果在此类认证前工人已从受不利影响就业部分或全部离职,为作出此类证明时;

（B）如果（A）小段不适用，则为工人从受不利影响就业完全或部分离职之时。

（2）部长应在工人居住地普遍发行的报纸上发布通知，向本分部分或本部分第 D 分部分下每项认证所涵盖工人告知本部分下可获利益。

第 B 分部分　项目利益

第 2291 节　工人资格要求

（a）贸易再调整津贴条件

本部分第 A 分部分下证明所涵盖的受不利影响工人，对本编第 2271 节下请求（该请求已导致上述证明的签发）提出之日 60 天后的任何失业周申请贸易再调整津贴，应予以支付，前提是满足下列条件：

（1）该工人提出本部分下申请前的最后一次全部或部分离职发生在：

（A）涵盖该工人的证明所规定的、其在受不利影响就业中全部或部分离职开始或威胁开始之日或以后；

（B）本编第 2273 节下的认定作出之日起的 2 年期限届满之前；

（C）根据本编第 2273(d) 节确定的终止日期（如果有）前。

（2）该工人在全部或部分离职前 52 周内，至少有 26 周受雇于一家就业受不利影响的厂商或其分部，每周工资为 30 美元或以上，或若无法获得在一家厂商就业周数的相关数据，则按部长规定条例计算的就业相当周数。就本段而言，在任何一周内，该工人：

（A）因度假、生病、受伤、生育、或非现役或现役军事训练而由雇主批准休假；

（B）受州或美国工人赔偿法或计划可予赔偿的残疾而不工作；

（C）因在该厂商或其分部担任劳工组织全职代表而中断工作；

（D）因在美国武装部队中处于现役预备待命，如果该现役属第 5 编第 8521(a)(1) 节所界定的"联邦服务"，

则应视作周薪 30 美元或以上的就业周，但对于第（A）小段或第（C）小段或两者所述周，不超过 7 周（对于第（B）小段或第（D）小段所述周，不超过 26 周）可作为本句下的就业周处理。

（3）此类工人：

（A）对符合下列情况的受益期内一周获得（或如果申请会获得）资格享受失业保险：

（i）该受益期内发生此类完全或部分离职；

（ii）该受益期因此类工人在完全或部分离职后提出失业保险索赔而开始（或本应开始）。

（B）已用尽其有权（或如果申请将有权）享受的任何失业保险权利。

（C）无任何此类失业保险的有效等待期。

（4）对于此类失业周,此类工人不会因《1970年联邦—州失业延长补偿法》第202(a)(3)节的工作接受和求职要求而丧失其该法下的应付延长补偿资格。

（5）此类工人:

（A）已入学部长根据本编第2296(a)节批准的培训项目;

（B）在其从受不利影响就业完全或部分离职之日后,已完成部长根据本编第2296(a)节批准的培训项目;

（C）在第(B)小段所述日期之后,已收到本节第(c)(1)小节下的书面声明。

（b）开始或恢复参加培训项目前贸易再调整津贴的暂停;适用期

（1）（A）如果部长认定:

（i）受不利影响的工人:

（I）未能开始参加其入学符合本节第(a)(5)小节要求的培训项目;

（II）在完成此类培训项目前已停止参加。

（ii）无正当理由导致上述未参加或停止参加培训。

（B）如果该工人本节第(c)(1)小节下的认证依据本节第(c)(2)小节被撤销,

在发生此类未参加培训、停止参加培训或撤销证书的一周或随后任何一周,不可根据本编第2291节至第2294节向受不利影响工人支付任何贸易再调整津贴,直至受不利影响工人开始或恢复参加根据本编第2296(a)节所批准的培训项目。

（2）本节第(a)(5)小节和第(1)段的规定不适用于始于如下时间的任何失业周:

（A）本编第2271节下请求（该请求已导致签发涵盖该工人的证明）提出之日后60天以后;

（B）根据本部分第A分部分作出此类认证那周后的第一周之前。

（c）培训项目批准;书面认证;撤销认证;年度报告

（1）（A）如果部长认为根据本编第2296(a)节批准一项工人培训项目不可行或不适当,部长应向此类工人提交书面声明,证明其结论。

（B）如果一个州或州机构根据本编第 2311 节与总统达成协议,而该州或州机构认为根据本编第 2296(a)节要求批准一项工人培训项目不可行或不适当,则该州或州机构应:

（i）向此类工人提交书面声明,证明其结论;

（ii）向总统提交书面声明,证明其结论及其理由。

（2）（A）在向工人提交第(1)(A)段下经证明的书面声明后,如果部长认为根据本编第 2296(a)节为此类工人批准培训项目是可行或适当的,则部长应向此类工人提交书面声明,撤销第(1)(A)段下对此类工人所作的证明。

（B）在向工人提交第(1)(B)段下经证明的书面声明后,如果一州或州机构认为根据本编第 2296(a)节为此类工人批准培训项目是可行或适当的,则该州或州机构应向此类工人和部长提交书面声明,撤销第(1)(B)段下对此类工人所作的证明。

（3）总统应向参议院财政委员会和众议院筹款委员会提交年度报告,说明上一年获得第(1)段下证明的工人人数和上一年第(1)段下证明被撤销的数量。

第 2292 节　每周再调整津贴额

（a）公式

在不违反本节第(b)小节和第(c)小节情况下,向受不利影响工人全部失业一周支付的贸易再调整津贴额应等于其第一次用尽失业保险前一周因全部失业而向其支付的最近一周失业保险福利金额(根据本编第 2291(a)(3)(B)节之目的确定)减去(但不小于零)以下两项:

（1）本节第(c)小节下可扣除的任何培训津贴;

（2）根据适用的州法律或联邦失业保险法的收入资格取消规定,可从失业保险中扣除的收入。

（b）正接受培训的受不利影响工人

凡有权获得贸易再调整津贴并正接受经部长批准培训的受不利影响工人,应在其接受任何此类培训的每一周领取一笔贸易再调整津贴,金额(为该周计算)等于根据本节第(a)小节计算的数额;或如果其提出申请,则根据任何其他联邦法律有资格每周获得的任何此类培训津贴额(如果更大)。该贸易再调整津贴应取代工人根据此类其他联邦法律有权享受的任何培训津贴。

（c）从应享津贴周数总额中扣除

对受不利影响而失业的任何工人,如果对其任何失业周支付了本章外任何联邦法律下的培训津贴,同时,如果他对该失业周申请贸易再调整津贴,会(在不考虑本编第 2291(b)节下任何资格取消规定情况下认定)有权获得该津贴,则应从其申请贸易再调整津贴并被认定有权获得本编第 2393(a)节下津贴而受支付的总周数中扣除获上述培训津贴周数。如果任何失业周内支付给该工人的此类培训津贴少于其若申请即有权获得的贸易再调整津贴额,则当其申请贸易再调整津贴并被认定有资格获得该津贴时,该周的贸易再调整津贴应为两者差额。

第 2293 节　贸易再调整津贴的限制

(a) 最高津贴;失业保险扣除;受批准培训期的额外支付

(1) 在任何证明所涉期间,对受不利影响工人应支付的贸易再调整津贴最高金额,应为 52 乘以该工人全部失业一周应支付的贸易再调整津贴(根据本编第 2292(a)节确定),但该乘积应减去本编第 2291(a)(3)(A)节所述该工人第一个受益期内已享受(或如果其提出申请,本应享受)的失业保险总额。

(2) 受不利影响工人从受不利影响就业最近完全离职后第一周开始,到第 104 周结束后,对符合下列情形的任何一周,不得支付贸易再调整津贴:

(A) 在本编第 2291(a)(1)节所述期间内;

(B) 该时期内此类工人符合本编第 2291(a)(2)节要求。

(3) 尽管有第(1)段的规定,为帮助受不利影响工人完成本编第 2296 节下为其批准的培训,并根据部长规定的条例,可额外支付最多 26 周的贸易再调整津贴,该 26 周:

(A) 在享有本部分下贸易再调整津贴的最后一周后开始;

(B) 如果此类培训在第(A)小段所述最后一周之后开始,则始于此类培训开始后第一周。

此类额外周津贴只能在个人参加此类培训的 26 周期间支付。

(b) 培训期内额外支付的限制

在部长签发的首份调整援助申请资格证明日期后 210 天内,或如果晚的话,在本编第 2291(a)(1)节所述工人全部或部分离职之日起 210 天内,如果欲领取此类津贴的受不利影响工人未根据本编第 2296 节向部长批准的培训项目提出真实申请,则不可对本节第(a)(3)小节规定的额外周支付贸易再调整津贴。

(c) 应付款项的调整

根据本编第 2291 至第 2294 节应付给受不利影响工人的金额,应按本编第 2292(b)节的要求,按周进行调整。

（d）对延长受益期结束的受益年度的特殊调整

尽管本章或其他联邦法律有任何其他规定，如果工人的受益年度在延长受益期内结束，则该工人在该延长受益期内（若无本小节规定）有权享受的延长受益周数应减少（但不小于零），减少幅度为其在该受益年度内有权根据本编第 2291 至第 2294 节享受的贸易调整津贴周数。就本段而言，"受益年度"和"延长受益期"分别具有各自在《1970 年联邦—州失业延长补偿法》中相同的含义。

（e）工人在职培训周

在工人接受在职培训的任何一周内，不得根据本编第 2291 至第 2294 节向工人支付贸易再调整津贴。

（f）视作参加培训的工人

就本部分而言，在培训间歇期（不超过 14 天）内任何一周，工人应被视作参加培训，如果：

（1）工人在该培训间歇期开始前已参加根据本编第 2296（a）节批准的培训项目；

（2）该培训间歇期由该培训项目提供。

第 2294 节　州法律的适用

除非与本章规定不符，并受部长可能制定的条例约束，如下州法律，其效力和资格取消条款应适用于提出贸易再调整津贴索偿的任何工人：

（1）受不利影响工人据以获得失业保险（无论是否提出失业保险索偿）的州法律；

（2）如果无权按上述条件获得失业保险，其完全或部分离职所在州法律。

就前句而言，确定工人离职的州法律应维持对该离职的适用，直至该工人根据另一州法律有资格领取失业保险（无论其是否提出此类保险索偿）。

第 2295 节　就业服务

部长应尽一切合理努力为本部分第 A 分部分下证明所涵盖的受不利影响工人获得任何联邦法律规定的咨询、测试和安置服务，以及支持服务和其他服务，部长应酌情通过与各州达成协议采购此类服务。

第 2296 节　培训

（a）培训的批准；开支限制；就业合理期望；成本支付；批准的培训项目；不与其他来源重复支付；不批准某些项目；失业福利的用尽；条例颁布

（1）如果部长认定：

（A）受不利影响工人无合适就业机会（可包括技术和专业就业）；

（B）工人可从适当培训中受益；

（C）完成此类培训后有合理的就业预期；

（D）部长批准的培训可由政府机构或私人来源（可包括《1963 年职业教育法》第 195(2) 节所界定的地区职业教育学校和雇主）合理提供给工人；

（E）工人有资格接受和完成此类培训；

（F）此类培训适合工人，并以合理成本提供。

部长应批准对工人进行此类培训。经批准后，工人有权获得此类培训费用的支付（受本节规定的限制），并由部长为其直接支付或通过凭单制度支付。部长应尽可能提供或保证提供此类在职培训，其中应包括特定职业岗位所需技能获得所必要的相关教育。

（2）（A）任何财政年度，第（1）段下的支付总额不得超过 8 000 万美元，1997 财政年度除外，该年度不得超过 7 000 万美元。

（B）在任何财政年度，如果总统估计支付本节下批准的培训费用所需资金将超过第（A）小段规定的限额，总统应决定如何在该财政年度的剩余时间内，在各州之间分摊在估算时尚未支出的限额部分。

（3）为适用第（1）（C）段之目的，合理的就业预期并不要求工人一经完成第（1）段下批准的培训即获得或被提供就业机会。

（4）（A）如果部长根据第（1）段支付受不利影响工人的培训费用，则不得根据联邦法律的任何其他规定另行支付此类费用。

（B）不得根据第（1）段支付受不利影响工人的培训费用，如果此类费用：

（i）已根据联邦法律的任何其他规定支付；

（ii）可根据联邦法律的任何其他规定偿还，且该费用的一部分已根据联邦法律的此类其他规定支付。

（C）本段规定不适用于或不考虑根据联邦法律任何其他规定提供的、用于直接支付特定受不利影响工人培训费用外其他用途的任何资金，即使此类资金使用具有如下效果：间接支付或减少受不利影响工人所涉培训费用的任何部分。

（5）第（1）段下可批准的培训项目包括，但不限于：

（A）在职培训。

（B）根据第 29 编第 1653 节由州提供的任何培训项目。

（C）根据第 29 编第 1512 节设立的私人行业理事会批准的任何培训项目。

（D）任何补习教育项目。

（E）任何培训项目（第(7)段所述培训项目除外），其工人培训费用的全部或任何部分支付：

（i）由本章外任何联邦或州项目承担；

（ii）来自本节外任何其他来源。

（F）部长批准的任何其他培训项目。

（6）（A）第(1)段不要求部长支付根据该段批准的任何培训费用，如果这些费用：

（i）由本章外任何联邦或州项目承担；

（ii）来自本节外任何其他来源。

（B）在批准第（A）小段可适用的任何培训前，部长可要求受不利影响工人与其达成协议。根据该协议，对该工人有理由认为将由第（A）小段第(i)款或第(ii)款所述项目或来源支付的此类培训费用部分，部长无须根据本节支付。

（7）部长不得批准一培训项目，如果：

（A）此类培训项目的全部或部分费用是根据任何非政府计划或项目支付的；

（B）受不利影响工人有权根据该计划或项目获得培训或培训资金；

（C）该计划或项目要求工人从本部分提供的资金或从此培训项目下支付的工资中偿还该计划或项目下支付的任何培训项目费用。

（8）在一群体得到本部分第 A 分部分下认证之日起任何时间，对作为该认证所涵盖群体成员的任何受不利影响工人，部长可批准进行培训，无需考虑该工人是否已用尽其享有任何失业保险的所有权利。

（9）部长应制定法规，规定第(1)段每小段下的标准，作为根据第(1)段作出决定的依据。

（b）补充援助

如果培训是在工人正常居住地通勤距离外的设施中提供，部长可酌情授权提供必要的补充援助，以支付合理的运输和生活费用，用于离职后的生活维持。部长不可授权：

（1）支付生活津贴超过以下两者中较小者：

（A）实际每日生活开支额；

（B）按联邦旅行条例核准的现行每日生活津贴额的 50%。

（2）支付超过联邦旅行条例规定的现行里程率。

（c）在职培训费用支付

本节第(a)(1)小节批准的受不利影响工人的任何在职培训费用，部长应

按月分期平均支付。尽管有本节任何其他规定,部长只有在下列情况下才可支付此类费用:

(1) 目前就业工人未被受不利影响工人取代(包括部分取代,如非加班工作时间、工资或就业福利的减少);

(2) 此类培训不损害现有服务合同或集体谈判协议;

(3) 如果培训不符合集体谈判协议规定,则已取得有关劳工组织的书面同意;

(4) 没有任何其他人因此类受不利影响工人的培训而失去相同或任何实质同等的工作;

(5) 雇主没有终止雇用任何正式雇员或以其他方式减少其劳动力,以便通过雇用受不利影响工人来填补由此造成的空缺;

(6) 此类受不利影响工人正在接受培训的工作并不是在晋升方面创造的,不会以任何方式侵犯目前就业人员的晋升机会;

(7) 此类培训不针对工人脱离的同一职业,也不针对该工人群体在本编第 2272 节下被认证的相同职业;

(8) 雇主向部长证明,如果工人希望继续受雇,而雇主无正当理由终止此类雇用,雇主将在完成此类培训后继续雇用该工人至少 26 周;

(9) 对于雇主提供的不符合第(1)段、第(2)段、第(3)段、第(4)段、第(5)段和第(6)段要求的任何其他在职培训,雇主没有收到本节第(a)(1)小节规定的付款;

(10) 雇主在任何时候均未采取任何违反第(8)段所述任何证明条款的行动,该证明由该雇主就其提供的任何其他在职培训而作出,且部长已根据本节第(a)(1)小节为此支付了费用。

(d) 失业保险资格

不可因工人正接受本节第(a)小节下批准的培训、因离开不适合就业的工作参加此类培训,或因州法律或联邦失业保险法有关工作可获得性、积极寻找工作或拒绝接受工作的规定对任何此类培训周的适用,而认定其无资格获得或取消其失业保险或本分部分项下的项目利益。部长应向国会提交季度报告,说明相关季度内为提供本节第(a)小节下培训而支出的资金数额及相关财政年度任何剩余季度对此类资金的预期需求。

(e) "合适就业"界定

就本节而言,"合适就业"指对一工人而言,与该工人过去受不利影响就业相比,具有实质相同或更高技能水平的工作,且此类工作的工资不低于工人平均周工资的 80%。

第 2297 节 求职津贴

(a) 条款

本部分第 A 分部分证明所涵盖的受不利影响工人,可向部长提出求职津贴申请。如果授予此类津贴,应按部长制定的条例对工人求职的必要费用补偿 90%。但:

(1) 对于任何工人,此类补偿不可超过 800 美元;

(2) 生活和交通费用补偿不可超过本编第 2296(b)(1)节和第 2296(b)(2)节所允许的水平。

(b) 条件

求职津贴只可在如下情形提供:

(1) 援助完全离职的受不利影响工人在美国境内求职。

(2) 部长认定不能合理期望该工人在其居住的通勤地区找到合适工作。

(3) 工人在如下日期前已向部长提出此类津贴申请:

(A) 下列时间较迟者:

(i) 工人资格认证日期后第 365 天;

(ii) 工人最后一次完全离职日期后第 365 天。

(B) 如果工人由部长推介接受任何培训,在培训结束之日后第 182 天。

(c) 必要费用补偿

部长应补偿任何受不利影响工人在参加其批准的求职项目中所发生的必要费用。

第 2298 节 安置津贴

(a) 提交申请

本部分第 A 分部分证明所涵盖的受不利影响工人,可根据本节条款和条件向部长提出安置津贴申请,但必须在如下日期之前:

(1) 下列时间较迟者:

(A) 认证日期后第 425 天;

(B) 工人最后一次完全离职日期后第 425 天。

(2) 如果工人由部长推介接受任何培训,在培训结束之日后第 182 天。

(b) 合适就业;真实录用;搬迁开始时完全离职

安置津贴仅可用于援助受不利影响的工人在美国境内搬迁,前提是部长确定无法合理预期该工人在其居住的通勤区中找到合适就业,且该工人:

(1) 在其欲搬迁地区已获得长期工作合理预期的合适就业;

（2）已获得此类就业的真实录用通知；

（3）搬迁开始时完全离职。

（c）搬迁时间

不得给予工人安置津贴，除非其搬迁发生在提出安置津贴申请后 182 天内，或（如果工人由部长推介接受培训）在培训结束后 182 天内。

（d）"安置津贴"界定

就本节而言，"安置津贴"的含义是：

（1）部长制定的条例所规定，运送一工人及其家人（如果有的话）和家庭用品的合理和必要支出（包括但不限于生活费和交通费，不可超过本编第 2296(b)(1)节和第 2296(b)(2)节所允许水平）的 90％；

（2）一次性付款，金额相当于工人周平均工资的 3 倍，上限 800 美元。

第 C 分部分　一般规定

第 2311 节　与各州协议

（a）部长达成协议权力

授权部长代表美国与各州或州机构（本分部分分别称"合作州"和"州合作机构"）达成协议。根据此类协议，州合作机构：

（1）作为美国的代理机构，根据本部分规定接受申请并提供援助；

（2）适当情况下，根据本节第（f）小节向受不利影响工人提供测试、咨询、培训和求职项目推荐和安置服务；

（3）根据本编第 2291(c)(2)节作出认证；

（4）在其他方面与部长、州和联邦其他机构合作，提供本部分下的支付和服务。

（b）协议修改、暂缓和终止

本分部分下的每一项协议应规定协议修改、暂缓或终止的条款和条件。

（c）失业保险

本分部分下的每项协议均应规定，应支付给任何受不利影响工人的任何一周的失业保险，不得因本部分规定的任何支付权利而被拒绝或削减。

（d）审查

州合作机构有关协议项下项目利益的裁定，应以与适用州法律下裁定的相同方式和程度进行审查，且只能以此方式和程度进行审查。

（e）福利和援助的协调

根据本节达成的任何协议，应按部长与各州协商确定并在协定中规定的条款和条件,对本编第 2295 节和第 2296 节及《职业培训伙伴关系法》[29 U.S.C. 1651 et seq.]第 3 编下就业服务、培训和补充援助条款的管理协调作出规定。就本部分而言,共同管理此类协定条款的任何州机构均应被视为州合作机构。

(f) 受不利影响工人的咨询和面谈

在执行本节第(a)(2)小节时,各州合作机构应:

(1) 向申请失业保险的每个工人告知本部分规定的福利待遇以及申请失业保险待遇的程序和期限;

(2) 为该机构认为可能有资格享受本部分福利的任何工人,尽早根据本编第 2271 节提出请求提供便利;

(3) 通知每一位受不利影响工人,在其申请本编第 2291 至第 2294 节贸易再调整津贴前或同时,申请本编第 2296(a)节下的培训;

(4) 在可行的情况下,尽快就本编第 2296 节下向工人提供适当培训机会事宜与受不利影响工人面谈,并与其审查此类机会。

第 2312 节　没有州协议时的管理

(a) 条例颁布;公平听证

在未与州或州机构达成第 2311 节下协议的州中,部长应根据其制定的条例安排履行本部分第 B 分部分规定的所有必要职能,包括为支付申请遭拒绝的任何工人举行公平听证会。

(b) 最终裁定的审查

根据本节第(a)小节对本部分第 B 分部分下的项目利益权利所作的最终裁定,应服从法院以第 42 编第 405(g)节所规定的相同方式和程度所进行的审查。

第 2313 节　对各州的支付

(a) 向财政部长证明向合作州支付

部长应不时向财政部长证明对各合作州支付必要款项,使该州作为美国代理机构支付本部分规定的津贴。

(b) 资金使用或返还

本节下支付给一州的所有款项应仅用于支付该款项的目的,任何未用于该目的的已支付款项应在本分部分下协议规定的时间退还财政部长。

(c) 保证金

本分部分下的任何协议可要求提供该协议下付款或资金支付核证,或参与该协议履行的州任何官员或雇员,向美国提供部长认为必要金额的保证金,并可规定从执行本部分目的而设立的基金中支取此类保证金。

第 2314 节　核证和出纳官员责任

(a) 核证官

在无重大疏忽或欺诈美国意图的情况下,由部长或本分部分协议指定的核证官,不应对本部分下其核证的任何款项支付承担责任。

(b) 出纳官

在无重大疏忽或欺诈美国意图的情况下,如果出纳官根据本节第(a)小节下所指定的核证官签署的凭单付款,该出纳官不应对其在本部分下的任何款项支付承担责任。

第 2315 节　欺诈和多付款项的收回

(a) 还款;扣减

(1) 如果州合作机构、部长或有管辖权法院认定任何人已收到其无权领取的本部分下款项,包括本节第(b)小节所述款项,此人应根据具体情况向州机构或部长偿还该笔款项。但如果根据部长制定的准则认定存在下列情形,州机构或部长可放弃该还款要求:

(A) 款项的支付中该个人不存在过错;

(B) 该还款要求有违公平和良心。

(2) 除非多付款项被追回,或根据第(1)段被放弃,否则,州机构或部长应根据州机构或部长所管理的任何联邦失业补偿法,或根据州机构或部长所管理的有关失业援助或津贴支付的任何其他联邦法律,从本部分下应付给该个人的任何款项中通过扣除收回多付款项。而且,尽管有州法律或联邦法律的任何其他相反规定,部长可要求州机构从根据州法律支付给该个人的任何失业保险中扣除,以收回本部分下的任何多付款项,但本段下的任何一次扣减不得超过支付额的 50%。

(b) 虚假陈述或不披露重大事实

如果州合作机构、部长或有管辖权法院认定任何人:

(1) 故意作出或致使他人作出重大事实的虚假陈述或表述;

(2) 故意或使他人未能披露重大事实,

且由于该虚假陈述或表述,或由于该不披露,该个人收到其无权领取的本部分下的任何款项,则除法律规定的任何其他处罚外,该个人无权获得本部分下的任何进一步支付。

(c) 裁定通知;公平听证;终局性

除有管辖权的法院裁决的多付款项外,在州机构或部长(视情况而定)

根据本节第(a)(1)小节作出认定、认定通知和公平听证机会已提供给相关个人,且该认定成为最终决定前,不得根据本节要求偿还款项,也不得进行扣减。

(d) 收回的款项退还财政部

根据本节收回的任何款项应退还美国财政部。

第 2316 节　处罚

任何人明知虚假却作出重大事实的虚假陈述,或故意不披露重大事实,使本人或他人获取或增加由本部分或本编第 2311 节下协议授权提供的任何支付,应处以不超过 1 000 美元的罚款或不超过 1 年的监禁,或两者并罚。

第 2317 节　拨款授权

(a) 一般规定

特此授权为 1993 年、1994 年、1995 年、1996 年、1997 年和 1998 年各财政年度向劳工部拨付必要款项,用于执行本部分的目的,但第 D 分部分除外。

(b) 第 D 分部分

特此授权为 1994 年、1995 年、1996 年、1997 年和 1998 年各财政年度向劳工部拨付必要款项,用于执行本部分第 D 分部分的目的。

第 2318 节　补充工资津贴示范项目

(a) 项目设立;目的

部长应在 1989 年和 1990 年财政年度建立一个或多个示范项目,目的在于:

(1) 根据补充工资津贴的数额和期限,确定其对符合本部分援助条件的各类工人的吸引力;

(2) 确定补充工资津贴作为本部分的一个选项,促进受不利影响工人重新调整的有效性;

(3) 确定是否应将补充工资津贴作为所有财政年度中贸易调整援助方案的一个选项。

(b) 补充工资津贴

(1) 就本节而言,"补充工资津贴"指对受不利影响工人的支付款项,该工人:

(A) 接受全职就业,周平均工资低于受不利影响就业工人周平均工资;

(B) 在接受该就业之前,根据本编第 2291 至第 2294 节有资格获得贸易再调整津贴;

(C) 自愿选择领取此类津贴,以代替本部分第 A 分部分下适用此类工人的认证有效期内其有资格获得的任何贸易再调整津贴。

（2）补充工资津贴应由本节第（a）小节下设立的任何示范项目向第（1）段所述的工人提供，该工人每周在第（1）（A）段所述的全职工作中提供服务，津贴金额不超过以下两者较低者：

（A）该工人若未接受全职工作且未作第（1）（C）段所述选择，本可根据本编第 2291 至第 2294 节规定有资格每周可领取的贸易再调整津贴额。

（B）下列两者之差：

（i）受不利影响就业工人周平均工资的 80%；

（ii）全职就业的周平均工资。

（3）（A）根据本节第（a）小节设立的任何示范项目所提供的补充工资津贴不得超过 52 周。

（B）根据本节第（a）小节设立的任何示范项目向任何工人支付的补充工资津贴总额，在适用此类工人的认证有效期内，不得超过以下两者之差：

（i）本编第 2293（a）（1）节下对该工人在该有效期内规定的限额；

（ii）本编第 2291 至第 2294 节下在该有效期内支付给该工人的贸易再调整津贴额。

（c）项目评估

部长应规定对在本节下的示范项目进行评估，以确定至少下列各项：

（1）不同年龄组别的符合资格领取人使用补充工资津贴的程度；

（2）补充工资津贴的数额和期限对津贴使用的影响；

（3）补充工资津贴对培训需求及其适当性的影响程度；

（4）补充工资津贴促进不使用本部分福利的工人的调整程度；

（5）津贴对执行本部分规定的费用的影响程度；

（6）补充工资津贴作为本部分下的一个选项，在促进受不利影响工人重新调整方面的有效性。

（d）向国会报告；评估和建议

部长应不迟于 1988 年 8 月 23 日后 6 年向国会送交包含如下内容的报告一份：

（1）对根据本节第（C）小节进行的本节授权项目的评价；

（2）对补充工资津贴是否应作为部分或所有有资格获得本部分援助工人的一项永久选择提供建议。

第 2319 节　定义

就本部分而言：

(1)"受不利影响就业",指在一厂商或其适当分部的就业,前提是该厂商或其分部工人有资格申请本部分下的调整援助。

(2)"受不利影响工人",指由于受不利影响就业中缺乏工作,个人:

(A)完全或部分从该就业离职;

(B)厂商分部存在受不利影响就业而从该厂商完全离职。

(3)已废除。

(4)"周平均工资",指在高季度向个人支付的总工资的十三分之一,在此计算中,高季度应是计算周所在季度前最近五个完整日历季度中前四个季度中个人总工资最高的那个季度。该周应为发生完全离职的那周,或在声称部分离职的情况下,部长所制定条例界定的适当周。

(5)"周平均工作时间",指在第(4)段最后一句所规定的那周前52周内(不包括个人病假或休假周数),个人在其已经或声称已经离职的就业中的平均工作时数(不包括加班)。

(6)"部分离职",指对于尚未完全离职的个人,其已满足以下两条件:

(A)在受不利影响就业中,工作时间减少到周平均工作时间80%或以下;

(B)在该受不利影响就业中,工资减少到其周平均工资80%或以下。

(7)已废除。

(8)"州"包括哥伦比亚特区和波多黎各自治邦;"美国"在地理意义上使用时包括该自治邦。

(9)"州机构",指执行州法律的州机构。

(10)"州法律",指劳工部长根据第26编第3304节批准的州失业保险法。

(11)"完全离职",指个人被存在受不利影响就业的厂商或其分部解雇或遣散。

(12)"失业保险",指根据任何州法律或联邦失业保险法应向个人支付的失业补偿,包括第5编第85章和《铁路失业保险法》[45 U.S.C. 351 et seq.]。

(13)"周",指适用的州法律所定义的周。

(14)"失业周",指根据适用的州法律或联邦失业保险法确定的全部、部分——全部或部分失业的一周。

(15)"受益期",指对于个人:

(A)根据适用的州法律确定的受益年及任何后续时间,在此期间,个人有资格获得常规补偿、额外补偿或延长补偿;

（B）适用的联邦失业保险法规定的与此类受益年及任何后续时间相当的时间。

（16）"在职培训"，指雇主向其雇用的个人提供的培训。

（17）（A）"求职项目"，指求职讲习班或求职俱乐部。

（B）"求职讲习班"，指一次为期 1 至 3 天的短期研讨会，旨在向参与者提供知识，使之能够找到工作。主题不限于但应包括劳动力市场信息、简历撰写、面试技巧和寻找工作机会的技巧。

（C）"求职俱乐部"，指一次求职讲习班，包括一段时间（1 至 2 周）有组织、有监督的参与者试图获得工作的活动。

第 2320 节　法规

部长应制定必要法规执行本部分规定。

第 2321 节　传唤权

（a）部长传唤

为作出本章规定的裁决，部长可通过传唤要求证人出席并出示必要证据。

（b）法院令

如果某人拒绝服从本节第（a）小节下发出的传票，对本章下相关程序具有管辖权的美国地区法院可应部长请求，签发命令要求服从该传唤。

第 2322 节　不重复援助

任何工人不得根据本部分第 A 分部分和第 D 分部分项下的认证同时获得与离职有关的援助。

第 D 分部分　NAFTA 过渡调整援助计划

第 2331 节　过渡计划的建立

（a）群体资格要求

（1）标准。

一工人群体（包括农业厂商或农业厂商分部的工人）应被证明有资格根据本节第（b）小节提出的请求申请本分部分规定的调整援助，如果部长认定此类工人就业厂商或其适当分部重大数量或比例的工人已全部或部分离职，或受全部或部分离职的威胁，且：

（A）（i）此类厂商或其分部的销售或生产或两者已绝对下降；

（ii）与此类工人就业厂商或其适当分部所生产商品同类或直接竞争的墨西哥或加拿大商品进口增长；

(iii) 第(ii)款下的进口增长重要促成了此类全部或部分离职或离职威胁,及此类销售或生产下降。

(B) 此类工人就业厂商或其适当分部向墨西哥或加拿大转移与其所生产商品同类或直接竞争商品的生产。

(2)"重要促成"定义。

第(1)(A)(iii)段所用"重要促成",指重要但不一定比任何其他原因更重要的原因。

(3) 法规。

部长应颁布有关适用第(1)段所述标准的法规,以便根据本节第(b)小节作出初步调查结果,并根据本节第(c)小节作出裁决。

(b) 初步调查结果和基本援助

(1) 提交请求。

一工人群体(包括农业厂商或农业厂商分部的工人)或其认证或认可的工会或其他适当授权代表,可向其厂商或分部所在州州长提出申请下调整援助资格证明的请求。

(2) 调查结果和援助。

收到根据第(1)段下的请求后,州长应:

(A) 通知部长其已收到请求。

(B) 在收到请求后 10 天内:

(i) 就请求是否符合本节第(a)(1)小节所述标准作出初步裁定(就本款而言,该小节第(A)(iii)小段所述标准应不予考虑);

(ii) 将请求连同第(1)款下的调查结果说明及其理由交送部长,以便根据本节第(c)小节采取行动。

(C) 如果第(B)(i)小段下的初步结论是肯定的,则确保向工人提供其他联邦法律授权的快速反应和基本再调整服务。

(c) 部长对请求的审查;证明

(1) 一般规定。

部长在收到根据本节第(b)小节提出的请求后 30 天内,应确定该请求是否符合本节第(a)(1)小节所述标准。一经确定该请求符合上述标准,部长应向该请求所涵盖工人签发申请本节第(d)小节所述援助的资格证明。

(2) 拒绝认证。

一经对第(1)段下的请求拒绝核证,部长应根据本部分第 A 分部分的要求对该请求进行审查,以确定工人是否可以根据该分部分获得核证。

（d）综合援助

由部长根据本节第（c）小节签发证明所涵盖的工人，应以与根据本部分第 A 分部分签发证明所涵盖工人相同的方式和程度，获得如下援助：

（1）本编第 2295 节所述就业服务。

（2）本编第 2296 节所述培训，但尽管有本编第 2296（a）（2）（A）节的规定，本分部分项下任何财政年度的培训支付总额不得超过 3 000 万美元。

（3）本编第 2291 至第 2294 节所述贸易再调整津贴，但：

（A）有关在发现批准工人培训项目不可行或不适当时授权支付贸易再调整津贴的本编第 2291（a）（5）（C）节和第 2291（c）节规定，不适用于本分部分下的此类津贴支付。

（B）尽管有本编第 2293（b）节的规定，为使工人有资格获得本分部分下的贸易再调整津贴，在下述时间较晚者之前，工人应参加部长根据本编第 2296（a）节批准的培训项目：

（i）该工人最初失业补偿受益期第 16 周的最后一天；

（ii）部长签发涵盖该工人证书所在周后第 6 周的最后一天。

在与参加培训项目有关的特殊情况下，部长可以延长报名时间，但不得超过 30 天。

（4）本编第 2297 节所述求职津贴。

（5）本编第 2298 节所述安置津贴。

（e）管理

本部分第 C 分部分规定对本分部分下项目管理的适用，应与其适用于本部分第 A 分部分和第 B 分部分下项目管理的方式和程度相同。但部长与本编第 2311 节所述州之间的协议，应具体说明用于执行本节第（c）小节规定的认证程序及部长提供相关数据，以协助各州根据本节第（b）小节作出初步调查结果的程序。

第3部分　厂商调整援助

第 2341 节　请求和认定

（a）提交请求；收到请求；启动调查

厂商（包括农业厂商）或其代表可向商务部长（本部分以下称"部长"）提交请求，申请本部分下的调整援助资格证明。收到请求后，部长应立即在《联邦纪事》发布通告，告知其已收到请求并开始调查。

(b) 公开听证

如果部长认为请求人或任何其他个人、组织或群体在程序中具有实质利益，并在部长公布本节第(a)小节下的通告之日起 10 天内提交听证要求，部长应举行公开听证会，并给予利益相关人员机会出席听证、出示证据、发表意见。

(c) 认证

(1) 部长应证明一厂商(包括农业厂商)有资格申请本部分规定的调整援助，如果其认定：

(A) 此类厂商重大数量或比例的工人已全部或部分离职，或受全部或部分离职的威胁。

(B) (i) 此类厂商的销售或生产或两者已绝对下降；

(ii) 在可获数据的最近 12 个月之前的 12 个月中，占厂商生产或销售总额不低于 25％的一商品生产或销售或两者已绝对下降。

(C) 与此类厂商所生产商品同类或直接竞争商品的进口增长重要促成了此类全部或部分离职或离职威胁，及此类销售或生产下降。

(2) 就第(1)(C)段而言：

(A) "重要促成"，指重要但不一定比任何其他原因更重要的原因。

(B) (i) 从事石油或天然气勘探或钻探的任何厂商，应被视为生产石油或天然气的厂商；

(ii) 从事石油或天然气勘探或钻探或以其他方式生产石油或天然气的任何厂商，应被视为生产与进口石油和进口天然气直接竞争商品的厂商。

(d) 认定的允许时限

本节下的请求提出之日后，部长应尽快作出认定，但无论如何不得迟于该日期后 60 天。

第 2342 节　调整建议的批准

(a) 调整援助申请

根据本编第 2341 节认证有资格申请调整援助的厂商，可在该认证日期后 2 年内的任何时间，依据本部分向部长提出调整援助申请。此类申请应包含一项其经济调整建议。

(b) 技术援助

(1) 本部分下的调整援助包括技术援助，部长批准厂商调整援助申请的前提条件是其认定厂商的调整建议：

(A) 经合理计算实质性有助于厂商的经济调整；

（B）充分考虑该厂商工人的利益；

（C）表明厂商将尽一切合理努力使用其自身资源促进经济发展。

（2）本节下的申请提出之日后，部长应尽快作出认定，但无论如何不得迟于该日期后 60 天。

（c）资格认证的终止

一旦认定任何厂商不再需要本部分下的援助，部长应终止其资格证明，并立即在《联邦纪事》上公告该终止，该终止应自部长指定的终止日期起生效。

第 2343 节　技术援助

（a）部长的自由裁量权；援助类型

部长可根据其认为适当的条款和条件向厂商提供其认为将实现该厂商本部分目的的技术援助。本部分下提供的技术援助可由下列一项或几项组成：

（1）协助厂商准备根据本编第 2341 节提出的资格认证申请；

（2）协助经认证的厂商拟订经济调整建议；

（3）协助经认证的厂商执行该建议。

（b）利用现有机构、私人等提供援助；向中介组织提供赠款

（1）部长应通过现有政府机构及私人、厂商和机构（包括私人咨询服务）或通过向中介组织（包括贸易调整援助中心）提供赠款方式，提供本部分下的技术援助。

（2）如果通过私人、厂商和机构（包括私人咨询服务）提供援助，部长可分担部分费用（但美国政府承担的本节第（a）小节第（2）段或第（3）段所述援助费用，不可超过 75%）。

（3）部长可向中介组织提供赠款，以支付向厂商提供此类技术援助所产生的行政费用，最高可达 100%。

第 2344 节　财政援助

（a）直接贷款和贷款担保

部长可根据其认为适当的条款和条件，向厂商提供直接贷款或贷款担保等形式的其认为实质有助该厂商经济调整的财政援助。就本节而言，假定厂商有未偿债务，无论是否有追索权，均应视为借贷。

（b）允许的目的

本部分下的贷款或贷款担保，仅向厂商提供资金用于：

（1）土地、厂房、建筑物、设备、设施或机械的购置、建造、安装、现代化、开发、转换或扩建；

（2）提供必要的营运资金，使厂商得以实施其调整建议。

（c）直接贷款的限制

如果厂商能从私人来源（有担保或无担保）获得贷款资金，贷款利率不高于所参与的金融机构根据第 15 编第 636（a）节对担保贷款可确定的最高年利率，则不可为之提供本部分下的直接贷款。

（d）贷款和担保的限制

尽管有本部分任何其他规定，1986 年 4 月 7 日后不可根据本部分进行直接贷款或贷款担保。

第 2345 节　财政援助条件

（a）厂商资源不可获；还款合理保证

部长不得提供本章下的财政援助，除非其认定：

（1）所需资金无法从厂商自有资源中获得；

（2）有偿还贷款的合理保证。

（b）利率

（1）本部分下的直接贷款利率应为以下两项之和：

（A）财政部长考虑美国未偿可售债务当前市场平均收益率确定的利率，调整至最接近 1% 的八分之一，未偿可售债务的剩余到期时间应与此类贷款的平均期限可比；

（B）部长认为足以支付该担保项目行政费用和可能损失的金额。

（2）部长不可对本部分下的任何贷款进行担保，如果：

（A）部长认定要担保部分或不受担保部分的利率，与受联邦担保并服从类似条款和条件约束的其他贷款相比过高；

（B）根据第 26 编第 103 节，贷款利息免交联邦所得税。

（c）贷款期限

部长不得根据本编第 2344（b）（1）节提供期限超过 25 年（包括续期和延期）或超过固定资产使用寿命的贷款（以较短的期限为准），或为此类贷款提供担保；不得根据本编第 2344（b）（2）节提供期限超过 10 年（包括续期和延期）的贷款或为此类贷款提供担保。但该期限不适用于：

（1）部长作为索偿人在破产或公平重组中收到的证券或债务，或作为债权人在债务人破产后其他连带诉讼中收到的证券或债务；

（2）不超过 10 年的延期或续期，如果部长认为该延期或续期对于有序清算贷款或贷款本息偿还是合理必要的。

(d) 小厂商优先权；贷款本息偿还

（1）在提供贷款担保和直接贷款时，部长应优先考虑《小企业法》[15 U.S.C. 631et seq]（以及根据该法颁布的条例）所指的小厂商。

（2）对于本部分授权所作的任何直接贷款或任何贷款担保，部长可以合理的、保护美国财政利益的条件对此类贷款或债务凭证的本息偿还（包括取消抵押品赎回权）作出安排。

(e) 贷款担保条件

以下条件适用于根据本部分担保的任何贷款：

（1）担保的贷款金额不得超过未偿还本息余额的90%；

（2）贷款可由其担保和非担保部分的多重义务来证明；

（3）担保协议应为该担保项下任何担保义务资格的确凿证据，任何担保协议的有效性应不具争议，但持有人的欺诈或虚假表述除外。

(f) 营运准备金

部长应为本部分下担保的预期索偿保留营运准备金，就第31编第1108（c）节和第1108（d）节、第1501节和第1502（a）节而言，此类准备金应被视作债务。

(g) 向贷款担保放款人收取的费用

部长可向本部分下受担保的贷款放款人收取一定费用，以支付该担保必要的管理费用。

(h) 未偿担保贷款或直接贷款的最高总额

（1）本部分下受担保的向任何厂商提供的未偿担保贷款总额任何时候均不得超过300万美元。

（2）本部分下向任何厂商提供的未偿直接贷款总额任何时候均不得超过100万美元。

(i) 有员工持股计划厂商的优先考虑

（1）在考虑是否为本编第2341节下认证的公司提供直接贷款或贷款担保时，部长应优先考虑同意履行下列贷款要求的公司：

（A）贷款本金的25%由贷方支付给受贷公司、其母公司或子公司，或包括受贷公司在内的几家公司建立和维护的员工持股计划所设合格信托；

（B）员工持股计划符合本小节的要求；

（C）受贷公司、贷方和与贷款有关的合格信托间协议符合本节要求。

（2）员工持股计划不符合本小节要求，除非该计划的治理工具规定：

（A）根据第（1）（A）段支付给合格信托的贷款用于购买合格雇主证券；

（B）合格信托将从受款公司向其缴纳的款项中，偿还贷款人的贷款金额和利息；

（C）随着合格信托偿还该贷款，该信托将不时按第（4）段规定在参与者及其受益人的个人账户中分配合格雇主证券。

（3）受款公司、贷方和合格信托间协议不符合本小节要求，除非：

（A）任何一方均可联合或单独无条件地对另一方强制执行；

（B）其规定，合格信托在任何时候偿还其贷款的债务额不可超过该信托实际收到的第（2）（B）段所规定的缴款额；

（C）其规定，受款公司从合格信托收到的、为本小节目的而购买合格雇主证券的金额，将由受款公司专门用于与贷方直接支付部分贷款可用的相同目的；

（D）其规定，合格信托为本小节目的购买合格雇主证券之日起一年内，受款公司不得减少其股权资本额；

（E）其规定，受款公司向合格信托的缴款额不低于该信托履行其偿还贷款本金和利息义务必要的金额，无论该公司是否可根据第 26 编第 404 节扣减此类缴款，也无论受款公司是否有法律义务下或员工持股计划下的任何其他缴款。

（4）在每个计划年度结束时，员工持股计划应将合格雇主证券的那部分分配到参与员工账户，其成本占根据本小节第（2）（A）段购买全部合格雇主证券的成本比，与该合格信托该年内偿还贷款本利总额占该信托在该贷款期内应偿还贷款本利总额之比实质相同。一个计划年度内分配给参与者个人账户的合格雇主证券占分配给该计划所有参与者所有此类证券数量比，须与支付给此类参与者补偿金额占当年支付给所有此类参与者补偿总额之比实质相同。

（5）就本小节而言，术语：

（A）"员工持股计划"，指第 26 编第 4975（e）（7）节所述计划；

（B）"合格信托"，指根据员工持股计划建立、符合《1974 年雇员退休收入保障法》第 1 编［29 U.S.C. 1001 et seq.］和第 26 编第 401 节要求的信托；

（C）"合格雇主证券"，指受贷公司或其母公司或子公司发行的普通股，其表决权和股息权不低于发行公司发行的其他普通股的表决权和股息权，表决权在被分配到员工持股计划参与者的持股计划账户后由参与者行使；

（D）"股权资本"，指对于受贷公司而言，其货币和其他财产的总和（其金额等于此类财产的调整后基准，但不考虑第（3）（D）段所述期间因折旧或摊销所作的调整），减去其债务。

第 2346 节　对小企业管理局的职能委托

(a) 资格认证职能委托

对于任何小型公司（《小企业法》[15 U.S.C. 631 et seq.]及据此颁布法规定义），部长可将其在本部分下的所有职能（除本编第 2341 节和第 2342 (d)节有关资格认证职能和本编第 2354 节）委托给小企业管理局局长。

(b) 拨款授权

特此授权拨付部长 1993 年、1994 年、1995 年、1996 年、1997 年和 1998 年财政年度所需之款项，以履行其本部分下与向厂商提供调整援助相关的职能（包括但不限于支付部长本部分授权所担保贷款违约产生的本金、利息和合理费用），该被授权的拨款可随时动用直至支出。

(c) 未用拨款的转移

本编第 1912(d)节授权拨款的未用余额将转交部长，以履行其本部分下的职能。

第 2347 节　财政援助管理

(a) 部长权力

在提供和管理本编第 2344 节下担保和贷款时，部长可：

（1）要求对任何此类担保或贷款提供保证，并实施、豁免此类保证或使之处于从属地位；

（2）以其认为合理的条款和条件及出于其认为合理的考虑，公开或私人转让或出售或以其他方式处置其受让或持有的与此类担保或贷款有关的任何债务、合同、债权、个人财产或保证证据，并收集、折中、获取其受让或持有的与此类担保或贷款有关的所有债务的补足裁决，直至此类债务可提交总检察长进行诉讼或追收；

（3）以其认为合理的条款和条件及出于其认为合理的考虑，对其受让或以其他方式获得的与此类担保或贷款有关的任何不动产或私人财产进行翻新、改进、现代化、完善、保险、出租、出售或以其他方式处理；

（4）必要或适当时获取、持有、转移、放弃或传让任何不动产或个人财产或其中任何权益，并为此执行所有法律文件；

（5）行使所有其他权力，并采取必要或附带的其他行为，以履行本编第 2344 节下的职能。

(b) 抵押记录

作为本节第(a)小节下保证的任何抵押应依据适用州法律进行记录。

(c) 收入用于融资职能

部长根据本部分达成交易所产生的贷款偿还、利息支付和其他收款,应用于本部分下所履行的融资职能,包括与此类职能有关的行政费用。

(d) 特权或机密信息

在部长认为适当的范围内,并根据第5编第552(b)(4)节和第552b(c)(4)节的规定,部长收到的与本部分下任何财政援助申请有关的任何记录、材料或数据,其所包含的有关任何业务经营或竞争地位的交易秘密或商业或财务信息部分,应被视为这些条款意义上的特权或机密信息。

(e) 第一留置权担保的资本资产;例外

本部分下为购置开发不动产或其他资本资产而发放的直接贷款或担保贷款,通常应由拟融资资产的第一留置权担保,并应全额摊销。如果部长认为实现本部分目标需要对这些标准给予例外,部长应制定适当标准来保护美国的利益。

第 2348 节　保护性规定

(a) 记录保存

本部分下的调整援助接受者均应有充分披露其对此类调整援助收益(如果有的话)金额和处置的记录,并有助于进行有效审计,接受者还应保留部长可能规定的其他记录。

(b) 审计和核查

为审计和核查之目的,部长和美国总审计长有权获得与本部分下调整援助有关的受援人的任何账本、公文、文件和记录。

(c) 证明

不得向任何厂商提供本部分下的调整援助,除非其所有人、合伙人或管理人员向部长证明:

(1) 为加快申请此类调整援助而由厂商委聘或代表厂商的任何律师、代理和其他人员的姓名;

(2) 向任何此类人员已付或将付费用。

(d) 利益冲突

不得向任何厂商提供本部分下的财政援助,除非其所有人、合伙人或管理人员在此类财政援助提供后执行对其及厂商具有为期2年约束力的协议,不得雇用下列人员、为其提供职位或就业,或留用其提供专业服务:在提供此类援助或其任何部分之日或之前1年内,在部长认定的与此类财政援助提供决定权有关的职位或相关活动中担任官员、律师、代理或雇员。

第 2349 节　处罚

出于以任何方式影响本部分下裁决之目的，或为获得本部分下金钱、财产或任何有价物品之目的，任何人故意对重大事实作出虚假陈述或故意不披露重大事实，或故意高估任何担保品价值，应处以 5 000 美元以下罚款或 2 年以下监禁，或两者并罚。

第 2350 节　民事诉讼

提供本部分下的技术和财政援助时，部长可在具有一般管辖权的州任何登记在册法院，或在美国任何地区法院提起诉讼和被提起诉讼，并赋予此类地区法院管辖权，在不考虑争议金额情况下裁定此类争议；但不得针对其或其财产签发任何（中间的或最终的）附件、禁令、扣押令或其他类似程序。本节任何内容不得解释为将本编第 2343 节和第 2344 节下的活动排除在第 28 编第 516 节、第 547 节和第 2679 节的适用之外。

第 2351 节　"厂商"定义

在本部分中，"厂商"包括个人独资企业、合伙企业、合资企业、社团、公司（包括开发公司）、商业信托、合作社、破产受托人和法院判令下的接管人。一厂商，及其前任或继任厂商，或由实质相同的人控制或实质性实益拥有的任何关联公司，在必要时可被视为单一厂商以防止不正当利益。

第 2352 节　法规

部长应制定必要法规执行本部分规定。

第 2353 节

已废除。

第 2354 节　国际贸易委员会开始调查时商务部长进行的研究

（a）研究主题

凡委员会根据本编第 2252 节开始对某产业进行调查，委员会应立即将此通知部长，部长应立即就如下事项展开研究：

（1）生产同类或直接竞争商品的国内产业中已经或可能被证明有资格获得调整援助的厂商数量；

（2）通过使用现有项目可在多大程度上促进此类厂商有序适应进口竞争。

（b）报告；公布

部长在本节第（a）小节下的研究报告应不迟于委员会作出本编第 2252（f）节下报告后 15 天之内提交总统。报告一经提交总统，部长应立即将其公开（部长认为的机密信息除外），并在《联邦纪事》上公布其摘要。

(c) 向厂商提供信息

凡委员会根据本编第 2252(b)节作出肯定结论,认为进口增长是造成一产业严重损害或严重损害威胁的实质原因时,部长应在可行范围内向该产业厂商提供充分信息,使此类厂商了解可有助于促进其有序适应进口竞争的各个项目,并应对此类厂商请求和申请项目利益的准备和处理工作提供协助。

第 2355 节　产业援助;拨款授权

(a) 技术援助

部长可根据其认为适当的条款和条件提供技术援助,以设立符合本部分目的的新产品开发、新工艺开发、出口开发或其他用途的全行业项目。该技术援助可通过现有政府机构、私人、厂商、大学和机构,借助赠款、合同或合作协议,提供给实质数量的厂商或工人已被认证有资格申请本编第 2273节或第 2341 节下调整援助的社团、工会或其他非营利产业组织。

(b) 支出

本节下的技术援助支出每年每产业可达 1 000 万美元,应按部长认为适当的条款和条件支付。

第 4 部分　社区调整援助

第 2371 节　请求和认定

(a) 提交请求;收到请求;启动调查

州下属政治区划(本部分以下称"社区")、此类社区群体或代表此类社区的州长可向商务部长(本部分以下称"部长")提交请求申请本部分下的调整援助资格证明。收到请求后,部长应立即在《联邦纪事》上发布通告,告知其已收到请求并开始调查。

(b) 公开听证

如果部长认为请求人或任何其他人在程序中具有实质利益,并在部长公布本节第(a)小节下的通告之日起 10 天内提交听证要求,部长应举行公开听证会,并给予利益相关人员机会出席听证、出示证据、发表意见。

(c) 核证

部长应证明一社区有资格申请本部分规定的调整援助,如果其认定:

(1) 此类社区所在受贸易影响地区重大数量或比例的工人已全部或部分离职,或受全部或部分离职的威胁;

(2) 位于第(1)段所指受贸易影响地区的厂商或厂商分部的销售或生产

或两者已绝对下降；

（3）与位于第（1）段所指受贸易影响地区的厂商或厂商分部所生产商品同类或直接竞争商品的进口增长，或位于此类地区的厂商或厂商分部向外国的转移重要促成了第（1）段所述全部或部分离职或离职威胁，及第（2）段所述销售或生产下降。

就第（3）段而言，"重要促成"指重要但不一定比任何其他原因更重要的原因。

（d）认定的允许时限

本节下的请求提出之日后，部长应尽快，但无论如何不得迟于该日期后60天，确定提出请求的社区或社区群体是否符合本节第（c）小节要求，并应根据本部分签发援助资格证明，涵盖符合此类要求的请求人所在同一受贸易影响地区中的任何社区。

（e）受贸易影响地区的规模和边界；标准

在咨询劳工部长后，同时考虑本节第（c）小节标准，及在相关范围内，考虑第42编第3161节下重建地区标准所规定的因素，部长应确定每一受贸易影响地区的规模和边界。

（f）资格认证的终止

如果部长确定一社区不需要本部分下的任何附加援助，则应终止该社区的资格证明，并应立即在《联邦纪事》上公布此终止通告，该终止应在部长规定的终止日期生效。

第 2372 节　受贸易影响地区调整援助理事会

（a）设立

在一社区获得本编第2371节下的认证后60天内，部长应派代表前往该社区所在的受贸易影响地区，告知社区官员和该地区其他居民本章下可获得利益，并协助此类官员和居民建立该地区的受贸易影响地区调整援助理事会（本部分以下称"理事会"）。

（b）理事会职责和职能

（1）在不违反本段最后一句前提下，部长应为每一由一个或多个获本编第2371节认证社区所在的受贸易影响地区建立一理事会，该理事会应：

（A）为受贸易影响地区认证社区的经济复兴制定调整援助计划建议；

（B）在部长批准的调整援助计划下协调社区行动。

如果在该地区已存在执行第（A）小段和第（B）小段所规定职能的适当实体，部长可指定该实体为该地区的理事会。

（2）该理事会代表应来自其所涵盖的受贸易影响地区的认证社区、产业、劳工和普通大众。

（c）工作人员拨款

授权部长在由本节第（b）小节设立的理事会申请下，向该理事会拨款以维持适当的专业和文职人员。在理事会成立或指定之日起2年期限结束后，不得拨付理事会维持工作人员的费用。

（d）调整援助申请

本节下设立的理事会可根据本部分向部长提出调整援助申请，此类申请应包含理事会为受贸易影响地区内社区制定的调整援助计划建议。

第 2373 节　项目利益

（a）调整援助类型

本部分下的调整援助包括：

（1）《1965年公共工程和经济发展法》［42 U.S.C. 3121 et seq.］提供给重建地区的除贷款担保外的所有形式的援助；

（2）本节第（d）小节所述贷款担保项目。

（b）调整援助计划核准

除非部长批准根据本编第2372（d）节提交的调整援助计划，否则不得向受贸易影响地区的任何社区或个人提供本部分下的调整援助。

（c）《1965年公共工程和经济发展法》

对于《1965年公共工程和经济发展法》［42 U.S.C. 3121 et seq.］：

（1）已根据本编第2372（d）节批准了调整援助计划的受贸易影响地区应被视为重建地区，但：

（A）不得根据该法向任何人提供贷款担保；

（B）1980年9月30日后，不得向该地区任何接受人提供贷款或赠款。

（2）批准根据本编第2372（d）节提交的调整援助计划，应视为批准该法第202（b）（10）节［42 U.S.C. 3142（b）（10）］下的整体经济发展项目。

（d）贷款担保

授权部长为以下方面的贷款提供担保：

（1）土地、厂房、建筑物、设备、设施或机械的购置、建造、安装、现代化、开发、转换或扩建；

（2）营运资金。

此类贷款由私人借贷机构向私人借款者提供，与受贸易影响地区的项目有关，且与《1965年公共工程和经济发展法》第202节［42 U.S.C. 3142］下

的贷款担保条款和条件相同,包括记录和审计要求及处罚,但:

(1) 在 1982 年 9 月 30 日后,不得根据本小节提供新的贷款担保;

(2) 可为此类贷款未偿余额的全部金额提供贷款担保;

(3) 本小节下美国可提供的贷款担保金额中一个州不得超过 20%。

(e) 州或社区同意支付贷款担保引起的部分负债

本节第(b)小节下贷款担保申请人所在州州长、社区授权代表,或州长及社区授权代表可与部长达成协议,规定如果该担保申请人所在州已依法设置了部长为本节目的而批准的项目,该州或该社区或该州及该社区将支付不超过本节第(d)小节下贷款担保所产生任何负债金额的一半。

(f) 有员工持股计划公司的优先考虑;计划的必要特点

(1) 在考虑是否为符合本节第(d)小节条件的公司提供贷款担保时,部长应优先考虑同意履行下列贷款要求的公司:

(A) 贷款本金的 25% 由贷方支付给受贷公司、其母公司或子公司,或包括受贷公司在内的几家公司建立和维护的员工持股计划所设合格信托;

(B) 员工持股计划符合本小节的要求;

(C) 受贷公司、贷方和与贷款有关的合格信托间协议符合本节要求。

(2) 员工持股计划不符合本小节要求,除非该计划的治理工具规定:

(A) 根据第(1)(A)段支付给合格信托的贷款用于购买合格雇主证券;

(B) 合格信托将从受款公司向其缴纳的款项中,偿还贷款人的贷款金额和利息;

(C) 随着合格信托偿还该贷款,该信托将不时按第(4)段规定在参与者及其受益人的个人账户中分配合格雇主证券。

(3) 受款公司、贷方和合格信托间协议不符合本小节要求,除非:

(A) 任何一方均可联合或单独无条件地对另一方强制执行;

(B) 其规定,合格信托在任何时候偿还其贷款的债务额不可超过该信托实际收到的第(2)(B)段所规定的缴款额;

(C) 其规定,受款公司从合格信托收到的、为本小节目的而购买合格雇主证券的金额,将由受款公司专门用于与贷方直接支付部分贷款可用的相同目的;

(D) 其规定,合格信托为本小节目的购买合格雇主证券之日起 1 年内,受款公司不得减少其股权资本额;

(E) 其规定,受款公司向合格信托的缴款额不低于该信托履行其偿还贷款本金和利息义务必要的金额,无论该公司是否可根据第 26 编第 404 节扣减此类缴款,也无论受款公司是否有法律义务下或雇员持股计划下的任何其他缴款。

(4) 在每个计划年度结束时,员工持股计划应将合格雇主证券的那部分分配到参与员工账户,其成本占根据本小节第(2)(A)段购买全部合格雇主证券的成本比与该合格信托该年内偿还贷款本利总额占该信托在该贷款期内应偿还贷款本利总额之比实质相同。一个计划年度内分配给参与者个人账户的合格雇主证券占分配给该计划所有参与者所有此类证券数量比,须与支付给此类参与者补偿金额占当年支付给所有此类参与者补偿总额之比实质相同。

(5) 就本小节而言,术语:

(A) "员工持股计划",指《1974 年雇员退休收入保障法》第 407(d)(6)节[29 U.S.C. 1107(d)(6)]、第 26 编第 4975(e)(7)节和第 45 编第 702(5)节所述计划,符合《1974 年雇员退休收入保障法》第 1 编[29 U.S.C. 1001 et seq.]和第 26 编第 1 章第 4 分章第 1 部分的要求;

(B) "合格信托",指根据员工持股计划建立、符合《1974 年雇员退休收入保障法》第 1 编[29 U.S.C. 1001 et seq.]和第 26 编第 1 章第 4 分章第 1 部分要求的信托;

(C) "合格雇主证券",指受贷公司或其母公司或子公司发行的普通股,其表决权和股息权不低于发行公司发行的其他普通股的表决权和股息权,表决权在被分配到员工持股计划参与者的持股计划账户后由参与者行使;

(D) "股权资本",指对于受贷公司而言,其货币和其他财产的总和(其金额等于此类财产的调整后基准,但不考虑第(3)(D)段所述期间因折旧或摊销所作的调整),减去其债务。

(g) 美国在贷款担保中的最高份额

美国在本节第(d)小节下所提供贷款担保的未偿还贷款份额,任何时候不得超过 5 亿美元。

第 2374 节　社区调整援助基金

(a) 设立

在美国财政部账簿上设立一项循环基金,称社区调整援助基金。基金应包括根据本节第(b)小节授权可能存放在其中的款项,及根据本编第 2373(a)节设立的项目所收到的任何收款、贷款偿还款或其他收入。基金款项只能用于执行本编第 2372 节和第 2373(b)节的规定,包括行政费用。拨给该基金的款项应提供给部长,不受财政年度限制。在清算所有剩余债务后,1980 年 9 月 30 日之后基金中的任何余额应转入财政部普通基金。

(b) 批款授权

为了执行本编第 2372 节和第 2373(a)节规定,授权向社区调整援助基金拨款,1975 年 6 月 30 日结束的财政年度为 1 亿美元,后续 7 个财政年度为必要金额。

(c) 贷款担保授权

授权向部长拨付执行本编第 2373(d)节下贷款担保项目的必要款项。

第 5 部分　杂项条款

第 2391 节　审计总署研究和报告

(a) 调整援助项目

美国总审计长应对本分章第 2 部分、第 3 部分和第 4 部分建立的调整援助项目进行研究,并在 1980 年 1 月 31 日前向国会报告该研究结果,该报告应包括对以下方面的评估:

(1) 此类项目在帮助工人、厂商和社区适应因国际贸易方式变化所致经济条件变化方面的有效性;

(2) 此类项目与其他提供失业补偿、萧条地区救济的政府项目的管理协调。

(b) 劳工部和商务部协助

在履行本节规定的职责时,总审计长应在可行范围内获得劳工部和商务部协助,劳工部和商务部长应给予总审计长任何必要协助,以对本分章建立的调整援助项目进行有效评估。

第 2392 节　调整援助协调委员会

建立调整援助协调委员会,由一名美国贸易副代表担任主席,并由劳工部、商务部和小企业管理局负责调整援助的官员组成。委员会的职责是协调所涉各机构的调整援助政策、研究和项目,并促进调整援助利益的高效和有效提供。

第 2393 节　贸易监测系统

商务部长和劳工部长应建立并维持一项美国进口商品的监控项目,以反映此类商品的进口变化、此类进口与国内生产变化的关系、生产与进口商品同类或与其直接竞争商品的国内产业的就业变化,以及此类生产和就业变化在美国特定地理区域的集中程度。根据本节收集的信息摘要应定期公布,并提供给调整援助协调委员会、国际贸易委员会和国会。

第 2394 节　搬迁到外国的厂商

将生产设施从美国搬迁到外国之前,每个厂商应:

(1) 搬迁之日前至少 60 天,对因搬迁而可能完全或部分离职的员工进行通知;

(2) 在根据第(1)段通知员工的同一天,向劳工部长和商务部长提供搬迁通知。

(b) * 国会认为,每家此类厂商均应:

(1) 申请并使用本分章下其有资格获得的所有调整援助;

(2) 在美国为因搬迁而全部或部分离职的员工提供就业机会(如果有的话);

(3) 协助将员工重新安置到美国存在就业机会的其他地方。

第 2395 节　司法审查

(a) 审查请求;提交时间和地点

受本编第 2273 节或本编第 2331(c)节下劳工部长最终裁定侵害利益的工人、工人群体、认证或认可的工会或此类工人或其群体授权的代表,受本编第 2341 节下商务部长最终裁定侵害利益的厂商或其代表或国内任何其他利益相关方,或受本编第 2371 节下商务部长最终裁定侵害利益的社区或国内任何其他利益相关方,可在该裁定通告发布后 60 天内,向美国国际贸易法院提起民事诉讼,以审查此类裁定。该法院书记员应视情况将传票和申诉副本送达劳工部长或商务部长。部长在收到传票和申诉副本后,应迅速核证并将其裁定所依据的记录提交法院。

(b) 部长的事实调查结果;结论性;新的或修改的调查结果

劳工部长或商务部长(视具体情况)对事实的调查结果如果有实质性证据支持,应是结论性的;但法院,如有正当理由,可将案件发回部长进一步取证,部长可据此作出新的事实调查结果或修改事实调查结果,并可修改其先前行动,且应向法院证明进一步诉讼的记录。该新的或经修改的事实调查结果,如有实质性证据支持,应同样具有结论性。

(c) 裁决;最高法院复审

国际贸易法院有权确认劳工部长或商务部长的行动(视具体情况),或将该行动全部或部分搁置。国际贸易法院判决应接受美国联邦巡回上诉法

---

* 原文如此,第 1 段未加序号"(a)"。——《美国法典》注

院根据其规则进行的复审,联邦巡回上诉法院判决则应接受美国最高法院根据第 28 编第 1256 节规定,经签发调卷令进行的复审。

第 2396 节

略。

第 2397 节

略。

《美国法典》(2009 年版)
第 19 编　关税

第 12 章　《1974 年贸易法》
第 2 分章　进口竞争的损害救济

第 1 部分　进口损害产业的积极调整

第 2251 节　应对进口竞争的积极调整促进行动

(a) 总统的行动

如果美国国际贸易委员会(本部分以下称"委员会")根据本编第 2252 (b)节认定,一商品正以增长的数量进口到美国,以致成为生产与该进口商品同类或直接竞争商品的国内产业严重损害或严重损害威胁的实质原因,总统应根据本部分,在其权力范围内采取适当和可行的、其认为将促进国内产业努力对进口竞争作出积极调整,并产生优于成本的经济和社会效益的一切行动。

(b) 应对进口竞争的积极调整

(1) 就本部分而言,应对进口竞争的积极调整发生在:

(A) 国内产业:

(i) 在根据本编第 2254 节采取的行动终止后,能与进口产品成功竞争;

(ii) 国内产业将资源有秩序转移到其他生产领域。

(B) 产业中的失业工人有秩序过渡到生产领域。

(2) 即使国内产业的规模和组成与发起本编第 2252(b)节下的调查时不同,也可视为对进口竞争作出了积极调整。

第 2252 节　委员会调查、认定和建议

(a) 请求和调整计划

(1) 代表一产业的实体,包括行业协会、厂商、经认证或认可的工会,或工人群体,可向委员会提交请求,要求采取本部分下的行动,以促进应对进口竞争的积极调整。

(2) 第(1)段下的请求：

(A) 应包括寻求采取行动的具体目的说明，可包括促进资源有秩序转移到更有生产力的领域、提高竞争力或其他适应新竞争条件的调整方式；

(B) (i) 可在不违反本节第(d)(1)(C)(i)小节的情况下，请求提供本节(d)(1)小节下的临时救济；

(ii) 可请求提供本节第(d)(2)小节下的临时救济。

(3) 第(1)段下的请求一经提出，委员会应立即将其副本送交美国贸易代表办公室和其他直接有关的联邦机构。

(4) 第(1)段下的请求人可与请求书一起或请求提出之日后 120 天内，向委员会和美国贸易代表(本部分以下称"贸易代表")提交一项促进应对进口竞争的积极调整计划。

(5) (A) 提交第(4)段下的调整计划前，请求人及第(1)段所指希望参与的其他实体可与贸易代表和贸易代表认为适当的任何联邦机构的官员和雇员进行磋商，以评估考虑纳入计划的、有关可采取本部分下具体行动的建议是否充分。

(B) 第(A)小段下的任何磋商要求必须向贸易代表提出。收到此类要求后，贸易代表应与请求人协商，提供切实可行的协助，包括在《联邦纪事》中公布适当通知，争取其他参与者参与协商。除非贸易代表或其代表出席，否则不得根据第(A)小段进行磋商。

(6) (A) 在根据本节第(b)小节进行的任何调查过程中，委员会应(酌情在保密基础上)索取有关产业内厂商和工人为对进口竞争作出积极调整而正在采取或计划采取或同时采取这两方面行动的资料。

(B) 无论请求人是否根据第(4)段提交了调整计划，如果委员会根据本节第(b)小节作出肯定认定，任何：

(i) 国内产业中的厂商；

(ii) 国内产业中经认证或认可的工会或工人群体；

(iii) 州或地方社区；

(iv) 代表国内产业的行业协会；

(v) 任何其他个人或人员群体，

可单独向委员会提交此类个人和实体准备采取行动的承诺，以促进应对进口竞争的积极调整。

(7) 第(5)段和第(6)段的任何规定不得解释为提供反托拉斯法下的豁免。

（8）《1930 年关税法》第 332(g)节［19 U.S.C. 1332(g)］规定的机密商业信息公布程序应适用于委员会根据本部分、《北美自由贸易协定实施法》［19 U.S.C. 3351 et seq.］第 3 编第 1 部分、《美国—约旦自由贸易区实施法》第 2 编、《美国—智利自由贸易协定实施法》第 3 编、《美国—新加坡自由贸易协定实施法》第 3 编、《美国—澳大利亚自由贸易协定实施法》第 3 编、《美国—摩洛哥自由贸易协定实施法》第 3 编、《多米尼加—中美洲—美国自由贸易协定实施法》［19 U.S.C. 4051］第 3 编、《美国—巴林自由贸易协定实施法》第 3 编、《美国—安曼自由贸易协定实施法》第 3 编和《美国—秘鲁贸易促进协定实施法》第 3 编进行调查所收到的信息。委员会可要求提供商业机密信息的当事方提供其非机密性摘要，或如果此类当事方表示无法对提交信息进行概述，则可要求其说明理由。如果委员会认为保密要求没有依据，且有关当事方既不愿公布信息或也不愿授权以概括或摘要形式公布信息，委员会可对所提交信息不作考虑。

（b）委员会的调查和认定

（1）（A）应本节第(a)小节下所提交的请求、应总统或贸易代表要求、经众议院筹款委员会或参议院财政委员会决议，或经其自主动议，委员会应立即进行调查，以确定某商品是否正以增长的数量进口到美国，以致成为生产与该进口商品同类或直接竞争商品的国内产业严重损害或严重损害威胁的实质原因。

（B）就本节而言，"实质原因"指重要且不次于其他任何原因的原因。

（2）（A）除第(B)小段规定外，委员会应在提出请求、收到要求或决议或通过动议（视具体情况）之日起 120 天（如果请求书声称存在危急情况，则为 180 天）内根据第(1)段作出认定。

（B）如果根据本节第(a)(1)小节提出请求后第 100 天之前，委员会认定调查极为复杂，委员会应在第(A)小段所述日期之后 150 天（如果请求书声称存在危急情况，则为 210 天）内根据第(1)段作出认定。

（3）委员会应在《联邦纪事》中公布启动本小节任何程序的通告，并应在此后合理时间内举行公开听证会，给予有关各方和消费者机会出席听证会、出示证据、就本节第(a)小节下提交的任何调整计划陈述看法、对其他各方和消费者陈述作出答复，并以其他方式发表意见。

（c）作出认定的适用因素

（1）委员会根据本节第(b)小节作出认定时，应考虑其认为相关的所有经济因素，包括（但不限于）：

（A）对于严重损害：

（i）国内产业生产设施的重大闲置；

（ii）相当数量厂商无法以合理的利润水平进行国内生产；

（iii）国内产业内出现大量失业或就业不足。

（B）对于严重损害威胁：

（i）销售或市场份额下降，库存增加和增长（无论国内生产商、进口商、批发商还是零售商），及国内产业的生产、利润、工资、生产率或就业（或不充分就业的增加）呈下降趋势；

（ii）国内产业的厂商无法产生足够资本为其国内工厂和设备现代化提供融资，或无法维持现有研发支出水平的程度；

（iii）因第三国出口或进口限制，美国市场成为相关商品出口转移焦点市场的程度。

（C）对于实质原因，进口增加（实际或相对于国内生产）和国内生产商供给国内市场的比例下降。

（2）在根据本节第(b)小节作出认定时，委员会应：

（A）考虑相关商业周期内国内产业状况，但不可将与美国经济衰退或经济下降有关的需求下降原因汇总成严重损害或损害威胁的单一原因；

（B）审查进口以外可能对国内产业造成严重损害或严重损害威胁的因素。

委员会应将其第(B)小段下的审查结果纳入其根据本节第(e)小节提交总统的报告。

（3）第(1)段第(A)小段和第(B)小段要求委员会评估的任何因素，无论是否存在，对判定某商品是否正以增长的数量进口到美国，以致成为生产与该进口商品同类或直接竞争商品国内产业严重损害或严重损害威胁的实质原因，并不一定具有决定性。

（4）就本节第(b)小节而言，在认定生产与一进口商品同类或直接竞争商品的国内产业时，委员会：

（A）在信息可获得范围内，对于也从事进口的国内生产商，应仅将其国内生产视为该国内产业的一部分；

（B）对于生产多个商品的国内生产商，可仅将生产同类或直接竞争商品生产商的该部分或该细分视为该国内产业的一部分；

（C）对于一个或多个国内生产商，其在美国主要地理区域生产同类或直接竞争商品、在该地区该商品的生产设施构成美国国内产业的实质组成部分,且主要服务于该地区市场,而进口集中在该地区,可将位于该地区的那部分生产视为国内产业。

(5) 在本小节下的任何程序中,委员会应调查其认为可能导致受调查商品进口增加的任何因素。调查过程中,凡委员会有理由认为进口增加的部分原因属《1930 年关税法》第 7 编第 A 分编和第 B 分编[19 U.S.C. 1671 et seq., 1673 et seq.]或第 337 节[19 U.S.C. 1337],或属法律其他救济条款范围,委员会应立即通知有关机构,以便采取此类法律条款另有授权的行动。

(6) 就本节而言:

(A) (i)"国内产业",指对某一商品,同类商品或直接竞争商品的全部生产者,或同类商品或直接竞争商品的集体生产占该商品国内生产总量主要部分的生产者。

(ii)"国内产业"包括位于美国岛屿属地的生产者。

(B)"生产设施的重大闲置"包括关闭工厂或产能利用不足。

(C)"严重损害",指国内产业地位的重大总体削弱。

(D)"严重损害威胁",指明显将要发生的严重损害。

(d) 临时救济

(1) (A) 代表国内产业生产与进口易腐农产品或柑橘类产品同类或直接竞争的易腐农产品或柑橘类产品的实体,可根据第(B)小段向贸易代表提出监控此类产品进口的请求。贸易代表应在收到请求后 21 天内确定:

(i) 进口产品是否属易腐农产品或柑橘类产品;

(ii) 有否合理迹象表明,这种产品正以增长的数量进口到美国,以致或可能成为国内此类产业严重损害或严重损害威胁的实质原因。

(B) 如果根据第(A)(i)小段和第(A)(ii)小段作出肯定认定,贸易代表应根据《1930 年关税法》第 332(g)节[19 U.S.C. 1332(g)],要求委员会监控和调查有关进口商品,为期不超过 2 年。监控和调查可包括收集和分析信息,以加快本节第(b)小节下的调查。

(C) 如果根据本节第(a)小节提出的请求:

(i) 指控易腐农产品或柑橘类产品进口造成损害,而此类产品在指控纳入请求书之日,由委员会进行第(B)小段下的监控时间已不少于 90 天;

(ii) 要求根据本小节就此类进口提供临时救济。

委员会应不迟于请求提出之日后第 21 天,基于可获得信息,确定易腐农产品或柑橘类产品的进口增加(实际或相对于国内生产)是否造成生产同类或直

接竞争易腐农产品或柑橘类产品的国内产业严重损害或严重损害威胁的实质原因,及:

（I）严重损害是否因同类或直接竞争农产品的易腐性而可能难以修复;

（II）严重损害不能通过本节第(b)小节下的调查和本编第2253节下的行动及时防止。

（D）应委员会要求,农业部长应迅速向委员会提供农业部可能掌握的任何相关信息,以作出本小节下的认定和调查结论。

（E）当委员会根据第(C)小段作出初步肯定认定,委员会应寻找防止或补救严重损害所必需的临时救济数量或范围。在执行本小段时,如果可行并可防止或补救严重损害,委员会应优先考虑增加或实施进口关税。

（F）委员会应立即向总统报告其第(C)小段下的认定,如果是肯定认定,则应报告根据第(E)小段作出的结论。

（G）总统在收到委员会根据第(F)小段提交的肯定认定报告后7天内,如果认为有必要给予临时救济,并考虑委员会根据第(E)小段作出的结论,应宣布其认为有必要的临时救济,以防止或补救严重损害或严重损害威胁。

（2）（A）如果本节第(a)小节下的请求声称存在危急情况,并要求根据本小节就请求书所述商品的进口提供临时救济,委员会应不迟于请求提出后60天内,基于可获得信息,确定:

（i）是否存在明确证据表明该商品的进口增长(实际或相对于国内生产)是生产与该进口商品同类或直接竞争商品国内产业严重损害或严重损害威胁的实质原因;

（ii）延迟采取本部分下的行动将对该产业造成难以修复的破坏。

（B）如果第(A)(i)小段和第(A)(ii)小段下的认定是肯定的,委员会应寻找防止或补救严重损害所必需的临时救济数量或范围。在执行本小段时,如果可行并可防止或补救严重损害,委员会应优先考虑增加或实施进口关税。

（C）委员会应立即向总统报告其第(A)(i)小段和第(A)(ii)小段下的认定,如果是肯定认定,则应报告根据第(B)小段作出的结论。

（D）总统在收到委员会根据第(C)小段提交的包含第(A)(i)小段和第(A)(ii)小段下肯定认定的报告后30天内,如果认为有必要给予临时救济,并考虑委员会根据第(B)小段作出的结论,应宣布其认为有必要的期限不超过200天的临时救济,以防止或补救严重损害或严重损害威胁。如果可行并可防止或补救严重损害,此类救济应对进口商品增加或实施关税。

（3）如果根据第（1）（G）段或第（2）（D）段宣布的临时救济采用增加或实施关税形式,对第（1）（C）段或第（2）（A）段（视情况而定）下肯定裁定的、在裁定之日或之后进入仓库或出库供消费的所有进口商品,总统应下令暂停清关。

（4）（A）本小节下对进口商品实施的任何临时救济,应在下述日期终止：

（i）如果此类救济根据第（1）（G）段或第（2）（D）段宣布,为委员会根据本节第（b）小节对此类商品进口的损害或损害威胁作出否定裁定之日；

（ii）本编第 2253（a）（3）（A）节或第 2253（a）（3）（C）节所述行动根据本编第 2253 节对此类商品生效之日；

（iii）总统根据本编第 2253（a）节对此类商品不采取任何行动的决定成为终局之日；

（iv）凡总统确定,由于情况发生变化,此类救济不再必要之日。

（B）第（3）段下的进口商品暂停清关令应在根据第（A）小段的此类商品临时救济终止之日终止。

（C）如果根据本编第 2253 节对进口商品宣布增加或实施的关税与根据本节对该商品宣布增加或实施的关税不同,则根据第（3）段暂停清关的任何此类商品的进入应按两类税率较低者予以清关。

（D）如果根据本节对进口商品宣布的临时救济形式为增加或实施关税,而根据本编第 2253 节对该商品既未宣布增加也未宣布实施关税,则根据第（3）段暂停清关的任何此类商品的进入可按临时救济前的适用税率予以清关。

（5）对本小节而言：

（A）"柑橘类产品",指任何加工的柑橘或葡萄柚,或任何柑橘或葡萄柚汁,包括浓缩液。

（B）"易腐农产品",指贸易代表在考虑以下因素后认为采取本节下的行动是适当的任何农业商品,包括牲畜：

（i）此类商品是否具有：

（I）短保质期；

（II）短生长季；

（III）短销售期。

（ii）该商品是否为任何其他联邦法律法规视为易腐产品。

（iii）贸易代表认为适当的任何其他因素。

第（i）款、第（ii）款和第（iii）款要求贸易代表考虑的任何因素,无论是否存在,对判定某商品是否属于易腐农产品,并不一定具有决定性。

　　(C)"临时救济"指:

　　(i) 任何关税的增加或实施;

　　(ii) 对美国进口商品数量限制的任何修改或实施;

　　(iii) 第(i)款和第(ii)款下任何行动的组合。

　　(e) 委员会建议

　　(1) 如果委员会根据本节第(b)(1)小节作出肯定认定,委员会还应对如下问题提出行动建议:解决国内产业严重损害或严重损害威胁并最有效促进国内产业对进口竞争作出积极调整。

　　(2) 授权委员会根据第(1)段提出建议:

　　(A) 对进口商品增加或实施任何关税;

　　(B) 对该商品实施关税配额;

　　(C) 对美国进口商品数量限制的任何修改或实施;

　　(D) 一项或多项适当调整措施,包括根据本分章第2部分提供贸易调整援助;

　　(E) 第(A)小段至第(D)小段所述行动的任何组合。

　　(3) 委员会应具体说明根据第(1)段建议采取行动的类型、数额和期限。本编第2253(e)节所列限制适用于委员会建议的行动。

　　(4) 除根据第(1)段提出的建议外,委员会还可建议总统:

　　(A) 发起国际谈判,以解决商品进口增加的根本原因,或以其他方式缓解损害或威胁;

　　(B) 采取法律授权的任何其他可能行动,促进应对进口竞争的积极调整。

　　(5) 为根据本小节提出建议,委员会应:

　　(A) 在发出合理通告后,举行公开听证会,向所有有关各方提供作证和出示证据的机会;

　　(B) 考虑如下事项:

　　(i) 第(2)(A)段、第(2)(B)段和第(2)(C)段所述防止或补救损害或损害威胁的行动形式和数量;

　　(ii) 如果根据本节第(a)(4)小节提交调整计划,该计划规定的任何目标和行动;

　　(iii) 根据本节第(a)(6)小节提交委员会的任何个人承诺;

　　(iv) 委员会可获得有关国内和世界市场竞争状况的任何信息,以及在所要求采取行动期间影响此类状况的可能发展;

（v）国际谈判是否可以建设性地应对损害或威胁，或促进调整。

（6）只有同意本节第（b）小节下肯定认定的委员会成员才有资格就第（1）段要求或根据第（3）段可能提出的建议进行表决。不同意肯定认定的委员会成员可在本节第（f）小节所要求的报告中，就应根据本编第2253节采取何种行动提出单独意见。

（f）委员会报告

（1）委员会应就本节第（b）小节下的每项调查向总统提交报告，报告应尽早提交，但不得迟于提出请求、收到要求或决议或通过动议（视具体情况）之日起180天（如果请求书声称存在危急情况，则应为240天）。

（2）委员会应在第（1）段所要求的报告中列入以下内容：

（A）根据本节第（b）小节所作认定并解释其依据。

（B）如果根据本节第（b）小节作出肯定认定，则根据本节第（e）小节提出的行动建议并解释其依据。

（C）委员会成员对第（A）小段和第（B）小段所述认定和任何建议的任何异议或分歧。

（D）本节第（c）（2）小节下报告所要求包含的调查结论。

（E）本编第2251（b）（4）小节下提交的调整计划副本（如果有）。

（F）在国内产业中厂商和工人正在或计划采取的、促进应对进口竞争的积极调整措施方面，委员会提交的承诺和获得的信息。

（G）下列情况说明：

（i）实施本节第（e）小节所建议的行动对提出请求的国内产业、其他国内产业和消费者可能产生的短期和长期影响；

（ii）不采取所建议的行动对提出请求的国内产业、其工人和该产业生产设施所在社区及其他国内产业产生的短期和长期影响。

（3）在根据第（1）段向总统提交报告后，委员会应迅速公之于众（根据本节第（a）（6）（B）小节所获机密信息和委员会认为机密的任何其他信息除外），并将其摘要公布在《联邦纪事》上。

（g）调整援助请求的加速审议

如果委员会根据本节第（b）（1）小节作出肯定认定，委员会应立即将决定通知劳工部长和商务部长。收到此类通知后：

（1）劳工部长应加快审议国内产业工人申请本分章第2部分下调整援助的资格认证请求；

（2）商务部长应加快审议国内产业厂商申请本分章第3部分下调整援

助的资格认证请求。

(h) 对调查的限制

(1) 除委员会认定存在正当理由外,不得对本部分下先前调查的相同标的进行本节下的调查,除非委员会向总统提交该先前调查结果报告超过 1 年。

(2) 如果总统在新调查中可根据本编第 2253 节采取行动的最后日期早于本编第 2253(e)(7)节允许的日期,则不得对受本编第 2253(a)(3)(A)节、第 2253(a)(3)(B)节、第 2253(a)(3)(C)节或第 2253(a)(3)(E)节下采取或已采取行动约束的商品进行新的调查。

(3)(A) 不迟于《纺织品协定》对美国生效之日,商务部长应在《联邦纪事》上公布《纺织品协定》所涉的所有商品清单。仅当如商务部长在《联邦纪事》上公布的公告(包括根据本编第 3591 节公布的公告)所述,美国根据《纺织品协定》将相关商品纳入《1994 年关贸总协定》,才可根据本节对《纺织品协定》所涉商品的进口进行调查。

(B) 就本段而言:

(i) "纺织品协定",指本编第 3511(d)(4)节所指《纺织品和服装协定》。

(ii) "关贸总协定 1994 年",指本编第 3501(1)(B)节所指的含义。

(i) 根据保护令有限披露机密商业信息

委员会应颁布条例,根据保护令向本节下参与调查有关各方的授权代表提供获取机密商业信息的机会。

第 2253 节　进口损害裁定后的总统行动

(a) 一般规定

(1)(A) 在收到根据本编第 2252(f)节提交的、得出国内产业严重损害或严重损害威胁肯定结论的报告后,总统应在其权力范围内采取适当和可行的、其认为将促进国内产业努力对进口竞争作出积极调整,并产生优于成本的经济和社会效益的一切行动。

(B) 总统根据第(A)小段采取的行动在符合本节第(e)(1)小节前提下,其范围和持续时间应为总统认为在此小段下适当和可行的。

(C) 对于本编第 2252(f)节下报告的每一项肯定裁决,根据本编第 1872(a)节设立的跨部门贸易组织应向总统提出建议,说明其应根据(A)小段采取何种行动。

(2) 在决定根据第(1)段采取何种行动时,总统应考虑:

(A) 委员会的建议和报告。

(B) 国内产业的工人和厂商在多大程度上:

(i) 受益于调整援助和其他劳动力项目；

(ii) 从事工人再培训。

(C) 国内产业正在或将要实施的应对进口竞争所作积极调整的各项努力(包括根据本编第 2252(a)节提交委员会的任何调整计划或承诺所包含的各项努力)。

(D) 第(3)段授权采取的促进积极调整应对进口竞争的各项行动的可能效果。

(E) 第(3)段所授权行动短期和长期经济和社会的相对效益和成本,及与国内产业在美国经济中地位相关的其他考虑因素。

(F) 与美国国家经济利益有关的其他因素,包括但不限于：

(i) 如果不提供本部分下的进口救济,纳税人、社区和工人将承担的经济和社会成本；

(ii) 实施本节下行动对消费者和国内商品市场竞争的影响；

(iii) 国际补偿义务对美国产业和厂商的影响。

(G) 外国限制导致外国出口对美国市场的转移程度。

(H) 对本节下任何行动的潜在规避。

(I) 美国的国家安全利益。

(J) 本编第 2252(e)(5)节要求委员会考虑的因素。

(3) 为采取第(1)段下行动之目的,总统可：

(A) 宣布对进口商品增加或实施任何关税；

(B) 宣布对该商品实施关税配额；

(C) 宣布修改或实施对该商品进口美国的任何数量限制；

(D) 执行一项或多项适当的调整措施,包括根据本分章第 2 部分提供贸易调整援助；

(E) 与外国谈判、缔结和执行限制外国出口和美国进口此类商品的协定；

(F) 宣布必要程序,通过拍卖进口许可证,在进口商间分配允许进口到美国的商品数量；

(G) 发起国际谈判,解决该商品进口增加的根本原因,或以其他方式缓解其损害或损害威胁；

(H) 向国会提交立法提案,促进国内产业努力对进口竞争作出积极调整；

(I) 采取总统可采取的法律授权的任何其他行动和为第(1)段目的,其认为适当和可行的任何其他行动；

（J）采取第（A）至第（I）小段所列行动的任何组合。

（4）（A）在不违反第（B）小段前提下，在收到委员会根据本编第 2252
（b）（1）节作出肯定裁决的报告（或一项裁决，因本编第 1330（d）节其认为据
该节为肯定裁决）后 60 天（如果总统已根据本编第 2252（d）（2）（D）节就有关
商品宣布临时救济的，则为 50 天）内，总统应采取第（1）段下的行动。

（B）如果根据第（5）段要求提交补充报告，总统应在收到补充报告后 30
天内采取第（1）段下的行动，但在总统根据本编第 2252（d）（2）（D）节对有关
商品宣布临时救济的情况下，总统采取第（1）段下的行动不得迟于宣布临时
救济后第 200 天。

（5）在收到委员会根据本编第 2252（b）（1）节作出肯定裁决的报告之日
后 15 天内，总统可要求委员会提供附加信息。委员会应在可行情况下尽快，
但无论如何不得迟于收到总统要求之日后 30 天，提供有关该产业附加信息
的补充报告。

（b）对国会的报告

（1）在总统根据本节第（a）（1）小节采取行动的当天，总统应向国会提交
文件，说明所采取的行动及其理由。如果总统采取的行动与委员会根据本
编第 2252（e）（1）节建议采取的行动不同，应详细说明造成差异的原因。

（2）在总统作出决定认为不存在本节第（a）（1）小节下对国内产业可采
取的适当和可行行动的当日，总统应向国会提交文件，详细说明该决定的
理由。

（3）在总统根据本节第（a）（1）小节采取任何行动但未按第（1）段报告的
当日，总统应向国会提交文件，说明正在采取的行动及其理由。

（c）委员会建议行动的执行

如果总统根据本节第（b）（1）小节或第（b）（2）小节报告：

（1）根据本节第（a）（1）小节采取的行动与委员会根据本编第 2252（e）
（1）节建议采取的行动不同；

（2）不会根据本节第（a）（1）小节对国内产业采取任何行动，
委员会建议的行动（如本节第（d）（2）小节所述），应于本节第（b）（1）小节或
第（b）（2）小节所述文件提交国会之日起 90 天内，一经本编第 2192（a）（1）
（A）节所述联合决议颁布即生效。

（d）某些救济的生效时间

（1）除第（2）段另有规定外，根据本节第（a）（1）小节采取的本节第（a）

(3)(A)小节、第(a)(3)(B)小节或第(a)(3)(C)小节所述任何行动,应在总统宣布该行动之日起 15 天内生效,除非总统在决定采取此类行动之日宣布,打算就本节第(a)(3)(E)小节所述一项或多项协定进行谈判,在此种情况下,根据本节第(a)(3)(A)小节、第(a)(3)(B)小节或第(a)(3)(C)小节所采取的行动应在作出该决定之日后 90 天内宣布并生效。

(2) 如果发生本节第(c)小节所述意外情况,总统应在该小节所述联合决议颁布之日后 30 天内宣布委员会根据本编第 2252(e)(1)节建议采取的行动。

(e) 行动的时限

(1)(A) 在不违反第(B)小段的情况下,本节下行动可能的有效期限不得超过 4 年。该期限应包含根据本编第 2252(d)节实施临时救济的任何时间。

(B)(i) 在不违反第(ii)款的情况下,总统在收到委员会根据本编第 2254(c)节作出的肯定裁定(或如果委员会在裁定中正反意见相同,总统认为委员会裁定为肯定裁定)后,如果总统认定存在下列情况,可延长本节下任何行动的有效期:

(I) 该行动仍然是防止或补救严重损害所必需的;

(II) 有证据表明国内产业正在积极调整应对进口竞争。

(ii) 本节下任何行动的有效期限,包括任何延期,合计不得超过 8 年。

(2) 本节第(a)(3)(A)小节、第(a)(3)(B)小节或第(a)(3)(C)小节所述类型的行动,可根据本节第(a)(1)小节、本编第 2252(d)(1)(G)节或本编第 2252(d)(2)(D)节采取,但此类行动的累积影响不超过防止或补救严重损害所必需的程度。

(3) 本节下采取的任何行动,提高税率(或实施税率)不得超过采取行动时的税率(如有)从价 50%。

(4) 根据本节采取的宣布数量限制的任何行动,应允许进口不少于此类商品进口具有代表性且数据可获得最近 3 年此类商品进入美国的平均数量或价值,除非总统认为进口不同数量或价值对防止或补救严重损害是显然合理的。

(5) 本节第(a)(3)(A)小节、第(a)(3)(B)小节或第(a)(3)(C)小节所述有效期超过 1 年的行动,应在行动实施期间定期予以逐步减少。

(6)(A) 根据本节采取的任何行动,暂停:

(i) 某一商品适用《美国协调关税税则》第 9802.00.60 税则号或第 9802.00.80 税则号;

(ii) 将任何商品指定为符合本章第 5 分章的目的,

应视为增加关税。

（B）总统不得对任何商品宣布第（A）小段所指任何暂停,委员会也不得根据本编第 2252(e)节建议任何此类暂停,除非委员会根据本编第 2252(b)(1)节作出肯定裁定外,在本编第 2252(b)节下的调查过程中,认定进口对生产同类或直接竞争商品的国内产业实质造成严重损害或严重损害威胁的原因可能在于(视具体情况):

（i）适用《美国协调关税税则》第 9802.00.60 税则号或第 9802.00.80 税则号;

（ii）将任何商品指定为符合本章第 5 分章的目的。

（7）（A）如果某商品是本节第(a)(3)小节第(A)小段、第(B)小段、第(C)小段或第(E)小段所采取行动的对象,不得根据上述任何小段就该商品采取新的行动,其期限:

（i）从前一项行动终止之日起且等于前一项行动的有效期;

（ii）从前一项行动终止之日起 2 年,

以较长者为准。

（B）尽管有(A)小段的规定,如果根据本节第(a)(3)小节第(A)小段、第(B)小段、第(C)小段或第(E)小段就某商品采取的前一项行动的有效期为 180 天或更短,总统可根据上述任何小段就该商品采取新的行动,如果:

（i）自前一项行动生效以来至少已过 1 年;

（ii）在与该商品有关的新行动首次生效之日前的 5 年期间,对该商品采取上述任何一小段所述行动的次数不超过两次。

（f）某些协定

（1）如果总统根据本节采取行动,而非执行本节第(a)(3)(E)小节所述类型的协议,总统可在此类行动生效后,就本节第(a)(3)(E)小节所述类型的协议进行谈判,并可在此类协议生效后,全部或部分暂停或终止先前采取的任何行动。

（2）如果根据本节第(a)(3)(E)小节实施的协议无效,总统可在符合本节第(e)小节限制的前提下,根据本节第(a)小节采取进一步行动。

（g）法规

（1）总统应通过制定法规,对本部分下为提供进口救济而采取的所有行动进行有效和公平管理。

（2）为了执行根据本部分缔结的国际协定,总统可制定法规管理此类协定所涵盖商品的进仓或出仓。此外,为了执行本节第(a)(3)(E)小节所述类型的与一个或多个国家在本部分下缔结的任何协定,这些国家占美国进口(包括进口到美国的主要地理区域)此类协定所涉商品的主要部分,总统可颁布法规,管理非此类协定缔约国产品的类似商品的进出仓库。

(3)本小节下所制定的法规,应在可行的范围内,并符合有效和公平管理,防止少数大进口商不公平占有进口份额。

第 2254 节　行动的监控、修改和终止

(a) 监控

(1)只要根据本编第 2253 节采取的任何行动仍然有效,委员会即应监控国内产业的发展,包括国内产业的工人和厂商为应对进口竞争积极调整所取得的进展和作出的具体努力。

(2)根据本编第 2253 节采取行动的最初生效时间超过 3 年,或者此类行动的延长超过 3 年,委员会应向总统和国会提交一份第(1)段下的监控结果报告,提交时间不迟于最初生效期及每一次延长期的中点日期。

(3)在准备第(2)段下的报告过程中,委员会应举行听证会,给予有关人员合理机会出席听证、出示证据和发表意见。

(4)应总统要求,委员会应就正在审议的本编第 2253 节下所采取行动的任何削减、修改或终止对有关产业可能产生的经济影响,作出判断并通知总统。

(b) 削减、修改和终止行动

(1)根据本编第 2253 节所采取的行动可由总统削减、修改或终止(但不得在总统收到本节第(a)(2)小节要求提交的报告之前),如果总统:

(A)在考虑委员会根据本节第(a)小节提交的任何报告或咨询意见,并在征求商务部长和劳工部长咨询建议后,基于以下两种情况之一,即:

(i)国内产业未作出充分努力对进口竞争作出积极调整;

(ii)根据本编第 2253 节采取行动的效果因经济情况的改变而受损,认定情况的改变有必要作出这种削减或终止。

(B)在国内产业大多数代表向总统提出基于上述情况作出此类削减、修改或终止的请求后,认定国内产业对进口竞争作出了积极调整。

(2)尽管有第(1)段的规定,总统有权根据本编第 2253 节采取必要的额外行动,以消除对该节下任何先前行动的任何规避。

(3)尽管有第(1)段的规定,总统在收到委员会根据本编第 3538(a)(4)节作出的决定,并与众议院筹款委员会和参议院财政委员会协商后,可削减、修改或终止根据本编第 2253 节采取的行动。

(c) 行动期限的延长

(1) 应总统要求或在本编第 2253 节下的任何行动终止之日前不早于 9 个月、不晚于 6 个月内经有关产业代表向委员会提出请求,委员会应进行调查,以确定根据本编第 2253 节采取的行动是否仍然是预防或补救严重损害所必需的,及是否有证据表明该产业正在对进口竞争作出积极调整。

(2) 委员会应在《联邦纪事》上公布启动本小节下任何程序的通告,并应在此后合理时间内举行公开听证会,委员会应向有关各方和消费者提供机会出席听证、出示证据、对其他各方和消费者的陈述作出答复及以其他方式发表意见。

(3) 委员会应最迟于本编第 2253 节下的行动终止前 60 天,向总统提交报告,说明根据本小节进行的调查和作出的决定,除非总统规定了不同的日期。

(d) 行动有效性评估

(1) 在根据本编第 2253 节采取的任何行动终止后,委员会应根据总统在本编第 2253(b)节下提交国会的报告中所述的理由,对促进国内产业应对进口竞争的积极调整行动的有效性作出评估。

(2) 在根据第(1)段进行的评估过程中,委员会应在合理公告后举行有关行动有效性的听证会。所有相关人员应有机会参加此类听证会,并在听证会上提出证据或证词。

(3) 有关第(1)段下评估和第(2)段下听证会的报告,委员会应最迟于本编第 2253 节下的行动终止之日后第 180 天提交总统和国会。

(e) 其他规定

(1) 总统根据本部分采取的行动,可不考虑本编第 2136(a)节的规定,而仅考虑此类行动与美国国际义务的关系。

(2) 如果委员会根据本编第 2252(c)(4)(C)节将位于美国主要地理区域的生产视为国内产业,那么总统在采取第(1)段授权的任何行动时,应考虑国内生产和进口在该区域的地理集中度。

第 2 部分　工人调整援助
第 A 分部分　请求和认定

第 2271 节　请求

(a) 提交请求;协助;公布通告

(1) 本部分下工人群体调整援助资格证明的申请请求,可由下列任何一方向劳工部长和雇用工人厂商(由本编第 2319 节定义)所在州州长同时提出：

（A）工人群体；

（B）经认证或认可的工会或其他由此类工人正式授权的代表；

（C）代表此类工人的雇主、一站式职业服务运营方或合作伙伴（由《1998年劳动力投资法》第101节[29 U.S.C. 2801]定义），包括州就业保险机构，或该法第1编[29 U.S.C. 2801 et seq.]设立的州失业工人部门。

（2）收到第(1)段下的请求后，州长应：

（A）确保其他联邦法律授权的快速反应活动和适当的核心和密集服务（如《1998年劳动力投资法》[29 U.S.C. 2864]第134节所述）在此类法律授权的范围内提供给请求所涵盖工人；

（B）核实信息、提供部长要求的其他帮助，协助部长对请求进行审核。

（3）收到请求后，部长应立即在《联邦纪事》和劳工部网站发布通告，告知已收到请求并开始调查。

（b）听证

如果请求人或部长发现存在与诉讼程序实质利益关系的任何其他人，在部长发布第(a)小节下的通告之日起10天内提出听证要求，部长应规定进行公开听证，并给予利益相关人员机会出席听证、出示证据、发表意见。

第2272节 群体资格要求；农业工人；石油天然气产业

（a）一般规定

部长应证明一工人群体有资格依据本编第2271节提出的请求申请本部分规定的调整援助，如果其认定：

（1）此类工人就业厂商重大数量或比例的工人已全部或部分离职，或受全部或部分离职的威胁。

（2）（A）（i）此类厂商的销售或生产或两者已绝对下降。

（ii）（I）与此类厂商所生产商品或提供服务同类或直接竞争商品或服务的进口增长。

（II）与下列商品同类或直接竞争的商品进口增加：

（aa）直接采用该公司生产的一个或多个零部件所生产商品；

（bb）直接采用该公司提供服务所生产的商品。

（III）与采用此类厂商所生产一个或多个零部件的进口商品同类或直接竞争的，直接采用一个或多个美国以外所生产零部件的商品的进口增长。

（iii）第(ii)款所述进口增长重要促成了此类工人的离职或离职威胁，及此类厂商的销售或生产下降。

(B)(i)(I)此类厂商将其同类或直接竞争商品的生产或服务的提供转移到外国；

(II)此类厂商从外国购买与其所生产商品或提供服务同类或直接竞争的商品或服务。

(ii)第(i)(I)款所述转移或第(i)(II)款所述商品或服务的购买，重要促成了此类工人的离职或离职威胁。

(b) 公共机构受不利影响工人

部长应证明公共机构工人群体有资格依据本编第2271节提出的请求申请本部分规定的调整援助，如果其认定：

(1)公共机构重大数量或比例的工人完全或部分离职，或受完全或部分离职的威胁；

(2)公共机构从外国购买与其所提供服务同类或直接竞争的服务；

(3)第(2)段所述服务购买重要促成此类工人的离职或离职威胁。

(c) 受次生不利影响工人

部长应证明一工人群体有资格依据本编第2271节提出的请求申请本部分规定的调整援助，如果其认定：

(1)此类工人就业厂商或其适当分部重大数量或比例的工人已全部或部分离职，或受全部或部分离职的威胁。

(2)工人就业厂商为雇用获得本节第(a)小节资格认证工人群体厂商的供应商或下游生产厂商，且此类供应或生产与作为此类认证基础的商品或服务有关(按本节第(d)(3)小节和第(d)(4)小节定义)。

(3)符合下列之一：

(A)工人就业厂商为供应商，其向第(2)段所述厂商供应零部件占其生产或销量的20%以上；

(B)工人就业厂商失去第(2)段所述厂商的业务重要促成第(1)段所认定的工人离职或离职威胁。

(d) 定义

就本节而言：

(1)"重要促成"，指重要但不一定比任何其他原因更重要的原因。

(2)(A)从事石油或天然气勘探或钻探的任何厂商，应被视为生产石油或天然气的厂商。

(B)从事石油或天然气勘探或钻探或以其他方式生产石油或天然气的任何厂商，应视为生产与进口石油和进口天然气直接竞争商品的厂商。

（3）下游厂商。

（A）一般规定。"下游厂商"，指直接为另一家厂商的商品或服务提供额外增值生产过程或服务的厂商，而该另一家厂商商品生产或服务提供的工人群体已获得第（a）小节的认证。

（B）增值生产过程或服务。就第（A）小段而言，增值生产过程或服务包括总装、精加工、测试、包装或维修或运输服务。

（4）供应商。"供应商"，指直接为另一家厂商生产和供应用于商品生产或服务提供的商品零部件或服务（视情况而定）的厂商，而该其他厂商商品生产或服务提供所雇用的工人群体已获得本节第（a）小节的认证。

（5）关于厂商。就第（a）小节而言，"厂商"不包括公共机构。

（e）部长认定依据

（1）一般规定。

在决定是否根据第 2273 节对工人群体进行认证时，部长应通过问卷调查和其他其认为适当的方式，从雇用工人厂商或其客户处获取部长认为认证所需信息。

（2）附加信息。

部长可通过以下方式寻求附加信息，以确定是否根据第（a）小节、第（b）小节或第（c）小节对工人群体进行认证：

（A）联系：

（i）雇用工人厂商的官员或员工；

（ii）雇用工人厂商客户的官员；

（iii）经认证或认可的工会官员或其他工人群体正式授权代表；

（iv）一站式职业服务运营方或合作伙伴（由第 29 编第 2801 节定义）。

（B）利用其他可用的信息来源。

（3）信息核实。

（A）证明。

部长应要求厂商或客户证明：

（i）根据第（1）段通过问卷调查从厂商或客户（视情况而定）获得的所有信息；

（ii）部长按本编第 2273 节作出认定时所依据的第（1）段下从厂商或客户（视情况而定）获得的所有其他信息，除非部长有合理依据确定这些信息是准确和完整的，无需证明。

（B）传票的使用。

如果雇用工人厂商或其客户未能在部长要求之日起20天内提供信息，部长应根据本编第2321节通过传票要求该厂商或客户提供第(1)段下其所要求信息，除非该公司或客户（视情况而定）向部长证明，将在合理时间内提供该资料。

（C）机密信息的保护。

部长不可公布根据第(1)段所获其认为机密的商业信息，除非提交机密商业信息的厂商或客户（视情况而定）在提交时已获悉部长将公布该信息，或者该厂商或客户（视情况而定）随后同意公布该信息。本小段任何规定不得解释为禁止部长向法院秘密提供或根据法院签发的保护令向另一方提供此类机密商业信息。

(f) 国际贸易委员会确认的厂商

尽管本部分有其他规定，根据本编第2271节提出申请所涵盖的工人群体应根据第(a)小节被证明有资格申请本部分下的调整援助，如果：

（1）国际贸易委员会在一项调查中公开确认雇用工人厂商为国内产业成员，该调查导致：

（A）本编第2252(b)(1)节下的严重损害或严重损害威胁肯定认定；

（B）本编第2451(b)(1)节下的市场扰乱或市场扰乱威胁肯定认定；

（C）本编第1671d(b)(1)(A)节或第1673d(b)(1)(A)节下的实质损害或实质损害威胁肯定终裁。

（2）申请为自如下日期起1年内提交：

（A）国际贸易委员会按本编第2252(f)(1)节向总统提交的第(1)(A)段所述肯定认定报告摘要，根据本编第2252(f)(3)节公布于《联邦纪事》；

（B）第(1)段第(B)小段或第(C)小段所述的肯定裁定通告公布于《联邦纪事》。

（3）工人在以下时间内已完全或部分从其雇用公司中离职：

（A）第(2)段所述1年内；

（B）尽管有本编第2273(b)节规定，第(2)段所述的1年期前的1年内。

第2273节 劳工部长的认定

(a) 资格证明

在本编第2271节下的请求提出之日后，部长应尽快，但无论如何不得迟于该日期后40天，确定该提出请求的群体是否符合本编第2272节的要求，并签发资格证明，以使符合该要求的任何群体中的工人申请本分部分下的援助。每份证明应写明完全或部分离职开始或威胁开始的日期。

(b) 证明所涵盖工人

本节下的证明不适用于任何工人,其在提出本编第 2291 节下的申请前与厂商的最后一次全部或部分离职,发生在获得证明的请求日期前 1 年以上。

(c)《联邦纪事》公布认定

对请求作出裁定后,部长应立即将裁定摘要及其理由一并公布于《联邦纪事》和劳工部网站。

(d) 证明的终止

就某厂商工人的任何资格证明,凡部长裁定从该厂商的全部或部分离职不再归因于本编第 2272 节规定的条件,就应终止该证明,并立即将该裁定及其理由一并公布于《联邦纪事》和劳工部网站。该终止仅适用于部长规定的终止日期后发生的全部或部分离职。

(e) 调查和认定标准

(1) 一般规定。

部长应为本编第 2271 节下请求所进行的调查制定标准,包括数据要求,并为根据第(a)小节作出认证制定标准。

(2) 磋商。

在发布与第(1)段所要求标准有关的最终规则前至少 90 天,部长应与参议院财政委员会和众议院筹款委员会就该规则进行磋商。

第 2274 节 某些肯定认定的研究和通知;产业援助通知

(a) 国内产业研究

凡国际贸易委员会(本部分以下称"委员会")根据本编第 2252 节开始对某产业进行调查,委员会应立即将此通知部长,部长应立即就如下事项展开研究:

(1) 生产同类或直接竞争商品的国内产业中,已经或可能被证明有资格获得调整援助的工人数量;

(2) 通过使用现有项目,可在多大程度上促进此类工人对进口竞争作出调整。

(b) 部长报告

部长在本节第(a)小节下的研究报告应不迟于委员会作出本编第 2252(f)节报告后 15 天之内提交总统。报告一经提交总统,部长应立即将其公开(部长认为的机密信息除外),并在《联邦纪事》和劳工部网站上公布其摘要。

(c) 全球保障措施肯定裁定后的通知

根据本编第 2252(b)(1)节作出肯定裁定后,委员会应立即通知劳工部长和商务部长,如果是关于农产品的裁定,则通知农业部长。

(d) 双边或诸边保障措施肯定裁定后的通知

(1) 市场扰乱的认定通知。

在根据本编第 2451(b)(1)节作出肯定裁定后,委员会应立即通知劳工部长和商务部长,如果是关于农产品的裁定,则通知农业部长。

(2) 关于贸易协定保障措施的通知。

对于为执行美国作为缔约方贸易协定而实施的适用保障条款[第(3)段所述条款除外],在据此所启动的程序中作出肯定裁定后,委员会应立即通知劳工部长和商务部长,如果是关于农产品的裁定,则通知农业部长。

(3) 关于纺织品和服装保障措施的通知。

对于为执行美国作为缔约方贸易协定而实施的纺织品和服装保障条款,在据此所启动的程序中作出肯定裁定后,总统应立即通知劳工部长和商务部长。

(e) 根据《1930 年关税法》第 7 编作出某些肯定裁定后的通知

根据《1930 年关税法》第 705(b)(1)(A)节或第 735(b)(1)(A)节[19 U.S.C. 1671d(b)(1)(A)和 1673d(b)(1)(A)]做出肯定裁定后,委员会应立即通知劳工部长和商务部长,如果是关于农产品的裁定,则通知农业部长。

(f) 产业援助通知

收到第(c)小节、第(d)小节或第(e)小节下关于国内产业的裁定通知后:

(1) 劳工部长应:

(A) 通知受该裁定影响的国内产业代表、该裁定相关程序中名称被公开的厂商、任何经认证或认可的工会,或在可行情况下,通知国内产业代表雇用的其他正式授权的工人代表:

(i) 本部分项下提供的津贴、培训、就业服务和其他利益;

(ii) 此类利益的请求和申请方式;

(iii) 提出此类请求时可获得的援助。

(B) 将委员会裁定和具体公司通知第(A)小段所述产业一家或多家厂商所在州州长。

(C) 经要求,提供根据本编第 2271 节提出请求所需任何援助。

(2) 商务部长应:

(A) 通知受该裁定影响的国内产业代表和该裁定相关程序中名称被公开的厂商:

(i) 第 3 部分下可获得利益;

(ii) 此类利益的请求和申请方式；

(iii) 提出此类请求时可获得的援助。

(B) 经要求,提供根据本编第2341节提出请求所需任何援助。

(3) 在基于农产品进口所作肯定裁定情况下,农业部长应:

(A) 通知受该裁定影响的国内产业代表和该决定相关程序中名称被公开的任何农业商品生产商:

(i) 第6部分下可获得利益；

(ii) 此类利益的请求和申请方式；

(iii) 提出此类请求时可获得的援助。

(B) 经要求,提供根据本编第2401a节提出请求所需任何援助。

(g) 国内产业代表

就第(f)小节而言,"国内产业代表"指就如下救济提出请求者:

(1) 本编第2252节或第2451节下的程序；

(2)《1930年关税法》第702(b)节或第732(b)节[19 U.S.C. 1671d(b)和1673d(b)*]的程序；

(3) 第(d)(2)小节或第(d)(3)小节所述任何保障措施调查。

第2275节 工人利益信息

(a) 部长应向工人提供充分信息,说明根据本部分提供的利益津贴、培训和其他就业服务,请求和申请程序,以及这些津贴、培训和服务的适当申报日期。部长应对此类工人群体请求和申请项目利益的准备工作提供一切必要协助。部长应尽一切努力确保州合作机构充分遵守根据本编第2311(a)节达成的协议,并应定期审查该遵守情况。部长应酌情向州职业教育委员会或同等机构以及其他公共或私营机构、组织和雇主通报,根据本编第2273节签发的每一份证书和该证书下根据本编第2296节进行培训的需求预测(如果有的话)。

(b)(1) 部长应在下列时间就本部分下可获利益,以邮件形式书面通知其有理由认为由本分部分下证明所涵盖的每一名工人:

(A) 如果在此类认证前工人已从受不利影响就业部分或全部离职,为作出此类证明时；

(B) 如果第(A)小段不适用,则为工人从受不利影响就业完全或部分离职之时。

---

* 原文如此,可能应为"1671a(b)和1673a(b)"。——《美国法典》注

（2）部长应在工人居住地普遍发行的报纸上发布通知，向本分部分下每项认证所涵盖工人告知本部分下可获利益。

（c）根据本编第 2273 节签发证明后，部长应通知商务部长该证明所涵盖的具体公司。

第 B 分部分　项目利益
第 1 部类　贸易再调整津贴

第 2291 节　工人资格要求

（a）贸易再调整津贴条件

本部分第 A 分部分下证明所涵盖的受不利影响工人，对证明日期及之后的任何失业周申请贸易再调整津贴，应予以支付，前提是满足下列条件：

（1）该工人提出部分下申请前的全部或部分离职发生在：

（A）涵盖该工人的证明所规定的、其在受不利影响就业中全部或部分离职开始或威胁开始之日或以后；

（B）本编第 2273 节下的认定作出之日起的 2 年期限届满之前；

（C）根据本编第 2273（d）节确定的终止日期（如果有）前。

（2）该工人在全部或部分离职前 52 周内，至少有 26 周受雇于一家就业受不利影响的厂商，每周工资为 30 美元或以上，或若无法获得在一家厂商就业周数的相关数据，则按部长规定条例计算的就业相当周数。就本段而言，在任何一周内，该工人：

（A）因度假、生病、受伤、生育、或非现役或现役军事训练而由雇主批准休假；

（B）受州或美国工人赔偿法或计划可予赔偿的残疾而不工作；

（C）因在该厂商担任劳工组织全职代表而中断工作；

（D）因在美国武装部队中处于现役预备待命，如果该现役属第 5 编第 8521（a）（1）节所界定的"联邦服务"，

则应视作周薪 30 美元或以上的就业周，但对于第（A）小段或第（C）小段或两者所述周，不超过 7 周（对于第（B）小段或第（D）小段所述周，不超过 26 周）可作为本句下的就业周处理。

（3）此类工人：

（A）对符合下列情况的受益期内一周获得（或如果申请会获得）资格享受失业保险：

（i）该受益期内发生此类完全或部分离职；

(ii) 该受益期因此类工人在完全或部分离职后提出失业保险索赔而开始(或本应开始)。

(B) 已用尽其有权(或如果申请将有权)享受的任何失业保险权利,由州提供资金而非由联邦基金支付的附加补偿除外。

(C) 无任何此类失业保险的有效等待期。

(4) 对于此类失业周,此类工人不会因《1970年联邦—州失业延长补偿法》第202(a)(3)节的工作接受和求职要求而丧失其该法下的应付延长补偿资格。

(5) 此类工人:

(A)(i) 已入学部长根据本编第2296(a)节批准的培训项目。

(ii) 第(i)款要求的入学不得晚于下列日期最晚者:

(I) 对于符合第(1)段和第(2)段要求的、最近一次从受不利影响就业的离职发生在部长签发涵盖此类工人的证明之日后的,为完全离职后第26周的最后一天;

(II) 对于符合第(1)段和第(2)段要求的、最近一次从受不利影响就业的离职发生在部长签发涵盖此类工人的证明之日前的,为证明签发日后第26周的最后一天;

(III) 在第(I)子条款或第(II)子条款中规定的日期后45天(视情况而定),如果部长认定有情有可原的情况证明延长入学期是合理的;

(IV) 因未能及时向此类工人提供此类条款规定的日期信息而未能在第(I)子条款、第(II)子条款或第(III)子条款要求的入学期(视情况而定)入学的,为部长确定期限的最后一天;

(V) 在依据本节第(c)小节发布的豁免终止后,部长批准入学期限的最后一天。

(B) 在其从受不利影响就业完全或部分离职之日后,已完成部长根据本编第2296(a)节批准的培训项目。

(C) 在第(B)小段所述日期之后,已收到本节第(c)(1)小节下的书面声明。

(b) 开始或恢复参加培训项目前贸易再调整津贴的暂停;适用期

(1) 如果部长认定:

(A) 受不利影响的工人:

(i) 未能开始参加其入学符合本节第(a)(5)小节要求的培训项目;

(ii) 在完成此类培训项目前已停止参加。

(B) 无正当理由导致上述未参加或停止参加培训。

(2) 如果该工人本节第(c)(1)小节下的认证依据本节第(c)(2)小节被撤销,

在发生此类未参加培训、停止参加培训或撤销证书的一周或随后任何一周,不可根据本部类向受不利影响工人支付任何贸易再调整津贴,直至受不利影响工人开始或恢复参加根据本编第 2296(a)节所批准的培训项目。

(c) 培训要求豁免

(1) 豁免的发布。

如果部长认为,由于以下一个或多个原因,参加本节第(a)(5)(A)小节所述培训对工人而言不可行或不合适,部长可向受到不利影响工人签发书面声明,豁免其参加此类培训:

(A) 召回。

工人已被通知由其离职厂商召回。

(B) 一技之长。

(i) 一般规定。

工人拥有适合就业的一技之长(根据对工人的评估确定,可包括《社会保障法》第 303(j)节[42 U.S.C. 503(j)]下根据部长发布指南执行的特征分析系统),且在可预见未来有合理的同等工资的就业预期。

(ii) 一技之长定义。

就第(i)款而言,"一技之长"可包括拥有高等教育机构(第 20 编第 1002 节定义)或同等机构研究生学位,或拥有某一专业领域研究生同等证书。

(C) 退休。

工人在 2 年内满足以下权利的所有要求:

(i)《社会保障法》第 2 编[42 U.S.C. 401 et seq.]下的老年保险福利(申请除外);

(ii) 由雇主或劳工组织发起的私人养老金。

(D) 健康。

工人因健康原因无法参加培训,但本小段下的豁免不得解释为免除工人根据联邦或州失业补偿法获得工作、积极寻找工作或拒绝接受工作的相关要求。

(E) 无法入学。

工人批准培训的第一个可获入学日期是在根据本段所作决定后 60 天内,或此后根据部长发布的指导方针,存在延迟入学的情有可原的情况。

（F）无法培训。

工人无法从政府机构或私人机构（可包括第 20 编第 2302 节定义的地区职业技术教育学校及雇主）合理获得部长批准的培训，无法以合理成本获得适合工人的培训，或者无法获得培训贷金。

（2）豁免期限。

（A）一般规定。

除第（3）（B）段另有规定外，除非部长另有决定，根据第（1）段签发的豁免，其有效期不得超过自签发之日起 6 个月。

（B）撤销。

如果部长确定豁免理由不再适用于工人，则应撤销根据第（1）段签发的豁免，并以书面形式通知工人。

（3）第 2311 节下的协议。

（A）合作州的签发。

本编第 2311 节下的协议应授权合作州签发第（1）段所述豁免。

（B）豁免审查。

本编第 2311 节下的协议应要求合作州在如下时间审查其根据第（1）段第（A）小段、第（B）小段、第（D）小段、第（E）小段或第（F）小段签发的每份豁免：

（i）州签发豁免之日后 3 个月；

（ii）此后每个月。

（C）声明提交。

本编第 2311 节下的协议应要求合作州向部长提交第（1）段所规定书面声明和豁免原因声明。

第 2292 节　每周再调整津贴额

（a）公式

在不违反第（b）、第（c）小节和第（d）小节情况下，向受不利影响工人失业一周支付的贸易再调整津贴额，应等于其第一次用尽失业保险（根据本编第 2291（a）（3）（B）节之目的确定）前一周因全部失业而向其支付的最近一周失业保险福利金额减去（但不小于零）以下两项：

（1）本节第（c）小节下可扣除的任何培训津贴；

（2）根据适用的州法律或联邦失业保险法的收入资格取消规定，可从失业保险中扣除的收入。但如果受不利影响工人正参与本部分下的培训，此类收入不应包括该周工作所获、等于或低于其第一次用尽失业保险（根据本编第 2291(a)(3)(B)节之目的确定)前一周因全部失业而向其支付的最近一周失业保险福利金额的收入。

(b) 正接受培训的受不利影响工人

凡有权获得贸易再调整津贴并正接受经部长批准培训的受不利影响工人,应在其接受任何此类培训的每一周领取一笔贸易再调整津贴,金额(为该周计算)等于根据本节第(a)小节计算的数额;或如果其提出申请,则根据任何其他联邦法律有资格每周获得的任何此类培训津贴额(如果更大)。该贸易再调整津贴应取代工人根据此类其他联邦法律有权享受的任何培训津贴。

(c) 从应享津贴周数总额中扣除

对受不利影响而失业的任何工人,如果对其任何失业周支付了本章外任何联邦法律下的培训津贴;同时,如果他对该失业周申请贸易再调整津贴,会(在不考虑本编第 2291(b)节下任何资格取消规定情况下认定)有权获得该津贴,则应从其申请贸易再调整津贴并被认定有权获得本编第 2393(a)节下津贴而受支付的总周数中扣除获上述培训津贴周数。如果任何失业周内支付给该工人的此类培训津贴少于其若申请即有权获得的贸易再调整津贴额,则当其申请贸易再调整津贴并被认定有资格获得该津贴时,该周的贸易再调整津贴应为两者差额。

(d) 贸易再调整津贴或失业保险的选择

尽管有本编第 2291(a)(3)(B)节的规定,受不利影响工人可选择在任何一周内接受贸易再调整津贴,而非失业保险,考虑到其:

(1) 因州法律确定新的工人福利年度,最近从受不利影响就业离职后部分或全部从事兼职或短期工作,有权领取失业保险;

(2) 在其他情况下有权获得贸易再调整津贴。

第 2293 节　贸易再调整津贴的限制

(a) 最高津贴;失业保险扣除;受批准培训期的额外支付

(1) 在任何证明所涉期间,对受不利影响工人应支付的贸易再调整津贴最高金额应为 52 乘以该工人全部失业一周应支付的贸易再调整津贴(根据本编第 2292(a)节确定),但该乘积应减去本编第 2291(a)(3)(A)节所述该工人第一个受益期内已享受(或如果其提出申请,本应享受)的失业保险总额。

(2) 受不利影响工人从受不利影响就业最近完全离职后第一周开始,到第 104 周(或者,如果受不利影响工人需要参加预备教育或补习教育项目(如本编第 2296(a)(5)(D)节所述)以完成本编第 2296 节下批准的工人培训,则为 130 周)结束后,对符合下列情形的任何一周,不得支付贸易再调整津贴:

(A) 在本编第 2291(a)(1)节所述期间内;

(B) 该时期内此类工人符合本编第 2291(a)(2)节要求。

(3) 尽管有第(1)段的规定,为帮助受不利影响工人完成本编第 2296 节下为其批准的培训,并根据部长规定的条例,可在符合下列条件的 91 周内额外支付最多 78 周的贸易再调整津贴,该 91 周:

(A) 在享有本部分下贸易再调整津贴的最后一周后开始;

(B) 如果此类培训在第(A)小段所述最后一周之后开始,则始于此类培训开始后第一周。

此类额外周津贴只能在个人参加此类培训的 91 周期间支付。

(b) 应付款项的调整

根据本部类应付给受不利影响工人的金额,应按本编第 2292(b)节的要求,按周进行调整。

(c) 对延长受益期结束的受益年度的特殊调整

尽管本章或其他联邦法律有任何其他规定,如果工人的受益年度在延长受益期内结束,则该工人在该延长受益期内(若无本小节规定)有权享受的延长受益周数应减少(但不小于零),减少幅度为其在该受益年度内有权根据本部类享受的贸易调整津贴周数。就本段而言,"受益年度"和"延长受益期"分别具有各自在《1970 年联邦—州失业延长补偿法》中相同的含义。

(d) 工人在职培训周

在工人接受在职培训的任何一周内,不得根据本部类向工人支付贸易再调整津贴。

(e) 视作参加培训的工人

就本部分而言,在培训间歇期(不超过 30 天)内任何一周,工人应被视作参加培训,如果:

(1) 工人在该培训间歇期开始前已参加根据本编第 2296(a)节批准的培训项目;

(2) 该培训间歇期由该培训项目提供。

(f) 完成培训的额外周数

尽管本节有任何其他规定,为了帮助受不利影响工人完成本编第 2296 节批准的工人培训,包括预备教育或补习教育项目(如本编第 2296(a)(5)

(D)节所述),并根据部长规定的条例,可在有权获得本部分规定应支付的贸易再调整津贴的最后一周后的 26 周内,额外支付最多 26 周的贸易再调整津贴。

(g) 计算离职的特别规则

尽管本部分有任何其他规定,在计算第(a)(2)小节规定的离职期时,不得将与部长拒绝本编第 2273 节下申请相关的司法或行政上诉未决期计算在内。

(h) 正当理由的特别规则

如果部长确定有正当理由,可以延长根据第(a)小节第(2)段和第(3)段向受不利影响工人支付贸易再调整津贴的期限(但不得超过本节下可支付此类津贴的最高金额)。

(i) 关于兵役的特别规则

(1) 一般规定。

尽管有本部分的任何其他规定,部长可在必要情况下免除本部分任何要求,以确保作为武装部队预备役成员的受不利影响工人,在第(2)段所述服役期内有资格获得本部分规定的贸易再调整津贴、培训和其他福利,其方式和程度与该工人未处服役期相同。

(2) 所述服役期。

受不利影响工人处于本段所述服役期,如果在完成本编第 2296 节规定的培训前,该工人:

(A) 根据 30 天期以上现役号召或命令,服现役超过 30 天;

(B) 如果作为美国陆军国民警卫队或空军国民警卫队成员,在总统或国防部长授权下,为应对总统宣布并由联邦资金支持的国家紧急情况,连续 30 天以上履行第 32 编第 502(f)节规定的全职国民警卫队职责。

第 2294 节 州法律的适用

(a) 一般规定

除非与本章规定不符,并受部长可能制定的条例约束,如下州法律,其效力和资格取消条款应适用于提出贸易再调整津贴索偿的任何工人:

(1) 受不利影响工人据以获得失业保险(无论是否提出失业保险索偿)的州法律;

(2) 如果无权按上述条件获得失业保险,其完全或部分离职所在州法律。

就前句而言,确定工人离职的州法律应维持对该离职的适用,直至该工人根据另一州法律有资格领取失业保险(无论其是否提出此类保险索偿)。

(b) 有关时间限制或迟交索偿豁免正当理由的州法律和条例特别规则

合作州的任何法律、法规、政策或惯例,如果允许出于正当理由豁免与州失业保险法管理相关的任何时间限制,则在州管理本部分项目时,<u>应</u>适用于本部分与贸易再调整津贴申请或培训入学相关的任何时间限制。

第2部类　培训、其他就业服务和津贴

第 2295 节　就业和个案管理服务

部长应直接或通过本编第 2311 节下与各州协议,为本部分第 A 分部分下证明所涵盖的受不利影响工人和受不利影响在职工人提供以下就业和个案管理服务:

(1) 技能水平和服务需求的全面和专业评估,包括通过:

(A) 诊断测试和使用其他评估工具;

(B) 深入访谈和评估,以确定就业障碍和适当的就业目标。

(2) 制定个人就业计划,以确定就业目标和目的,及实现此类目标和目的的适当培训。

(3) 当地和地区可获培训信息,确定培训是否合适的个人咨询信息,以及此类培训的申请信息。

(4) 财政资助申请信息,包括向《1965 年高等教育法》第 402F 节[20 U.S.C. 1070 a-16]所述的教育机会中心推荐工人(如适用),并告知工人可要求高等教育机构(该法第 102 节[20 U.S.C. 1002]定义)财政援助管理人员根据该法第 479A 节[20 U.S.C. 1087tt]使用裁量权,采用当年而非上年收入数据,根据该法第四编[20 U.S.C. 1070 et seq.]确定工人对联邦财政援助的需求金额。

(5) 短期职前服务,包括培养学习技能、沟通技能、面试技能、守时、个人维护技能和职业操守,为个人就业或培训做准备。

(6) 个人职业咨询,包括在个人接受本部分规定的贸易再调整津贴或培训期间,及在接受以工作安置为目的的此类培训后的求职和安置咨询。

(7) 提供就业统计信息,包括提供与当地、地区和国家劳动力市场领域相关的准确信息,包括:

(A) 此类劳动力市场领域的职位空缺清单;

(B) 关于获得第(A)小段所述职位空缺清单中确定工作所需的工作技能信息;

（C）与当地职业需求和这些职业收入潜力有关的信息；

（D）第（C）小段所述当地职业的技能要求。

（8）与支持服务可获性相关的信息，包括与儿童看护、交通、受抚养人看护、住房援助，及与个人参加培训需求相关的支付有关服务。

第2295a节　行政开支、就业和个案管理服务的资金提供

（a）行政开支、就业和个案管理服务的资金提供

（1）一般规定。

除州政府在一财政年度内为实施本编第2296节所获资金外，州政府在该财政年度还应获得相当于该资金额15%的款项。

（2）资金使用。

收到第（1）段下款项的州应：

（A）将不超过2/3的此类款项用于本部分下工人贸易再调整援助项目的管理，包括：

（i）本编第2291节下处理培训要求的豁免；

（ii）本部分所要求数据的收集、验证和报告；

（iii）提供本编第2318节下的再就业贸易再调整援助。

（B）将不少于1/3的此类款项用于本编第2295节下的就业和个案管理服务。

（b）就业和个案管理服务额外资金的提供

（1）一般规定。

除州政府在一财政年度内为实施本编第2296节所获任何资金和第（a）（1）小节下的款项外，部长还应为该财政年度向州政府提供金额为350 000美元的付款。

（2）资金的使用。

收到第（1）段下付款的州应根据本编第2295节规定，将此类付款用于提供就业和个案管理服务。

（3）自愿归还资金。

收到第（1）段下付款的州可拒绝或以其他方式将该款项退还部长。

第2296节　培训

（a）一般规定

（1）对于受不利影响工人和受不利影响在职工人，如果部长认定：

（A）受不利影响工人无合适就业机会（可包括技术和专业就业）；

（B）工人可从适当培训中受益；

（C）完成此类培训后有合理的就业预期；

（D）部长批准的培训可由政府机构或私人来源（可包括第 20 编第 2302 节所界定的地区职业教育学校和雇主）合理提供给工人；

（E）工人有资格接受和完成此类培训；

（F）此类培训适合工人，并以合理成本提供。

部长应批准对工人进行此类培训。经批准后，工人有权获得此类培训费用的支付（受本节规定的限制），并由部长为其直接支付或通过凭单制度支付。

（2）（A）第（1）段下的支付总额不得超过：

（i）2009 和 2010 财政年度，分别为 5.75 亿美元；

（ii）2010 年 10 月 1 日—2010 年 12 月 31 日，为 1.437 5 亿美元。

（B）（i）在每个财政年度开始后，部长应尽快根据第（C）小段要求，对用于实施本节的资金进行初次分配；

（ii）部长应确保不晚于一财政年度 7 月 15 日，向各州分配不少于 90％ 的资金，用于该财政年度实施本节。

（C）（i）在根据第（B）（i）小段对一财政年度进行首次资金分配时，部长应保留该财政年度执行本节规定资金的 35％，用于该财政年度剩余时间的额外分配。

（ii）除第（iii）款规定外，在决定如何根据第（B）（i）小段在一财政年度内进行首次资金分配时，财政部长应考虑各州如下情况：

（I）在最近连续 4 个数据可获季度中，本部分下资格证明所涵盖的工人人数变动趋势；

（II）在最近连续 4 个数据可获季度中，参加本节下培训的工人人数变动趋势；

（III）该财政年度估计参加本节下培训的工人人数；

（IV）该财政年度向此类工人提供根据本节所批准培训所需的资金预估额；

（V）部长认为与本节下提供培训有关的其他适当因素。

（iii）在任何情况下，根据（B）（i）小段在一财政年度对一州的首次分配金额不得低于上一财政年度该州首次分配金额的 25％。

（D）财政部长应制定程序，用于第（B）（i）小段所要求首次分配后，该财政年度剩余资金的分配，该程序可包括根据资金需求州所提出的请求分配资金。

（E）在一财政年度内，如果部长预计支付根据本节批准培训所需费用的金额将超过第（A）小段规定的限额，则部长应决定在该财政年度剩余时间内，如何在各州间分配尚未分配的执行本节规定资金额。

（3）为适用第（1）（C）段之目的，合理的就业预期并不要求工人一经完成第（1）段下批准的培训即获得或被提供就业机会。

（4）（A）如果部长根据第（1）段支付受不利影响工人或受不利影响在职工人的培训费用，则不得根据联邦法律的任何其他规定另行支付此类费用。

（B）不得根据第（1）段支付受不利影响工人或受不利影响在职工人的培训费用，如果此类费用：

（ⅰ）已根据联邦法律的任何其他规定支付；

（ⅱ）可根据联邦法律的任何其他规定偿还，且该费用的一部分已根据联邦法律的此类其他规定支付。

（C）本段规定不适用于或不考虑根据联邦法律任何其他规定提供的、用于直接支付特定受不利影响工人或受不利影响在职工人培训费用外其他用途的任何资金，即使此类资金使用具有如下效果：间接支付或减少受不利影响工人或受不利影响在职工人所涉培训费用的任何部分。

（5）除第（10）段规定外，第（1）段下可批准的培训项目包括，但不限于：

（A）基于雇主的培训，包括：

（ⅰ）在职培训；

（ⅱ）定制培训；

（ⅲ）根据《1937年8月16日法》（通常称为"国家学徒法"；50 Stat. 664, chapter 663；29 U.S.C. 50 et seq.）注册的学徒项目。

（B）州政府根据《1998年劳动力投资法》第1编〔29 U.S.C. 2801 et seq.〕提供的任何培训项目。

（C）根据该法第102节设立的私人行业理事会批准的任何培训项目。

（D）任何补习教育项目。

（E）根据入学本节所批准培训所需的任何预备教育项目或课程。

（F）任何培训项目（第（7）段所述培训项目除外），其工人培训费用的全部或任何部分支付：

（ⅰ）由本章外任何联邦或州项目承担；

（ⅱ）来自本节外任何其他来源。

（G）部长批准的任何其他培训项目。

（H）经认证高等教育机构（第20编第1002节所述）的任何培训项目或

课程,包括为以下目的的培训项目或课程:

(i) 获得学位或证书;

(ii) 完成工人先前在经认证高等教育机构开始的学位或证书。

部长不可将批准第(1)段下的培训项目限于根据《1998 年劳动力投资法》第 1 编[29 U.S.C. 2801 et seq.]提供的项目。

(6)(A) 第(1)段不要求部长支付根据该段批准的任何培训费用,如果这些费用:

(i) 由本章外任何联邦或州项目承担;

(ii) 来自本节外任何其他来源。

(B) 在批准第(A)小段可适用的任何培训前,部长可要求受不利影响工人或受不利影响在职工人与其达成协议。根据该协议,对该工人有理由认为将由第(A)小段第(i)款或第(ii)款所述项目或来源支付的此类培训费用部分,部长无须根据本节支付。

(7) 部长不得批准一培训项目,如果:

(A) 此类培训项目的全部或部分费用,是根据任何非政府计划或项目支付的;

(B) 受不利影响工人或受不利影响在职工人,有权根据该计划或项目获得培训或培训资金;

(C) 该计划或项目要求工人从本部分提供的资金或从此培训项目下支付的工资中,偿还该计划或项目下支付的任何培训项目费用。

(8) 在一群体得到本部分第 A 分部分下认证之日起任何时间,对作为该认证所涵盖群体成员的任何受不利影响工人,部长可批准进行培训,无需考虑该工人是否已用尽其享有任何失业保险的所有权利。

(9)(A) 除第(B)小段另有规定外,部长应制定法规,规定第(1)段下各小段的标准将作为根据第(1)段作出认定的基础。

(B)(i) 在根据第(1)(E)段认定工人是否有资格接受和完成培训时,如果工人证明在贸易再调整津贴资格期限到期后有完成培训的经济能力,部长可批准该工人的培训期长于其根据第 1 部类获得贸易再调整津贴的资格期限;

(ii) 在根据第(1)(F)段确定工人的合理培训费用时,部长可考虑工人是否可合理获得其他公共或私人资金,但部长不得以工人获得此类资金作为批准第(1)段下培训的条件。

(10) 对于受到不利影响的在职工人,部长不可批准:

（A）第(5)(A)(i)段下的在职培训；

（B）第(5)(A)(ii)段下的定制培训,除非此类培训针对的是工人不利影响就业以外的岗位。

（11）如果部长确定根据本节批准对其进行培训的受不利影响在职工人不再受全部或部分离职的威胁,部长应终止批准此类培训。

(b) 补充援助

如果培训是在工人正常居住地通勤距离外的设施中提供,部长可酌情授权提供必要的补充援助,以支付合理的运输和生活费用,用于离职后的生活维持。部长不可授权：

（1）支付生活津贴超过以下两者中较小者：

（A）实际每日生活开支额；

（B）按联邦旅行条例核准的现行每日生活津贴额的50%。

（2）支付超过联邦旅行条例规定的现行里程率。

(c) 在职培训要求

（1）一般规定。

在以下情况中,部长可以批准对任何受不利影响工人进行在职培训：

（A）该工人符合第(a)(1)小节下的培训批准要求。

（B）部长认定在职培训：

（i）可以合理期望导致在提供在职培训的雇主那里找到合适就业；

（ii）与工人的技能吻合；

（iii）包括使工人获得知识或技能使其熟练从事正在受训工作的课程；

（iv）可以通过基准来衡量工人正获得此类知识或技能。

（C）州政府认定在职培训项目符合第(B)小段第(iii)款和第(iv)款要求。

（2）每月付款。

部长应每月分期支付根据第(1)段批准的在职培训费。

（3）在职培训合同。

（A）一般规定。

在根据本小节与雇主签订向工人提供在职培训合同时,部长应确保考虑受训工人的工作技能要求、学术和职业技能水平及其工作经验。

（B）合同期限。

任何此类合同项下的培训应限于接受在职培训工人熟练掌握培训工作所需的时间,但在任何情况下不得超过104周。

（4）某些雇主的排除。

部长不得与一雇主签订在职培训合同,如果该雇主表现出不能向接受其在职培训的工人提供:

(A) 作为正式雇员的持续、长期就业;

(B) 与接受该雇主在职培训工人工作年限相当、工种相同的正式职工所享有的同等工资、福利和工作条件。

(5) 劳工标准。

尽管本节有任何其他规定,只有在如下情况下,部长才可支付在职培训费用:

(A) 目前就业工人未被受不利影响工人取代(包括部分取代,如非加班工作时间、工资或就业福利的减少);

(B) 此类培训不损害现有服务合同或集体谈判协议;

(C) 如果培训不符合集体谈判协议规定,则已取得有关劳工组织的书面同意;

(D) 没有任何其他人因此类受不利影响工人的培训而失去相同或任何实质同等的工作;

(E) 雇主没有终止雇用任何正式雇员或以其他方式减少其劳动力,以便通过雇用受不利影响工人来填补由此造成的空缺;

(F) 此类受不利影响工人正在接受培训的工作并不是在晋升方面创造的,不会以任何方式侵犯当前雇员的晋升机会;

(G) 此类培训不针对工人脱离的同一职业,也不针对该工人群体在本编第 2272 节下被认证的相同职业;

(H) 对于提供培训和与培训有关的额外监督费用,向雇主提供不超过参与者工资率 50% 的补偿;

(I) 对于雇主提供的不符合第(A)小段、第(B)小段、第(C)小段、第(D)小段、第(E)小段和第(F)小段要求的任何其他在职培训,雇主没有收到本节第(a)(1)小节规定的付款;

(J) 雇主在任何时候均未采取任何违反第(H)小段所述任何证明条款的行动,该证明由该雇主就其提供的任何其他在职培训而作出,且部长已根据本节第(a)(1)小节为此支付了费用。

(d) 资格

不可因下列原因认定受不利影响工人无资格获得或取消其失业保险或本分部分项下的项目利益:

(1) 该工人:

（A）已入学第（a）小节下批准的培训。

（B）（ⅰ）离开不适合就业的工作参加此类培训；

（ⅱ）该工人在培训间歇期或该培训延迟开始期间从事临时工作。

（C）由于在职培训不符合第（c）（1）（B）小节要求，培训开始后不迟于30天离开该培训。

（2）州法律或联邦失业保险法有关工作可获得性、积极寻找工作或拒绝接受工作的规定对任何此类培训周的适用。

（e）"合适就业"界定

就本节而言，"合适就业"指对一工人而言，与该工人过去受不利影响就业相比，具有实质相同或更高技能水平的工作，且此类工作的工资不低于工人平均周工资的80%。

（f）"定制培训"界定

就本节而言，"定制培训"指：

（1）旨在满足雇主或雇主群体的特殊要求；

（2）雇主或雇主团体承诺在成功完成培训后雇用个人；

（3）雇主支付此类培训费用的大部分（但决不低于50%），由部长认定。

（g）关于向各州分配培训资金的法规

（1）一般规定。

不迟于2009年2月17日后的1年内，部长应发布实施第（a）（2）小节规定所需的法规。

（2）协商。

在根据第（1）段发布任何法规前至少90天，部长应与参议院财政委员会和众议院筹款委员会进行协商。

（h）非全日制培训

（1）一般规定。

部长可根据第（a）小节批准工人的全日制或非全日制培训。

（2）限制。

尽管有第（1）段的规定，参加根据第（a）小节批准的非全日制培训的工人不可获得本编第2291节下的贸易再调整津贴。

第2297节　求职津贴

（a）求职津贴的批准

（1）一般规定。

本部分第A分部分证明所涵盖的受不利影响工人可向部长提交申请，

要求支付求职津贴。

（2）申请的批准。

当下列各项均适用时，部长可向第（1）段下提出的申请提供津贴：

（A）援助受不利影响工人。

该津贴的支付是为帮助完全离职的受不利影响工人在美国境内找工作。

（B）没有当地就业机会。

部长认定不能合理期望工人在其居住的通勤区域找到合适就业。

（C）申请。

工人在如下日期前已向部长提出此类津贴申请：

（i）下列时间较晚者：

（I）工人资格认证日期第 365 天；

（II）工人最后一次完全离职日期后第 365 天。

（ii）工人结束培训之日后第 182 天。

（b）津贴额

（1）一般规定。

根据本节第（a）小节提供的津贴应按部长在法规中的规定，向工人补偿所有必要的求职费用。

（2）最高限额。

本小节下的补偿，每个工人不得超过 1 500 美元。

（3）生活和交通津贴。

本小节下的生活和交通费补偿不可超过本编第 2296（b）（1）节和第 2296（b）（2）节允许的水平。

（c）例外情况

尽管有本节第（b）小节规定，部长应补偿任何受不利影响工人因参加其批准的求职项目而产生的必要费用。

第 2298 节 安置津贴

（a）安置津贴的批准

（1）一般规定。

本部分第 A 分部分证明所涵盖的受不利影响工人可向部长提交安置津贴申请，部长可根据本节条款和条件批准安置津贴。

（2）津贴发放条件。

如果符合以下所有条款和条件，则可获得安置津贴：

（A）援助受不利影响工人。

安置津贴用于援助受不利影响的工人在美国境内搬迁。

（B）没有当地就业机会。

部长认定不能合理期望工人在其居住的通勤区域找到合适就业。

（C）完全离职。

搬迁开始时，工人已完全离职。

（D）获得合适就业。

该工人：

（i）在其欲搬迁地区已获得长期工作合理预期的合适就业；

（ii）已获得此类就业的真实录用通知。

（E）申请。

工人在下述时间前向部长提交申请：

（i）以下两者较晚者：

（I）本部分第 A 分部分认证日期后第 425 天；

（II）工人最后一次完全离职日期后第 425 天。

（ii）工人结束培训后的第 182 天。

（b）津贴额

根据本节第（a）小节向工人提供的安置津贴包括：

（1）运送一工人及其家人和家庭用品的合理和必要支出（包括但不限于部长制定法规所规定的不超过本编第 2296（b）（1）节和第 2296（b）（2）节所允许水平的生活费和交通费）；

（2）一次性付款，金额相当于工人周平均工资的 3 倍，上限 1 500 美元。

（c）限制

不可给予工人安置津贴，除非：

（1）搬迁发生在提出安置津贴申请后 182 天内；

（2）如果工人参加部长根据本编第 2296（b）（1）节和第 2296（b）（2）节批准的培训项目，且搬迁发生在培训结束后 182 天内。

第 C 分部分　一般规定

第 2311 节　与各州协议

（a）部长达成协议权力

授权部长代表美国与各州或州机构（本分部分分别称"合作州"和"州合作机构"）达成协议。根据此类协议，州合作机构：

（1）作为美国的代理机构，根据本部分规定接受申请并提供援助；

（2）根据第(f)小节向第 A 分部分证明所涵盖的受不利影响工人和受不利影响在职工人,提供本编第 2295 节所述就业和个案管理服务;

（3）根据本编第 2291(c)(2)节作出认证;

（4）在其他方面与部长、州和联邦其他机构合作,提供本部分下的支付和服务。

（b）协议修改、暂缓和终止

本分部分下的每一项协议应规定协议修改、暂缓或终止的条款和条件。

（c）数据形式和方式

本分部分下的每项协议应:

（1）授权部长收集其认为必要的任何数据,以满足本部分要求;

（2）规定部长所要求任何此类数据的报告形式和方式。

（d）失业保险

本分部分下的每项协议均应规定,应支付给任何受不利影响工人的任何一周的失业保险,不得因本部分规定的任何支付权利而被拒绝或削减。

（e）审查

州合作机构有关协议项下项目利益的裁定,应以与适用州法律下裁定的相同方式和程度进行审查,且只能以此方式和程度进行审查。

（f）福利和援助的协调

根据本节达成的任何协议,应按部长与各州协商确定并在协定中规定的条款和条件,对本编第 2295 节和第 2296 节及《1998 年劳动力投资法》[29 U.S.C. 2801 et seq.]第 1 编下就业服务、培训和补充援助条款的管理协调作出规定,就本部分而言,共同管理此类协定条款的任何州机构均应被视为州合作机构。

（g）受不利影响工人的咨询和面谈

在执行本节第(a)(2)小节时,各州合作机构应:

（1）向申请失业保险的每个工人告知本部分规定的福利待遇,以及申请失业保险待遇的程序和期限;

（2）为该机构认为可能有资格享受本部分福利的任何工人,尽早根据本编第 2271 节提出请求提供便利;

（3）通知每一位受不利影响工人,在其申请本部分第 B 分部分第 1 部类下的贸易再调整津贴前或同时,申请本编第 2296(a)节下的培训;

（4）对第 A 分部分证明所涵盖的受不利影响工人和受不利影响在职工人,就本部分下可获得援助和福利提供普及、吸纳和培训;

（5）对第 A 分部分证明所涵盖的受不利影响工人和受不利影响在职工人提供本编第 2295 节所述就业和个案管理服务，如果为实施本部分所提供的资金不足以提供此类服务，则通过其他联邦项目安排提供此类服务。

（h）劳动力投资活动协调的信息提交

为了促进各州劳动力投资活动与本部分所开展活动的协调，根据本节签订的任何协议应规定，州政府应以部长要求的形式向部长提交《1998 年劳动力投资法》[29 U.S.C. 2822(b)]第 112(b)节第(8)段和第(14)段所述说明和信息，以及本编第 2271(a)(2)(A)节所述州政府快速反应活动的说明。

（i）控制措施

（1）一般规定。

部长应要求各合作州和州合作机构实施有效的控制措施，有效监督本部分下贸易调整援助项目的运行和管理，包括通过对控制措施的运行进行监控来提高所收集和报告数据的准确性和及时性。

（2）定义。

就第(1)段而言，"控制措施"指如下措施：

（A）州收集数据系统的内部措施；

（B）旨在确保此类数据的准确性和可核查性。

（j）数据报告

（1）一般规定。

根据本节签订的任何协议应要求合作州或州合作机构每季度向部长报告综合绩效问责数据，包括：

（A）第(2)(A)段所述核心绩效指标；

（B）第(2)(B)段所述附加绩效指标(如果有)；

（C）描述为改善贸易调整援助计划下工人成果所作的努力。

（2）所述核心指标。

（A）一般规定。

本段所述核心绩效指标是：

（i）本部分下受益工人中，停止领取福利所在日历季度后第二个季度受雇工人所占百分比；

（ii）此类工人中，停止领取福利所在日历季度后第三和第四个季度受雇工人所占百分比；

（iii）此类工人中，停止领取福利所在日历季度后第三和第四个季度收入。

(B) 其他指标。

部长和合作州或州合作机构,可酌情就本部分下贸易再调整援助项目的附加绩效指标达成一致。

(3) 数据可靠性标准。

在准备第(1)段所要求季度报告时,每个合作州或州合作机构应建立与部长所发布指南一致的程序,以确保所报告数据的有效和可靠。

(k) 项目福利资格的核实

(1) 一般规定。

本分部分下的协议应规定,州政府应定期重新确定领取本分部分福利的非美国公民或国民的工人仍具合格的移民身份。一旦通过第 42 编第 1320 b-7(d)节所述移民身份验证系统初步验证合格的移民身份,确定工人失业补偿资格,但如果在初步验证期间提供的文件将在工人有资格获得本分部分下福利期间到期,各州应重新验证工人的移民身份。州政府应利用第 42 编第 1320 b-7(d)节所述移民身份验证系统,及时进行此类工人身份的重新确定。

(2) 程序。

部长应制定程序,确保各州统一适用本小节要求。

第 2312 节　没有州协议时的管理

(a) 条例颁布;公平审理

在未与州或州机构达成第 2311 节下协议的州中,部长应根据其制定的条例安排履行本部分第 B 分部分规定的所有必要职能,包括为支付申请遭拒绝的任何工人举行公平听证会。

(b) 最终裁定的审查

根据本节第(a)小节对本部分第 B 分部分下的项目利益权利所作的最终裁定,应服从法院以第 42 编第 405(g)节所规定的相同方式和程度所进行的审查。

第 2313 节　对各州的支付

(a) 向财政部长证明向合作州支付

部长应不时向财政部长证明对各合作州支付必要款项,使该州作为美国代理机构支付本部分规定的津贴。

(b) 资金使用或返还

本节下支付给一州的所有款项应仅用于支付该款项的目的,任何未用于该目的的已支付款项应在本分部分下协议规定的时间退还财政部长。

(c) 保证金

本分部分下的任何协议,可要求提供该协议下付款或资金支付核证或参与该协议履行的州任何官员或雇员,向美国提供部长认为必要金额的保证金,并可规定从执行本部分目的而设立的基金中支取此类保证金。

第 2314 节 核证和出纳官员责任

(a) 核证官

在无重大疏忽或欺诈美国意图的情况下,由部长或本分部分协议指定的核证官,不应对本部分下其核证的任何款项支付承担责任。

(b) 出纳官

在无重大疏忽或欺诈美国意图的情况下,如果出纳官根据本节第(a)小节下所指定的核证官签署的凭单付款,该出纳官不应对其在本部分下的任何款项支付承担责任。

第 2315 节 欺诈和多付款项的收回

(a) 偿还;扣减

(1) 如果州合作机构、部长或有管辖权法院认定任何人已收到其无权领取的本部分下款项,包括本节第(b)小节所述款项,此人应根据具体情况向州机构或部长偿还该笔款项,但如果州机构或部长认定存在下列情形,应放弃该还款要求:

(A) 款项的支付中该个人不存在过错;

(B) 考虑到个人(或该个人的家庭,如果适用)可合理获得收入和资源及个人(或家庭)的其他日常生活费用,要求此类还款会给个人(或家庭)造成经济困难。

(2) 除非多付款项被追回,或根据第(1)段被放弃,否则,州机构或部长应根据州机构或部长所管理的任何联邦失业补偿法,或根据州机构或部长所管理的有关失业援助或津贴支付的任何其他联邦法律,从本部分下应付给该个人的任何款项中通过扣除收回多付款项。而且,尽管有州法律或联邦法律的任何其他相反规定,部长可要求州机构从根据州法律支付给该个人的任何失业保险中扣除,以收回本部分下的任何多付款项,但本段下的任何一次扣减不得超过支付额的 50%。

(b) 虚假陈述或不披露重大事实

如果州合作机构、部长或有管辖权法院认定任何人:

(1) 故意作出或致使他人作出重大事实的虚假陈述或表述;

(2) 故意或使他人未能披露重大事实,

且由于该虚假陈述或表述,或由于该不披露,该个人收到其无权领取的本部分下的任何款项,则除法律规定的任何其他处罚外,该个人无权获得本部分下的任何进一步支付。

(c) 裁定通知;公平听证;终局性

除有管辖权的法院裁决的多付款项外,在州机构或部长(视情况而定)根据本节第(a)(1)小节做出认定、认定通知和公平听证机会已提供给相关个人,且该认定成为最终决定前,不得根据本节要求偿还款项,也不得进行扣减。

(d) 收回的款项退还财政部

根据本节收回的任何款项应退还美国财政部。

第 2316 节　处罚

任何人:

(1) 明知虚假却作出重大事实的虚假陈述,或故意不披露重大事实,使本人或他人获取或增加由本部分或本编第 2311 节下协议授权提供的任何支付;

(2) 在对本编第 2271 节下的申请进行调查期间向部长提供信息时,明知虚假却作出重大事实的虚假陈述,或故意不披露重大事实,

应处以 1 年以下监禁或根据第 18 编处以罚款,或两者并罚。

第 2317 节　拨款授权

(a) 一般规定

特此授权为 2001 年 10 月 1 日至 2010 年 12 月 31 日向劳工部拨付必要款项,用于执行本部分的目的。

(b) 支出期

任何财政年度用于开展本编第 2295 节至第 2298 节下活动所需资金,可由接受该资金的各州在该财政年度及随后的两个财政年度中支出。

第 2318 节　再就业贸易调整援助项目

(a) 一般规定

(1) 设立。

部长应设立再就业贸易调整援助项目,提供第(2)段所述福利。

(2) 利益。

(A) 支付。

在第(4)段第(A)小段或第(B)小段(视情况而定)规定的资格期限内,州政府应使用本编第 2313 节向其提供的资金,向第(3)(B)段所述工人支付以

下差额的 50%：

（i）工人离职时所得工资；

（ii）工人再就业所得工资。

（B）健康保险。

参与第（1）段所设项目的第（3）（B）段所述工人，在第（4）段第（A）小段或第（B）小段（视情况而定）规定的资格期内有资格获得第 26 编第 35 节规定的健康保险费抵扣。

（C）培训和其他服务。

参与第（1）段所设项目的第（3）（B）段所述工人，有资格接受本编第 2296 节下批准的培训及本编第 2295 节规定的就业和个案管理服务。

（3）资格。

（A）一般规定。

第 A 分部分认证有资格获该分部分下调整援助的工人群体，有资格获得第（1）段所设项目下第（2）段所述福利。

（B）个人资格。

第（A）小段所述工人群体中一工人可选择获得第（1）段所设项目下第（2）段所述福利，如果该工人：

（i）至少 50 岁；

（ii）再就业后每年工资收入不超过 55 000 美元；

（iii）（Ⅰ）根据该工人受雇所在州法律的规定，从事全职工作，且未参加根据本编第 2296 节批准的培训项目；

（Ⅱ）每周至少工作 20 小时，并参加本编第 2296 节批准的培训项目；

（iv）不受雇于该工人所离职的厂商。

（4）支付资格期限。

（A）未领取贸易再调整津贴的工人。

如果第（3）（B）段所述工人未根据第（3）（A）段所述认证领取第 B 分部分第 1 部类下的贸易再调整津贴，该工人可领取第（2）段所述福利，期限不超过 2 年，从以下两者较早者开始：

（i）工人用尽因其从受不利影响就业离职（该离职是获认证的基础）所获所有失业保险权利日期；

（ii）工人获第（3）（B）段所述再就业日期。

（B）已领取贸易再调整津贴的工人。

如果第（3）（B）段所述工人根据第（3）（A）段所述认证已领取第 B 分部分

第1部类下的贸易再调整津贴,则该工人可自其获得第(3)(B)段所述再就业之日起,领取第(2)段所述福利104周,减去其领取的该贸易再调整津贴总周数。

(5) 支付总额。

(A) 一般规定。

第(2)(A)段所述对工人的支付不得超过:

(i) 第(4)(A)段规定资格期内,每人12 000美元;

(ii) 第(4)(B)段规定资格期内,每人第(B)小段所述金额。

(B) 所述金额。

本小段所述金额等于以下各项之积:

(i) 12 000美元;

(ii) 以下两项比率:

(I) 该工人第(4)(B)段下资格期总周数;

(II) 104周。

(6) 某些工人的支付金额计算。

(A) 一般规定。

对于第(3)(B)(iii)(II)段所述工人,第(2)(A)段应适用,并将第(B)小段所述百分比替换为"50％"。

(B) 所述百分比。

本小段所述百分比指:

(i) 等于以下比率的1/2:

(I) 第(3)(B)(iii)(II)段所指工人的周工作时数;

(II) 工人离职时的周工作时数。

(ii) 任何情况下都不得超过50％。

(7) 其他利益限制。

第(3)(B)段所述工人,在其领取第(2)(A)段所述支付的任何一周内,不可根据第(3)(A)段所述认证领取第B分部分第1部类规定的贸易再调整津贴。

(b) 终止

(1) 一般规定。

除第(2)段规定外,2010年12月31日之后,州政府不可对本节第(a)(1)小节设立的项目进行支付。

(2) 例外。

尽管有第(1)段规定,在第(1)段所述终止日期,根据本节第(a)(1)小节设立项目获得支付的工人应继续领取此类款项,前提是该工人符合本节第(a)(3)小节所述标准。

第 2319 节　定义

就本部分而言:

(1)"受不利影响就业",指在一厂商的就业,前提是该厂商工人有资格申请本部分下的调整援助。

(2)"受不利影响工人",指由于受不利影响就业中缺乏工作,个人完全或部分从该就业离职。

(3)除本编第 2272(d)(5)节规定外,"厂商"指:

(A)包括农业厂商、服务部门厂商或公共机构;

(B)其适当分部。

(4)"周平均工资",指在高季度向个人支付的总工资的十三分之一,在此计算中,高季度应是计算周所在季度前最近 5 个完整日历季度中前四个季度中个人总工资最高的那个季度。该周应为发生完全离职的那周,或在声称部分离职的情况下,部长所制定条例界定的适当周。

(5)"周平均工作时间",指在第(4)段最后一句所规定的那周前 52 周内(不包括个人病假或休假周数),个人在其已经或声称已经离职的就业中的平均工作时数(不包括加班)。

(6)"部分离职",指对于尚未完全离职的个人,其已满足以下两条件:

(A)在受不利影响就业中,工作时间减少到周平均工作时间 80% 或以下;

(B)在该受不利影响就业中,工资减少到其周平均工资 80% 或以下。

(7)"公共机构",指州或地方政府或联邦政府的部门或机构,或其分支机构。

(8)"州"包括哥伦比亚特区和波多黎各自治邦;"美国"在地理意义上使用时包括该自治邦。

(9)"州机构",指执行州法律的州机构。

(10)"州法律",指劳工部长根据第 26 编第 3304 节批准的州失业保险法。

(11)"完全离职",指个人被存在受不利影响就业的厂商解雇或遣散。

(12)"失业保险",指根据任何州法律或联邦失业保险法应向个人支付的失业补偿,包括第 5 编第 85 章和《铁路失业保险法》[45 U.S.C. 351 et seq.]。"常规补偿""额外补偿"和"延长补偿"的含义与《1970年联邦—州失业延长补偿法》(26 U.S.C. 3304注释)第205(2)节、第205(3)节和第205(4)节给出的含义相同。

(13)"周",指适用的州法律所定义的周。

(14)"失业周",指根据适用的州法律或联邦失业保险法确定的全部、部分—全部或部分失业的一周。

(15)"受益期"指对于个人:

(A)根据适用的州法律确定的受益年及任何后续时间,在此期间,个人有资格获得常规补偿、额外补偿或延长补偿;

(B)适用的联邦失业保险法规定的与此类受益年及任何后续时间相当的时间。

(16)"在职培训",指雇主向其雇用的个人提供的培训。

(17)(A)"求职项目",指求职讲习班或求职俱乐部。

(B)"求职讲习班",指一次短期(1至3天)研讨会,旨在向参与者提供知识,使之能够找到工作。主题不限于但应包括劳动力市场信息、简历撰写、面试技巧和寻找工作机会的技巧。

(C)"求职俱乐部",指一次求职讲习班,包括一段时间(1至2周)有组织、有监督的参与者试图获得工作的活动。

(18)"服务业厂商",指从事提供服务业务的厂商。

(19)"受不利影响在职工人"指如下工人:

(A)被证明有资格根据第A分部申请调整援助工人群体成员;

(B)没有从受不利影响就业完全或部分离职;

(C)部长根据个别情况确定受完全或部分离职威胁。

第2320节 法规

(a) 一般规定

部长应制定必要法规实施本部分规定。

(b) 协商

根据第(a)小节发布法规前至少90天,部长应就该法规与参议院财政委员会和众议院筹款委员会进行协商。

第2321节 传唤权

(a) 部长传唤

为作出本章规定的裁决,部长可通过传唤要求证人出席并出示必要证据。

(b) 法院令

如果某人拒绝服从本节第(a)小节下发出的传票,对本章下相关程序具有管辖权的美国地区法院可应部长请求,签发命令要求服从该传唤。

第 2322 节　贸易调整援助办公室

(a) 机构设立

劳工部设立一办公室,称贸易调整援助办公室(本节以下称"办公室")。

(b) 办公室主任

办公室主任为一行政官员,直接向负责管理就业和培训的助理副部长报告。

(c) 主要职责

办公室行政官员的主要职责是:

(1) 监督和实施本部分下贸易调整援助项目的管理;

(2) 履行本部分下授予劳工部长的职责,包括:

(A) 根据本编第 2273 节作出决定;

(B) 根据本编第 2275 节向工人提供有关贸易调整援助的信息,并帮助此类工人准备请求或申请项目福利;

(C) 向根据本编第 2271 节提出请求的工人群体的雇主提供帮助,以提交部长要求的与申请有关的信息;

(D) 确保第 A 分部分下资格认证所涵盖工人获得本编第 2295 节所述就业和个案管理服务;

(E) 确保各州完全遵守根据本编第 2311 节达成的协议;

(F) 倡导工人申请本部分所提供的福利;

(G) 设立并监督工人、雇主和其他实体可拨打的热线电话,使之获取有关资格标准、程序要求和本部分规定的福利信息;

(H) 执行部长为本节所规定的与本部分有关的其他职责。

(d) 行政管理

(1) 指定。

行政主管应指定一名具有适当经验和专业知识的劳工部雇员来履行第(2)段所述职责。

(2) 职责。

根据第(1)段所指定的雇员应:

(A) 接受与本部分下贸易调整援助项目有关的投诉和援助请求;

(B) 与办公室其他雇员协调,解决此类投诉和援助请求;

(C) 汇编关于此类投诉和援助请求的基本信息；

(D) 执行部长为本条所规定的与本部分有关的其他职责。

第 2323 节　数据和报告的收集和公布；给工人的信息

(a) 一般规定

不迟于 2009 年 2 月 17 日后 180 天，部长应实施一系统收集和报告第 (b) 小节所述数据，及部长认为对有效执行本部分适合的任何其他信息。

(b) 应包含的数据

第 (a) 小节所要求的系统应包括收集和报告每个财年的如下数据：

(1) 请求提交、认证和拒绝数据。

(A) 根据本部分提交、认证及拒绝的请求数量。

(B) 提交、认证和拒绝的请求所涵盖的工人人数。

(C) 如下分类的请求数量：

(i) 认证依据，包括进口增加、生产转移和其他资格依据；

(ii) 美国国会选区。

(D) 处理此类请求的平均时间。

(2) 收到福利的数据。

(A) 根据本部分领取福利的工人人数。

(B) 获得各类福利的工人人数，包括培训、贸易再调整津贴、就业和个案管理服务、安置和求职津贴，以及在可行情况下，第 26 编第 35 节下的健康保险费抵扣。

(C) 此类工人领取每项此类福利的平均时间。

(3) 培训数据。

(A) 参加本编第 2296 节下所批准培训的工人人数，按培训主要类型分类，包括课堂培训、远程学习培训、在职培训和定制培训。

(B) 参加全日制和非全日制培训的工人人数。

(C) 培训的平均持续时间。

(D) 根据本编第 2291(c) 节给予的培训豁免数量，按豁免类型分类。

(E) 完成培训的工人人数和此类培训的持续时间。

(F) 未完成培训的工人人数。

(4) 结果数据。

(A) 本编第 2311(j) 节要求的季度报告摘要。

(B) 工人在领取本部分规定福利后受雇的部门。

(5) 快速响应活动的数据。

对根据本编第 2271 节提交的每份请求是否提供了快速响应活动。

(c) 数据分类

在收集和报告第(b)小节所描述的数据时,部长应尽可能按照行业、州和全国总数对数据进行分类。

(d) 报告

不迟于每年的 12 月 15 日,部长应向参议院财政委员会和众议院筹款委员会提交报告,内容包括:

(1) 上一财政年度根据本节收集的信息摘要;

(2) 关于根据本编第 2296(a)(2)节向各州分配资金的信息;

(3) 部长根据本节所收集数据,对本部分下资格要求、福利或培训资金的变更所提出的任何建议。

(e) 数据可获性

(1) 一般规定。

部长应通过劳工部网站公布以及用其他适当方式向公众提供:

(A) 第(d)小节所规定的报告;

(B) 根据本节所收集的可查询数据;

(C) 未能根据本节要求及时向部长提交数据的合作州和州合作机构名单。

(2) 更新。

部长应每季度更新第(1)段下的数据。

第 D 分部分   NAFTA 过渡调整援助计划

第 2331 节

已废除。

第 3 部分   厂商调整援助

第 2341 节   请求和认定

(a) 提交请求;收到请求;启动调查

厂商(包括农业厂商或服务部门厂商)或其代表可向商务部长(本部分以下称"部长")提交请求申请本部分下的调整援助资格证明。收到请求后,部长应立即在《联邦纪事》发布通告,告知其已收到请求并开始调查。

(b) 公开听证

如果部长认为请求人或任何其他个人、组织或群体在程序中具有实质利益,并在部长公布本节第(a)小节下的通告之日起 10 天内提交听证要求,部长应举行公开听证会,并给予利益相关人员机会出席听证、出示证据、发表意见。

(c) 认证

(1) 部长应证明一厂商(包括农业厂商或服务部门厂商)有资格申请本部分规定的调整援助,如果其认定:

(A) 此类厂商重大数量或比例的工人已全部或部分离职,或受全部或部分离职的威胁。

(B)(i) 此类厂商的销售或生产或两者已绝对下降。

(ii) 在可获数据的最近 12 个月之前的 12 个月中,占厂商销售或生产总额不低于 25% 的一商品或服务销售或生产或两者已绝对下降。

(iii) 在可获数据的最近 12 个月中,厂商销售或生产,或两者与如下相比有下降:

(I) 该 12 个月前 24 个月厂商的年平均销售或生产;

(II) 该 12 个月前 36 个月厂商的年平均销售或生产。

(iv) 在可获数据的最近 12 个月中,占厂商销售或生产总额不低于 25% 的一商品或服务销售或生产或两者与如下相比有下降:

(I) 该 12 个月前 24 个月该商品或服务的年平均销售或生产;

(II) 该 12 个月前 36 个月该商品或服务的年平均销售或生产。

(C) 与此类厂商所提供商品或服务同类或直接竞争商品或服务的进口增长,重要促成了此类全部或部分离职或离职威胁,及此类销售或生产下降。

(2) 就第(1)(C)段而言:

(A)"重要促成",指重要但不一定比任何其他原因更重要的原因。

(B)(i) 从事石油或天然气勘探或钻探的任何厂商,应被视为生产石油或天然气的厂商;

(ii) 从事石油或天然气勘探或钻探或以其他方式生产石油或天然气的任何厂商,应被视为生产与进口石油和进口天然气直接竞争商品的厂商。

(d) 认定的允许时限

本节下的请求提出之日后,部长应尽快作出认定,但无论如何不得迟于该日期后 40 天。

(e) 部长认定依据

就第(c)(1)(C)小节而言,如果占厂商销售或生产下降重大比重的客户向部长证明,无论是绝对量还是相对于从位于美国供应商处所购买的此类商品或服务,其从外国进口的此类商品或服务增加,部长即可认定同类或直接竞争商品或服务的进口增加。

(f) 通知厂商可获得利益

在收到劳工部长根据本编第 2275 节发出的根据本编第 2273 节所签发证明涵盖的厂商身份通知后,商务部长应通知此类厂商根据本部分可获得的调整援助。

第 2342 节　调整建议的批准

(a) 调整援助申请

根据本编第 2341 节认证有资格申请调整援助的厂商,可在该认证日期后 2 年内的任何时间,依据本部分向部长提出调整援助申请。此类申请应包含一项其经济调整建议。

(b) 技术援助

(1) 本部分下的调整援助包括技术援助,部长批准厂商调整援助申请的前提条件是其认定厂商的调整建议:

(A) 经合理计算实质性有助于厂商的经济调整;

(B) 充分考虑该厂商工人的利益;

(C) 表明厂商将尽一切合理努力使用其自身资源促进经济发展。

(2) 本节下的申请提出之日后,部长应尽快作出认定,但无论如何不得迟于该日期后 60 天。

(c) 资格认证的终止

一旦认定任何厂商不再需要本部分下的援助,部长应终止其资格证明,并立即在《联邦纪事》上公告该终止,该终止应自部长指定的终止日期起生效。

第 2343 节　技术援助

(a) 部长的自由裁量权;援助类型

部长可根据其认为适当的条款和条件向厂商提供其认为将实现该厂商本部分目的的技术援助。本部分下提供的技术援助可由下列一项或几项组成:

(1) 协助厂商准备根据本编第 2341 条提出的资格认证申请;

(2) 协助经认证的厂商拟订经济调整建议;

(3) 协助经认证的厂商执行该建议。

(b) 利用现有机构、私人等提供援助;向中介组织提供资助

(1) 部长应通过现有政府机构及私人、厂商和机构(包括私人咨询服务)

或通过向中介组织(包括贸易调整援助中心)提供资助方式,提供本部分下的技术援助。

(2) 如果通过私人、厂商和机构(包括私人咨询服务)提供援助,部长可分担部分费用(但美国政府承担的本节第(a)小节第(2)段或第(3)段所述援助费用,不可超过 75%)。

(3) 部长可向中介组织提供资助,以支付向厂商提供此类技术援助所产生的行政费用,最高可达 100%。

第 2344 节　监督与管理

(a) 一般规定

部长应在拨款法规定的范围和数额内,向全美国的中介组织(本编第 2343(b)(1)节所指)根据与其协议提供资助。每项此类协议应要求中介组织向本编第 2341 节下认证的厂商提供福利。部长应在切实可行的最大范围内,在 2010 年 10 月 1 日前规定与中介组织签订的合同为期 12 个月,所有此类合同的开始日期和结束日期相同。

(b) 资金分配

(1) 一般规定。

在不迟于 2009 年 2 月 17 日起的 90 天内,部长应制定在第(a)小节所述中介组织间分配资金的方法。

(2) 迅速初始分配。

第(1)段所述方法应确保资金的迅速初始分配,并对剩余资金在中介组织间的分配和分发制定补充标准。

(3) 标准。

第(1)段所述方法应包括基于本编第 2356 节所述、厂商贸易调整援助项目年度报告中数据所建立的标准。

(c) 合同要求

与第(a)小节所述中介组织所达成的协议,应要求中介组织签订服务供应合同,按照与部长所制定准则相一致的条款和条件,执行本部分下的资助。

(d) 协商

(1) 关于方法的协商。

部长应与参议院财政委员会和众议院筹款委员会,在如下时间进行协商:

(A) 在第(b)小节所述方法最终确定前不少于 30 天;

（B）在对该方法进行任何变更前不少于 60 天。

（2）关于准则的协商。

部长应在第（c）小节所述准则最终确定或对该准则进行任何后续变更前不少于 60 天，与参议院财政委员会和众议院筹款委员会进行协商。

第 2345 节　拨款授权

（a）一般规定

为执行本部分规定，授权为 2009 至 2010 财政年度向部长每年拨款 5 000 万美元，为 2010 年 10 月 1 日至 2010 年 12 月 31 日拨款 12 501 000 美元。根据本小节拨款的金额应：

（1）为在 2010 年 12 月 31 日或之前根据本部分提出调整援助请求的厂商提供此类援助；

（2）供动用直至支出。

（b）人员

在每个财政年度根据本节的拨款中，35 万美元应用于商务部管理本部分规定的全职职位。在这些资金中，部长应向经济发展署提供必要资金，设定厂商调整援助主任职位及其他可能适合管理本部分规定的全职职位。

第 2346 节

已废除。

第 2347 节

已废除。

第 2348 节　保护性规定

（a）记录保存

本部分下的调整援助接受者均应有充分披露其对此类调整援助收益（如果有的话）金额和处置的记录，并有助于进行有效审计，接受者还应保留部长可能规定的其他记录。

（b）审计和核查

为审计和核查之目的，部长和美国总审计长有权获得与本部分下调整援助有关的受援人的任何账本、公文、文件和记录。

（c）证明

不得向任何厂商提供本部分下的调整援助，除非其所有人、合伙人或管理人员向部长证明：

（1）为加快申请此类调整援助而由厂商委聘或代表厂商的任何律师、代理和其他人员的姓名；

（2）向任何此类人员已付或将付费用。

第 2349 节　处罚

任何人：

（1）出于以任何方式影响本部分下裁决之目的，或为获得本部分下金钱、财产或任何有价物品之目的，故意对重大事实作出虚假陈述或故意不披露重大事实，或故意高估任何担保品价值；

（2）在对本部分下的请求进行调查期间向部长提供信息时，明知虚假却作出重大事实的虚假陈述，或故意不披露重大事实，

应处以 2 年以下监禁或根据第 18 编处以罚款，或两者并罚。

第 2350 节　民事诉讼

提供本部分下的技术援助时，部长可在具有一般管辖权的州任何登记在册法院，或在美国任何地区法院提起诉讼和被提起诉讼，并赋予此类地区法院管辖权，在不考虑争议金额情况下裁定此类争议；但不得针对其或其财产签发任何（中间的或最终的）附件、禁令、扣押令或其他类似程序。本节任何内容不得解释为将本编第 2343 节下的活动排除在第 28 编第 516 节、第 547 节和第 2679 节的适用之外。

第 2351 节　"厂商"定义

在本部分中，

（1）"厂商"，包括个人独资企业、合伙企业、合资企业、社团、公司（包括开发公司）、商业信托、合作社、破产受托人和法院判令下的接管人。一厂商，及其前任或继任厂商，或由实质相同的人控制或实质性实益拥有的任何关联公司，在必要时可被视为单一厂商以防止不正当利益。

（2）"服务部门厂商"，指从事提供服务业务的厂商。

第 2352 节　法规

部长应制定必要法规执行本部分规定。

第 2353 节

已废除。

第 2354 节　国际贸易委员会开始调查时商务部长进行的研究

(a) 研究主题

凡委员会根据本编第 2252 节开始对某产业进行调查，委员会应立即将此通知部长，部长应立即就如下事项展开研究：

（1）生产同类或直接竞争商品的国内产业中，已经或可能被证明有资格获得调整援助的厂商数量；

（2）通过使用现有项目可在多大程度上促进此类厂商有序适应进口竞争。

（b）报告；公布

部长在本节第（a）小节下的研究报告应不迟于委员会作出本编第 2252（f）节下报告后 15 天之内提交总统。报告一经提交总统，部长应立即将其公开（部长认为的机密信息除外），并在《联邦纪事》上公布其摘要。

（c）向厂商提供信息

凡委员会根据本编第 2252（b）节作出肯定结论，认为进口增长是造成一产业严重损害或严重损害威胁的实质原因时，部长应在可行范围内向该产业厂商提供充分信息，使此类厂商了解可有助于促进其有序适应进口竞争的各个项目，并应对此类厂商请求和申请项目利益的准备和处理工作提供协助。

第 2355 节　产业援助；拨款授权

（a）技术援助

部长可根据其认为适当的条款和条件提供技术援助，以设立符合本部分目的的新产品开发、新工艺开发、出口开发或其他用途的全行业项目。该技术援助可通过现有政府机构、私人、厂商、大学和机构，借助资助、合同或合作协议，提供给实质数量的厂商或工人已被认证有资格申请本编第 2273节或第 2341 节下调整援助的社团、工会或其他非营利产业组织。

（b）支出

本节下的技术援助支出每年每产业可达 1 000 万美元，应按部长认为适当的条款和条件支付。

第 2356 节　厂商贸易调整援助年度报告

（a）一般规定

不迟于 2009 年 12 月 15 日，以及此后每年，商务部长应准备一份包含《1974 年贸易法》第 2 编第 3 章［19 U.S.C. 2341 et seq.］所规定厂商贸易调整援助项目上一财政年度数据的报告。这些数据应包含如下内容：

（1）询问该项目的厂商数量；

（2）根据第 251 节［19 U.S.C. 2341］提交请求的数量；

（3）被认证和拒绝的请求数量；

（4）处理请求的平均时间；

（5）美国每个国会选区提交请求和被认证厂商的数量；

（6）在准备请求时受援助的厂商数量；

（7）制定业务恢复计划时受援助的厂商数量；

（8）商务部长批准和拒绝的业务恢复计划数量；

（9）认证时参加本项目每个厂商的销售、就业和生产率；

（10）完成本项目时以及完成后两年内，每年每个厂商的销售、就业和生产率；

（11）参加本项目每个厂商所获得的财政援助；

（12）参加本项目每个厂商所提供的财政支出；

（13）参加本项目厂商业务恢复计划所包含的技术援助类型；

（14）在完成业务恢复计划前离开本项目的厂商数量，及未完成原因。

（b）数据分类

在收集和报告第（a）小节数据时，部长应按中介组织、州和全国总数对数据进行分类。

（c）向国会报告；公布

商务部长应：

（1）将第（a）小节所述报告提交参议院财政委员会和众议院筹款委员会；

（2）在《联邦纪事》和商务部网站公布该报告。

（d）机密信息保护

商务部长不可公布第（a）小节所述其认为机密的商业信息，除非提交机密商业信息的人在提交时已获悉部长将公布该信息，或随后同意公布该信息。本小段任何规定不得解释为，禁止部长向法院秘密提供或根据法院签发的保护令向另一方提供此类机密商业信息。

第 4 部分　社区贸易调整援助
第 A 分部分　社区贸易调整援助

第 2371 节　定义

在本分部分中：

（1）"农产品生产者"具有本编第 2401 节所赋含义。

（2）"社区"，指市、县或州下属其他政治区划，或州下属政治区划组成的联合体。

（3）"受贸易影响社区"，指本编第 2371b（b）（2）节所述社区。

（4）"符合资格社区"，指部长根据本编第 2371b（b）（1）节认定有资格根据本分部分申请援助的社区。

（5）"部长"，指商务部长。

第 2371a 节　建立对社区的贸易调整援助项目

不迟于 2009 年 8 月 1 日,部长应在商务部建立社区贸易调整援助项目,根据该项目,部长应:

（1）根据本编第 2371c 节向受贸易影响社区提供技术援助,以促进此类社区的经济调整;

（2）向受贸易影响社区提供资助,以实施根据本编第 2371e 节制定的战略计划。

第 2371b 节　资格;通知

（a）请求

（1）一般规定。

社区可根据第(b)(1)小节向部长提出请求,要求就其申请本分部分下的援助资格作出肯定认定,条件是:

（A）2009 年 8 月 1 日或之后,获得第(b)(3)小节所述一项或多项认证;

（B）社区在最近的认证日期后 180 天内提交请求。

（2）某些社区的特别规则。

如果一社区在 2007 年 1 月 1 日或之后、2009 年 8 月 1 日之前获得第(b)(3)小节所述一项或多项认证,该社区可在 2010 年 2 月 1 日前向部长提交请求,要求根据第(b)(1)小节作出肯定认定。

（b）肯定认定

（1）一般规定。

如果部长认定该社区是一个受贸易影响社区,则应认定该社区有资格根据本分部分申请援助。

（2）受贸易影响社区。

一个社区是一个受贸易影响社区的条件是:

（A）获得第(3)段所述一项或多项认证;

（B）部长确定社区受到与此类认证相关的工作威胁或损失的重大影响。

（3）所述认证。

本段所述的认证是:

（A）由劳工部长作出的该社区工人群体有资格申请本编第 2273 节援助的认证;

（B）由商务部长作出的位于该社区厂商有资格申请本编第 2341 节调整

援助的认证；

(C) 由农业部长作出的，该社区农产品生产者群体有资格申请本编第2401b节调整援助的认证。

(c) 通知

(1) 通知州长。

州长应及时：

(A) 由劳工部长在认定该州一工人群体有资格获得本编第2273节援助后通知；

(B) 由商务部长在认定该州一厂商有资格获得本编第2341节援助后通知；

(C) 由农业部长在认定该州农产品生产者群体有资格获得本编第2401b节援助后通知。

(2) 通知社区。

根据第(b)(1)小节对社区申请本分部分援助资格作出肯定认定后，部长应立即通知社区和社区所在州州长：

(A) 该肯定认定；

(B) 本分部分的适用规定；

(C) 根据本分部分获得援助的方式和社区可获得的其他适当经济援助。

第2371c节 技术援助

(a) 一般规定

部长应向符合资格社区提供全面的技术援助，以协助该社区：

(1) 多元化和加强社区经济；

(2) 确定因贸易对社区的影响而导致的经济发展重大障碍；

(3) 根据本编第2371e节制定战略计划，解决社区经济调整和劳动力错位问题，包括农产品生产者的失业问题。

(b) 联邦应对措施的协调

部长应通过以下措施协调联邦政府对符合资格社区的应对：

(1) 确定帮助社区应对经济困境的可获得联邦、州和地方资源；

(2) 协助社区评估可获得的联邦援助，并确保此类援助的提供具有针对性和综合性。

(c) 跨部门社区援助工作组

(1) 一般规定。

部长应建立一跨部门社区援助工作组，由部长或其指定人员担任主席，协助部长根据第(b)小节协调联邦应对措施。

（2）成员。

工作组应由任何负责提供经济调整援助的联邦部门或机构代表组成，包括农业部、国防部、教育部、劳工部、住房和城市发展部、卫生和公众服务部、小企业管理局、财政部，以及部长认为适当的任何其他联邦、州或地区公共部门或机构。

第 2371d 节　对符合资格社区的资助

（a）一般规定

部长可根据本节向符合资格社区提供资助，以协助社区实施其根据本编第 2371e 节所制定战略计划中的任何项目或计划。

（b）申请

（1）一般规定。

根据本节寻求资助的符合资格社区，须向部长提交拨款申请，内容包括：

（A）由社区根据本编第 2371e(a)(1)(A)节制定的战略计划，并由部长根据本编第 2371e(a)(1)(B)节批准；

（B）社区寻求资助的战略计划所包含项目或计划的描述。

（2）资助项目的协调。

如果符合资格社区一实体正寻求或拟寻求本编第 2372 节规定的社区大学和职业培训资助，或本编第 2373 节规定的部门伙伴关系资助，而该符合资格社区正寻求本节规定的资助，则该符合资格社区应在资助申请中说明，其如何将本节下资助所实施的项目或计划与可能利用的其他资助所实施的任何项目或计划相整合。

（c）限制

根据本节，符合资格社区获得的资助不得超过 500 万美元。

（d）费用分担

（1）联邦份额。

本节资助项目的联邦份额不得超过该项目或计划成本的 95％。

（2）社区份额。

部长应要求，根据本节向符合资格社区提供资助的条件是，符合资格社区应提供所资助项目或计划其成本不少于 5％的资金。

（e）中小型社区资助

部长应优先批准符合资格中小型社区根据本节提出的申请。

（f）年度报告

在 2009 年至 2011 年每个日历年份 12 月 15 日前,部长应向参议院财政委员会和众议院筹款委员会提交报告:

（1）描述上一财政年度根据本节提供的每项资助;

（2）评估第（1）段所述财政年度前一财政年度每项此类资助对符合资格社区的影响。

第 2371e 节　战略计划

（a）一般规定

（1）制定。

拟根据本编第 2371d 节申请资助的符合资格社区须:

（A）制定社区应对贸易影响的经济调整战略计划;

（B）向部长提交该计划进行评估和审批。

（2）私人和公共实体的参与。

（A）一般规定。

在可行范围内,符合资格社区应与第（B）小段所述实体进行协商,以制定第（1）段下的战略计划。

（B）所述实体。

本小段所述实体是符合资格社区内的公共和私人实体,包括:

（i）服务社区的地方、县或州政府机构;

（ii）社区内厂商,包括中小厂商;

（iii）根据第 29 编第 2832 节设立的地方劳动力投资委员会;

（iv）代表社区工人的劳工组织,包括州劳工联合会和劳工管理倡议;

（v）教育机构、地方政府教育机构或服务社区的其他培训提供者。

（b）内容

该战略计划至少应包含以下内容:

（1）描述和分析符合资格社区应对贸易影响、实现经济调整的能力。

（2）分析社区所面临的经济发展挑战和机遇,以及社区经济的优势和劣势。

（3）评估符合资格社区对战略计划的长期承诺,及受经济失调影响的社区成员的参与和投入情况。

（4）描述第（a）（2）（B）小节所述实体在制定战略计划中的作用和参与情况。

（5）对符合资格社区根据战略计划所实施项目的描述。

（6）说明符合资格社区所承担战略计划和项目将如何促进社区经济调整。

（7）说明符合资格社区为工人可提供的教育和培训项目及社区未来就业需求。

（8）评估实施战略计划的成本、符合资格社区实施战略计划所需的融资时间，以及实施战略计划的融资方法。

（9）在完成第（5）段所述项目后，符合资格社区继续进行经济调整的战略。

（c）为制定战略计划提供资助

（1）一般规定。

部长在收到社区的援助资格申请后，可向社区提供资助，以帮助其根据第（a）（1）小节制定战略计划。根据本段提供的资助不得超过制定战略计划成本的75％。

（2）资金的使用。

在根据本编第2371f（c）节所拨资金中，部长可为2009年和2010年每个财政年度提供不超过2500万美元，并为2010年10月1日至2010年12月31日提供625万美元，以根据第（1）段向符合资格社区提供资助。

第2371f节　总则

（a）法规

（1）一般规定。

部长应制定执行本部分规定所需的法规，包括：

（A）制定本编第2371e节下提交和评估战略计划的具体准则；

（B）制定本编第2371d节下提交和评估资助申请的具体准则；

（C）管理本编第2371d节和第2371e节所设立的资助项目。

（2）协商。

部长应在根据第（1）段颁布任何最终规则或条例前不少于90天，与参议院财政委员会和众议院筹款委员会进行协商。

（b）人员

部长应指定必要工作人员履行本分部分所述职责。

（c）拨款授权

（1）一般规定。

为执行本部分内容，授权为2009和2010财政年度向部长每年拨款1.5亿美元，为2010年10月1日至2010年12月31日拨款3750万美元。

（2）可获性。

根据本分部分所拨金额：

（A）应为 2010 年 12 月 31 日或之前根据本部分批准援助的社区提供调整援助；

（B）供动用直至支出。

（3）补充而非替代。

根据本分部分拨付的资金，应用于补充而非取代为社区经济发展提供援助的其他联邦、州和地方公共资金。

第 B 分部分　社区大学和职业培训资助项目

第 2372 节　社区大学和职业培训资助项目

（a）拨款授权

（1）一般规定。

自 2009 年 8 月 1 日起，部长可向符合资格机构提供社区大学和职业培训资助，旨在为本编第 2296 节下有资格接受培训的工人开发、提供或改善教育或职业培训项目。

（2）限制。

不可向符合资格机构提供：

（A）本节规定的多次资助；

（B）超过 100 万美元的本节下资助。

（b）定义

在本节中：

（1）"符合资格机构"，指高等教育机构（由第 20 编第 1002 节定义），但仅指该机构提供的可在 2 年内完成的课程。

（2）"部长"，指劳工部长。

（c）资助建议

（1）一般规定。

寻求获得本节下资助的符合资格机构，应按部长要求的时间、方式和所含信息向部长提交资助建议。

（2）指导方针。

不迟于 2009 年 6 月 1 日，部长应：

（A）颁布根据本节提交资助建议的指导方针；

（B）在劳工部网站上发布和维护此类指导方针。

（3）协助。

部长应向符合资格机构提供准备资助建议过程中所要求的协助。

（4）资助建议的一般要求。

（A）一般规定。

根据本节向部长提交的资助建议，应包括如下详细说明：

（i）所提交资助建议的具体项目，包括该资助为适合本编第 2296 节下有资格接受培训的工人，开发、提供或改进教育或职业培训项目的方式；

（ii）所提交资助建议中的项目，在多大程度上满足符合资格机构所服务社区中本编第 2296 节下有资格接受培训工人的教育或职业培训需求；

（iii）所提交资助建议中的项目，在多大程度上与符合资格社区根据本编第 2371e 节所制定的任何总体战略计划相吻合；

（iv）所提交资助建议中的项目，与本编第 2373 节下部门伙伴关系所资助任何项目的相关程度；

（v）符合资格机构向本编第 2296 节下有资格接受培训的工人，提供教育或职业培训项目的任何经验。

（B）缺乏经验。

即使没有提供第（A）（v）小段所述教育或职业培训项目的任何经验，也不得自动取消符合资格机构根据本节获得资助的资格。

（5）所要求的社区外联。

为使一资助建议能为部长所考虑，符合资格机构在本节下提交资助建议时应：

（A）表明该符合资格机构：

（i）联系雇主和本编第 2371e(a)(2)(B) 节所述的其他实体，以确定：

（I）社区工人现有教育和职业培训机会的任何不足；

（II）社区未来任何就业机会，以及工人满足未来就业需求所需的教育和职业培训技能。

（ii）联系其他处于类似情形的机构，在向本编第 2296 节下有资格接受培训的工人提供教育或职业培训项目方面，从其可能分享的任何最佳实践中受益。

（iii）联系社区中根据本编第 2373 节寻求或获得部门伙伴关系资助的任何符合资格伙伴关系，以提高每项资助的有效性，并避免重复工作。

（B）包括如下详细说明：

（i）根据第（A）小段开展外联的范围和结果；

(ii) 所提交资助建议中的项目在多大程度上有助于解决第(A)(i)(I)小段确定的任何不足,或第(A)(i)(II)小段确定的任何教育或职业培训需求;

(iii) 社区中小厂商在内的雇主在多大程度上承诺雇用将从所提交资助建议的项目中受益的工人。

(d) 资助标准

(1) 一般规定。

根据所拨付资金,部长提供本节下的资助应基于:

(A) 对符合资格机构所提交的为本编第 2296 节下有资格接受培训的工人开发、提供或改进教育或职业培训项目的资助建议,认定其优点;

(B) 对完成符合资格机构拟开发、提供或改进的教育或职业培训项目的工人可能获得的就业机会,进行评估;

(C) 对符合资格机构所服务社区内,本编第 2296 节下有资格接受培训的工人对培训项目的先前需求,以及现有培训项目的可获性和能否满足未来对培训项目的需求,进行评估。

(2) 某些社区的优先考虑。

在根据本节提供资助时,部长应优先考虑为如下社区提供服务的符合资格机构:商务部长已根据本编第 2371b 节认定,在向部长提交本节下资助建议之日前 5 年间有资格根据第 A 分部分申请援助的社区。

(3) 相同要求。

根据本节提供的资助不得用于满足任何其他法律规定的任何私人的相同要求。

(e) 年度报告

2009 年至 2011 年,不迟于每个日历年度 12 月 15 日,部长应向参议院财政委员会和众议院筹款委员会提交报告:

(1) 说明上一财政年度根据本节提供的每项资助;

(2) 评估第(1)段所述财政年度前的财政年度根据本节所获每项资助,对本编第 2296 节下接受培训工人的影响。

第 2372a 节　拨款授权

(a) 拨款授权

授权为 2009 和 2010 财政年度向劳工部长每年拨款 4 000 万美元,为 2010 年 10 月 1 日至 2010 年 12 月 31 日拨款 1 000 万美元,为社区大学和职业培训资助项目提供资金。根据本节规定拨付的资金应可供动用直至支出。

（b）补充而非替代

根据本节拨付的资金应用于补充而非取代支持社区大学和职业培训项目的其他联邦、州和地方公共资金。

第 C 分部分　受贸易影响社区产业或部门伙伴关系资助项目

第 2373 节　受贸易影响社区产业或部门伙伴关系资助项目

（a）目的

本分部分的目的是促进产业或部门伙伴关系所作努力，以加强和振兴产业，并为受贸易影响社区的工人创造就业机会。

（b）定义

在此分部分中：

（1）"受贸易影响社区"具有本编第 2371 节所赋含义。

（2）"失业工人"，指在受贸易影响社区的行业或部门中已完全或部分离职，或受完全或部分离职威胁的工人。

（3）"符合资格伙伴关系"，指由受贸易影响社区内公众人士、个人、厂商或其他实体自愿组成的伙伴关系，并应包括如下代表：

（A）社区内产业或部门，包括产业协会；

（B）地方、县或州政府；

（C）社区内该产业或部门中多家厂商，包括中小型厂商；

（D）根据第 29 编第 2832 节设立的地方劳动力投资委员会；

（E）劳工组织，包括代表社区工人的州劳工联合会和劳工管理倡议；

（F）教育机构、地方教育部门或其他为社区服务的培训提供者。

（4）"主要实体"指：

（A）由符合资格伙伴关系指定的实体，负责根据第（e）小节提交资助建议，并作为符合资格伙伴关系的财政代理，使用根据本节提供的任何部门伙伴关系资助；

（B）由州长指定的执行第（A）小段所述职责的州机构。

（5）"部长"，指劳工部长。

（6）"目标产业或部门"，指符合资格伙伴关系所代表的产业或部门。

（c）部门伙伴关系资助的授权

自 2009 年 8 月 1 日起，根据拨款情况，部长应向符合资格伙伴关系提供部门伙伴关系资助，援助符合资格伙伴关系实施项目，期限不超过 3 年，以加强和振兴产业和部门，并为失业工人创造就业机会。

(d) 部门伙伴关系资助的使用

符合资格伙伴关系,可使用部门伙伴关系资助以实施部长认为将进一步实现本分部分目的的任何项目,可包括:

(1) 确定目标产业或部门的技能需求,以及受贸易影响社区中现有熟练工人的任何供给缺口,并制定填补缺口的战略,包括通过:

(A) 开发系统,更好地将目标产业或部门厂商与现有熟练工人链接起来;

(B) 帮助目标产业或部门厂商获得合格求职者的新来源;

(C) 对失业工人和在职工人进行再培训;

(D) 将当地教育和培训服务供应商提供的指导与目标产业或部门的需求相统一,促进对新熟练工人的培训。

(2) 分析失业工人和在职工人的技能和教育水平,并开发培训,以解决阻碍这些工人在目标产业或部门获得工作的技能差距;

(3) 帮助厂商,特别是在目标产业或部门中的中小厂商,提高其生产率和工人的生产率;

(4) 帮助这些厂商留住在职员工;

(5) 在目标产业或部门中使有类似培训需求的中小厂商形成学习联合体,使此类厂商能联合购买培训服务,从而降低培训成本;

(6) 向目标产业或部门的厂商提供信息和宣传活动,介绍符合资格伙伴关系和其他当地服务供应商的活动,帮助厂商满足对技术工人的需求;

(7) 在制定和实施经济增长和振兴战略方面,寻求、应用和传播类似情形的受贸易影响社区的最佳实践;

(8) 识别其他公共和私人资源,支持本小节所述活动,可包括选择申请本编第2371d节下的社区资助或本编第2372节下的社区大学和职业培训资助(须满足这些章节的任何额外要求)。

(e) 资助建议

(1) 一般规定。

寻求获得本节下部门伙伴关系资助的符合资格伙伴关系的主要实体,应按部长要求的时间、方式和所含信息向部长提交资助建议。

(2) 资助建议的一般要求。

第(1)段下提交的资助建议至少应:

(A) 确定符合资格伙伴关系成员。

(B) 确定符合资格伙伴关系拟使用部门伙伴关系资助开展项目的目标

产业或部门。

(C) 描述符合资格伙伴关系促进目标产业或部门拟达到的目标。

(D) 描述符合资格伙伴关系为实现这些目标拟实施的项目。

(E) 证明符合资格伙伴关系具有实施第(D)小段所述项目的组织能力。

(F) 说明：

(i) 是否：

(I) 受贸易影响社区已根据本编第 2371d 节寻求或获得社区资助；

(II) 社区内符合资格机构已根据本编第 2372 节寻求或获得社区大学和职业培训资助；

(III) 社区内任何其他实体已根据任何其他联邦政府资助的培训项目获得资金。

(ii) 符合资格伙伴关系将如何协调部门伙伴关系资助与此类其他资助或资金的使用，以提高每项资助和任何此类资金的效果，并避免重复工作。

(G) 根据部长第(g)(2)小节下发布的业绩度量标准，制定业绩度量标准，以及度量实现第(C)小段所述目标进展的时间表。

(f) 资助提供

(1) 一般规定。

一经符合资格伙伴关系的主要实体提出申请，部长可向符合资格伙伴关系提供部门伙伴关系资助，以协助实施部长认定将进一步实现本分部分目的的资助建议中的任何项目。

(2) 限制。

不可向符合资格伙伴关系提供：

(A) 一次以上的部门伙伴关系资助。

(B) 本分部分下的资助总额超过：

(i) 除第(ii)款规定外，为 250 万美元；

(ii) 如果符合资格伙伴关系所在受贸易影响社区，未得到本编第 2372 节下社区大学和职业培训资助机构所提供服务，则为 300 万美元。

(g) 部长管理

(1) 技术援助和监督。

(A) 一般规定。

在申请和管理本节下的部门伙伴关系资助时，部长应向符合资格伙伴关系的主要实体提供技术援助并进行监督。

（B）技术援助。

根据第（A）小段提供的技术援助应包括提供会议和部长认为适当的其他方法，以收集和传播符合资格伙伴关系的最佳实践。

（C）技术援助资助或合同。

部长可向一个或多个全国或州级组织提供技术援助的资助或合同，以促进符合资格伙伴关系的规划、形成和实施。

（2）绩效度量。

部长应发布一系列绩效度量标准，包括可量化基准，以及供符合资格伙伴关系度量第（e）小节所述目标所取得进展的方法。在制定此类度量标准时，部长应考虑符合资格伙伴关系的利益及其为工人、厂商、产业和社区所开展的活动。

（h）报告

（1）进展报告。

在获得部门伙伴关系资助后的1年内以及之后3年内，主要实体应代表符合资格伙伴关系向部长提交报告，内容包括：

（A）基于第（e）（2）（G）小节所要求的绩效度量标准，详细说明为实现第（e）（2）（C）小节所述目标所取得的进展；

（B）详细评估资助对受贸易影响社区工人和雇主的影响；

（C）本分部分下部长批准的部门伙伴关系资助，符合资格伙伴关系所获所有资金支出的详细说明。

（2）年度报告。

2009年至2011年，不迟于每个日历年度12月15日，部长应向参议院财政委员会和众议院筹款委员会提交报告：

（A）说明上一财政年度向符合资格伙伴关系提供的每项部门伙伴关系资助；

（B）评估第（A）小段所述财政年度前的财政年度所提供的每项部门伙伴关系资助，对受贸易影响社区工人和雇主的影响。

第2373a节　拨款授权

（a）一般规定

授权为2009和2010财政年度向劳工部长每年拨款4000万美元，为2010年10月1日至2010年12月31日拨款1000万美元，实施本编第2373节规定的部门伙伴关系资助项目。根据本节规定拨付的资金应可供动用直至支出。

（b）补充而非替代

根据本节拨付的资金应用于补充而非取代支持当地社区经济发展的其他联邦、州和地方公共资金。

（c）行政费用

部长可保留不超过每个财政年度根据本节拨款 5% 的资金，用于管理本编第 2373 节下的部门伙伴关系资助项目。

第 D 分部分　总则

第 2374 节　解释准则

本部分不妨碍工人在以任何方式接受来自如下援助的同时，接受本分章第 2 部分下的贸易调整援助：

（1）根据第 A 分部分接受社区资助的社区；

（2）根据第 B 分部分接受社区大学和职业培训资助的符合资格机构；

（3）根据第 C 分部分接受部门伙伴关系资助的符合资格伙伴关系。

第 5 部分　杂项条款

第 2391 节　审计总署研究和报告

（a）调整援助项目

美国总审计长应对本分章第 2 部分、第 3 部分和第 4 部分建立的调整援助项目进行研究，并在 1980 年 1 月 31 日前向国会报告该研究结果，该报告应包括对以下方面的评估：

（1）此类项目在帮助工人、厂商和社区适应因国际贸易方式变化所致经济条件变化方面的有效性；

（2）此类项目与其他提供失业补偿、萧条地区救济的政府项目的管理协调。

（b）劳工部和商务部协助

在履行本节规定的职责时，总审计长应在可行范围内获得劳工部和商务部协助，劳工部和商务部长应给予总审计长任何必要协助，以对本分章建立的调整援助项目进行有效评估。

第 2392 节　调整援助协调委员会

建立调整援助协调委员会，由一名美国贸易副代表担任主席，并由劳工部、商务部和小企业管理局负责调整援助的官员组成。委员会的职责是协调所涉各机构的调整援助政策、研究和项目，并促进调整援助利益的高效和有效提供。

第 2393 节　贸易监测和数据收集

(a) 监测项目

商务部长和劳工部长应建立并维持一项美国进口商品和服务的监控项目，以反映此类商品和服务的进口变化、此类进口与国内生产和服务供给变化的关系、生产或供给与此类进口同类或与其直接竞争商品或服务的国内产业的就业变化，以及此类商品生产或服务供给和就业变化在美国特定地理区域的集中程度。根据本节收集的信息摘要应定期公布，并提供给调整援助协调委员会、国际贸易委员会和国会。

(b) 服务部门的数据收集和报告

(1) 劳工部长。

2009 年 2 月 17 日后的 90 天内，劳工部长应实施一个系统，收集服务部门受不利影响工人数据，包括按州和行业划分的工人数量，以及按证明确定的每个工人的失业原因。

(2) 商务部长。

2009 年 2 月 17 日后的 1 年内，商务部长应与劳工部长协商，进行一项研究，并向参议院财政委员会和众议院筹款委员会提交报告，说明如何提高服务贸易数据的及时性和覆盖面，包括确定因美国公司迁往外国，以及因美国公司从外国公司购买服务而导致进口增加的方法。

第 2394 节　搬迁到外国的厂商

将生产设施从美国搬迁到外国之前，每个厂商应：

(1) 搬迁之日前至少 60 天，对因搬迁而可能完全或部分离职的员工进行通知；

(2) 在根据第(1)段通知员工的同一天，向劳工部长和商务部长提供搬迁通知。

(b) * 国会认为，每家此类厂商均应：

(1) 申请并使用本分章下其有资格获得的所有调整援助；

(2) 在美国为因搬迁而全部或部分离职的员工提供就业机会（如果有的话）；

(3) 协助将员工重新安置到美国存在就业机会的其他地方。

---

* 原文如此，第 1 段未加序号"(a)"。——《美国法典》注

第 2395 节　司法审查

(a) 审查请求；提交时间和地点

受本编第 2273 节下劳工部长最终裁定侵害利益的工人、工人群体、认证或认可的工会或此类工人或其群体授权的代表,受本编第 2341 节下商务部长最终裁定侵害利益的厂商或其代表或国内任何其他利益相关方,受本编第 2401b 节或第 2401e 节下农业部长裁定侵害利益的农产品生产者(由本编第 2401(2)节定义),或受本编第 2371b 节下商务部长最终裁定侵害利益的社区或社区授权代表,可在该裁定通告发布后 60 天内,向美国国际贸易法院提起民事诉讼,以审查此类裁定。该法院书记员应视情况将传票和申诉副本送达劳工部长、商务部长或农业部长。部长在收到传票和申诉副本后,应迅速核证并将其裁定所依据的记录提交法院。

(b) 部长的事实调查结果；结论性；新的或修改的调查结果

劳工部长、商务部长或农业部长(视具体情况)对事实的调查结果如果有实质性证据支持,应是结论性的;但法院,如有正当理由,可将案件发回部长进一步取证,部长可据此作出新的事实调查结果或修改事实调查结果,并可修改其先前行动,且应向法院证明进一步诉讼的记录。该新的或经修改的事实调查结果,如有实质性证据支持,应同样具有结论性。

(c) 裁决；最高法院复审

国际贸易法院有权确认劳工部长、商务部长或农业部长的行动(视具体情况),或将该行动全部或部分搁置。国际贸易法院判决应接受美国联邦巡回上诉法院根据其规则进行的复审,联邦巡回上诉法院判决则应接受美国最高法院根据第 28 编第 1256 节规定,经签发调卷令进行的复审。

第 2396 节

略。

第 2397 节

略。

第 2397a 节　国会意见

美国国会认为,劳工部、商务部和农业部部长在各自适用第 2 部分(关于工人调整援助)、第 3 部分(关于厂商调整援助)、第 4 部分(关于社区调整援助)和第 6 部分(关于农民调整援助)规定时,应最大限度考虑根据这些部分提出申请的工人、厂商、社区和农民的利益。

第6部分　农民调整援助

第 2401 节　定义

在本部分中:

(1)"农产品"包括:

(A) 处于原料或自然状态的任何农产品(包括牲畜);

(B) 农产品中的任何一类商品;

(C) 如果是第(2)(B)段所述农产品生产者,则为野生捕捞水产品。

(2)"农产品生产者"指:

(A) 分担农产品生产风险并有权获得商品销售份额者,包括经营者、佃农或拥有或租用生产该商品土地者;

(B) 在根据本编第 2401a 节提出请求的销售年度最近的纳税年度,在个人年度联邦所得税申报表中报告渔业贸易或业务收益或损失者。

(3) 重要促成。

(A) 一般规定。

"重要促成",指重要但不一定比任何其他原因更重要的原因。

(B) 重要促成的认定。

对于根据本部分提出请求,与农产品同类或直接竞争的商品进口是否重要促成该农产品价格的下降,应由部长认定。

(4)"正式授权代表",指农产品生产者协会。

(5)"全国平均价格",指由部长确定的农产品销售年度付给农产品生产者的全国平均价格。

(6)"部长",指农业部长。

(7)"销售年度"指:

(A) 由部长指定的一农产品的销售年度;

(B) 对于部长未指定销售年度的农产品,则为日历年度。

第 2401a 节　请求;群体资格

(a) 一般规定

根据本部分申请调整援助的资格证明请求,可由农产品生产者群体或其正式授权代表向部长提出。收到请求后,部长应立即在《联邦纪事》发布通告,说明已收到请求并启动调查。

(b) 听证会

如果请求人或部长认为与认定程序有重大利害关系的任何其他人,在部长根据本节第(a)小节发布通告后 10 天内提交听证请求,部长应安排公开听证,并给予此类利害关系人出席听证、出示证据和陈述意见的机会。

(c) 群体资格要求

部长应证明一农产品生产者群体有资格申请本部分规定的调整援助,如果其认定:

(1) (A) 该群体可获数据的最近销售年度生产的农产品全国平均价格,低于该销售年度前 3 年全国平均价格的 85%;

(B) 该群体该销售年度的农产品产量,低于该群体该销售年度前 3 年农产品平均产量的 85%;

(C) 该群体该销售年度生产的农产品产值,低于该群体该销售年度前 3 年生产的农产品平均产值的 85%;

(D) 该群体该销售年度生产农产品的现金收入,低于该群体该销售年度前 3 年生产农产品现金收入平均值的 85%。

(2) 该群体提交请求的销售年度,与该群体生产农产品同类或直接竞争商品的进口数量较该销售年度前 3 年的平均进口量增加。

(3) 此类进口的增加重要促成第(1)段所述的农产品全国平均价格、产量或产值或现金收入的下降。

(d) 某些其他生产者的资格

居住在根据第(a)小节提交请求的州或地区外的农产品生产者或生产者群体,可在根据第(a)小节于《联邦纪事》就该请求发布公告之日后 15 天内提出要求,成为该请求成员。

(e) 大类商品中各种商品的处理

如果农产品大类中有不同品种的商品,部长在根据第(c)小节进行如下认定时,须将每一品种视为单独商品:

(1) 群体资格;

(2) 全国平均价格、产量、产值或现金收入;

(3) 进口量。

第 2401b 节　农业部长的认定

(a) 一般规定

在根据本编第 2401a 节提出请求之日后,部长应尽早,但无论如何不得超过该日期之后 40 天,认定请求群体是否符合本编第 2401a(c) 节要求。如果符合该要求,则应发出申请本部分援助的资格证明,涵盖符合要求的任何群体的农产品生产者。每份证明均应明确本部分所规定资格的起始日期。

(b) 通告

对请求作出认定后,部长应立即在《联邦纪事》公布认定摘要及其认定理由。

(c) 认证终止

就本部分下的任何资格认证,凡部长确定该认证所涵盖农产品的全国平均价格、产量、产值或现金收入的下降不再归因于本编第 2401a 节所述条件,部长应终止该认证,并立即在《联邦纪事》公布终止通知及作出该决定的理由。

(d) 部长报告

不迟于 2010 年 1 月 30 日及此后每年,农业部长应向参议院财政委员会和众议院筹款委员会提交报告,该报告应包含上一财政年度根据本部分提供调整援助的如下信息:

(1) 本部分下认证所涵盖的农产品清单;

(2) 此类农产品的生产州或地区,以及每个州或地区的总产量;

(3) 按国会选区划分,根据本部分领取福利的农产品生产者总数;

(4) 按国会选区划分,接受本部分下技术援助的农产品生产者总数。

第 2401c 节　国际贸易委员会开始调查时农业部长进行的研究

(a) 一般规定

凡国际贸易委员会(本部分以下称"委员会")根据本编第 2252 节开始对一农产品进行调查时,委员会应立即就此通知部长。收到通知后,部长应立即就如下事项展开研究:

(1) 同类或直接竞争农产品生产者中,已经或可能被证明有资格获得本部分调整援助的生产者数量;

(2) 通过使用现有项目可在多大程度上促进此类生产者适应进口竞争。

(b) 报告

委员会作出本编第 2252(f)节下报告后 15 天之内,部长应向总统提交报告,列出本节第(a)小节所述研究结果。报告一经提交总统,部长应立即将其公开(部长认为的机密信息除外),并在《联邦纪事》上公布其摘要。

第 2401d 节　农产品生产者的利益信息

(a) 一般规定

部长应向农产品生产者提供本分章下可获利益津贴、培训和其他就业服务,此类津贴、培训和服务的请求和申请程序及适当申报日期的全部信息。部长应提供任何必要协助,使生产者群体能为本分章下的项目福利准备请求或申请。

(b) 利益通知

(1) 一般规定。

部长应将本部分下可获利益的书面通知,邮寄每个其有理由相信为本部分下证明所涵盖的农产品生产者。

(2) 其他通知。

部长应在本部分下每一项认证所涵盖农产品生产者所在地区一般发行的报纸上,发布此类生产者在本部分下所享利益的公告。

(3) 其他联邦援助。

部长还应提供经济困难工人所有其他联邦援助和服务的申请和获得程序信息。

第 2401e 节　农产品生产者的资格要求和利益

(a) 一般规定

(1) 要求。

(A) 一般规定。

本部分下的利益应提供给本部分下认证所涵盖的农产品生产者,此类生产者应在部长根据本编第 2401b 节作出认定,并出具资格认证之日后 90 天内提出此类利益申请,并向部长提交足够信息以确定:

(i) 该生产者在提出申请的销售年度,以及在该销售年度之前 3 个销售年度中,至少 1 年生产本小节下申请所涵盖的农产品。

(ii)(I) 该生产者在提出请求的销售年度生产的农产品数量,与可获得数据的销售年度前最近一个销售年度相比有所减少。

(II)(aa) 该生产者在提出请求的销售年度的农产品价格,比其在该销售年度前 3 年的农产品平均价格有所下降;

(bb) 提出请求之日部长维持的该农产品县级价格,与提出请求之日前 3 个销售年度该商品的县级平均价格相比有所下降。

(iii) 该生产者未收到:

(I) 第 2 部分或第 3 部分下的现金利益;

(II) 基于本部分下另一份请求所涵盖农产品生产的利益。

(B) 并非每年种植作物的特别规则。

就第(A)(ii)(II)(aa)小段而言,如果对生产者并非每年生产的农产品提出请求,该商品的农产品生产者可以使用生产该商品的最近 3 个可获数据销售年度的平均价格数据,确定该生产者在提出请求销售年度前 3 个销售年度该商品的平均价格。

（2）基于调整后总收入的限制。

（A）一般规定。

尽管本部分有任何其他规定，农产品生产者任何一年经调整的平均总收入（第7编第1308-3a(a)节定义）超过第7编第1308-3a(b)(1)节第(A)小段或第(B)小段（以适用者为准）规定的水平时，不得根据本部分获得援助。

（B）合规证明。

农产品生产者应向部长提供其认为必要的信息，以证明该生产者符合第(A)小段所规定的限制。

（C）反周期和按英亩支付。

在任何收获年度，根据本部分向农产品生产者的支付总额不得超过第7编第1308节第(b)(2)小节、第(b)(3)小节、第(c)(2)小节和第(c)(3)小节所规定的支付限制。

(b) 技术援助

（1）初步技术援助。

（A）一般规定。

提出申请并符合第(a)(1)小节要求的农产品生产者应有权获得初步技术援助，以提高其根据本部分获得认证农产品的生产和销售竞争力。此类援助应包括以下信息：

（i）提高该农产品的产量和销售水平；

（ii）用一种或多种替代农产品取代该农产品的可行性和必要性。

（B）运输和生活费用。

（i）一般规定。

部长可授权提供必要的补充援助，以支付农产品生产者第(A)小段下初步技术援助时产生的合理交通和生活费用，如果此类援助并非在生产者正常居住地正常通勤距离内的设施中提供。

（ii）例外。

部长不得根据第(i)款授权向农产品生产者支付：

（I）生活费用高于下列较低者：

（aa）生产者实际发生的每日生活费；

（bb）联邦旅行条例规定的现行每日津贴费率。

（II）超过联邦旅行条例所规定现行里程费率的旅行费用。

（2）强化技术援助。

根据第(1)段完成初步技术援助的生产者应有资格参加强化技术援助。此种援助应包括：

(A) 一系列课程，进一步帮助生产者提高生产如下产品的竞争力：

(i) 生产者获本部分认证的农产品；

(ii) 另一种农产品。

(B) 在第(A)小段下完成课程基础上制定初步商业计划的援助。

(3) 初步商业计划。

(A) 部长批准。

部长应批准根据第(2)(B)段制定的初步商业计划，如果该计划：

(i) 反映生产者通过第(2)(A)段所述课程获得的技能；

(ii) 表明生产者将如何将此类技能应用于其所处情形。

(B) 实施初步商业计划的财政援助。

部长批准第(A)小段下的生产者初步商业计划后，该生产者有权获得不超过 4 000 美元，用于：

(i) 实施初步商业计划；

(ii) 根据第(4)段规定制定长期业务调整计划。

(4) 长期业务调整计划。

(A) 一般规定。

已完成第(2)段规定的强化技术援助，且其第(3)(A)段下的初步商业计划已获批准的生产者，除第(C)小段规定的金额外，还有资格获得制定长期业务调整计划的援助。

(B) 长期业务调整计划的批准。

部长应批准根据第(A)小段制定的长期业务调整计划，如果部长确定该计划：

(i) 包括合理计算的步骤，实质性有助于生产者对不断变化市场条件的经济调整；

(ii) 考虑到生产者所雇用工人的利益；

(iii) 证明生产者将有足够资源实施商业计划。

(C) 计划实施。

根据第(B)小段制定的生产者长期业务调整计划一经批准，生产者即有权获得不超过 8 000 美元的资金实施该长期业务调整计划。

(c) 最大援助额

农产品生产者在获得本编第 2401b 节下的认证后 36 个月内，根据第

(b)小节第(3)段和第(4)段规定获得的援助不可超过 12 000 美元。

(d) 其他援助限制

根据本部分获得利益(第(b)(1)小节提供的初步技术援助除外)的农产品生产者,没有资格根据第 2 部分或第 3 部分获得现金利益。

第 2401f 节　欺诈和追回多付款项

(a) 一般规定

(1) 偿还。

如果部长或有管辖权法院认定,任何人已收到其无权领取的本部分下任何款项,或将本部分下收到的资金用于未经部长批准的目的,此人有责任向部长偿还此类款项,但如果部长根据其规定的准则认定存在下列情形,可以放弃该还款要求:

(A) 款项的支付中该个人不存在过错;

(B) 该偿还要求有违公平和良知。

(2) 追回多付款项。

除非根据第(1)段另行追讨或放弃多付款项,否则部长应从根据本部分应付给此人的任何款项中扣除多付款项。

(b) 虚假陈述

除法律规定的任何其他处罚外,任何人均无权获得本部分下的任何进一步支付:

(1) 如果部长或有管辖权法院认定此人:

(A) 故意作出或致使他人作出重大事实的虚假陈述或表述;

(B) 故意或使他人未能披露重大事实。

(2) 由于此类虚假陈述或表述,或此类不披露,此人已收到本部分下其无权获得的任何款项。

(c) 通知和裁决

除有司法管辖权法院裁定多付款项外,在部长根据本节第(a)(1)小节作出认定、向相关人员发出认定通知、给予其公平听证机会,以及裁决成为终局之前,不得根据本节要求偿还、进行扣减。

(d) 向财政部付款

根据本节追回的任何金额均应退还美国财政部。

(e) 处罚

任何人明知虚假却作出重大事实的虚假陈述,或故意不披露重大事实,使本人或他人获取或增加本部分授权提供的任何支付,应处以 10 000 美元以下罚款或1年以下监禁,或两者并罚。

第2401g节　拨款授权

(a) 一般规定

授权为2009和2010财政年度向农业部每年拨款不超过9 000万美元,为2010年10月1日起至2010年12月31日拨款2 250万美元,以实现本部分目的,包括行政费用和农业部雇员薪金和开支。

(b) 按比例减少

如果在任何一年中,根据本部分拨付的金额不足以满足本部分下应付的调整援助要求,则根据本部分应付的援助金额应按比例减少。

第二部分　欧洲全球化调整基金法

第二次世界大战后贸易自由化和区域经济一体化进程中的调整援助制度的雏形应该是1951年《欧洲煤钢共同体条约》(即《巴黎条约》)设立的再调整基金,但1957年《欧洲经济共同体条约》(即《罗马条约》)设立并沿用至今的欧洲社会基金(European Social Fund)是针对以技术进步为诱因的一般失业补偿,而非经济一体化引致的贸易调整援助。

　　直到2006年,欧盟才在重启欧洲就业战略进程中,借鉴美国贸易调整援助制度经验,在欧洲社会基金的基础上重新建立以贸易自由化和经济全球化为诱因的劳动力调整援助制度,即欧洲全球化调整基金(European Glo-balization Adjustment Fund,EGF)。该制度近20年的历史演变可分为3个阶段,亦即3个援助周期,并与2007—2013年、2014—2020年和2021—2027年3个多年度财政框架(Multi-annual Financial Framework)同步。3个援助周期的法律依据分别为欧洲议会和欧盟理事会第(EC)1927/2006号条例、第(EC)1309/2013号条例和第(EU)2021/691号条例,后续条例是对前任条例的补充、发展和在新财政框架下的适时调整,此外,在前两个条例的实施过程中,分别由欧洲议会和欧盟理事会第(EC)546/2009号条例和第(EU,Euratom)2018/1046号条例第274条作了局部修订。

　　因此,上述5部条例是欧洲全球化调整基金法律制度的核心,为体现该制度的历史演变,本部分包含了上述5部条例正文(即不含引言部分)全部条款。其中,第(EU,Euratom)2018/1046号条例则仅翻译与全球化调整基金有关的第274条。

《欧洲议会和欧盟理事会关于建立欧洲全球化调整基金的第(EC)1927/2006号条例》

(2006 年 12 月 20 日)

第 1 条　主题和范围

1. 为刺激欧盟经济增长和创造更多就业机会,本条例建立欧洲全球化调整基金(EGF),以使共同体能为全球化所致世界贸易格局重大结构变化而裁员的工人提供支持,而裁员对地区或当地经济产生重大不利影响。

EGF 的实施期限应与 2007 年 1 月 1 日至 2013 年 12 月 31 日财政框架挂钩。

2. 本条例制定 EGF 运作规则,以促进受贸易有关裁员影响的工人重新就业。

第 2 条　干预标准

如果世界贸易格局的重大结构性变化带来严重经济扰乱,尤其是欧盟进口的大幅增长,或特定部门中欧盟市场份额的迅速下降,或生产向第三国迁移,并产生如下后果,则应由 EGF 提供财政援助:

(a) 成员国一企业中,在 4 个月内至少有 1 000 个裁员,包括其供应商或下游生产商的裁员;

(b) 一地区或相邻两地区(按 NUTS II 级划分＊)内一经济部门(按 NACE 第 2 版划分＊＊)中各企业,尤其是中小企业,9 个月内至少有 1 000 个

＊　欧盟地域统计单元目录(Nomenclature of Territorial Units for Statistics, NUTS)是欧盟为区域统计资料收集、开发和利用而建立的地区单元划分体系,于 2003 年确立法律地位。迄今有 NUTS 2003、NUTS 2006、NUTS 2010、NUTS 2013、NUTS 2016 和 NUTS 2021 六个版本。NUTS 2021 将欧盟和英国分为 92 个 NUTS I 级地区、242 个 II 级地区、1 166 个 III 级地区。——译者注

＊＊　经济活动统计分类(Statistical Classification of Economic Activities, NACE)是欧盟依据联合国国际标准产业分类(ISIC)对产业部门的划分,于 1970 年制定。迄今有 NACE 1970、NACE Rev.1、NACE Rev.1.1 和 NACE Rev.2 四个版本。2008 年启用的 NACE Rev.2 版将经济活动门类划分 4 个层级:一级称部门(section),有 21 个;二级称大类(division),有 88 个;三级称组(group),有 272 个;四级称小类(class),有 615 个。——译者注

裁员；

（c）对小型劳动力市场或特殊情形，在有关成员国充分证实情况下，即使第（a）点和第（b）点条件未完全满足，但若裁员对就业和当地经济产生严重影响，向EGF的援助申请也可予以考虑，但对特殊情形的援助金总额不超过每年EGF的15％。

第3条　符合条件的行动

EGF可为构成个性化服务一揽子协调方案组成部分的积极劳动力市场措施提供财政援助，旨在将裁员工人重新纳入劳动力市场，此类措施包括：

（a）求职援助、职业指导、定制培训和再培训，包括信息通信技术技能、所获经验证明，以及再就业援助和创业促进或自谋职业援助；

（b）限时特别措施，如求职津贴、劳动力流动津贴或个人参加终身学习和培训活动的津贴；

（c）尤其使弱势或老年工人留在劳动力市场或重返劳动力市场的激励措施。

EGF不资助被动的社会保障措施。

在有关成员国倡议下，EGF可为其实施的准备、管理、信息和宣传及控制活动提供资金。

第4条　财政援助类型

欧盟委员会应以一次性付款方式提供财政援助，并根据《财政条例》第53（1）（b）条、第53（5）条和第53（6）条在成员国与委员会间共同管理框架内实施。*

第5条　申请

1. 成员国应在满足第2条规定的EGF动用条件之日起10周内，向委员会提交EGF援助申请，有关成员国可随后对申请进行补充。

2. 申请书应包含如下信息：

（a）对计划裁员与世界贸易格局重大结构变化间联系的理性分析，并说明裁员数量、解释裁员的不可预见性；

（b）识别解雇企业（本国或跨国公司）、供应商或下游生产商、部门以及所针对的工人类别；

---

* 《财政条例》即《2002年6月25日关于适用欧洲共同体总预算财政条例的第（EC，Euroatom）1605/2002号理事会条例》［Council Regulation（EC，Euroatom）No. 1605/2002 of 25 June 2002 on the Financial Regulation Applicable to the General Budget of the European Communities］（OJ L 248，16.9.2002，p.1）。——译者注

(c) 描述有关领土区域及其当局和其他利益攸关方,以及裁员对地方、区域或国家就业的预期影响;

(d) 拟提供的个性化服务一揽子协调方案及其估计成本细目,包括与结构基金资助行动的互补性,以及根据国家法律或集体协议而必须采取的行动信息;

(e) 向受影响工人提供个性化服务的开始或计划开始日期;

(f) 咨询社会伙伴所遵循的程序;

(g) 根据第 18 条负责管理和财务控制的主管机构。

3. 考虑到成员国、地区、社会伙伴和有关企业根据国家法律或集体协议采取的行动,并尤其注意由欧洲社会基金(ESF)资助的行动,根据第 2 段提供的信息应包括对国家主管部门和相关企业已采取和计划采取行动的简要说明,包括成本估算。

4. 有关成员国还应在最适当的领土区域层级提供统计和其他信息,委员会需要此类信息评估干预标准的符合情况。

5. 在根据第 2 段提供的信息及有关成员国提交的任何其他信息基础上,委员会应与这些成员国协商,评估是否符合本条例的财政援助条件。

第 6 条　互补、合规和协调

1. EGF 援助不能代替根据国家法律或集体协议由企业负责的行动。

2. EGF 援助应补充成员国在国家、区域和地方层面的行动,包括由结构基金共同出资的行动。

3. EGF 援助应为因世界贸易格局的结构性变化而裁员的个体工人提供团结和支持,EGF 不得为公司或部门重组提供资金。

4. 委员会和成员国应根据各自职责,确保协调共同体的资金援助。

5. 成员国应确保受 EGF 援助的具体行动不应同时受共同体其他财政工具的援助。

第 7 条　男女平等和非歧视

委员会和成员国应确保在实施 EGF 的各个阶段促进男女平等和性别观点的融合。委员会和成员国应采取适当措施,防止在实施 EGF 的各个阶段,尤其是在获得 EGF 的过程中,出现基于性别、种族或族裔血统、宗教或信仰、残疾、年龄或性取向的任何歧视。

第 8 条　委员会倡议下的技术援助

1. 在委员会的倡议下,EGF 可为实施本条例所需监督、信息、行政和技术支持、审计、控制和评估活动提供资金,上限为当年可用资金的 0.35%。

2. 此类任务应按《财政条例》及适用于此类预算实施形式的实施规则执行。

第9条　信息和宣传

1. 有关成员国应提供援助行动的信息并予以公布,信息应发送给有关工人、地方和地区当局、社会伙伴、媒体和公众,并应强调共同体的作用和确保 EGF 援助的可见性。

2. 委员会应建立一个采用共同体所有语言的互联网站,以提供 EGF 信息、申请提交指导,以及接受和拒绝申请的最新信息,同时强调预算机构的作用。

第10条　财政援助的确定

1. 在根据第 5(5)条进行评估的基础上,尤其考虑到拟支持工人人数、拟议的行动和估计的费用,若提供 EGF 财政援助,委员会应在可用资源范围内尽快评估和提议援助额。

该金额不可超过第 5(2)(d)条所述估计费用总额的 50%。

2. 在根据第 5(5)条进行评估的基础上,如果得出符合本条例所规定财政援助条件的结论,委员会应立即启动第 12 条规定的程序。

3. 在根据第 5(5)条进行评估的基础上,如果得出不符合本条例所规定财政援助条件的结论,委员会应尽快通知有关成员国。

第11条　支出条件

根据第 5(2)(e)条规定,从有关成员国开始向受影响工人提供个性化服务之日起,即有资格支取 EGF 援助。

第12条　预算程序

1. 有关 EGF 的安排应符合《机构间协议》第 28 条规定。*

2. 一旦欧盟委员会确定了足够的差额和/或取消的承付款项,与 EGF 有关的拨款应通过正常预算程序作为一项规定列入欧盟总预算。

3. 如果委员会得出结论,认为应由 EGF 提供财政援助,应向预算当局提交授权拨款建议,金额按第 10 条确定,并要求将金额转入 EGF 预算项目。拨款建议可分批提交。

有关 EGF 的资金转移应根据《财政条例》第 24(4)条执行。

---

* 《机构间协议》即 2006 年 5 月 17 日达成的《欧洲议会、欧盟理事会和欧盟委员会关于预算纪律和健全财政管理的机构间协议》(Interinstitutional Agreement between the European Parliament, the Council and the Commission on Budgetary Discipline and Sound Financial Management)(OJ C 139, 14.6.2006, p.1.)。——译者注

4. 根据第 3 段提交的建议应包括以下内容：

(a) 根据第 5(5)条进行的评估，以及该评估所依据的信息摘要；

(b) 符合第 2 条和第 6 条规定标准的证据；

(c) 建议拨款金额的理由。

5. 委员会在提交建议的同时，应启动三方会谈程序，可以简化形式进行，以寻求预算当局两个部门就使用 EGF 的必要性和所需金额达成协议。

6. 到每年 9 月 1 日，EGF 至少留有年最大额度的四分之一可供使用，以满足年底之前产生的援助需求。

7. 一旦预算当局提供拨款，委员会应通过一项关于财政援助的决定。

第 13 条 财政援助的支付和使用

1. 根据第 12(7)条通过决定后，委员会原则上应在 15 天内以一次性付款方式向有关成员国支付财政援助。

2. 成员国应在根据第 5 条提出申请之日起 12 个月内使用财政援助及其利息。

第 14 条 欧元的使用

本条例下的援助申请、财政援助决定和报告以及任何其他相关文件，所有金额均应以欧元表示。

第 15 条 最终报告和结项

1. 在第 13(2)条规定的期限届满后 6 个月内，有关成员国应向委员会提交关于财政援助执行情况的报告，包括关于行动类型和主要成果信息，以及对支出合理性、适当情况下与 ESF 资助行动互补性的说明。

2. 收到第 1 段要求所有信息后 6 个月内，委员会应结束 EGF 的财政援助。

第 16 条 年度报告

1. 委员会应在每年 7 月 1 日之前，并在 2008 年首次向欧洲议会和理事会提交有关上一年度本条例下活动的定量和定性报告。该报告应主要聚焦 EGF 取得的成果，特别应包含提交申请、通过决定、援助行动等相关信息，包括与结构基金尤其是 ESF 资助行动的互补性，及财政援款的结清，还应记录因缺乏足够拨款或不符合资格而被拒绝的请求。

2. 报告应送交欧洲经济和社会委员会、地区委员会和社会伙伴，以供参考。

第 17 条 评估

1. 委员会应自行采取行动，并与成员国密切合作：

(a) 在 2011 年 12 月 31 日前，对所获结果的有效性和可持续性进行中期评估；

(b) 在 2014 年 12 月 31 日前，在外部专家的协助下进行事后评估，以衡量 EGF 的影响及其增加值。

2. 评估结果应递交欧洲议会、理事会、欧洲经济和社会委员会、地区委员会和社会伙伴，以供参考。

第 18 条　管理和财务控制

1. 在不损害委员会执行欧洲共同体总预算责任的前提下，成员国应对由 EGF 支持行动的管理及对这些行动的财务控制承担首要责任。为此，它们采取的措施应包括：

(a) 核实已建立和正在执行的管理和控制安排，以确保按健全的财务管理原则有效和正确使用共同体资金；

(b) 核实所资助的行动是否已正确执行；

(c) 确保资助的支出是基于可核查的证明文件，且是正确和定期的；

(d) 根据《2006 年 7 月 11 日有关欧洲地区发展基金、欧洲社会基金和凝聚基金一般规定的第(EC)1083/2006 号理事会条例》第 70 条的规定，预防、发现和纠正违规行为，并根据该条追讨不当支付的款项及逾期付款的利息。成员国应及时将任何此类违规行为通知委员会，并应将行政和法律程序的进展情况通知委员会。

2. 成员国应在发现违规情况时进行必要的财务纠正。成员国的纠正应包括取消全部或部分的共同体援助，成员国应追回所发现违规行为造成的任何损失并偿还给委员会，对在有关成员国允许的时间内未偿还的金额，应支付违约利息。

3. 委员会在负责执行欧洲共同体总预算中，应采取一切必要步骤，核实所资助各项行动是否遵照《财政条例》按健全、有效的财务管理原则执行。有关成员国有责任确保其有顺利运行的管理和控制体系，委员会应确切弄清此类系统已建立。

为此，在不损害欧洲审计院权力或成员国根据国家法律、法规和行政规定进行核查的情况下，委员会官员或公务员，在至少提前一个工作日通知前提下，可对 EGF 资助行动进行现场检查，包括抽样检查。委员会应通知有关成员国，以获得所有必要协助，有关成员国的官员或公务员可以参加该检查。

4. 成员国应确保在 EGF 财政援助结项后 3 年内，保存所有已发生支出的相关证明文件，以便为委员会和审计院所用。

第 19 条　财政援助的偿还

1. 如果一项行动的实际费用少于根据第 12 条所报估计额,委员会应要求成员国偿还所收到的相应财政援款。

2. 如果成员国未遵守财政援助决定所规定的义务,委员会应采取必要步骤,要求成员国偿还全部或部分所收到的援款。

3. 在通过第 1 段或第 2 段下的决定前,委员会应对案件进行适当审查,尤其应允许成员国在规定的时间内提出意见。

4. 如果在完成必要核查后,委员会得出结论,成员国未履行其根据第 18 (1)条承担的义务,在未达成协议且成员国未在委员会设定的期限内进行纠正,并考虑成员国意见的情况下,委员会应在上述期限结束后 3 个月内做出决定,通过取消全部或部分 EGF 对相关行动的援助进行所需的财务纠正。对所发现违规造成的任何损失应予以追回,如果有关成员国在允许的时间内未偿还该款项,应支付违约利息。

第 20 条　审查条款

在第 16 条所规定的第一份年度报告基础上,欧洲议会和理事会可根据委员会提议,对本条例进行审查,以确保 EGF 实现其团结目标、其规定充分考虑所有成员国经济、社会和领土特征。

在任何情况下,欧洲议会和理事会应在 2013 年 12 月 31 日前对本条例进行审查。

第 21 条　生效

本条例应在《欧盟官方公报》公布后次日生效。

本条例自 2007 年 1 月 1 日起适用。

本条例具有整体约束力,并直接适用于所有成员国。

2006 年 12 月 20 日订于布鲁塞尔。

《欧洲议会和欧盟理事会关于修订建立欧洲全球化调整基金第(EC)1927/2006号条例的第(EC)546/2009号条例》

(2009 年 6 月 18 日)

第 1 条

第(EC)1927/2006 号条例现作如下修订：

1. 在第 1 条中，插入以下段落：

"1a. 作为对第 1 段的减损，EGF 还应向因全球金融和经济危机而直接裁员的工人提供支持，前提是此类申请必须符合第 2(a)条、第 2(b)条或第 2(c)条所述标准。在此减损下申请 EGF 援助的成员国应在裁员与金融和经济危机间建立直接且可证明的联系。

"本减损适用于 2011 年 12 月 31 日前提交的所有申请。"

2. 第 2 条由以下内容取代：

"第 2 条 干预标准

"如果世界贸易格局的重大结构变化带来严重经济扰乱，尤其是欧盟进口的大幅增长、特定部门中欧盟市场份额的迅速下降，或生产向第三国迁移，并产生如下后果，则应由 EGF 提供财政援助。

"(a) 成员国一企业中，在 4 个月内至少有 500 个裁员，包括其供应商或下游生产商的裁员；

"(b) 一地区或相邻两地区(按 NUTS II 级划分)内一经济大类(按 NACE 第 2 版划分)中各企业，尤其是中小企业，9 个月内至少有 500 个裁员。

"(c) 对小型劳动力市场或特殊情形，在有关成员国充分证实情况下，即使第(a)点和第(b)点条件未完全满足，但若裁员对就业和当地经济产生严重影响，向 EGF 的援助申请也可予以考虑，成员国应具体说明其申请不完全符合第(a)点或第(b)点规定的干预标准。对特殊情形的援助金总额不超过每年 EGF 的 15%。

"为计算以上第(a)点、第(b)点和第(c)点所规定的裁员数,应从以下方面计算裁员:

"雇主通知个人解雇或终止工人劳动合同之日;

"雇佣合同在到期前事实终止之日;

"雇主根据 1998 年 7 月 20 日理事会关于协调成员国集体裁员法律的第 98/59/EC 号指令第 3(1)条规定,书面通知政府主管部门预计集体裁员之日;在此情况下,申请成员国应在本条例第 10 条规定的评估完成前,向委员会提供其他信息,说明根据上述第(a)点、第(b)点或第(c)点实施的实际裁员数量和提供个性化服务一揽子协调方案的预计费用。

"对于每个相关企业,成员国应在申请中具体说明如何计算裁员数。"

3. 插入了以下条款:

"第 3a 条 符合条件的人员

"成员国可向受影响工人提供与 EGF 共同资助的个性化服务,此类工人包括:

"(a) 在第 2(a)条、第 2(b)条或第 2(c)条规定期限内裁员的工人;

"(b) 在第 2(a)条或第 2(c)条规定期限之前或之后裁员的工人,如果根据第 2(c)条提出的申请减损了第 2(a)条规定的标准,前提是裁员发生在预计裁员公告之后,且可以确定与参考期内引发裁员的事件存在明确的因果关系。"

4. 第 5(2)(a)条由以下内容取代:

"(a) 对计划裁员与世界贸易格局重大结构变化或金融和经济危机间联系的理性分析,并说明裁员数量、解释裁员的不可预见性。"

5. 第 8 条由以下内容取代:

"第 8 条 委员会倡议下的技术援助

"1. 在委员会的倡议下,EGF 可用于资助与实施 EGF 有关的知识库的准备、监督、信息和创建,上限为当年可用资金的 0.35%,也可为实施本条例所需行政和技术支持,以及审计、控制和评估活动提供资金。

"2. 在不违反第 1 段所规定上限的前提下,预算当局应根据委员会提议,在每年年初提供一定数额的技术援助。

"3. 第 1 段规定的任务应按《财政条例》及适用于此类预算实施形式的实施规则执行。

"4. 委员会的技术援助应包括向成员国提供使用、监督和评估 EGF 的信息和指导,欧盟委员也可向欧洲和国家社会伙伴提供使用 EGF 的信息。"

6. 第 10(1)条由以下内容取代：

"1. 在根据第 5(5)条进行评估的基础上，尤其考虑到拟支持工人人数、拟议的行动和估计的费用，若提供 EGF 财政援助，委员会应在可用资源范围内尽快评估和提议援助额。该金额不得超过第 5(2)(d)条所述估计费用总额的 50%。对于在第 1(1a)条所述日期之前提交的申请，金额不得超过 65%。"

7. 在第 11 条中，增补以下段落：

"如果是赠款，以统一费率申报的间接费用有资格获得 EGF 供款，但不得超过业务直接费用的 20%，前提是间接费用的产生符合国家规则，包括会计规则。"

8. 第 13(2)条由以下内容取代：

"2. 成员国应尽快实施个性化服务一揽子协调方案中所包含所有符合条件的行动，但不得迟于根据第 5 条提出申请之日后或在这些措施开始之日后 24 个月，前提是后一日期不得晚于申请之日后 3 个月。"

9. 在第 20 条中，第 1 段后插入以下段落：

"根据委员会提议，欧洲议会和理事会可审查本法规，包括第 1(1a)条规定的暂时减损。"

第 2 条　过渡性规定

本条例适用于自 2009 年 5 月 1 日起收到的所有 EGF 援助申请。对于该日期前收到的申请，申请之日有效的规则将在 EGF 援助的整个期间继续适用。

第 3 条　生效

本条例应在《欧盟官方公报》公布后的第三天生效。本条例具有整体约束力，并直接适用于所有成员国。

2009 年 6 月 18 日订于布鲁塞尔。

《欧洲议会和欧盟理事会关于欧洲全球化调整基金(2014—2020)和废除第(EC)1927/2006号条例的第(EU)1309/2013号条例》

(2013 年 12 月 17 日)

第 1 条 目标

本条例为 2014 年 1 月 1 日至 2020 年 12 月 31 日多年度财政框架设立欧洲全球化调整基金(EGF)。

EGF 的目标是对因全球化所致世界贸易格局重大结构变化、因第(EC)546/2009 号条例所述全球金融和经济危机的延续,或因新的全球金融和经济危机而停止工作的裁员工人和个体经营者,展示欧盟对其的团结和支持,以促进欧盟智慧型、包容性、可持续经济增长和可持续就业。

受益于 EGF 财政援助的行动,应确保尽可能多的参与此类行动的受益者,在第 18(1)条所述最终报告到期日前 6 个月内尽快找到可持续的就业。

第 2 条 范围

本条例适用于成员国向 EGF 提出的针对以下行动的财政援助申请:

(a) 全球化所致世界贸易格局重大结构变化,尤其表现为欧盟进口的大幅增长、欧盟货物或服务贸易的严重转移、特定部门中欧盟市场份额的迅速下降,或生产向第三国迁移,因此而停止工作的裁员工人和个体经营者,如果此类裁员对当地、地区或国家经济产生重大不利影响;

(b) 因第(EC)546/2009 号条例规定的全球金融和经济危机的持续,或新的全球金融和经济危机而停止工作的裁员工人和个体经营者。

第 3 条 定义

就本条例而言,"受益人"指:

(a) 就业因裁员而过早终止或在第 4 条所指参考期间内终止且未续签的工人;

(b) 雇用不超过 10 名工人的个体经营者在本条例范围内失业,且其活动已停止,但前提是其活动明显依赖第 4(1)条第(a)点中的有关企业,或根据第 4(1)条第(b)点个体经营者在相关经济部门中经营。

第 4 条　干预标准

1. 如果满足第 2 条规定的条件并导致以下后果,由 EGF 提供财政援助:

(a) 在 4 个月的参考期内,成员国一企业中,至少有 500 名工人被裁员或个体经营者活动停止,包括其供应商或下游生产商中的裁员或个体经营者活动停止;

(b) 在 9 个月的参考期内,一地区或相邻两地区(按 NUTS 2 级划分)同一二级部类经济部门(按 NACE 第 2 修订版定义)中,尤其是中小企业,至少有 500 名工人被裁员或个体经营者活动停止,或两个以上相邻地区(按 NUTS 2 级划分),则其中两个地区受影响工人或个体经营者合计超过 500 人。

2. 对小型劳动力市场或特殊情形,尤其涉及中小企业的集体申请,在申请成员国充分证实情况下,即使第 1 段第(a)点或第(b)点条件未完全满足,但若裁员对就业和当地、地区或国民经济产生严重影响,向 EGF 的援助申请也可予以考虑,申请成员国应具体说明其申请不完全符合第 1 段第(a)点或第(b)点规定的哪项干预标准。对特殊情形的援助金总额不超过 EGF 年度上限的 15%。

第 5 条　裁员和停止活动的计算

1. 申请成员国应就第 4 条而言,具体说明用于计算第 3 条所指工人和个体经营者人数的方法。

2. 申请成员国应按下列日期之一计算第 1 段所指人数:

(a) 雇主根据理事会第 98/59/EC 号指令 * 第 3(1)条规定,书面通知政府主管部门预计集体裁员之日;在此情况下,申请成员国应在委员会评估完成前,根据本条例第 4(1)条向委员会提供裁员实际数量的补充信息;

(b) 雇主通知个人解雇或终止工人劳动合同之日;

(c) 雇佣合同事实终止或期满之日;

(d) 向用户企业指派结束之日;

(e) 对于个体经营者,根据国家法律或行政规定确定停止活动之日。

---

* 1998 年 7 月 20 日理事会关于协调成员国集体裁员法律的第 98/59/EC 号指令(OJ L 225, 12.8. 1998, p.16)。——译者注

第 6 条 符合条件的受益人

1. 成员国可向符合条件的受益人提供由 EGF 共同资助的个性化服务,此类受益人可包括:

(a) 第 4 条规定参考期内,根据第 5 条计算的被裁员工人及活动已停止的个体经营者;

(b) 第 4(1)条第(a)点规定参考期之前或之后,根据第 5 条计算的被裁员工人及活动已停止的个体经营者;

(c) 减损第 4(1)条第(a)点所列标准而根据第 4(2)条提出申请的被裁员工人及活动已停止的个体经营者。

第 1 段第(b)点和第(c)点所指工人和个体经营者,如果其被裁员或停止活动发生在预计裁员公告之后,且可以确定与参考期内引发裁员的事件存在明确的因果关系,应视为符合条件者。

2. 作为对第 2 条的减损,申请成员国可在 2017 年 12 月 31 日之前向 25 岁以下未就业、未就学、未接受职训青年(NEETs)提供由 EGF 共同资助的个性化服务,或如果成员国在提交申请之日决定,可在被裁员或活动已停止人员中,优先考虑向人数等于目标受益者人数的 30 岁以下未就业、未就学、未接受职训青年提供个性化服务,前提是至少第 3 条意义上的部分裁员发生在符合"青年就业倡议"的 NUTS 2 级地区。这种支持可在符合"青年就业倡议"条件的 NUTS 2 级地区提供,受益人为 25 岁以下未就业、未就学、未接受职训青年,或成员国决定的 30 岁以下此类人员。

第 7 条 符合条件的行动

1. EGF 可为构成个性化服务一揽子协调方案组成部分的积极劳动力市场措施提供财政援助,旨在促进目标受益人,尤其是弱势、老年和青年人员重新就业或自谋职业。个性化服务一揽子协调方案主要包括:

(a) 定制培训和再培训,包括信息通信技术技能及所获经验证明,求职援助,职业指导,咨询服务,导师辅导,再就业援助,创业促进,自谋职业、创业企业和员工接管援助,以及合作活动;

(b) 限时特别措施,如求职津贴、雇主招工奖励、劳动力流动津贴、生活津贴或培训津贴(包括护工津贴);

(c) 尤其使弱势、老年和青年失业人员留在劳动力市场或重返劳动力市场的激励措施。

第(b)点下措施的成本不得超过本段所列个性化服务一揽子协调方案总成本的 35%。

自谋职业、创业企业和员工接管的投资成本不可超过 15 000 欧元。

个性化服务一揽子协调方案的设计应对未来劳动力市场前景和所需技能有预期,此类方案应与向资源节约型和可持续经济的转变相适应。

2. 以下措施不符合 EGF 援助条件:

(a) 第 1 段第(b)点所指限时特别措施,如果不以目标受益人积极参加求职或培训活动为条件;

(b) 根据国家法律或集体协议属企业责任的措施。

EGF 支持的措施不应取代被动的社会保障措施。

3. 个性化服务一揽子协调方案应与目标受益人或其代表或社会伙伴协商制定。

4. 在申请成员国倡议下,EGF 资金可用于其实施的准备、管理、信息和宣传、控制和报告活动。

第 8 条 申请

1. 申请成员国应在满足第 4(1)条或第 4(2)条标准之日起 12 周内,向委员会提交 EGF 申请。

2. 申请书提交之日起 2 周内,或(如适用)委员会收到申请书翻译件之日起 2 周内,以较晚日期为准,委员会应确认收悉申请书,并将所需任何补充信息通知成员国,以对申请进行评估。

3. 如果委员会要求提供此类补充信息,成员国应在要求之日起 6 周内作出答复。应有关成员国正当要求,委员会可将该期限延长 2 周。

4. 根据成员国提供的信息,委员会应在收到完整申请书或(如适用)收到申请书翻译件后 12 周内,完成对申请是否符合提供财政援助条件的评估。如果在特殊情况下委员会无法遵守该期限,则应提供书面解释,说明延误原因。

5. 完整的申请书应包含如下信息:

(a) 对裁员或活动停止与世界贸易格局重大结构变化,或与全球化、全球金融和经济危机的持续或新的全球金融和经济危机对地方、区域和国家经济造成严重破坏间联系的合理分析。这种分析应以最适当的统计和其他信息为基础,以证明符合第 4 条规定的干预标准;

(b) 如果解雇企业在裁员后继续开展活动,确认其遵守裁员相关法律义务,并为其工人提供相应福利;

(c) 根据第 5 条对裁员数量进行评估,并解释引起裁员的事件;

(d) 在适用情况下,确定解雇企业、供应商或下游生产商、部门,以及按性别和年龄组细分的目标受益人类别；

（e）裁员对地方、区域或国家经济和就业的预期影响；

（f）个性化服务一揽子协调方案和相关支出说明，尤其包括支持弱势、老年和青年受益人就业倡议的任何措施；

（g）关于一揽子措施如何补充由国家或联盟其他基金所资助行动的解释，以及根据国家法律或集体协议有关企业需强制执行的行动信息；

（h）为支持目标受益人而提供的个性化服务一揽子协调方案中每个组成部分的预算，以及任何筹备、管理、信息和宣传、控制和报告活动的预算；

（i）第 7（1）条和第 7（4）条所规定，提供目标受益人个性化服务和实施 EGF 活动的开始或拟开始日期；

（j）与目标受益人或其代表或社会伙伴，以及地方和地区当局或其他相关组织进行磋商所遵循程序；

（k）声明所要求的 EGF 支持符合联盟关于国家援助的程序性和实质性规则，以及概述个性化服务为何不能取代根据国家法律或集体协议由公司负责措施的声明；

（l）国家预筹资金或共同出资以及其他共同出资来源（如适用）。

第 9 条　互补、合规和协调

1. EGF 的财政援助不应取代根据国家法律或集体协议属企业责任的行动。

2. 对目标受益人的支持应补充成员国在国家、区域和地方层面的行动，包括由结构基金共同出资的行动。

3. EGF 的财政援助应仅限于为目标受益人提供团结和暂时的一次性支持所需资金。EGF 支持的行动应遵守联盟和国家法律，包括国家援助规则。

4. 委员会和申请成员国应根据各自职责，确保协调共同体的资金援助。

5. 申请成员国应确保受 EGF 财政援助的具体行动，不应同时受共同体其他财政工具的援助。

第 10 条　男女平等与非歧视

委员会和成员国应确保男女平等和性别观点的融合是实施 EGF 财政援助各阶段的组成部分，并在各个阶段得到促进。委员会和成员国应采取适当措施，防止在获得 EGF 和实施 EGF 财政援助的各个阶段，出现基于性别、种族或族裔血统、宗教或信仰、残疾、年龄或性取向的任何歧视。

第 11 条　委员会倡议下的技术援助

1. 在委员会倡议下，EGF 年度限额不超过 0.5％可用于资助与 EGF 实施相关的知识库准备、监督、数据收集和创建,也可以用于资助行政和技术支持、信息和通信活动,以及实施本条例所需的审计、控制和评估活动。

2. 在不违反第 1 段规定上限的前提下,欧洲议会和理事会应在每年年初根据委员会的提议提供一定金额的技术援助。

3. 第 1 段规定的任务应按照《财政条例》及适用于此类预算执行形式的实施规则执行。*

4. 委员会的技术援助应包括向成员国提供使用、监督和评估 EGF 的信息和指南,委员会还应向欧洲和各国社会合作伙伴提供使用 EGF 的信息及明确指南。

第 12 条 信息、传播与宣传

1. 申请成员国应提供受援助行动的信息并予以公布,此类信息应发送给目标受益人、地方和地区当局、社会伙伴、媒体和公众,并应强调欧盟的作用和确保 EGF 援助的可见性。

2. 委员会应维护和定期更新可使用欧盟机构所有官方语言访问的互联网网站,以提供 EGF 最新信息、申请提交指南,以及申请接受和拒绝、欧洲议会和理事会在预算程序中作用的相关信息。

3. 委员会应根据其经验开展有关 EGF 案例和结果的信息和交流活动,以提高 EGF 有效性并确保欧盟公民和工人了解 EGF。委员会应按国家和部门每两年报告一次 EGF 的使用情况。

4. 根据本条例分配给交流活动的资源,也应有助于涵盖欧盟政治优先事项的企业交流,前提是此类优先事项与本条例的总体目标有关。

第 13 条 财政援助的确定

1. 在根据第 8 条进行评估基础上,尤其考虑到目标受益人数、拟议的行动和估计的费用,若提供 EGF 财政援助,委员会应在可用资源范围内尽快评估和提议援助额。该金额不可超过第 8(5)条第(h)点所述估计费用总额的 60%。

2. 在根据第 8 条进行评估的基础上,如果得出符合本条例所规定财政援助条件的结论,委员会应立即启动第 15 条规定的程序。

---

* 《财政条例》即《欧洲议会和理事会 2012 年 10 月 25 日关于适用联盟总预算财政条例和废除第(EC,Euratom)1605/2002 号理事会条例的第(EU,Euratom)966/2012 号条例》(Regulation(EU, Euratom) No 966/2012 of the European Parliament and of the Council of 25 October 2012 on the Financial Rules Applicable to the General Budget of the Union and Repealing Council Regulation (EC,Euratom) No 1605/2002)(OJ L 298,26.10.2012,p.1)。——译者注

3. 在根据第 8 条进行评估的基础上,如果得出不符合本条例所规定财政援助条件的结论,委员会应立即通知申请成员国。

第 14 条　支出条件

1. 从有关成员国根据第 8(5)条第(i)点在申请书规定的日期开始或将开始向目标受益人提供个性化服务起,或分别根据第 7(1)条和第 7(4)条产生行政支出实施 EGF 起,即有资格支取 EGF 的财政援助。

2. 对于赠款,欧洲议会和理事会第(EU, Euratom)1303/2013 号条例[*]第 67 条、第 68 条和欧洲议会和理事会第(EU, Euratom)1304/2013 号条例[**]第 14 条,以及委员会根据这些条例通过的任何授权行为,均应相应适用。

第 15 条　预算程序

1. 有关 EGF 的安排应符合《机构间协议》第 13 条规定。[***]

2. 与 EGF 有关的拨款应作为一项规定列入欧盟总预算。

3. 一方面委员会,另一方面欧洲议会和理事会,应尽力减少动用 EGF 所需时间。

4. 如果委员会得出结论认为,满足 EGF 财政援助条件,则应提交援款动用建议。动用 EGF 的决定应在建议送交欧洲议会和理事会后 1 个月内,由欧洲议会和理事会共同作出。理事会应以法定多数票通过,欧洲议会应以其多数组成成员和五分之三票数通过。

在提议对动用 EGF 作出决定的同时,委员会应向欧洲议会和理事会提交建议,将款项转至相关预算项目。如有分歧,应启动三方会谈程序。

与 EGF 相关的资金转移应按照《财政条例》第 27 条进行。

5. 在通过建议要求就动用 EGF 作出决定的同时,欧盟委员会应以实施

---

[*] 《欧洲议会和理事会 2013 年 12 月 17 日关于制定欧洲地区发展基金、欧洲社会基金、欧洲农业农村发展基金、欧洲海洋和渔业基金共同规则和关于制定欧洲地区发展基金、欧洲社会基金、欧洲农业农村发展基金、欧洲海洋和渔业基金一般规则并废除第(EC)1083/2006 号理事会条例的第(EU)1303/2013 号条例》(OJ L 347, 20.12.2013, p.320)。——译者注

[**] 《欧洲议会和理事会 2013 年 12 月 17 日关于欧洲社会基金并废除第(EC)1081/2006 号理事会条例的第(EU)1304/2013 号条例》(OJ L 347, 20.12.2013, p.470)。——译者注

[***] 《机构间协议》即 2013 年 12 月 2 日达成的《欧洲议会、欧盟理事会和欧盟委员会关于预算纪律、预算事项合作和健全财政管理的机构间协议》(Interinstitutional Agreement between the European Parliament, the Council and the Commission on Budgetary Discipline, on Cooperation in Budgetary Matters and on Sound Financial Management)(OJ C 373, 20.12.2013, p.1)。——译者注

法案的方式通过一项关于财政援助的决定，该法案应在欧洲议会和理事会对动用 EGF 作出决定之日生效。

6. 根据第 4 段要求就动用 EGF 作出决定的建议应包括以下内容：

(a) 根据第 8(4)条进行的评估，以及该评估所依据的信息摘要；

(b) 符合第 4 条和第 9 条规定标准的证据；

(c) 建议预算金额的理由。

第 16 条　财政援助的支付和使用

1. 根据第 15(5)条作出的财政援助决定生效后，委员会原则上应在 15 天内以单笔 100% 预付款形式向有关成员国支付财政援助。当根据第 18(2)条清算财政援助时，应结清预付款。

2. 第 1 段所指的财政援助款应根据《财政条例》第 59 条在共同管理下实施。

3. 提供资金的技术条件细节应由委员会在第 15(5)所指有关财政援助的决定中确定。

4. 成员国应尽快且不迟于根据第 8(1)条提交申请之日起 24 个月内执行第 7 条规定的符合条件的行动。

成员国可决定推迟符合条件行动的开始日期，最晚不超过提交申请之日起 3 个月。如果发生此类延期，成员国应在申请中告知的开始日期后 24 个月内实施符合条件的行动。

如果受益人参加了为期 2 年或更长时间的教育或培训课程，则此类课程的费用可包含在 EGF 共同资助中，直至第 18(1)条所指最终报告截至之日，前提是相关费用已在该日期之前支付。

5. 在实施个性化服务一揽子方案所包含的行动时，有关成员国可向委员会提出一项提案，增加第 7(1)条第(a)点和第(c)点所列其他符合条件行动来修改所包含的行动。但此类修改应有正当理由，且总额不超过第 15(5)条所述财政援助。委员会应评估拟议的修改，如果同意，则应相应通知成员国。

6. 根据第 7(4)条的支出在最终报告提交截止日期前均有资格支取。

第 17 条　欧元的使用

根据本条例提出的申请、财政援助决定和报告，以及任何其他相关文件，金额均应以欧元表示。

第 18 条　最终报告和结项

1. 在第 16(4)条规定的期限届满后 6 个月内，有关成员国应向委员会提交关于援助执行情况的最终报告，报告应包括以下方面信息：

（a）行动类型和主要成果；

（b）成员国提供一揽子措施的机构名称；

（c）目标受益人特征及其就业状况；

（d）除微型企业和中小型企业外，企业在过去 5 年中是否为国家援助，或先前由联盟凝聚基金或结构基金提供资金的受益者；

（e）证明支出合理的报表，并在可能的情况下指出与欧洲社会基金（ESF）资助行动的互补性。

只要有可能，与受益人有关的数据应按性别细分。

2. 在收到第 1 段要求的所有信息之后 6 个月内，委员会应根据第 22 条在确定 EGF 最终财政援助额和有关国家结欠余额（如有）情况下，结束财政援助。

第 19 条　两年期报告

1. 在 2015 年 8 月 1 日之前及其后每两年，委员会应向欧洲议会和理事会提交有关本条例和第（EC）1927/2006 号条例下前 2 年活动全面的定量和定性报告。该报告应主要聚焦 EGF 取得的成果，特别应包含提交申请、通过决定、援助行动等相关信息，包括各成员国援助受益人的再就业率统计、与欧盟其他基金尤其是 ESF 资助行动的互补性，及财政援款的结清信息，还应记录因缺乏足够拨款或不符合资格而被拒绝或削减的申请。

2. 报告应送交审计院、欧洲经济和社会委员会、地区委员会和社会伙伴，以供参考。

第 20 条　评估

1. 委员会应自行采取行动，并与成员国密切合作：

（a）在 2017 年 6 月 30 日前，对所获结果的有效性和可持续性进行中期评估；

（b）在 2021 年 12 月 31 日前，在外部专家的协助下进行事后评估，以衡量 EGF 的影响及其增加值。

2. 第 1 段所述评估结果应送交欧洲议会、理事会、审计院、欧洲经济和社会委员会、地区委员会和社会伙伴，以供参考。在设计就业和社会事务领域的新方案时，应考虑评估建议。

3. 第 1 段所述评估应包括申请数量的数据，并应涵盖按国家和部门划分的 EGF 绩效，以评估 EGF 是否触及其目标接受人。

第 21 条　管理与财务控制

1. 在不损害委员会执行联盟总预算责任的前提下，成员国应对由 EGF

支持行动的管理及对这些行动的财务控制承担首要责任。为此,它们应采取的措施包括:

(a) 核实已建立并正在执行的管理和控制安排,以确保按健全的财务管理原则有效和正确地使用欧盟资金;

(b) 核实所资助的行动是否已正确执行;

(c) 确保资助的支出是基于可核查的证明文件,且是正确和定期的;

(d) 根据第(EU,Euratom)1303/2013 号条例第 122 条的规定,预防、发现和纠正违规行为,并在适当的情况下追讨不当支付的款项及逾期付款的利息。成员国应将任何此类违规行为通知委员会,并应将由此产生的行政和法律程序的进展情况通知委员会。

2. 成员国应指定机构,根据《财政条例》第 59(3)条及第(EU,Euratom)1303/2013 号条例规定的标准和程序,负责对 EGF 支持的行动进行管理和控制。这些指定机构在提交本条例第 18 条所指最终报告时,应向委员会提供《财政条例》第 59(5)条规定的有关财政援助执行情况的信息。

3. 成员国应在发现违规行为时进行必要的财务纠正。成员国的纠正应包括取消全部或部分财政援助,成员国应追回所发现违规行为造成的任何不当支付额并偿还给委员会,如果有关成员国在允许时间内未偿还该款项,应支付违约利息。

4. 委员会在负责执行联盟总预算时,应采取一切必要步骤,核实所资助各项行动是否按健全、有效的财务管理原则执行。申请成员国有责任确保其有顺利运行的管理和控制体系,委员会应确切弄清此类系统已建立。

为此,在不损害欧洲审计院权力或成员国根据国家法律、法规和行政规定进行核查的情况下,委员会官员或公务员,在至少提前 1 个工作日通知前提下,可对 EGF 资助行动进行现场检查,包括抽样检查。委员会应通知申请成员国,以获得所有必要协助,有关成员国的官员或公务员可以参加该检查。

5. 成员国应确保在 EGF 财政援助结清后 3 年内,保存所有已发生支出的相关证明文件,以供委员会和审计院使用。

第 22 条　财政援助的偿还

1. 如果一项行动的实际成本低于根据第 15 条所报估计额,委员会应通过一项决定,以法案执行的方式,要求相关成员国偿还所收到的相应财政援款。

2. 如果成员国未遵守财政援助决定所规定的义务,委员会应采取必要步骤,通过一项决定,以执行法案的方式,要求成员国偿还全部或部分所收到的援款。

3. 在通过第1段或第2段下的决定前,委员会应对案件进行适当审查,尤其应允许相关成员国在规定的时间内提出意见。

4. 如果在完成必要核查后,委员会得出结论,成员国未履行其根据第21(1)条承担的义务,在未达成协议且成员国未在委员会设定的期限内进行纠正,并考虑成员国意见的情况下,委员会应在第3段所述期限结束后3个月内作出决定,通过取消EGF对相关行动的全部或部分援助进行所需的财务纠正。对所发现违规行为造成的任何不当支付应予以追回,如果申请成员国在允许的时间内未偿还该款项,应支付违约利息。

第23条　废除

自2014年1月1日起,废止第(EC)1927/2006号条例。

尽管有第1段的规定,该条例应继续适用于2013年12月31日之前提交的申请。

第24条　生效

本条例应于其在《欧盟官方公报》上公布后次日生效。

本条例适用于2014年1月1日至2020年12月31日之间提交的所有申请。

本条例具有整体约束力,并直接适用于所有成员国。

2013年12月17日订于布鲁塞尔。

《欧洲议会和欧盟理事会关于适用于欧盟总预算财政规则并修订第(EU)1296/2013、第(EU)1301/2013、第(EU)1303/2013、第(EU)1304/2013、第(EU)1309/2013、第(EU)1316/2013、第(EU)223/2014、第(EU)283/2014 号条例、第541/2014/EU 号决定和废除第(EU,Euratom)966/2012 号条例的第(EU,Euratom)2018/1046 号条例》

(2018 年 7 月 18 日)

第 274 条　第(EU)1309/2013 号条例的修订

第(EU)1309/2013 号条例现作如下修订：

(1)略。

(2)第 4 条第 2 段由以下内容取代：

"2.对小型劳动力市场或特殊情形,尤其涉及中小企业的集体申请,在申请成员国充分证实情况下,即使第 1 段第(a)点和第(b)点条件未完全满足,但若裁员对就业和当地、地区或国民经济产生严重影响,向 EGF 的援助申请也可予以考虑,申请成员国应具体说明其申请不完全符合第 1 段第(a)点或第(b)点规定的哪项干预标准。对于涉及位于一个地区中小企业的集体申请,如果申请成员国证明中小企业是该地区主要或唯一业务类型,申请可例外涵盖 NACE 第 2 修订版界定的二级部类不同经济部门经营的中小企业。对特殊情形的援助金总额不超过 EGF 年度上限的 15%。"

(3)第 6 条第 2 段由以下内容取代：

"2.作为对第 2 条的减损,申请成员国可提供由 EGF 共同资助的个性化服务,支持 25 岁以下未就业、未就学、未接受职训青年,或如果成员国在提交申请之日决定,可在被裁员或活动已停止人员中,优先考虑向人数等于目标受益者人数的 30 岁以下未就业、未就学、未接受职训青年提供个性化服务，条件是至少第 3 条意义上的部分裁员发生在根据现有最新年度数据，15至 24 岁青年人失业率至少为 20％的 NUTS 2 级地区。这种支持可在这些NUTS 2 级地区提供，受益者为 25 岁以下未就业、未就学、未接受职训青年，或成员国决定的 30 岁以下此类人员。"

（4）第 11 条第 3 段由以下内容取代：

"3. 第 1 段中规定的任务应按照《财政条例》执行。"

（5）第 15 条第 4 段由以下内容取代：

"4. 如果委员会得出结论认为，满足 EGF 财政援助条件，则应提交援款动用建议。动用 EGF 的决定应在建议送交欧洲议会和理事会后 1 个月内，由欧洲议会和理事会共同作出。理事会应以法定多数票通过，欧洲议会应以其多数组成成员和五分之三票数通过。"

"与 EGF 相关的资金转移应按照《财政条例》第 31 条进行，原则上在欧洲议会和理事会通过相关决定之日起 7 天内。"

（6）第 16(2)条，"《财政条例》第 59 条"改为"《财政条例》第 62 条"。

（7）第 21(2)条，"《财政条例》第 59(3)条"改为"《财政条例》第 63(3)条"，"《财政条例》第 59(5)条"改为"《财政条例》第 63(5)条"。

《欧洲议会和欧盟理事会
关于欧洲失业工人全球化调整基金和
废除第(EU)1309/2013号条例的
第(EU)2021/691号条例》

（2021年4月28日）

第1条　主题和范围

1. 本条例为2021—2027年多年度财政框架(MFF)设立欧洲失业工人全球化调整基金(EGF)。

本条例规定了EGF的目标、联盟提供资金的形式和规则，包括成员国申请EGF财政援助，以采取针对第6条所述受益人的措施。

2. 根据第4条，EGF将向因重大结构调整事件而停止活动的失业工人和个体经营者提供支持。

第2条　使命和目标

1. EGF应通过帮助已停止活动的失业工人和个体经营者适应结构变化，支持全球化及技术和环境变化导致的社会经济转型。EGF应为反应性运作的应急基金。因此，EGF将有助于实施欧洲社会权利支柱规定的原则，并加强地区和成员国间的社会和经济凝聚力。

2. EGF的目标是通过在重大结构调整事件中提供援助，尤其是与全球化挑战相关的事件，如世界贸易格局的变化、贸易争端、联盟贸易关系或内部市场构成的重大变化和金融或经济危机，以及向低碳经济转型、数字化或自动化所产生的影响，以展示联盟团结并促进联盟的体面和可持续就业。EGF应支持受益人尽快恢复体面和可持续就业，并应特别强调帮助最弱势群体的措施。

第3条　定义

就本条例而言，以下定义适用：

(1)"失业工人"，指无论其雇佣关系的类型或持续时间如何，其雇佣合同或关系因裁员而提前终止，或其雇佣合同或关系因经济原因未续签的工人；

(2)"个体经营者",指雇用少于 10 名工人的自然人;

(3)"受益人",指参与 EGF 共同资助措施的自然人;

(4)"违规行为",指参与 EGF 实施的经济营运者的作为或不作为,通过对联盟预算索取不合理支出而损害该预算,从而导致违反适用法律;

(5)"实施期",指从第 8(7)条第(j)点所述日期开始到第 15(2)条作出的财政援助决定生效之日起 24 个月结束。

第 4 条　干预标准

1. 成员国可以根据本条规定,向 EGF 申请财政援助,用于针对失业工人和个体经营者的措施。

2. 发生重大结构调整事件,有下列情形之一者,由 EGF 提供财政援助:

(a) 在 4 个月的参考期内,成员国一企业中,至少有 200 名失业工人或个体经营者停止活动,包括其供应商或下游生产商停止活动;

(b) 在 6 个月的参考期内,一地区或相邻两地区(按 NUTS 2 级划分)同一二级部类经济部门(按 NACE 第 2 修订版定义)中,尤其是中小企业,至少有 200 名失业工人或个体经营者停止活动,或若两个以上相邻地区(按 NUTS 2 级划分),则其中两个地区受影响工人或个体经营者合计至少 200 人;

(c) 在 4 个月的参考期内,一地区(按 NUTS 2 级划分)相同或不同二级部类经济部门(按 NACE 第 2 修订版定义)中,尤其是中小企业,至少有 200 名失业工人或个体经营者停止活动。

3. 在小型劳动力市场,尤其涉及中小企业的申请,在申请成员国充分证实情况下,即使第 2 段规定的标准未完全满足,但若裁员对就业和当地、地区或国民经济产生严重影响,向 EGF 的援助申请也可予以考虑。在此情况下,申请成员国应具体说明不完全符合第 2 段规定的哪些干预标准。

4. 在特殊情形下,第 3 段也适用于小型劳动力市场以外的劳动力市场。此情形下的财政援助总额不超过 EGF 年度上限的 15%。

5. 公共部门雇员因成员国预算削减而被解雇时,不得动用 EGF。

第 5 条　失业和停止活动的计算

就第 4 条而言,申请成员国应明确规定用于计算在以下一个或多个日期失业的工人和个体经营者数量的方法:

(a) 雇主根据理事会第 98/59/EC 号指令 * 第 3(1)条规定,书面通知政

---

* 1998 年 7 月 20 日理事会关于协调成员国集体裁员法律的第 98/59/EC 号指令(OJ L 225, 12.8. 1998, p.16)。——译者注

府主管部门预计集体裁员之日；

（b）雇主通知个人解雇或终止工人劳动合同或劳动关系之日；

（c）雇用合同或关系事实终止或期满之日；

（d）工人指派给用户企业结束之日；

（e）对于个体经营者，根据国家法律或行政规定确定停止活动之日。

在本条第1段第（a）点所述情况下，申请成员国应在委员会评估完成前，根据第4条向委员会提供裁员实际数量的补充信息。

第6条　符合条件的受益人

申请成员国可根据第7条为符合条件的受益人提供由EGF共同资助的个性化服务一揽子协调方案（"一揽子协调方案"）。此类符合条件的受益人可包括：

（a）第4（1）条至第4（4）条规定参考期内，根据第5条确定的活动已停止失业工人和个体经营者；

（b）第4条规定参考期之外，即在参考期开始前6个月或在参考期结束到委员会评估完成日前最后一天间，根据第5条确定的活动已停止失业工人和个体经营者。

第1段第（b）点中所指工人和个体经营者，如果可与参考期内触发裁员的事件建立明确的因果关系，应视为符合条件的受益人。

第7条　符合条件的措施

1. EGF可为构成个性化服务一揽子协调方案组成部分的积极劳动力市场措施提供财政援助，旨在促进目标受益人，尤其是最弱势人员重新就业或自谋职业。

2. 鉴于数字工业时代和资源节约型经济所需技能的重要性，此类技能的传播应视为一揽子协调方案的横向要素。培训的需求和水平应适应每个受益人的资格和技能。

一揽子协调方案可包括：

（a）定制培训和再培训，包括信息通信技术和数字时代所需其他技能，所获知识和技能证明，个人求职援助服务和目标群体活动，职业指导，咨询服务，导师辅导，再就业援助，创业促进，自谋职业、创业和员工接管援助，以及合作活动；

（b）限时特别措施，如求职津贴、雇主招工激励、劳动力流动津贴、育儿津贴、培训津贴、生活津贴和护工津贴。

第2段第（b）点下措施的成本不得超过一揽子协调方案总成本的35%。

对自谋职业、创业和员工接管的投资,每位受益人不超过 22 000 欧元。

个性化服务一揽子协调方案的设计应对未来劳动力市场前景和所需技能有预期,此类方案应与向资源节约型和可持续经济的转变相适应,应侧重于数字工业时代所需技能的传播,并应考虑当地劳动力市场的需求。

3. 以下措施不符合 EGF 援助条件:

(a) 第 2 段第(b)点所指限时特别措施,如果不以目标受益人积极参加求职或培训活动为条件;

(b) 根据国家法律或集体协议属企业责任的措施。

EGF 支持的措施不应取代被动的社会保障措施。

4. 个性化服务一揽子协调方案应与目标受益人、其代表或社会伙伴(如适用)协商制定。

5. 在申请成员国的倡议下,EGF 资金用于准备、管理、信息和宣传、控制和报告活动。

第 8 条　申请

1. 申请成员国应在满足第 4(2)条、第 4(3)条或第 4(4)条标准之日起 12 周内,向委员会提交 EGF 财政援助申请。

2. 第 1 段所指的时限在 2021 年 1 月 1 日至 2021 年 5 月 3 日间暂停。

3. 如果申请成员国提出要求,委员会应在整个申请过程中提供指导。

4. 提交申请书之日起 10 个工作日内,或(如适用)在委员会收到申请书翻译件之日起 10 个工作日内,以较晚者为准,委员会应确认收悉申请书,并将所需任何补充信息通知成员国,以对申请进行评估。

5. 如果委员会要求提供补充信息,成员国应在提出要求之日起 15 个工作日内作出答复。应申请成员国要求,委员会应将该期限延长 10 个工作日。任何此类延期请求均应有正当理由。

6. 根据申请成员国提供的信息,委员会应在收到完整申请或(如适用)收到申请书翻译件后 50 个工作日内,完成对申请是否符合财政援助条件的评估。

如果委员会无法在该截止日期前完成,应在该截止日期之前通知申请成员国,解释延误原因并确定完成评估的新日期。该新日期不得迟于第 1 小段规定的截止日期之后 20 个工作日。

7. 申请应包含如下信息:

(a) 根据第 5 条评估裁员数量及计算方法;

(b) 如果解雇企业在裁员后继续开展活动,确认其遵守裁员相关法律义务并为其工人提供相应福利；

（c）解释在多大程度上考虑了《欧盟迎接变革和结构调整质量框架》所提建议，以及一揽子协调方案如何补充由联盟或国家其他基金资助的行动，包括根据国家法律或集体协议对有关解雇企业需强制执行的措施信息，以及有关成员国已经为援助失业工人而开展的活动信息；

（d）导致工人失业事件的简要说明；

（e）在适用的情况下，确定解雇企业、供应商或下游生产商和部门；

（f）用于一揽子协调方案设计的按性别、年龄组和教育程度对目标受益人构成的细分估计；

（g）裁员对当地、地区或国家经济和就业的预期影响；

（h）一揽子协调方案和相关支出的详细说明，尤其包括支持弱势、年轻和老年受益人就业倡议的任何措施；

（i）为支持目标受益人而提供的一揽子协调方案中每个组成部分的预算，以及任何筹备、管理、信息和宣传、控制和报告活动预算；

（j）第7条所规定提供目标受益人一揽子协调方案和实施 EGF 活动的开始或拟开始日期；

（k）与目标受益人或其代表或社会伙伴，以及地方和地区当局或其他利益相关者（如适用）进行磋商所遵循程序；

（l）声明所要求的 EGF 支持符合联盟关于国家援助的程序性和实质性规则，以及概述一揽子协调方案为何不能取代根据国家法律或集体协议由公司负责措施的声明；

（m）国家预筹资金或共同出资以及其他共同出资来源（如适用）。

第9条　互补、合规和协调

1. EGF 的财政援助不应取代根据国家法律或集体协议属企业责任的措施。

2. 对目标受益人的支持应补充成员国在国家、区域和地方层面的措施，包括根据《欧盟迎接变革和结构调整质量框架》所提建议从欧盟预算中获得其他财政支持的措施。

3. EGF 的财政援助应仅限于为目标受益人提供团结和临时的一次性支持所必需资金。EGF 支持的措施应遵守联盟和国家法律，包括国家援助规则。

4. 委员会和申请成员国应根据各自职责，确保协调来自联盟预算的其他财政援助。

5. 申请成员国应确保受 EGF 财政援助的具体措施,不从欧盟预算获得其他财政支持。

第 10 条　男女平等与非歧视

委员会和成员国应确保男女平等和性别观点的融合,是实施 EGF 财政援助各阶段的组成部分,并在各个阶段得到促进。

委员会和成员国应采取适当措施,防止在获得 EGF 和实施 EGF 财政援助的各个阶段,出现基于性别、性别认同、种族或族裔血统、宗教或信仰、残疾、年龄或性取向的任何歧视。

第 11 条　委员会倡议下的技术援助

1. 在委员会倡议下,EGF 年度限额不超过 0.5% 可用于实施所需技术和行政支出,如准备、监测、控制、审计和评估活动,以及数据收集,包括与公司信息技术系统、通信活动和提高 EGF 知名度活动有关的数据收集,或与具体项目和其他技术援助措施有关的数据收集。这种措施可涵盖未来和以前方案的拟订期。

2. 在不违反本条第 1 段规定上限的前提下,委员会应根据《财政条例》第 31 条提交将技术援助拨款转入相关预算项目的请求。*

3. 委员会应根据《财政条例》第 62(1)条第(a)点和第(c)点,在直接或间接管理下主动实施技术援助。

如果委员会在间接管理下实施技术援助,应确保透明的程序,指定第三方负责执行根据《财政条例》所分配任务,并应通知欧洲议会、理事会及公众为此目的所选分包商。

4. 委员会的技术援助应包括向成员国提供关于使用、监测和评估 EGF 的信息和指导,委员会还应向联盟和国家层面的社会伙伴提供关于使用 EGF 的信息和明确指导,指导措施还可包括在成员国出现严重经济扰乱时

---

* 《财政条例》即《欧洲议会和理事会 2018 年 7 月 18 日关于适用联盟总预算财政条例、修改第 (EU) 1296/2013 号、第 (EU) 1301/2013 号、第 (EU) 1303/2013 号、第 (EU) 1304/2013 号、第 (EU) 1309/2013 号、第 (EU) 1316/2013 号、第 (EU) 223/2014 号、第 (EU) 283/2014 号条例和第 541/2014/EU 号决定并废除第 (EU，Euratom) 966/2012 号条例的第 (EU，Euratom) 2018/1046 号条例》(Regulation (EU, Euratom) 2018/1046 of the European Parliament and of the Council of 18 July 2018 on the Financial Rules Applicable to the General Budget of the Union, Amending Regulations (EU) No 1296/2013, (EU) No 1301/2013, (EU) No 1303/2013, (EU) No 1304/2013, (EU) No 1309/2013, (EU) No 1316/2013, (EU) No 223/2014, (EU) No 283/2014, and Decision No 541/2014/EU and Repealing Regulation (EU, Euratom) No 966/2012)(OJ L 193，30.7.2018，p.1)。——译者注

建立工作组。

第 12 条　信息、传播与宣传

1. 成员国应通过向多种受众提供连贯、有效和有针对性的信息，包括向受益人、地方和地区当局、社会伙伴、媒体和公众提供有针对性的信息，承认联盟资金的来源并确保其可见性，并强调联盟干预的增加值。

成员国应根据《欧洲议会和理事会关于制定欧洲地区发展基金、欧洲社会基金附加方案、凝聚基金、公正过渡基金和欧洲海洋、渔业和水产养殖基金共同规定，及制定此类基金和庇护、移民和融合基金、内部安全基金和边境管理和签证政策财政支持工具财务规则的条例》（《2021—2027 年共同规定条例》）附件 9 使用欧盟徽章，并有简单的"由欧盟共同出资"声明。

2. 委员会应维护和定期更新以欧盟各机构所有官方语言提供的在线形象，以提供 EGF 最新信息、申请提交指南、合格措施实例和定期更新的成员国联系人名单，以及申请接受和拒绝、欧洲议会和理事会在预算程序中作用的相关信息。

3. 委员会应促进现有最佳做法的广泛传播，并应开展信息和交流行动，以提高联盟公民和工人，包括难以获得信息者了解 EGF。

成员国应确保经要求向联盟机构（institutions）、组织（bodies）或机关（agencies）提供传播和可见性材料，并向联盟授予使用此类材料的免版税、非排他和不可撤销许可及任何附属现有权利，以宣传 EGF 或报告联盟预算的使用情况。此项义务不应要求成员国承担大量额外费用或重大行政负担。

许可应授予联盟附件 1 规定的权利。

4. 根据本条例分配给交流活动的资源，也应有助于涵盖欧盟政治优先事项的企业交流，前提是此类优先事项与第 2 条中规定的目标有关。

第 13 条　财政援助的确定

1. 在根据第 8 条进行评估基础上，尤其考虑到目标受益人数、拟议措施和估计费用，委员会应在可用资源范围内评估和提议 EGF 财政援助额。委员会应在第 8(6) 条规定的截止日期前完成评估并提交建议。

2. 根据《2021—2027 年共同规定条例》第 112(3) 条规定，EGF 对所提供措施的资金分摊比率应为相关成员国 ESF＋的资金最高分摊比率或 60％，以较高者为准。

3. 在根据第 8 条进行评估的基础上，如果得出符合本条例所规定财政援助条件的结论，委员会应立即启动第 15 条规定的程序。

4. 在根据第 8 条进行评估的基础上,如果得出不符合本条例所规定财政援助条件的结论,委员会应立即通知申请成员国、欧洲议会和理事会。

第 14 条　援助资格期限

1. 从有关成员国根据第 8(7)条第(j)点在申请书规定的日期开始或拟开始向目标受益人提供一揽子协调方案起,或根据第 7(1)条和第 7(5)条产生行政支出实施 EGF 起,即有资格支取 EGF 的财政援助。

2. 成员国应立即启动第 7 条规定的符合条件的措施,并应尽快实施这些措施,无论如何应在财政援助决定生效之日起 24 个月内实施。

3. 如果受益人参加了为期至少 2 年的教育或培训课程,则此类课程费用有资格获得 EGF 共同资助,直至第 20(1)条所指最终报告截至之日,前提是相关费用已在该日期之前发生。

4. 在根据第 20(1)条提交最终报告截止日期前,第 7(5)条规定的支出有资格获得 EGF 共同资助。

第 15 条　预算程序和执行

1. 如果委员会得出结论认为,满足 EGF 财政援助条件,则应向欧洲议会和理事会提交 EGF 动用建议。动用 EGF 的决定应在委员会建议送交欧洲议会和理事会后 6 周内,由欧洲议会和理事会共同作出。

在提交 EGF 动用建议的同时,委员会应向欧洲议会和理事会提交向相关预算项目转移支付的建议。

与 EGF 相关的转移支付应根据《财政条例》第 31 条进行。

2. 委员会应通过一项关于财政援助的决定,该决定应在欧洲议会和理事会通知委员会预算转移支付批准之日起生效。

该决定应构成《财政条例》第 110 条意义上的融资决定。

3. 根据第 1 段要求就动用 EGF 作出决定的建议应包括以下内容:

(a) 根据第 8(6)条进行的评估,以及该评估所依据的信息摘要;

(b) 根据第 13(1)条建议预算金额的理由。

第 16 条　资金不足

作为对第 8 条和第 15 条规定的最后期限的背离,在特殊情况下,如果 EGF 剩余可用承付拨款不足以支付委员会建议所需援助金额,委员会可推迟 EGF 动用建议和相应预算转移请求至下一年可用承付拨款。在任何情况下都应遵守 EGF 年度预算上限。

第 17 条　财政援助的支付和使用

1. 根据第 15(2)条作出的财政援助决定生效后,委员会原则上应在 15

天内以单笔100%预付款形式向有关成员国支付财政援助。一旦成员国根据第20(1)条提交经核证的支出报表,应结清预付款。未用金额应偿还给委员会。

2. 本条第1段所指的财政援款,应根据《财政条例》第63条在共同管理下实施。

3. 提供资金的技术条件细节,应由委员会在第15(2)条所指有关财政援助的决定中确定。

4. 在实施一揽子协调方案措施时,有关成员国可向委员会提出一项提案,增加第7(2)条第(a)点和第(b)点所列其他合格措施来修改行动,前提是此类修改应有正当理由,且总额不超过第15(2)条所述财政援助。委员会应评估拟议的修改,如果同意,则应相应修改财政援助决定。

5. 有关成员国可根据第15(2)条在财政援助决定所规定的预算项目间重新分配金额。如果一个或多个指定项目的重新分配超过20%,成员国应事先通知委员会。

第18条 欧元的使用

根据本条例提出的申请、财政援助决定和报告,以及任何其他相关文件,金额均应以欧元表示。

第19条 指标

1. 附件2列出报告EGF实现第2条所规定目标的进展指标,与这些指标相关的个人数据收集仅为本条例目的,并应依据本条例,数据处理应遵守欧洲议会和理事会第(EU)2016/679号条例。*

2. 业绩报告系统应确保高效、有效和及时收集用于监测实施情况和EGF结果的数据。

为此,应对成员国实施相应的报告要求。

第20条 最终报告和结项

1. 不迟于实施期结束后的第7个月底,有关成员国应向委员会提交关于相关财政援助执行情况的最终报告,报告应包括以下信息:

(a) 措施类型和成果,解释挑战、经验教训、与联盟其他基金,尤其与ESF+的协同和互补,并尽可能说明这些措施与根据《欧盟迎接变革和结构

---

* 2016年4月27日《欧洲议会和理事会关于在个人数据处理和此类数据自由移动方面保护自然人并废除第95/46/EC号指令的第(EU)2016/679号条例》(《一般数据保护条例》)(OJ L 119, 4.5.2016, p.1)。——译者注

调整质量框架》由联盟其他方案或国家方案资助措施的互补;

(b) 成员国提供一揽子协调方案的机构名称;

(c) 附件 2 第(1)点和第(2)点所列指标;

(d) 除微型企业和中小型企业外,企业在过去 5 年中是否为国家援助,或先前由联盟凝聚基金或结构基金提供资金的受益者;

(e) 证明支出合理的报表。

2. 在收到本条第 1 段要求的所有信息之后 6 个月内,委员会应根据第 24 条在确定 EGF 最终财政援助额和有关国家结欠余额(如有)情况下,结束财政援助。

第 21 条 两年期报告

1. 在 2021 年 8 月 1 日及其后每两年,委员会应向欧洲议会和理事会提交有关本条例和第(EU)1309/2013 号条例下前 2 年活动全面的定量和定性报告。该报告应主要聚焦 EGF 取得的成果,特别应包含提交申请、处理时间、通过决定、资助措施等相关信息,包括附件 2 所列指标的统计数据和这些措施与欧盟其他基金,尤其与 ESF+资助措施的互补性,以及财政援款的结清信息,还应记录因不符合资格而被拒绝或因缺乏足够拨款而被削减的申请。

2. 报告应送交审计院、欧洲经济和社会委员会、地区委员会和社会伙伴,以供参考。

第 22 条 评估

1. 委员会应自行采取行动,并与成员国密切合作,开展:

(a) 2025 年 6 月 30 日之前的中期评估;

(b) 2029 年 12 月 31 日前的回顾性评估。

2. 第 1 段所述评估结果应送交欧洲议会、理事会、审计院、欧洲经济和社会委员会、地区委员会和社会伙伴,以供参考。在设计就业和社会事务领域新方案或进一步发展现有计划时,应考虑评估建议。

3. 第 1 段所述评估应包括按部门和成员国细分的财政援助相关统计数据。

4. 受益人调查应在实施期结束后的第 6 个月内启动。受益人调查应至少开放 4 个星期。成员国应向受益人分发受益人调查,至少发 1 封提醒函,并将调查分发和提醒函通知委员会。对受益人调查答复的整理和分析应由委员会进行,以用于未来的评估。

5. 受益人调查应用于收集有关受益人就业能力变化的数据,或对于已找到工作的人,收集就业质量数据,如与以前工作相比,工作时间、雇佣合同或雇佣关系（全职或兼职；固定期限或开放式）类型、责任水平或工资水平，以及就业部门的变化。此类信息应按性别、年龄组、教育程度和专业经验水平细分。

6. 为确保本条实施的统一条件，委员会应通过一项实施法案，规定何时和如何进行受益人调查以及所使用模板。

该实施法案应根据第 26(2) 条所述的咨询程序通过。

第 23 条　管理与财务控制

1. 在不损害委员会执行联盟总预算责任的前提下，成员国应对由 EGF 支持措施的管理及对这些措施的财务控制负责。成员国至少应采取如下步骤：

（a）核实已建立并正在执行的管理和控制安排，以确保按健全的财务管理原则有效和正确地使用欧盟资金；

（b）确保提交监测数据是与提供一揽子协调方案机构所签合同的一项强制性要求；

（c）核实所资助措施是否已正确执行；

（d）确保资助的支出是基于可核查的证明文件，且是正确和定期的；

（e）预防、发现和纠正违规行为，包括欺诈，并在适当的情况下追讨不当支付的款项及逾期付款的利息。

成员国应向委员会报告第 1 段第 (e) 点所述的包括欺诈在内的违规行为。

2. 成员国应确保提交委员会账目支出的合法性和定期性，并应采取一切必要行动预防、发现、纠正和报告违规行为，包括欺诈。此类行动应包括根据《2021—2027 年共同规定条例》附件 17 收集有关资金接受者的受益权人信息。与此类数据收集和处理相关的规则应符合适用的数据保护规则。委员会、欧洲反欺诈办公室（OLAF）和审计院应有权获取此类信息。

3. 就《财政条例》第 63(3) 条而言，成员国应指定机构，负责对 EGF 支持的措施进行管理和控制。这些机构在提交本条例第 20(1) 条所指最终报告时，应向委员会提供《财政条例》第 63(5) 条、第 63(6) 条和第 63(7) 条规定的有关财政援助执行情况的信息。

如果根据第 (EU)1309/2013 号条例指定的当局已提供足够担保，证明支付是合法、定期并妥善核算的，则相关成员国可通知委员会，此类当局已根据本条例得到确认。在发出此类通知时，该成员国应说明确认哪些机构及其职能。

4. 成员国应在查明违规行为时进行必要的财务纠正。成员国的纠正应包括取消全部或部分财政援助,成员国应追回所发现违规行为造成的任何不当支付额并偿还给委员会,如果有关成员国在允许时间内未偿还该款项,应支付违约利息。

5. 委员会在负责执行联盟总预算时,应采取一切必要步骤,核实所资助各项行动是否按健全的财务管理原则执行。有关成员国有责任确保其有顺利运行的管理和控制体系,委员会应确切弄清此类系统已建立。

为此,在不损害审计院权力或成员国根据国家法律、法规和行政规定进行核查的情况下,委员会官员或公务员,在至少提前 12 个工作日通知前提下,可对 EGF 资助措施进行现场检查,包括抽样检查。委员会应通知有关成员国,以获得所有必要协助,有关成员国的官员或公务员可以参加该检查。

6. 委员会有权根据第 25 条通过授权法案补充本条第 1 段第(e)点,对要报告的违规行为案件和要提供的数据认定标准作出规定。

7. 为确保本条实施的统一条件,委员会应通过一项实施法案,规定用于报告违规行为的格式。

该实施法案应根据第 26(2)条所述咨询程序通过。

8. 成员国应确保在 EGF 财政援助结清后 3 年内,保存所有已发生支出的相关证明文件,以供委员会和审计院使用。

第 24 条　财政援助的偿还

1. 如果一揽子协调方案的实际成本低于第 15 条规定的财政援助额,委员会应在给予有关成员国提交意见的可能性后收回相应金额。

2. 如果在完成必要的核查后,委员会得出结论,成员国或未履行财政援助决定中规定的义务,或未履行第 23(1)条规定的义务,则应给予有关成员国提交其意见的可能性。

如果未达成协议,委员会应在收到成员国意见后 12 个月内作出决定,通过取消 EGF 对有关措施的全部或部分财政援助进行所需的财务纠正。

有关成员国应追回因违规行为而不当支付的任何金额,如果该成员国未在允许的时间内偿还该款项,则应支付违约利息。

第 25 条　授权的行使

1. 根据本条规定的条件,委员会有权通过授权法案。

2. 在 EGF 存续期间,应授予委员会通过第 23(6)条所述授权法案的权力。

3. 第 23(6)条所指授权可由欧洲议会或理事会随时撤销。撤销决定应终止该决定中规定的授权。该决定应在《欧盟官方公报》公布后次日或其规定的较晚日期生效,但不应影响任何已经生效授权法案的有效性。

4. 在通过授权法案前,委员会应根据 2016 年 4 月 13 日《有关更好立法的机构间协议》所规定原则咨询每个成员国指定的专家。

5. 一旦通过授权法案,委员会应同时通知欧洲议会和理事会。

6. 只有在欧洲议会和理事会收到通知 2 个月内未表示反对,或在该期限届满前欧洲议会和理事会已通知委员会不反对的情况下,根据第 23(6)条通过的授权法案才能生效。在欧洲议会或理事会倡议下,该期限可延长 2 个月。

第 26 条　委员会程序

1. 委员会应得到一委员会协助,后者应是第(EU)182/2011 号条例含义上的委员会。

2. 涉及本段时,应适用第(EU)182/2011 号条例第 4 条。

第 27 条　废除

1. 自 2021 年 1 月 1 日起,废止第(EU)1309/2013 号条例。

2. 尽管有本条第 1 段的规定,第(EU)1309/2013 号条例第 20(1)条第(b)点应继续适用至该点所述事后评估已执行。

第 28 条　过渡条款

1. 本条例不影响根据第(EU)1309/2013 号条例发起行动的继续或修改,该条例将继续适用于这些行动直至其结束。

2. EGF 财务上限还可包括确保 EGF 与根据第(EU)1309/2013 号条例所采取措施间过渡所需的技术援助费用。

3. 如有必要,可在 2027 年后的联盟预算中拨入款项,以涵盖第 7(1)条和第 7(5)条所规定符合条件的措施,以对 2027 年 12 月 31 日之前未完成的行动进行管理。

第 29 条　生效

本条例自其在《欧盟官方公报》公布之日起生效。

自 2021 年 1 月 1 日起适用,第 15 条除外,该条自 2021 年 5 月 3 日起适用。

本条例具有整体约束力,并直接适用于所有成员国。

2021 年 4 月 28 日订于布鲁塞尔。

附件 1　传播与可见性

第 12(3)条第 2 小段所指许可应授予联盟至少下列权利:

(1) 内部使用,即有权复制、复印并向欧盟及其成员国机构和机关及其工作人员提供传播和可见性材料;

（2）以任何方式、任何形式、全部或部分对传播和可见性材料进行复制；

（3）通过任何和一切传播手段向公众传达传播和可见性材料；

（4）以任何和一切形式向公众分发传播和可见性材料（或其副本）；

（5）传播和可见性材料的存储和归档；

（6）将传播和可见性材料的许可权利转授第三方。

附件 2　EGF 申请的产出和结果共同指标

（第 19(1)条、第 20(1)条第(c)点和第 21(1)条所指）

所有个人数据①将按性别（女性、男性、非二元性别②）进行细分③。

（1）受益人共同产出指标：

（a）失业*；

（b）未参加经济活动*；

（c）就业*；

（d）自谋职业*；

（e）小于 30 岁*；

（f）大于 54 岁*；

（g）初中教育及以下（ISCED 0-2）*；

（h）高中及中等后教育（ISCED 4）*；

（i）高等教育（ISCED 5-8）*。

受益人总数将根据与就业状况有关的共同产出指标自动计算。④

（2）受益人长期共同结果指标：

（a）实施期结束后 6 个月就业和自谋职业的 EGF 受益人百分比*；

（b）实施期结束后 6 个月获得资格证明的 EGF 受益人百分比*；

（c）实施期结束后 6 个月正接受教育或培训的 EGF 受益人百分比*。

这些数据涵盖根据第(1)点规定的共同产出指标报告所计算的受益人总数。因此，上述百分比也应与此计算的总数有关。

---

① 管理当局应建立一个以计算机形式记录和存储个人参与者数据的系统。成员国的数据处理安排应符合第(EU)2016/679 号条例规定，特别是条例第 4 条、第 6 条和第 9 条。

② 根据本国立法。

③ 标有星号（*）的指标报告的数据是第(EU)2016/679 号条例第 4 条第(1)点定义的个人数据，对其处理，财务总管须遵守其所承担的法律义务（第(EU)2016/679 号条例第 6(1)条第(c)点）。

④ 失业、未参加经济活动、就业和自谋职业。

第三部分　韩国贸易调整援助法律法规

韩国贸易调整援助制度形成于 2004 年,总体上效仿美国,对农业(含渔业和畜牧业)和制造业(含服务业)分别立法。韩国的法律分为五个效力等级:第一等级为《宪法》,第二等级为法律、总统紧急命令、国际条约,第三等级为总统令、国会规则、大法院规则、宪法法院规则以及中央选举管理委员会规则,第四等级为总理令和部令,①第五等级为行政规则(包括训令、预告、告示、指南等)和自治法规(包括条例、规则)。②农业(渔业)和制造业(服务业)贸易调整援助制度均符合这一法律等级体系,前者由法律《自由贸易协定下的农渔民等援助特别法》、总统令《〈自由贸易协定下的农渔民等援助特别法〉实施令》、部令《〈自由贸易协定下的农渔民等援助特别法〉实施规则》和行政规则《实施自由贸易协定农民等援助中心运行要领》《实施自由贸易协定渔民等援助中心运行要领》《实施自由贸易协定援助基金运行规定》等构成,后者由法律《贸易调整援助法》、总统令《〈贸易调整援助法〉实施令》、部令《〈贸易调整援助法〉实施规则》和行政规则《贸易调整和贸易损失应对援助运行规定》等构成。

　　由于《自由贸易协定下的农渔民等援助特别法》和《贸易调整援助法》仅规定原则性条款,具体规则授权总统令制定,因此,本部分还包含两者实施令。

　　《自由贸易协定下的农渔民等援助特别法》及其实施令分别由第 7207 号法律和第 18354 号总统令制定,2004 年 4 月 1 日实施。截至 2023 年底,两者分别经历了 21 次和 20 次修订,其中,2011 年 10 月 22 日生效的第 10890 号法律和第 23235 号总统令为全文修订,2023 年 1 月 12 日生效的第 18755 号法律和第 33225 号总统令为最新修订,本部分包含这 3 部法律及其实施令。

　　制造业(服务业)贸易调整援助制度经历了 3 个阶段的发展演变,法律和实施令分别经历了 14 次和 16 次修订。第 1 阶段为《制造业等贸易调整援助法》及其实施令,由第 7947 号法律和第 19933 号总统令制定,2007 年 4 月 29 日实施;第 2 阶段为《自由贸易协定下的贸易调整援助法》及其实施令,由第 8771 号法律和第 20844 号总统令全面修订,2008 年 6 月 22 日实施;第 3 阶段为《贸易调整援助法》及其实施令,由第 18503 号法律和第 32588 号总统令全面修订,2022 年 4 月 20 日实施。本部分包含这 3 部法律及其实施令。

---

① 韩国的总统令是与我国行政法规相对应的概念,而总理令、部令则与我国的部门规章相对应。

② 自治法规由地方自治团体议会制定。地方自治是韩国宪法规定的地方分权制度,其行政区划称为地方自治团体。按照韩国《地方自治法》第 2 条,地方自治团体分成两类:一是广域地方自治团体,包括特别市、特别自治市、广域市、道、特别自治道。从规模上看,此类地方自治团体相当于我国的省级行政区划。另一类型为基础地方自治团体,包括市、郡、区。因此,地方自治团体议会即地方立法机构。

《自由贸易协定下的农渔民等援助特别法》

(2004 年 4 月 1 日实施,2004 年 3 月 22 日第 7207 号法律制定)

第 1 条 目的

本法旨在通过改进农业、渔业等的竞争力并制定有效措施,为在实施自由贸易协定过程中承受或可能承受任何损失的农民和渔民等提供援助,以促进农民和渔民等的经营管理和生活稳定。

第 2 条 定义

本法所用术语定义如下:

1. "自由贸易协定",指大韩民国与任何其他国家或区域贸易集团就贸易自由化达成的国际协定,包括有关降低或取消农产品、水产品等关税和扩大市场准入等事项;

2. "农业等",指《农业农村基本法》第 3 条第 1 款定义的农业和《农产品加工产业培育法》第 2 条第 5 款定义的农产品加工产业;

3. "渔业等",指《渔业法》第 2 条第 1 款定义的渔业;

4. "农渔业等",指农业等和渔业等;

5. "农民等",指《农业农村基本法》第 3 条第 2 款定义的农民、该法第 15 条定义的农业组合法人和该法第 16 条定义的农业公司法人;

6. "渔民等",指《渔业法》第 2 条第 8 款定义的渔业主和该法第 9-2 条定义的渔业组合法人;

7. "农渔民等",指农民等和渔民等;

8. "生产者团体",指《农业农村基本法》第 3 条第 4 款界定的生产者团体和《水产业合作社法》第 2 条规定的水产业合作社。

第 3 条 农渔民等援助基本原则

政府应在《建立世界贸易组织的马拉喀什协定》允许范围内采取必要措施,提高农渔业等的竞争力、促进农渔业等的结构调整和经营稳定,以最大限度减少农渔民等因实施自由贸易协定(以下简称"协定")可能遭受的任何损失。

第 4 条 农渔业等竞争力的改善

对因实施协定而遭受或可能遭受的任何损失,政府可通过提供补贴或融资为下列事项提供特别援助,以提高农渔业等竞争力。

1. 通过农地购置、租赁等方式扩大农业或渔业经营规模;

2. 改善供水、排水和耕作路径等生产基础设施;

3. 通过提供优质种子等,促进高质量农产品或水产品的生产;

4. 促进绿色农产品或水产品的生产和销售;

5. 建立和运营农产品或水产品分销设施;

6. 开展研发和推广活动,开发品种、提高品质;

7. 农林部长官和海洋水产部长官认为改善农渔业等竞争力所必需的其他活动。

第 5 条　稳定经营的收入保障

1. 对于因实施协定导致进口量迅速增加而遭受损失的品种,政府可在一定时期内对生产该品种的农渔民等实施收入补偿直接支付政策,以稳定经营。

2. 符合第 1 款条件的品种选择标准、收入补偿直接支付金标准、计算方法、支付程序、实施时间等相关必要事项应由总统令规定。

第 6 条　停业援助

1. 如果因实施协定而难以继续种植、饲养、捕获、采集或养殖任何种类的水果、设施园艺、畜产或水产品,政府可在一定时期内对于停业农渔民等实施停业援助政策。

2. 符合第 1 款要求品种的选择标准和停业援助金支付标准、计算方法、支付程序和实施期限等必要事项应由总统令规定。

第 7 条　对生产者团体的援助

对于因协定实施导致价格急剧下跌或可能下跌的商品,政府可为任何生产者团体的收购、储存和加工提供援助。

第 8 条　对农水产品加工业的援助

如果农产品或水产品加工业因协定实施而遭受销售额急剧下降等损失,政府可为其业务恢复正常提供必要资金。

第 9 条　地方政府援助

如果地方政府认为,协定实施导致其辖区内集中生产的产品价格下降,造成的损失可能危害当地经济稳定,可制定相关产品的援助计划,根据第 4 条至第 8 条规定提供援助。

第 10 条　基金设立

1. 政府应设立自由贸易协定实施援助基金(以下简称"基金"),以确保对因实施协定而遭受或可能遭受损失的农民等援助对策所需资金来源,并根据《渔业协定下的渔民等援助和渔业发展特别法》第22条设立的渔业发展基金对渔民等提供援助。

2. 农林部长官应在韩国银行开立基金账户,以确保第 1 款所规定基金的收支管理。

第 11 条　基金筹集

1. 政府应从《大韩民国政府与智利共和国政府自由贸易协定》生效之日起制定 7 年共 1.2 万亿韩元的基金援助计划,并应筹集实施该计划所需资金。

2.《大韩民国政府与智利共和国政府自由贸易协定》后签订的新协定,应对第 1 款制定的援助计划进行修订。

3. 基金应从下列资源中筹集:

(1) 政府出资;

(2) 政府以外人员的捐助或捐赠;

(3)《韩国马事会法》第 42 条第 4 款所规定特别公积金捐款;

(4) 根据第 4 款的借款;

(5) 第 19 条第 1 款所述公开销售税或进口利润;

(6) 基金运营收益。

4. 如果农林部长官认为对基金运营有必要,可从韩国银行或任何其他金融机构、基金或账户借入资金,费用由该基金承担。

第 12 条　基金使用

基金应用作如下用途:

1. 根据第 4 条,为农业等提高竞争力提供援助;

2. 根据第 5 条,为农民等的经营稳定提供援助;

3. 根据第 6 条,对农民等提供停业援助;

4. 根据第 7 条,对生产者团体提供援助;

5. 根据第 8 条,对农产品加工业提供援助;

6. 偿还第 11 条项下借款的本金和利息;

7. 根据第 19 条,支付进口农产品利润征收等产生的费用;

8. 支付基金管理和运营发生的费用;

9. 农林部长官认为必要的、为协定实施后向农民等提供援助的其他事业。

第 13 条　基金运营和管理

1. 基金应由农林部长官运营和管理。

2. 农林部长官可将基金运营和管理相关事务委托总统令指定的人员。

3. 基金运营和管理及其事务委托所需其他事项由总统令规定。

第 14 条　基金运营计划

1. 农林部长官应根据《基金管理基本法》第 5 条,为每个财政年度的基金运营编制计划。

2. 第 1 款所述基金运营计划应包括下列事项:

(1) 基金收支相关事项;

(2) 其他基金运营必要事项。

第 15 条　基金会计

1. 农林部长官应从其管辖公务员中任命基金收入征收官、基金财务官、基金支付官和基金出纳官,以执行基金收支相关事务。

2. 如果农林部长官根据第 13 条第 2 款对基金运营和管理相关事务进行委托,应从受托机构管理层分别任命基金收入主管和支出主管,并从受托机构雇员中分别任命基金支付员和出纳员。在这种情况下,基金收入主管应负责基金收入征收官业务,支出主管负责基金财务官业务,基金支付员负责基金支付官业务,基金出纳员负责出纳官业务。

第 16 条　自由贸易协定实施援助委员会

1. 自由贸易协定实施援助委员会(以下简称"委员会")由农林部(渔业等领域为海洋水产部)长官管辖,以审议提高农渔业等竞争力、减少损失等必要事项。

2. 委员长由农林部长官担任。

3. 委员会成员包括 1 名委员长在内应不超过 15 名,其他成员包括财政经济部次官、外交通商部次官、企划预算处次官、农林部(渔业等领域为海洋水产部)次官,以及由委员长任命的农渔民团体、消费者团体代表和学术界专家等。

4. 委员会应审议如下事项:

(1) 农渔民等援助基本政策;

(2) 农渔民等援助筹资措施;

(3) 农渔业等领域协定实施现状监控相关事项;

(4) 根据第 4 条,提高农渔业等竞争力援助相关事项;

(5) 根据第 5 条,农渔民等经营稳定援助相关事项;

(6) 根据第 6 条,农渔民等停业援助相关事项;

(7) 根据第 7 条,生产者团体援助相关事项;

(8) 根据第 8 条,农产品或水产品加工业援助相关事项。

5. 委员会组织和运营相关必要事项应由总统令规定。

第 17 条　自由贸易协定实施援助工作委员会

1. 应设立自由贸易协定实施援助工作委员会(以下简称"工作委员会"),以审议委员会的有效运营和第 14 条规定的基金运营计划,以及基金运营和管理的其他重要事项。在此情况下,工作委员会将视为《基金管理基本法》第 11 条规定的基金运营审议会。

2. 工作委员会应审议如下事项:

(1) 委员会委托事项;

(2) 在委员会审议之前,有必要事先与相关部门协商事项;

(3) 基金运营计划、资金借入、基金结算等基金运营、管理相关事项;

(4) 其他与工作委员会运营相关的必要事项。

3. 工作委员会组织、运营等必要事项由总统令规定。

第 18 条　援助金的追回

1. 如果根据第 4 条至第 9 条的任何援助金获得者符合下列任何一项,农林部长官或地方政府长官可追回全部或部分援助金:

(1) 以欺诈或其他不正当手段获得援助;

(2) 错误支付援助金;

(3) 根据总统令规定,停业农渔民等恢复符合第 6 条所述停业援助金支付对象品种的种植、饲养、捕获、采集或养殖业务。

2. 农林部长官或地方政府长官根据第 1 款追回援助金时,应以征收国家或地方税款的方式追回。

第 19 条　进口利润等的征收

1. 农林部长官可要求适用协定关税配额的农产品以协定规定的减让关税进口者(以下简称"进口商")缴纳公开销售税(指被指定为该农产品进口商所缴纳的金额,以下同),或在国内价格与进口价格之差限度内征收进口利润。

2. 第 1 款所指公开销售税或进口利润应按农林部长官规定,缴纳给第 10 条规定的基金,如果未在规定期限内缴纳,可按国家税款滞纳金方式处分。

3. 根据第 1 款确定每种农产品进口商等进口管理所需事项,由农林部长官根据协定和《关税法》等相关法律制定并公布。

第 20 条　授权等

1. 农林部长官可根据总统令规定,将其与第 4 条至第 8 条规定的农渔民等和生产者团体援助、第 18 条第 1 款规定的援助金追回相关权力和事务部分委托特别市市长、广域市市长、道知事或市/郡/自治区行政长官。

2. 农林部长官可根据总统令规定,指派人员代表其负责收取第 19 条规定的进口利润等。

3. 农林部长官根据第 2 款指派人员代表其负责收取进口利润等,应由基金支付相关费用。

《自由贸易协定下的农渔民等援助特别法》实施令

（2004 年 4 月 1 日实施，2004 年 4 月 1 日第 18354 号总统令制定）

第 1 章　总则

第 1 条　目的

本总统令旨在规定《自由贸易协定下的农渔民等援助特别法》授权事项及其实施必要事项。

第 2 章　收入补偿直接支付金

第 2 条　收入补偿直接支付金援助对象品种的选择标准

1. 《自由贸易协定下的农渔民等援助特别法》（以下简称"法律"）第 5 条规定的收入补偿直接支付金（以下简称"收入补偿直接支付金"）援助对象品种，由农林部长官或海洋水产部长官（以下简称"长官"）根据法律第 16 条规定，经自由贸易协定实施援助委员会（以下简称"委员会"）审议后在下列商品中确定：

（1）根据自由贸易协定（以下简称"协定"）减征或取消关税的农林畜产品；

（2）协定成员国生产产品的进口导致国内该产品价格急剧下降，农渔民等已遭受或预计将遭受损失的农林畜产品。

2. 在判断是否因第 1 款第（2）项规定而遭受损失时，应考虑协定成员国生产产品的进口增加量和增长率、国内市场占有率、国内销售价格、国内进口及流通时间、国内生产产品的生产及出货时间等。

3. 如果商品因《关税法》第 72 条规定的季节性关税而在特定时期遭受损失，应在考虑生产周期和方法等基础上确定损害程度。

4. 长官根据第 1 款规定确定收入补偿直接支付金援助对象品种后，应予以公告。

第3条　收入补偿直接支付金支付标准

1. 根据第2条规定,如果收入补偿直接支付金援助对象品种满足以下两个条件,长官应在《建立世界贸易组织的马拉喀什协定》允许范围内,每年支付收入补偿直接支付金。

(1)因实施协定,收入补偿直接支付金援助对象品种当年平均价格低于基准价格(指根据第2条第4款规定的收入补偿直接支付金援助对象品种公告日前5年的平均价格中,剔除最高和最低价格的3年平均价格乘以经委员会审议后由长官确定的比率所得价格。以下同);

(2)因实施协定,收入补偿直接支付金援助对象品种当年国内产量与协定成员国进口量之比,超过经委员会审议由长官确定的比率。

2. 收入补偿直接支付金仅限于向在第2条第4款规定的收入补偿直接支付金援助对象品种公告日(以下简称"商品公告日")前生产该商品的农渔民等支付。

3. 第1款第(1)项规定的平均价格计算方法,由农林部令或海洋水产部令规定。

第4条　收入补偿直接支付金计算方法

1. 收入补偿直接支付金应按以下公式计算,如果长官认为,畜牧业等以生产面积或产量为基础计算收入补偿直接支付金不合适,可经委员会审议,为不同品种另行制订计算方法。

(1)农业等:援助对象品种生产面积×单位面积全国平均产量×支付单价×调整系数;

(2)渔业等:援助对象品种生产量×支付单价×调整系数。

2. 第1款各项规定的收入补偿直接金的支付单价,以基准价格和当年平均价格的差额,乘以经过委员会审议由长官规定的补偿比率计算得出。

3. 第1款各项规定的调整系数,应在《建立世界贸易组织的马拉喀什协定》允许范围内,经委员会审议后由长官确定。

4. 第1款和第2款下援助对象品种的生产面积、农业等领域的单位面积全国平均产量、渔业等领域的援助对象品种产量和当年平均价格的计算方法,由农林部令或海洋水产部令规定。

第5条　收入补偿直接支付程序

1. 欲获得收入补偿直接支付者,应根据农林部令或海洋水产部令规定,向长官提出支付金申请。

2. 在收到根据第1款提出的申请后,长官可根据农林部令或海洋水产部令,对援助对象品种生产与否等必要事项进行调查。

3. 长官基于第 2 款进行的调查,认为将申请人选定为收入补偿直接支付对象是适当的,则应根据农林部令或海洋水产部令通知申请人,并支付收入补偿直接支付金。

第 6 条　收入补偿直接支付金援助政策实施期

收入补偿直接支付金援助政策实施期截至 2010 年底。

第 3 章　停业援助

第 7 条　停业援助金支付对象品种选择标准

法律第 6 条规定的停业援助金(以下简称"停业援助金")支付对象品种的选定,适用第 2 条规定。在此情况下,"收入补偿直接支付金"被视为"停业援助金"。

第 8 条　停业援助金支付标准

1. 对停业援助金支付对象品种的生产场所、土地、立木或渔船、渔具、设施等(以下简称"生产场所或渔船等"),在拆除、废弃或转让(对渔船和渔具而言,指由渔民等移交管理机构)时,长官应在《建立世界贸易组织的马拉喀什协定》允许范围内,向拥有相关生产场所或渔船等的农渔民等支付停业援助金,但对以下任何情形不适用:

(1) 停业援助金支付对象品种公告日前 1 年以上,生产场所或渔船等未生产该品种(不包括根据《渔业法》或其他相关法律申报等后暂停一段时间业务的情形);

(2) 生产场所或渔船等的拆除、废弃或转让,用于农业和渔业以外目的,如建筑物、道路、其他设施等。

2. 生产停业援助金支付对象品种的农渔民等转让生产场所或渔船等时,应按照《〈农产品生产者直接支付制度〉实施规定》第 2 条第 3 款转让给专业农民等(包括因该生产场所的受让而满足《〈农产品生产者直接支付制度〉实施规定》第 2 条第 3 款专业农民等条件者),或转让给符合海洋水产部令规定的渔民等。

3. 停业援助金支付对象仅限于品种公告日之前生产该品种的生产场所或渔船等,并在公告日之前一直拥有的农渔民等。

4. 停业援助金支付对象具体资格条件,由长官经委员会审议后确定并公布。

第 9 条　停业援助金计算方法

1. 停业援助金应按以下公式计算,但如果长官认为畜牧业等的拆除、废弃或转让以面积为标准计算不合适,可经委员会审议后为不同商品另行规定计算方法。

（1）拆除、废弃：

（a）农业等：拆除、废弃面积×单位面积年净收入×3 年；

（b）渔业等：基于《〈渔业法〉实施令》附表 4 规定的渔业权、许可渔业或申报渔业被撤销情况下,损失计算方法和标准所得金额。

（2）转让：转让面积×单位面积年净收入×1 年。

2. 根据第 1 款各项计算拆除、废弃或转让面积、单位面积年净收入的方法,应由农林部或海洋水产部令规定。

第 10 条　停业援助金支付程序

停业援助金支付程序应比照适用第 5 条。在这种情况下,"收入补偿直接支付金"应视为"停业援助金"。

第 11 条　停业渔船和渔具的处置

渔民等因停业而移交管理机构的渔船和渔具的处理,适用《〈渔业协定下的渔民等援助和渔业发展特别法〉实施令》第 31 条至第 33 条。

第 12 条　停业援助金支付政策实施期

停业援助金支付政策的实施期截至 2008 年底。

第 4 章　自由贸易协定实施援助基金

第 13 条　基金运营和管理事务的委托

1. 农林部长官应根据法律第 13 条第 2 款规定,将法律第 10 条第 1 款规定的自由贸易协定实施援助基金(以下简称"基金")的运营和管理有关的下列事务委托由《农水产品流通公社法》设立的农水产品流通公社(以下简称"基金受托人")。

（1）基金的收入和支出；

（2）基金财产的获取、运营和处置；

（3）根据第 14 条管理盈余资金；

（4）农林部长官规定的与基金运营和管理有关的其他事务。

2. 基金受托人须将基金账目与其他账目分开核算,以明确基金的运营和管理。

3. 第 1 款各项所述事务处理发生的开支,应由基金承担。

第 14 条　盈余资金的管理

根据法律第 13 条,农林部长官可按如下方式管理基金的盈余资金:

(1) 存入金融公司等;

(2) 根据《证券交易法》第 2 条第 1 款购买有价证券。

第 15 条　基金结算

1. 基金受托人应在每个财政年度编制基金结算报告,并在下一个财政年度 2 月 15 日前提交农林部长官。

2. 农林部长官应审查基金受托人提交的基金结算报告,并经法律第 17 条第 1 款规定的自由贸易协定实施援助工作委员会(以下简称"工作委员会")审议在下一财政年度 2 月底前提交财政经济部长官。

3. 第 1 款规定的基金结算报告应附有下列各项文件:

(1) 运营计划和运营业绩;

(2) 资产负债表;

(3) 损益表;

(4) 留存收益分配表或亏损处置表;

(5) 澄清结算细节所需的其他文件。

第 5 章　自由贸易协定实施援助委员会

第 16 条　自由贸易协定实施援助委员会的组织和运营

1. 委员会成员由如下人员担任:

(1) 财政经济部次官、外交通商部次官、农林部(渔业领域为海洋水产部)次官、企划预算处次官;

(2) 经农渔民团体、生产者团体和消费者团体推荐,由长官任命,不超过 5 人;

(3) 农渔业相关领域学识和经验丰富人士,由长官任命,不超过 5 人。

2. 委员会会议须在过半数在籍成员出席的情况下召开,决议须以出席委员过半数赞成通过。

3. 第 1 款第(2)项、第(3)项规定的成员任期为 2 年,可以连任。

4. 长官从其下属公务员中任命干事 1 名,处理委员会事务。

5. 除本法令明文规定外,委员会运营必要事项由委员长经委员会会议表决后决定。

第 17 条　自由贸易协定实施援助工作委员会的组织和运营

1. 工作委员会成员包括 1 名委员长在内不超过 15 人。

2. 工作委员会委员长由农林部(渔业等领域为海洋水产部)次官担任。

3. 工作委员会成员由如下人员担任：

(1) 财政经济部长官、外交通商部长官、农林部(渔业等领域为海洋水产部)长官、企划预算处长官在其所属二级或三级公务员中提名各 1 人；

(2) 经农渔民团体、生产者团体和消费者团体推荐,由长官任命,不超过5 人；

(3) 农渔业相关领域学识和经验丰富人士,由长官任命,不超过 5 人。

4. 工作委员会运营,分别适用第 16 条第 2 款至第 5 款规定。在这种情况下,"委员会"被视作"工作委员会"。

第 18 条　津贴支付

可在预算范围内向出席委员会和工作委员会会议的成员支付津贴和差旅费,但作为公职人员的成员出席与其职责直接相关的会议时,本条不适用。

第 6 章　补则

第 19 条　停业援助金的追回

法律第 18 条第 1 款第(3)项中的"根据总统令规定",应指农渔民等在获得停业援助金后 5 年内,恢复停业援助金支付对象品种的种植、饲养、狩猎、采集或养殖等业务。

第 20 条　授权等

1. 根据法律第 20 条第 1 款,海洋水产部长官应将向获得沿海或近海渔业许可者支付停业援助金的相关权限授予广域市市长或道知事。

2. 根据法律第 20 条第 1 款,农林部长官应将如下权限授予市/郡/自治区行政长官。

(1) 根据第 5 条,支付收入补偿直接支付金相关权限；

(2) 根据第 10 条,支付停业援助金相关权限(不包括向获得沿海渔业和近海渔业许可者支付停业援助金相关权限)；

(3) 根据法律第 18 条追回援助金权限。

3. 农林部长官根据法律第 20 条第 2 款,要求基金受托人代表其收取进口利润等,在此情况下,与该征收有关的费用应由基金支付,支付标准应由农林部长官决定。

《自由贸易协定下的农渔民等援助特别法》

(2011 年 10 月 22 日实施,2011 年 7 月 21 日第 10890 号法律,全部修订)

第 1 条　目的

本法目的是通过改进农业、渔业等的竞争力并制定有效措施,为在实施自由贸易协定过程中遭受或可能遭受任何损失的农民和渔民等提供援助,以促进农民和渔民等的经营管理和生活稳定。

第 2 条　定义

本法所用术语定义如下:

1. "自由贸易协定",指大韩民国与任何其他国家或区域贸易集团就贸易自由化达成的国际协定,包括有关降低或取消农产品、水产品等关税和扩大市场准入等事项;

2. "农业等",指《农渔业、农渔村和食品产业基本法》第 3 条第 1 款第(1)项定义的农业,和该法第 3 条第 8 款定义的食品产业;

3. "渔业等",指《渔业法》第 2 条第 1 款定义的渔业;

4. "农渔业等",指农业等和渔业等;

5. "农民等",指《农渔业、农渔村和食品产业基本法》第 3 条第 2 款第(1)项定义的农民,和《农渔业经营体培育及支持法》第 2 条第 2 款定义的农业法人;

6. "渔民等",指《渔业法》第 2 条第 13 款定义的渔业主,和《农渔业经营体培育及支持法》第 2 条第 5 款定义的渔业法人;

7. "农渔民等",指农民等和渔民等;

8. "生产者团体",指《农渔业、农渔村和食品产业基本法》第 3 条第 4 款界定的生产者团体,和《水产业合作社法》第 2 条规定的水产业合作社;

9. "农产品",指《建立世界贸易组织的马拉喀什协定》附件 1A《农业协定》第 2 条规定的项目,但不包括下文第 10 款定义的水产品;

10. "水产品",指《水产品质量管理法》第 2 条第 1 款定义的水产品,和该法第 2 条第 4 款定义的水产加工品。

第 3 条　农渔民等援助基本原则

政府应在《建立世界贸易组织的马拉喀什协定》允许范围内采取必要措施,提高农渔业等的竞争力、促进农渔业等的结构调整和经营稳定,以最大限度减少农渔民等因实施自由贸易协定(以下简称"协定")可能遭受的任何损失。

第 4 条　农渔民援助综合对策的制定

1. 政府应根据自由贸易协定制定农渔民等援助综合对策(以下简称"农渔民援助综合对策"),为因实施协定而遭受或可能遭受任何损失的农渔民等提供有效援助。

2. 农渔民援助综合对策应包括以下各项:

(1) 农渔民等的损失补偿对策;

(2) 农渔民等援助相关制度的完善方案;

(3) 推进农渔民援助综合对策所需其他事项。

3. 政府制定或修改农渔民援助综合对策时,应经第 19 条所述农渔民等援助委员会审议,向有管辖权的国会常设委员会报告。

4. 政府制定农渔民援助综合对策时,应事先调查和分析协定实施对农业和渔业可能产生的任何影响,如农业和渔业产量下降、收入减少等,并应充分反映其结果。

5. 农渔民援助综合对策制定和修改标准、程序等,及第 4 款所述调查分析的具体时间、方法等必要事项由总统令规定。

第 5 条　农渔业等竞争力改善援助

1. 对因实施协定而遭受或可能遭受的任何损失,政府可通过提供补贴或融资为下列事项提供特别援助,以提高农渔业等竞争力。

(1) 通过农地购置、租赁等方式扩大农业或渔业经营规模;

(2) 改善供水、排水和耕作路径等生产基础设施;

(3) 通过提供优质种子或种畜及农资扶持等,促进高质量农产品或水产品的生产;

(4) 促进绿色农产品或水产品的生产和销售;

(5) 建立和运营农产品或水产品加工和分销设施;

(6) 开展研发和推广活动,以开发和改良农产品或水产品品种,并促进农产品或水产品加工;

(7) 促进农渔业等生产设施的现代化和规模扩大;

(8) 为农渔业等的管理、规划、分销、广告、会计、技术开发、育种转换等

提供技术咨询和技术开发;

（9）农林水产食品部长官认为改善农渔业等竞争力所必需的其他事项。

2. 有关农渔业等损失计算标准和方法,以及补贴或融资的具体标准、期限和程序等必要事项由总统令规定。

第6条　自由贸易协定实施所致损失的补偿

1. 对于在《大韩民国政府与欧盟及其成员国自由贸易协定》生效之日前已生产相关商品的农渔民等,因协定实施导致进口量迅速增加、价格下降,政府可自协定生效起10年内,向遭受损失的农渔民等支付损失补偿直接支付金(以下简称"损失补偿直接支付金")。

2. 符合第1款条件的对象品种选择标准、损失补偿直接支付程序等相关必要事项由总统令规定。

第7条　损失补偿直接支付金支付标准

1. 如果损失补偿直接支付金援助对象品种满足以下两个条件,农林水产食品部长官应在《建立世界贸易组织的马拉喀什协定》允许范围内,每年支付损失补偿直接支付金:

（1）因实施协定,损失补偿直接支付金援助对象品种当年平均价格低于基准价格(指该年度前5年中,剔除最高和最低价格的3年平均价格乘以85%所得到的价格,以下同)。但是,对于协定生效年度,为自协定生效之日起至该年度结束,损失补偿直接支付金援助对象品种的平均价格低于基准价格。

（2）因实施协定,损失补偿直接支付金援助对象品种当年进口总量超过进口总量基数(指该年度前5年中,剔除最高和最低总量的3年平均进口总量,以下同),且从缔约国进口量超过进口量基数。但是,对于协定生效年度进口总量和从缔约国进口量,应以协定生效之日至该年度期末进口量为基础计算,而进口总量基数和进口量基数的计算应为:年度进口总量基数和年度进口量基数乘以协定生效之日至该年度期末天数除以365天所得比率。

2. 农林水产食品部长官在确定是否符合第1款各项规定的条件时,应经第20条规定的自由贸易协定实施农渔民等援助中心的调查和分析,并经第19条所规定农渔民等援助委员会审议。

3. 第1款下援助对象品种平均价格的调查方法和进口总量、进口总量基数、相关年度从缔约国的进口量、进口量基数等的计算方法,由农林水产食品部令制定。

第 8 条　损失补偿直接支付金计算方法

1. 损失补偿直接支付金应按以下公式计算,如果农林水产食品部长官认为,畜牧业等以生产面积或产量为基础计算损失补偿直接支付金不合适,可经第 19 条所述自由贸易协定实施农渔民等援助委员会审议,为不同商品另行确定计算方法。

(1) 农业等:援助对象品种生产面积×单位面积全国平均产量×损失补偿直接支付金支付单价(以下简称"支付单价")×调整系数;

(2) 渔业等:援助对象品种产量×支付单价×调整系数。

2. 第 1 款所指支付单价的计算方法为:基准价格与相关年度平均价格之差乘以 90%,对协定生效年度而言,支付单价应为基价与协定生效日期至该年度期末平均价格之差乘以 90%。

3. 第 1 款各项所述调整系数应由农林水产食品部长官确定,并经第 19 条所述农渔民等援助委员会审议,在《建立世界贸易组织的马拉喀什协定》允许范围内,支付损失补偿直接支付金。

4. 根据第 1 款和第 2 款,农业等领域援助对象品种生产面积、单位面积全国平均产量,以及渔业等领域援助对象品种产量的计算方法,由农林水产食品部令制定。

第 9 条　停业援助

1. 如果因实施协定而难以继续种植、饲养、捕获、采集或养殖任何种类的水果、设施园艺、畜产或水产品,政府可在一定时期内对停业农渔民等实施停业援助政策。

2. 符合第 1 款规定的品种选择标准和停业援助金的支付标准、计算方法、支付程序和实施期限等必要事项由总统令规定。

第 10 条　对生产者团体的援助

对于因协定实施导致进口迅速增加、价格下跌、产量减少等而遭受或可能遭受损失的农产品或水产品,政府可为生产者团体的收购、储存和加工提供援助。

第 11 条　对农产品或水产品加工业的援助

如果农产品或水产品加工业因协定实施而遭受销售额急剧下降等损失,政府可为其业务恢复正常提供必要资金援助。

第 12 条　地方政府援助

如果地方政府认为,协定实施导致进口急剧增加,其辖区内集中生产的农产品或水产品价格或产量下降,造成的损失可能危害当地经济稳定,可制定相应商品的援助计划,根据第 5 条、第 6 条、第 9 条至第 11 条的规定提供援助。

第 13 条　自由贸易协定实施援助基金的设立

1. 政府应设立自由贸易协定实施援助基金(以下简称"基金"),以确保对因实施协定而遭受或可能遭受损失的农渔民等援助对策所需资金来源。

2. 农林水产食品部长官应在韩国银行开立基金账户,以确保第 1 款所规定基金的收支管理。

第 14 条　基金筹集

1. 政府应从《大韩民国政府与智利共和国政府自由贸易协定》生效之日起制定 7 年共 1.2 万亿韩元的基金援助计划,并筹集实施该计划所需资金。

2. 政府在履行新协定后根据第 4 条制定农渔民援助综合对策时,应制定新的基金援助计划,包括根据第 1 款制定的基金援助计划。

3. 基金应从下列资源中筹集:

(1) 政府出资;

(2) 政府以外人员的捐助或捐赠;

(3)《韩国马事会法》第 42 条第 4 款所规定特别公积金捐款;

(4) 根据第 4 款的借款;

(5) 第 22 条第 1 款所述公开销售税或进口利润;

(6) 基金运营收益;

(7)《农渔村结构改善特别会计法》第 4 条第 2 款第(3)项第 3 目规定的转入金。

4. 如果农林水产食品部长官认为对基金管理有必要,可从韩国银行、《农林水产业经营者信用担保法》第 2 条第 2 款所述金融机构或任何其他基金或账户借入资金,费用由该基金承担。

第 15 条　基金使用

基金应用作如下用途:

(1) 根据第 5 条,为农渔业等提高竞争力提供援助;

(2) 根据第 6 条至第 8 条,为农渔民等补偿损失;

(3) 根据第 9 条,对农渔民等提供停业援助;

(4) 根据第 10 条,对生产者团体提供援助;

(5) 根据第 11 条,对农产品或水产品加工业提供援助;

(6) 偿还第 14 条项下借款的本金和利息;

(7) 根据第 22 条,支付进口农产品利润征收等产生的费用;

（8）支付基金管理和运营发生的费用；

（9）农林水产食品部长官认为必要的、为协定实施后向农渔民等提供援助的其他事业。

第 16 条　基金运营和管理

1. 基金由农林水产食品部长官运营和管理。

2. 农林水产食品部长官可将基金运营和管理相关事务委托总统令指定的人员。

3. 基金运营和管理及其事务委托所需其他事项由总统令规定。

第 17 条　基金运营计划

农林水产食品部长官应根据《国家财政法》第 66 条，为每个财政年度的基金运营编制计划。

第 18 条　基金会计

1. 农林水产食品部长官应从其管辖公务员中任命基金收入征收官、基金财务官、基金支付官和基金出纳官，以执行基金收支相关事务。

2. 如果农林水产食品部长官根据第 16 条第 2 款对基金运营和管理相关事务进行委托，应从受托机构管理层中分别任命基金收入主管和支出主管，并从受托机构雇员中分别任命基金支付员和出纳员。在这种情况下，基金收入主管应负责基金收入征收官业务，支出主管负责基金财务官业务，基金支付员负责基金支付官业务，基金出纳员负责出纳官业务。

第 19 条　农渔民等援助委员会

1. 自由贸易协定实施农渔民等援助委员会（以下简称"委员会"）由农林水产食品部长官管辖，以审议提高农渔业等竞争力、减少损失等必要事项。

2. 委员长由农林水产食品部长官担任。

3. 委员会成员包括 1 名委员长在内应不超过 20 名，其他成员包括企划财政部次官、外交通商部次官、农林水产食品部次官、农林水产食品部长官委任的农渔民团体和消费者团体代表、注册评估师、学术界专家、相关领域学识和经验丰富人士，这些人员经对该问题拥有管辖权的国会常设委员会推荐，由委员长任命。

4. 委员会应审议如下事项：

（1）农渔民等援助基本政策；

（2）第 4 条下的农渔民等援助综合对策；

（3）农渔民等援助筹资措施；

（4）农渔业等领域协定实施现状监控相关事项；

（5）根据第 5 条,提高农渔业等竞争力援助相关事项;

（6）根据第 6 条至第 8 条,农渔民等损失补偿相关事项;

（7）根据第 9 条,农渔民等停业援助相关事项;

（8）根据第 10 条,生产者团体援助相关事项;

（9）根据第 11 条,农产品或水产品加工业援助相关事项。

5. 除第(1)项至第(4)项规定外,委员会组织和运营相关必要事项由总统令规定。

第 20 条 农渔民等援助中心

1. 为调查和分析协定实施对农产品或水产品进口数量和价格的影响等,并更有效提供与协定有关的咨询、指导等,以及开展对农渔民等援助的其他业务,经委员会审议,农林水产食品部长官应指定一个与农渔业等有关的研究机构或团体,作为自由贸易协定实施农渔民等援助中心(以下简称"援助中心")。

2. 农林水产食品部长官可在预算限度内,向援助中心提供出资或补贴,以支付援助中心的运营费用。

3. 援助中心的任命、运营、监管等必要事项由总统令规定。

第 21 条 援助金的追回

1. 如果根据第 5 条、第 6 条、第 9 条至第 12 条的任何援助金获得者符合下列任何一项,农林水产食品部长官或地方政府长官可追回全部或部分援助金:

（1）以欺诈或其他不正当手段获得援助;

（2）错误支付援助金;

（3）根据总统令规定,停业农渔民等恢复任何符合第 9 条所述援助对象品种的种植、饲养、捕获、采集或养殖业务。

2. 农林水产食品部长官或地方政府长官根据第 1 款追回援助金时,应以征收国家或地方税的方式追回。

第 22 条 公开销售税等的征收

1. 农林水产食品部长官可要求适用协定关税配额的农产品或水产品以协定规定的减让关税进口者(以下简称"进口商")缴纳公开销售税,或按农林水产食品部长官规定,在国内价格与进口价格之差限度内征收进口利润。

2. 第 1 款所指公开销售税或进口利润应按农林水产食品部长官规定,缴纳给基金或《渔业法》第 76 条下的渔业发展基金,如果未在规定期限内缴纳,可按照国家税款滞纳金方式处分。

3. 根据第 1 款确定每种农产品或水产品进口商等进口管理所需事项，由农林水产食品部长官根据协定和《关税法》等相关法律制定并公布。

第 23 条　授权等

1. 农林水产食品部长官可根据总统令规定，将其与第 5 条、第 6 条、第 9 条至第 11 条规定的农渔民等和生产者团体援助、第 21 条第 1 款规定的援助金追回相关权限和事务部分授予特别市市长、广域市市长、道知事、特别自治道知事或市/郡/区（指自治区）行政长官。

2. 农林水产食品部长官可根据总统令规定，指派人员代表其负责收取第 22 条规定的公开销售税等。

3. 农林水产食品部长官根据第 2 款指派人员代表其负责收取公开销售税等，应由基金或《渔业法》第 76 条所规定的渔业发展基金支付相关费用。

《自由贸易协定下的农渔民等
援助特别法》实施令

（2011 年 10 月 22 日实施，2011 年 10 月 21 日第 23235 号总统令，全部修订）

第 1 条　目的

本总统令旨在规定《自由贸易协定下的农渔民等援助特别法》授权事项及其实施相关事项。

第 2 条　农渔民援助综合对策的制定和修改标准、程序等

1. 在缔结自由贸易协定（以下简称"协定"）情况下，农林水产食品部长官应在协定签署后 6 个月内根据《自由贸易协定下的农渔民等援助特别法》（以下简称"法律"）第 4 条第 4 款进行调查和分析，根据与协定相关的现有对策和法律第 4 条第 4 款的调查分析结果，并考虑对农渔民等援助的有效性，经法律第 19 条规定的自由贸易协定实施农渔民等援助委员会（以下简称"委员会"）审议，制定农渔民等援助综合对策（以下简称"农渔民援助综合对策"）。

2. 如果在制定农渔民援助综合对策后，情况发生变化，如推迟批准协定，农林水产食品部长官在必要时可重新分析协定实施对农渔业部门的影响，并在委员会审议后相应修改农渔民援助综合对策。

3. 农林水产食品部长官制定或修改农渔民援助综合对策时，可就此类制定或修改的合理性征求有关各方和相关专家等的意见。

4. 农林水产食品部长官可委托相关专门机构进行第 1 款下的调查和分析。

第 3 条　农渔业等的损失计算标准和方法等

1. 法律第 5 条第 1 款规定的农渔业等的损失计算标准应基于对相关产出下降的估计，并应通过比较协定缔结前后的情况进行计算。

2. 法律第 5 条第 2 款规定的补贴或融资的具体标准、期限、程序等应由农林水产食品部长官与企划财政部长官协商，并参照《补贴管理法》第 9 条但书、该法实施令第 4 条第 1 款及附表 1 作出规定。

第 4 条　损失补偿直接支付金援助对象品种的选择标准

1. 农渔民等、《农渔业、农渔村和食品产业基本法》第 3 条第 4 款所指生产者团体(以下简称"生产者团体")等可在农林水产食品部长官规定的期限内提交申请,要求农林水产食品部长官根据法律第6条,选择贸易协定实施后进口量迅速增加导致价格下降的商品为损失补偿直接支付金(以下简称"损失补偿直接支付金")援助对象品种。

2. 在收到根据第1款提出的申请后,农林水产食品部长官应选择符合以下所有条件的相关商品为损失补偿直接支付金援助对象品种。在这种情况下,相关品种是否符合第(2)项资格条件应由根据法律第20条指定的自由贸易协定实施农渔民等援助中心(以下简称"援助中心")调查和分析后确定,并由委员会审议。

(1) 根据协定减征或取消关税或关税配额量增加的农产品或水产品;

(2) 符合法律第7条第1款各项规定的农产品或水产品。

3. 如果农林水产食品部长官认为有必要,即使没有根据第1款提出的申请,也可在援助中心进行调查分析并经委员会审议后,选择符合第2款各项规定的商品为损失补偿直接支付金援助对象品种。

4. 如果商品因《关税法》第72条规定的季节性关税而在特定时期遭受损失,农林水产食品部长官应在考虑生产周期和方法等基础上确定损失程度。

5. 除第1款至第4款规定的事项外,选择损失补偿直接支付金援助对象品种所需事项由农林水产食品部长官规定并公布。

第5条　损失补偿直接支付金支付程序

1. 欲获得损失补偿直接支付金者,应根据农林水产食品部令规定,向农林水产食品部长官提出支付金申请。

2. 在收到根据第1款提出的申请后,农林水产食品部长官可根据农林水产食品部令,对援助对象品种生产与否等必要事项进行调查。

3. 农林水产食品部长官基于第2款进行的调查,认为将申请人选定为损失补偿直接支付对象是适当的,则应根据农林水产食品部令通知申请人,并支付损失补偿直接支付金。

第6条　停业援助金支付对象品种选择标准

法律第9条规定的停业援助金(以下简称"停业援助金")支付对象品种的选择,适用第4条。在这种情况下,"损失补偿直接支付金"被视为"停业援助金"。

第7条　停业援助金支付标准

1. 对相关协定生效前已用于生产停业援助金支付对象品种的生产场所、土地、立木或渔船、渔具、设施等(以下简称"生产场所或渔船等"),在拆除、废弃(对渔船和渔具而言,指由渔民等移交管理机构)时,农林水产食品部长官应在《建立世界贸易组织的马拉喀什协定》允许范围内,向相关协定生效之日前一直拥有该生产场所或渔船等的农渔民等支付停业援助金,但对以下任何情形不适用:

(1) 相关协定生效前 1 年以上,生产场所或渔船等未生产停业援助金支付对象品种(不包括根据《渔业法》或其他相关法律申报等后暂停一段时间业务的情形);

(2) 生产场所或渔船等的拆除、废弃,用于农业和渔业以外目的,如建筑物、道路、其他设施等;

(3) 根据其他法律确定补偿等农林水产食品部长官认为必要的其他情形。

2. 停业援助金支付对象具体资格条件,由农林水产食品部长官经委员会审议后确定并公布。

第 8 条　停业援助金计算方法

1. 停业援助金应按以下公式计算,但如果农林水产食品部长官认为按以下公式计算不合适,可经委员会审议后为不同品种另行规定计算方法:

(1) 农业等(不含畜牧业):拆除、废弃面积×单位面积年净收益×3 年;

(2) 畜牧业:出栏牲畜数量×单位牲畜年净收益×3 年;

(3) 渔业等:基于《〈渔业法〉实施令》附表 4 规定的渔业权、许可渔业或申报渔业被撤销情况下,损失计算方法和标准所得金额。

2. 农林水产食品部长官在根据第 1 款计算停业援助金时,可经委员会审议根据品种和农户设立支付上限。

3. 根据第 1 款各项计算拆除和废弃面积、出栏牲畜数量、单位面积年净收益和单位牲畜年净收益的方法,由农林水产食品部令规定。

第 9 条　停业援助金支付程序

停业援助金支付程序应比照适用第 5 条。在这种情况下,"损失补偿直接支付金"应视为"停业援助金"。

第 10 条　停业渔船和渔具的处置

渔民等因停业而移交管理机构的渔船和渔具的处理,适用《〈渔业协定下的渔民等援助和渔业发展特别法〉实施令》第 31 条至第 33 条。

第 11 条　停业援助金支付政策实施期

自《大韩民国政府与欧盟及其成员国自由贸易协定》生效之日起,停业援助金支付政策的实施期为 5 年。

第 12 条　自由贸易协定实施援助基金的损失处理

根据法律第 15 条第 1 款实施项目时,由农林水产食品部长官认定的自然灾害或因非项目经营者过错情况下不得已所产生的任何损失,可由法律第 13 条第 1 款规定的自由贸易协定实施援助基金(以下简称"基金")承担损失处理费用。

第 13 条　基金运营和管理事务的委托

1. 农林水产食品部长官应根据法律第 16 条第 2 款规定,将基金运营和管理有关的下列事务委托给由《农水产品流通公社法》设立的农水产品流通公社(以下简称"基金受托人")。

(1) 基金的收入和支出;

(2) 基金财产的获取、运营和处置;

(3) 根据第 14 条管理盈余资金;

(4) 农林水产食品部长官规定的与基金运营和管理有关的其他事务。

2. 基金受托人须将基金账目与其他账目分开核算,以明确基金的运营和管理。

3. 第 1 款各项所述事务处理所发生的开支由基金承担。

第 14 条　盈余资金的管理

根据法律第 16 条,农林水产食品部长官可按如下方式管理基金的盈余资金:

(1) 存入金融公司等;

(2) 根据《资本市场和金融投资业法》第 4 条购买证券。

第 15 条　基金结算

1. 基金受托人应在每个财政年度编制基金结算报告,并在下一个财政年度 2 月 15 日前提交农林水产食品部长官。

2. 农林水产食品部长官应审查基金受托人提交的基金结算报告,并在下一财政年度的 2 月底前提交企划财政部长官。

3. 第 1 款规定的基金结算报告应附有下列各项文件:

(1) 运营计划和运营业绩;

(2) 资产负债表;

(3) 损益表;

(4) 留存收益分配表或亏损处置表;

(5) 澄清结算细节所需的其他文件。

第 16 条　农渔民等援助委员会的组织和运营

1. 委员会成员由如下人员担任：

（1）相关机构负责人指定的企划财政部次官、外交通商部次官、农林水产食品部次官；

（2）农渔民团体和消费者团体代表，由农林水产食品部长官任命，不超过 8 人；

（3）注册评估师、学界专家及农渔业相关领域学识和经验丰富人士，经拥有管辖权的国会常设委员会建议，由农林水产食品部长官任命，不超过8 人。

2. 委员会会议须在过半数在籍成员出席的情况下召开，而决议须以出席委员过半数赞成通过。

3. 第 1 款第（2）项、第（3）项规定的委员任期为 2 年，第 1 款第（3）项下的委员只能连任一次。但因解除委员委任等新委任的补缺委员，其任期为前任委员的剩余任期。

4. 农林水产食品部长官从其下属公务员中任命干事 1 名，处理委员会事务。

5. 委员长可给予利害相关方等出席委员会会议、发表或听取意见的机会。

6. 除本法令明文规定外，委员会运行所需事项经委员会会议表决由委员长决定。

第 17 条　委员会成员的排除和回避

1. 如果一委员属于下列任一情形，应被排除在有关议案的审议之外：

（1）通过服务、咨询、研究或其他方式直接参与审议对象的有关活动；

（2）与审议事项有直接利害关系。

2. 在符合第 1 款情况下，该委员应主动回避参与相关事项的审议。

第 18 条　委员会成员的解职

如果一委员符合下列任一情形，可解除其任命：

（1）因身心障碍无法履职；

（2）因玩忽职守、丧失尊严或其他原因不适合担任委员；

（3）因职务相关刑事案件被起诉；

（4）符合第 17 条第 1 款任一项，但未能回避，从而损害审议的公正性。

第 19 条　津贴支付

可在预算范围内向出席委员会会议的委员支付津贴和差旅费，但作为公职人员的委员出席与其职责直接相关的会议时，本条不适用。

第 20 条　援助中心的指定等

1. 根据法律第 20 条第 1 款,农林水产食品部长官在经委员会审议后,可从《政府资助研究机构设立、运行和培育法》第 8 条第 1 款和附表中的政府资助研究机构中指定援助中心。

2. 援助中心应在次月底前向农林水产食品部长官报告如下事项:农林水产食品部长官规定的主要农产品和水产品每月国内平均价格及其从相关协定缔约方的进口量;每年 3 月 31 日前报告国内主要农产品或水产品是否符合法律第 7 条第 1 款各项规定。

3. 援助中心其他职责范围、援助中心所需支持等具体事项由农林水产食品部长官决定。

第 21 条　停业援助金的追回

法律第 21 条第 1 款第(3)项中的"根据总统令规定",指农渔民等在获得停业援助金后 5 年内,恢复停业援助金支付对象品种的种植、饲养、狩猎、采集或养殖等业务。

第 22 条　授权等

1. 根据法律第 23 条第 1 款,农林水产食品部长官应将《渔业法》第 41 条下向获得沿海或近海渔业许可者支付停业援助金的相关权限授予广域市市长、道知事、特别自治道知事。

2. 根据法律第 23 条第 1 款,农林水产食品部长官应将如下权限授予市/郡/区(指自治区)行政长官:

(1) 根据法律第 6 条,支付损失补偿直接支付金相关权限;

(2) 根据第 9 条,支付停业援助金相关权限(不包括根据《渔业法》第 41 条向获得沿海渔业和近海渔业许可者支付停业援助金相关权限);

(3) 根据法律第 21 条第 1 款,追回援助金权限。

3. 农林水产食品部长官根据法律第 23 条第 2 款,要求基金受托人代表其征收公开销售税等,在此情况下,与该征收有关的费用应由基金支付,支付标准应由农林水产食品部长官决定。

第 23 条　唯一识别信息的处理

农林水产食品部长官履行如下任何职责时,可根据《〈个人信息保护法〉实施令》第 19 条第 1 款收集或使用包括居民身份证号在内的信息。

(1) 根据法律第 5 条、第 6 条、第 9 条至第 11 条,对农渔民等和生产者团体的援助;

(2) 根据法律第 21 条第 1 款追回援助金;

(3) 根据法律第 22 条征收公开销售税。

《自由贸易协定下的农渔民等援助特别法》

（2023 年 1 月 12 日实施，2022 年 1 月 11 日第 18755 号法律，
根据其他法律修订）

第 1 条　目的

本法目的是通过改进农业、渔业等的竞争力并制定有效措施，为在实施自由贸易协定过程中遭受或可能遭受任何损失的农民和渔民等提供援助，以促进农民和渔民等的经营管理和生活稳定。

第 2 条　定义

本法所用术语定义如下：

1. "自由贸易协定"，指大韩民国与任何其他国家或区域贸易集团就贸易自由化达成的国际协定，包括有关降低或取消农产品、水产品等关税和扩大市场准入等事项；

2. "农业等"，指《农业、农村和食品产业基本法》第 3 条第 1 款定义的农业，和该法第 3 条第 8 款定义的食品产业；

3. "渔业等"，指《渔业法》第 2 条第 1 款定义的渔业，和《水产食品产业培育和支持法》第 2 条第 4 款定义的水产食品产业；

4. "农渔业等"，指农业等和渔业等；

5. "农民等"，指《农业、农村和食品产业基本法》第 3 条第 2 款定义的农民，和《农渔业经营体培育和支持法》第 2 条第 2 款定义的农业法人；

6. "渔民等"，指《渔业法》第 2 条第 11 款定义的渔业主、《养殖产业发展法》第 2 条第 12 款规定的养殖业主，和《农渔业经营体培育和支持法》第 2 条第 5 款定义的渔业法人；

7. "农渔民等"，指农民等和渔民等；

8. "生产者团体"，指《农业、农村和食品产业基本法》第 3 条第 4 款，和《渔业和渔村发展基本法》第 3 条第 5 款界定的生产者团体；

9. "农产品"，指《建立世界贸易组织的马拉喀什协定》附件 1A《农业协定》第 2 条规定的项目，但不包括下文第 10 款定义的水产品；

10. "水产品"，指《水产品质量管理法》第 2 条第 1 款定义的水产品，和

该法第 2 条第 4 款定义的水产加工品；

11. "农村"，指《农业、农村和食品产业基本法》第 3 条第 5 款定义的农村；

12. "渔村"，指《渔业和渔村发展基本法》第 3 条第 6 款定义的渔村；

13. "农渔村"，指农村和渔村；

14. "私营企业"，指根据《商法》第 169 条定义、根据该法第 172 条设立的公司（包括《商法》第 614 条下的外国公司），以及根据《合作社基本法》设立的作为国内法人的合作社；

15. "公共企业"，指根据《公共机构管理法》第 5 条第 3 款第（1）项界定的公共企业；

16. "农业合作社中央会"，指《农业合作社法》第 2 条第 4 款定义的中央会；

17. "水产业合作社中央会"，指《水产业合作社法》第 2 条第 5 款定义的中央会；

18. "私营企业等"，指私营企业、公共企业、农业合作社中央会、水产业合作社中央会等；

19. "协同合作"，指私营企业等与农渔村、农渔民等开展的联合活动，以促进双方在技术、人才、生产、流通、购买、销售等领域的共同利益，以及私营企业等开展的以农渔村和农渔民等为对象的援助活动，以发展农渔村、提高农渔民生活质量。

第 3 条　农渔民等援助基本原则

政府应在《建立世界贸易组织的马拉喀什协定》允许范围内采取必要措施，提高农渔业等的竞争力、促进农渔业等的结构调整和经营稳定，以最大限度减少农渔民等因实施自由贸易协定（以下简称"协定"）而遭受的损失。

第 4 条　农渔民援助综合对策的制定

1. 政府应根据自由贸易协定制定援助农渔民等的综合对策（以下简称"农渔民援助综合对策"），为因实施协定而遭受或可能遭受损失的农渔民等提供有效援助。

2. 农渔民援助综合对策应包括以下各项：

（1）农渔民等的损失补偿对策；

（2）农渔民等援助相关制度的完善方案；

（3）促进农渔民援助综合对策其他必要事项。

3. 政府制定或修改农渔民援助综合对策时,应经第 19 条所述农民等援助委员会或渔民等援助委员会审议,向有管辖权的国会常设委员会报告。

4. 政府制定农渔民援助综合对策时,应事先调查和分析执行协定对农业和渔业可能产生的任何影响,如农业和渔业产量下降、收入减少等,并应充分反映其结果。

5. 农渔民援助综合对策制定和修改标准、程序等,以及第 4 款所述调查分析的具体时间、方法等必要事项由总统令规定。

第 5 条　农渔业等竞争力改善援助

1. 对因实施协定而遭受或可能遭受的任何损失,政府可通过提供补贴或融资为以下事项提供特别援助,以提高农渔业等竞争力,但根据《垄断规制和公平交易法》第 31 条第 1 款,对于属相互出资限制企业集团等指定企业集团的农业法人或渔业法人,不得提供特别援助。

(1) 通过农地购置、租赁等方式扩大农业或渔业经营规模;

(2) 改善供水、排水和耕作路径等生产基础设施;

(3) 通过提供优质种子或种畜及农资扶持等,促进高质量农产品或水产品的生产;

(4) 促进绿色农产品或水产品的生产和销售;

(5) 建立和运营农产品或水产品加工和分销设施;

(6) 开展研发和推广活动,以开发和改良农产品或水产品品种,并促进农产品或水产品加工;

(7) 促进农渔业等生产设施的现代化和规模扩大;

(8) 为农渔业等的管理、规划、分销、广告、会计、技术开发、育种转换等提供技术咨询和技术开发;

(9) 农林畜产食品部长官或海洋水产部长官认为改善农渔业等竞争力所必需其他事项。

2. 有关农渔业等损失计算标准和方法,以及补贴或融资的具体标准、期限和程序等必要事项由总统令规定。

第 6 条　自由贸易协定实施所致损失的补偿

1. 对于在《大韩民国政府与中华人民共和国政府自由贸易协定》生效之日前已生产相关商品的农渔民等,因实施协定导致进口量迅速增加、价格下降,政府可自协定生效起 10 年内,向遭受损失的农渔民等支付损失补偿直接支付金(以下简称"损失补偿直接支付金")。

2. 符合第 1 款条件的对象品种选择标准、损失补偿直接支付程序等相关必要事项由总统令规定。

第 7 条　损失补偿直接支付金支付标准

1. 如果损失补偿直接支付金援助对象品种满足以下两个条件,农林畜产食品部长官或海洋水产部长官应在《建立世界贸易组织的马拉喀什协定》允许范围内,每年支付损失补偿直接支付金:

(1) 因实施协定,损失补偿直接支付金援助对象品种当年平均价格低于基准价格(指该年度前 5 年中,剔除最高和最低价格的 3 年平均价格乘以 90%所得到的价格,以下同)。但是,对于协定生效年度,为自协定生效之日起至该年度结束,损失补偿直接支付金援助对象品种的平均价格低于基准价格。

(2) 因实施协定,损失补偿直接支付金援助对象品种当年进口总量超过进口总量基数(指该年度前 5 年中,剔除最高和最低总量的 3 年平均进口总量,以下同),且从缔约国进口量超过进口量基数。但是,对于协定生效年度进口总量和从缔约国进口量,应以协定生效之日至该年度期末进口量为基础计算,而进口总量基数和进口量基数的计算应为:年度进口总量基数和年度进口量基数乘以协定生效之日至该年度期末天数除以 365 天所得比率。

2. 农林畜产食品部长官或海洋水产部长官在确定是否符合第 1 款各项规定的条件时,应经第 20 条规定的自由贸易协定实施农民等援助中心或渔民等援助中心的调查和分析,并经第 19 条所规定农民等援助委员会或渔民等援助委员会审议。

3. 第 1 款下援助对象品种平均价格的调查方法和进口总量、进口总量基数、相关年度从缔约国的进口量、进口量基数等的计算方法,由农林畜产食品部令或海洋水产部令制定。

第 8 条　损失补偿直接支付金计算方法

1. 损失补偿直接支付金应按以下公式计算,如果农林畜产食品部长官或海洋水产部长官认为,以生产面积或产量为基础计算损失补偿直接支付金不合适,如畜牧业中,可经第 19 条所述农民等援助委员会或渔民等援助委员会的审议,为不同商品另行规定计算方法。

(1) 农业等:援助对象品种生产面积×单位面积全国平均产量×损失补偿直接支付金支付单价(以下简称"支付单价")×调整系数;

(2) 渔业等:援助对象品种产量×支付单价×调整系数。

2. 第 1 款所指支付单价的计算方法为:基准价格与相关年份平均价格之差乘以 95%,对协定生效年度而言,支付单价应为基准价格与协定生效日期至该年度期末平均价格之差乘以 95%。

3. 第 1 款各项所述调整系数由农林畜产食品部长官或海洋水产部长官确定,并经第 19 条所述农民等援助委员会或渔民等援助委员会审议,在《建立世界贸易组织的马拉喀什协定》允许范围内,支付损失补偿直接支付金。

4. 尽管有第 1 款规定,对各品种损失补偿直接支付金最高限额由总统令规定,对《农渔业经营体培育及支持法》第 2 条第 2 款所界定农业法人和该条第 5 款所界定渔业法人,限额 5 000 万韩元,对《农业、农村和食品产业基本法》第 3 条第 2 款所定义农民和《渔业法》第 2 条第 11 款所定义渔业主,限额 3 500 万韩元。

5. 根据第 1 款和第 2 款,农业等领域援助对象品种生产面积、单位面积全国平均产量,以及渔业等领域援助对象品种产量的计算方法,由农林畜产食品部令或海洋水产部令制定。

第 9 条 停业援助

1. 如果因实施协定而难以继续种植、饲养、捕获、采集或养殖任何种类的水果、设施园艺、畜产或水产品,政府可在一定时期内对停业农渔民等实施停业援助政策。

2. 符合第 1 款规定的品种选择标准和停业援助金支付标准、计算方法、支付程序和实施期限等必要事项应由总统令规定。

第 10 条 对生产者团体的援助

对于因协定实施导致进口迅速增加、价格下跌、产量减少等而遭受或可能遭受损失的农产品或水产品,政府可为生产者团体的收购、储存或加工提供援助。

第 11 条 对农产品或水产品加工业的援助

如果农产品或水产品加工业因协定实施而遭受销售额急剧下降等损失,政府可为其业务恢复正常提供必要资金援助。

第 12 条 地方政府援助

如果地方政府认为,协定实施导致进口急剧增加,其辖区内集中生产的农产品或水产品价格或产量下降,造成的损失可能危害当地经济稳定,可制定此类产品的援助计划,根据第 5 条、第 6 条、第 9 条至第 11 条的规定提供援助。

第 12-2 条 向国会提交农渔民援助投融资计划和绩效分析报告

1. 政府应根据农渔民援助综合对策,基于功能和性质分析,就下一财政年度财政援助的计划金额编制书面报告(以下简称"农渔民投融资援助计划"),并在每个财政年度开始之日前 120 天提交有管辖权的国会常设委员会,农渔民投融资援助计划应包含绩效目标、预期效果、资金筹措计划、年度财政援助计划等。

2. 政府应根据农渔民援助综合对策,编制书面报告(以下简称"农渔民援助绩效分析报告"),通过分析上一财政年度财政援助的绩效、成果和效果,评估政府财政援助是否提高农渔业等竞争力、是否有助于经营管理和农渔民等生活稳定,并在每年 5 月 31 日前提交有管辖权的国会常设委员会。

3. 农渔民投融资援助计划和农渔民援助绩效分析报告的具体编制方法和提交所需事项,由总统令规定。

第 13 条　自由贸易协定实施援助基金的设立

1. 政府应设立自由贸易协定实施援助基金(以下简称"基金"),以确保对因实施协定而遭受或可能遭受损失的农渔民等援助对策所需资金来源。

2. 农林畜产食品部长官应在韩国银行开立基金账户,以确保第 1 款所规定基金的收支管理。

第 14 条　基金筹集

1. 政府应从《大韩民国政府与智利共和国政府自由贸易协定》生效之日起制定 7 年共 1.2 万亿韩元的基金援助计划,并筹集实施该计划所需资金。

2. 政府在履行新协定后根据第 4 条制定农渔民援助综合对策时,应制定新的基金援助计划,包括根据第 1 款制定的基金援助计划。

3. 基金应从下列资源中筹集:

(1) 政府出资;

(2) 政府以外人员的捐助或捐赠;

(3)《韩国马事会法》第 42 条第 4 款所规定特别公积金捐款;

(4) 根据第 4 款的借款;

(5) 第 22 条第 1 款所述公开销售税或进口利润;

(6) 基金运营收益;

(7)《农渔村结构改善特别会计法》第 4 条第 2 款第(5)项规定的转入金。

4. 如果农林畜产食品部长官认为对基金管理有必要,可从韩国银行、《农林水产业经营者信用担保法》第 2 条第 2 款所述金融机构或任何其他基金或账户借入资金,费用由该基金承担。

第 15 条　基金使用

基金应用作如下用途:

1. 根据第 5 条,为农渔业等提高竞争力提供援助;

2. 根据第 6 条至第 8 条,为农渔民等补偿损失;

3. 根据第 9 条,对农渔民等提供停业援助;

4. 根据第 10 条,对生产者团体提供援助;

5. 根据第 11 条,对农产品或水产品加工业提供援助;

6. 偿还第 14 条项下借款的本金和利息;

7. 根据第 22 条,支付进口农产品利润征收等产生的费用;

8. 支付基金管理和运营发生的费用;

9. 农林畜产食品部长官认为必要的、为协定实施后向农渔民等提供援助的其他事业。

第 16 条　基金运营和管理

1. 基金由农林畜产食品部长官运营和管理。

2. 农林畜产食品部长官可将基金运营和管理相关事务委托总统令指定的人员。

3. 基金运营和管理及其事务委托所需其他事项由总统令规定。

第 17 条　基金运营计划

农林畜产食品部长官应根据《国家财政法》第 66 条,为每个财政年度的基金运营编制计划。

第 18 条　基金会计

1. 农林畜产食品部长官应从其管辖公务员中任命基金收入征收官、基金财务官、基金支付官和基金出纳官,以执行基金收支相关事务。

2. 如果农林畜产食品部长官根据第 16 条第 2 款对基金运营和管理相关事务进行委托,应从受托机构管理层中分别任命基金收入主管和支出主管,并从受托机构雇员中分别任命基金支付员和出纳员。在这种情况下,基金收入主管应负责基金收入征收官业务,支出主管负责基金财务官业务,基金支付员负责基金支付官业务,基金出纳员负责出纳官业务。

第 18-2 条　农渔村协同合作基金的设立等

1. 设立农渔村协同合作基金(以下简称"协同合作基金"),为因实施协定而遭受或可能遭受损失的农渔业等和农渔村等的可持续发展,以及为促进私营企业等与农渔村和农渔民等之间的协同合作事业提供系统支持。

2. 协同合作基金运营委员会和协同合作基金运营本部应设在《大中小企业协同合作促进法》第 20 条第 1 款所述"大中小企业与农渔业合作基金会"(以下简称"基金会")内,协同合作基金的管理和运营实行单独核算。

3. 协同合作基金应由政府以外的出资、物品或其他财产组成。

4. 协同合作基金的筹资目标金额为每年 1 000 亿韩元,如果协同合作基金的筹集金额不足,政府应采取措施弥补资金不足,并向国会农林畜产食品海洋水产委员会报告。

5. 根据第 3 款的出资者,可指定其出资的用途及使用出资的项目。在这种情况下,基金会应将政府以外的出资、物品或其他财产用于指定用途和项目。

6. 协同合作基金应用于以下用途,基金会应努力在考虑地区间公平前提下使用协同合作基金:

(1) 农民和渔民子女的教育和奖学金事业;

(2) 教育和奖学金事业应针对根据《中小学教育法》第 23 条第 2 款在教育部长官规定的教育课程中组织和开设农业、林业、海事或水产相关科目的学校;《高等教育法》第 2 条各款下学校中开设农学、兽医学或水产学等与农渔业有关学位课程的学校;农渔村地区的学校和学生;

(3) 扩大医疗服务和促进文化生活等改善农渔村居民的福利事业;

(4) 改善居住条件、振兴乡村社区和改善景观等农渔村地区的发展和振兴事业;

(5) 促进私营企业等与农渔村和农渔民等在农水产品生产、流通、销售等领域共同利益而开展的合作项目;

(6) 农业合作社中央会和渔业合作社中央会发行的商品券项目;

(7) 协同合作基金的筹集、运营和管理费用;

(8) 总统令规定的鼓励私营企业等与农渔村和农渔民等合作必需的其他事业。

〔根据第 14528 号法律(2017 年 1 月 17 日)附录第 2 条规定,本条第 4 款的有效期至 2027 年 1 月 16 日。〕

第 19 条　农民等援助委员会和渔民等援助委员会

1. 自由贸易协定实施农民等援助委员会(以下简称"农民等援助委员会")和自由贸易协定实施渔民等援助委员会(以下简称"渔民等援助委员会")分别由农林畜产食品部长官及海洋水产部长官管辖,以审议提高农渔业等竞争力、减少损失等必要事项。

2. 农民等援助委员会和渔民等援助委员会委员长,分别由农林畜产食品部长官和海洋水产部长官担任。

3. 农民等援助委员会和渔民等援助委员会成员分别应不超过 20 名(包

括1名委员长),其他成员包括企划财政部次官、产业通商资源部次官、相关领域学识和经验丰富人士,经有管辖权的国会常设委员会推荐,由委员长任命,以及以下人员:

(1)农民等援助委员会:农林畜产食品部次官、农林畜产食品部长官委任的农民团体或消费者团体代表、注册评估师、学术界专家,以及相关领域学识和经验丰富人士;

(2)渔民等援助委员会:海洋水产部次官、海洋水产部长官委任的渔民团体或消费者团体代表、注册评估师、学术界专家,以及相关领域学识和经验人士。

4. 农民等援助委员会和渔民等援助委员会,应分别审议如下与农业等及与渔业等有关事项:

(1)农渔民等援助基本政策;

(2)第4条下的农渔民援助综合对策;

(3)农渔民等援助筹资措施;

(4)农渔业等领域协定实施现状监控相关事项;

(5)根据第5条,提高农渔业等竞争力援助相关事项;

(6)根据第6条至第8条,农渔民等损失补偿相关事项;

(7)根据第9条,农渔民等停业援助相关事项;

(8)根据第10条,生产者团体援助相关事项;

(9)根据第11条,农产品或水产品加工业援助相关事项。

5. 除第1款至第4款规定外,农民等援助委员会和渔民等援助委员会组织和运营必要事项由总统令规定。

第20条　农民等援助中心和渔民等援助中心

1. 为调查和分析协定实施对农产品或水产品进口数量和价格的影响等,并更有效提供与协定有关的咨询、指导等及开展对农渔民等援助的其他业务,经农民等援助委员会和渔民等援助委员会审议,农林畜产食品部长官或海洋水产部长官应指定一个与农渔业等有关的研究机构或团体,作为自由贸易协定实施农民等援助中心或渔民等援助中心(以下简称"援助中心")。

2. 农林畜产食品部长官或海洋水产部长官可在预算限度内,向援助中心提供出资或补贴,以支付援助中心的运营费用。

3. 援助中心的任命、运营、监管等必要事项由总统令规定。

第21条　援助金的追回

1. 如果根据第5条、第6条、第9条至第12条的任何援助金获得者属于

以下任何一项,农林畜产食品部长官、海洋水产部长官或地方政府长官可追回全部或部分援助金:

(1) 以欺诈或其他不正当手段获得援助;

(2) 错误支付援助金;

(3) 根据总统令规定,停业农渔民等恢复任何符合第 9 条所述援助对象品种的种植、饲养、捕获、采集或养殖业务。

2. 农林畜产食品部长官、海洋水产部长官或地方政府长官根据第 1 款追回援助金时,应以征收国家或地方税款的方式追回。

第 22 条　公开销售税等的征收

1. 农林畜产食品部长官或海洋水产部长官,可要求适用协定关税配额的农产品或水产品以协定规定的减让关税进口者(以下简称"进口商")缴纳公开销售税,或按农林畜产食品部长官或海洋水产部长官规定,在国内价格与进口价格之差限度内征收进口利润。

2. 第 1 款所指公开销售税或进口利润,应按农林畜产食品部长官或海洋水产部长官规定,缴纳给基金或《渔业和渔村发展基本法》第 46 条下的渔业发展基金,如果未在规定期限内缴纳,可按照国家税款滞纳金方式处分。

3. 根据第 1 款确定每种农产品或水产品进口商等进口管理所需事项,由农林畜产食品部长官或海洋水产部长官根据协定和《关税法》等相关法律制定并公布。

第 23 条　授权等

1. 农林畜产食品部长官或海洋水产部长官可根据总统令规定,将其与第 5 条、第 6 条、第 9 条至第 11 条规定的农渔民等和生产者团体援助、第 21 条第 1 款规定的援助金追回相关权力和事务部分,授予特别市市长、广域市市长、道知事、特别自治道知事或市/郡/区(指自治区)行政长官。

2. 农林畜产食品部长官或海洋水产部长官可根据总统令规定,指派人员代表其负责收取第 22 条规定的公开销售税等。

3. 农林畜产食品部长官或海洋水产部长官根据第 2 款指派人员代表其负责收取公开销售税等,应由基金或《渔业和渔村发展基本法》第 46 条所规定的渔业发展基金支付相关费用。

第 24 条　处罚规定中的公务员法律拟制

就《刑法》第 127 条和第 129 条至第 132 条而言,非公务员的农民等援助委员会和渔民等援助委员会成员应被视为公务员。

《自由贸易协定下的农渔民等援助特别法》实施令

（2023 年 1 月 12 日实施,2023 年 1 月 10 日第 33225 号总统令,根据其他法律修订）

第 1 条 目的

本总统令旨在规定《自由贸易协定下的农渔民等援助特别法》授权事项及其实施相关事项。

第 2 条 农渔民援助综合对策的制定和修改标准、程序等

1. 在缔结自由贸易协定(以下简称"协定")情况下,农林畜产食品部长官或海洋水产部长官应在协定签署后 6 个月内根据《自由贸易协定下的农渔民等援助特别法》(以下简称"法律")第 4 条第 4 款进行调查和分析。根据与协定相关的现有对策和法律第 4 条第 4 款的调查分析结果,并考虑对农渔民等援助的有效性,经法律第 19 条规定的自由贸易协定实施农民等援助委员会或渔民等援助委员会(以下简称"委员会")审议,制定农渔民等援助综合对策(以下简称"农渔民援助综合对策")。

2. 如果在制定农渔民援助综合对策后,情况发生变化,如推迟批准协定,农林畜产食品部长官或海洋水产部长官在必要时可重新分析协定实施对农渔业部门的影响,并在委员会审议后相应修改农渔民援助综合对策。

3. 农林畜产食品部长官或海洋水产部长官制定或修订农渔民援助综合对策时,可就此类制定或修订的合理性征求有关各方和相关专家等的意见。

4. 农林畜产食品部长官或海洋水产部长官可委托相关专门机构进行第 1 款下的调查和分析。

第 3 条 农渔业等损失计算标准和方法等

1. 法律第 5 条第 1 款规定的农渔业等的损失计算标准应基于对相关产出下降的估计,并应通过比较协定缔结前后的情况进行计算。

2. 法律第 5 条第 2 款规定的补贴或融资的具体标准、期限、程序等应由农林畜产食品部长官或海洋水产部长官与企划财政部长官协商,并参照《补贴管理法》第 9 条第 1 款(该款各项除外)但书、该法实施令第 4 条第 1 款及

附表1作出规定。

第4条　损失补偿直接支付金援助对象品种的选择标准

1. 农渔民等、《农业、农村和食品产业基本法》第3条第4款和《渔业和渔村发展基本法》第3条第5款所指生产者团体(以下简称"生产者团体")等,可在农林畜产食品部长官或海洋水产部长官确定的期限内提交申请,要求农林畜产食品部长官或海洋水产部长官根据法律第6条,选择贸易协定实施后进口量迅速增加导致价格下降的商品为损失补偿直接支付金(以下简称"损失补偿直接支付金")援助对象品种。

2. 在收到根据第1款提出的申请后,农林畜产食品部长官或海洋水产部长官应选择符合以下所有条件的相关商品为损失补偿直接支付金援助对象品种。在这种情况下,相关品种是否符合第(2)项资格条件应由根据法律第20条指定的自由贸易协定实施农民等援助中心或渔民等援助中心(以下简称"援助中心")调查和分析后确定,并由委员会审议。

(1)根据协定减征或取消关税或关税配额量增加的农产品或水产品;

(2)符合法律第7条第1款各项规定的农产品或水产品。

3. 如果农林畜产食品部长官或海洋水产部长官认为有必要,即使没有根据第1款提出的申请,也可在援助中心进行调查分析并经委员会审议后,选择符合第2款各项规定的商品为损失补偿直接支付金援助对象品种。

4. 如果商品因《关税法》第72条规定的季节性关税而在特定时期遭受损失,农林畜产食品部长官或海洋水产部长官应在考虑生产周期和方法等基础上确定损失程度。

5. 农林畜产食品部长官或海洋水产部长官根据第2款或第3款选择损失补偿直接支付金援助对象品种后,应公布商品名称。

第4-2条　损失补偿直接支付金支付上限

根据法律第8条第4款,对于《农渔业经营体培育及支持法》第2条第2款所界定农业法人和该条第5款所界定渔业法人,每个品种的损失补偿直接支付金上限为5 000万韩元;对于《农业、农村和食品产业基本法》第3条第2款所指农民和《渔业和渔村发展基本法》第3条第3款所指渔业主,上限为3 500万韩元。

第5条　损失补偿直接支付金支付程序

1. 欲获得损失补偿直接支付金者,应根据农林畜产食品部令或海洋水产部令规定,向农林畜产食品部长官或海洋水产部长官提出支付金申请。

2. 在收到根据第1款提出的申请后,农林畜产食品部长官或海洋水产部长官可根据农林畜产食品部令或海洋水产部令,对援助对象品种生产与否等必要事项进行调查。

3. 农林畜产食品部长官或海洋水产部长官基于第 2 款进行的调查,认为将申请人选定为损失补偿直接支付对象是适当的,则应根据农林畜产食品部令或海洋水产部令通知申请人,并支付损失补偿直接支付金。

第 6 条　停业援助金支付对象品种选择标准等

1. 农林畜产食品部长官或海洋水产部长官可选择符合以下各项所规定条件的商品,为法律第 9 条下停业援助金支付对象品种,并支付停业援助金(以下简称"停业援助金")。

(1) 根据第 4 条被选定为损失补偿直接支付金援助对象品种的商品;

(2) 符合下列条件之一者:

(a) 需要大笔投资费用(包括研发费用和农林畜产食品部长官或海洋水产部长官公布的其他间接费用,下文同)的项目,用于种植、饲养、捕获、采集或养殖,一旦项目停止,投资成本无法收回;

(b) 种植、饲养或养殖至少需要 2 年时间,短期内种植、饲养或养殖难以出售和获利的商品;

(c) 为提高农渔业等竞争力、稳定农渔民等生活,有必要支付停业援助金的其他商品。

2. 只有在援助中心对相关品种是否符合第 1 款各项条件进行调查和分析,并经委员会审议后,才可被选为停业援助金支付对象品种。

3. 农林畜产食品部长官或海洋水产部长官根据第 1 款选定停业援助金支付对象品种后,应公布商品名称。

第 7 条　停业援助金支付标准

1. 对相关协定生效前已用于生产停业援助金支付对象品种的生产场所、土地、立木或渔船、渔具、设施等(以下简称"生产场所或渔船等"),在拆除、废弃(对渔船和渔具而言,指由渔民等移交管理机构)时,农林畜产食品部长官或海洋水产部长官应在《建立世界贸易组织的马拉喀什协定》允许范围内,向相关协定生效之日前一直拥有该生产场所或渔船等的农渔民等支付停业援助金,但对以下任何情形不适用:

(1) 第 6 条第 3 款规定的停业援助金支付对象品种公布前 1 年以上,生产场所或渔船等未生产停业援助金支付对象品种,拆除、废弃的生产场所或渔船等被农林畜产食品部长官或海洋水产部长官认定事实上已停业(不包括根据《渔业法》或其他相关法律申报等后暂停一段时间业务的情形);

（2）生产场所或渔船等的拆除、废弃，用于农业和渔业以外目的，如建筑物、道路、其他设施等；

（3）根据其他法律确定补偿等，农林畜产食品部长官或海洋水产部长官认为必要的其他情形。

2. 停业援助金支付对象具体资格条件，由农林畜产食品部长官或海洋水产部长官经委员会审议后确定并公布。

第 8 条　停业援助金计算方法

1. 停业援助金应按以下公式计算，但如果农林畜产食品部长官或海洋水产部长官认为按以下公式计算不合适，可经委员会审议后为不同品种另行确定计算方法。

（1）农业等（不含畜牧业）：拆除、废弃面积×单位面积年净收益×3 年；

（2）畜牧业：出栏牲畜数量×单位牲畜年净收益×3 年；

（3）渔业等：基于《〈渔业法〉实施令》附表 10（包括《〈养殖业发展法〉实施令》第 49 条适用情形）规定的渔业权、养殖业权、许可渔业、养殖业或申报渔业被撤销情况下，损失计算方法和标准所得金额。

2. 农林畜产食品部长官或海洋水产部长官在根据第 1 款计算停业援助金时，可经委员会审议根据品种和农户设立支付上限。

3. 根据第 1 款各项计算拆除和废弃面积、出栏牲畜数量、单位面积年净收益和单位牲畜年净收益的方法，由农林畜产食品部令或海洋水产部令规定。

第 9 条　停业援助金支付程序

停业援助金支付程序比照适用第 5 条。在这种情况下，"损失补偿直接支付金"应视为"停业援助金"。

第 10 条　停业渔船和渔具的处置

渔民等因停业而移交管理机构的渔船和渔具的处理，适用《〈近海渔业结构改善和援助法〉实施令》第 8 条和第 9 条。

第 11 条　停业援助金支付政策实施期

自《大韩民国政府与中华人民共和国政府自由贸易协定》生效之日（2015 年 12 月 20 日）起，停业援助金支付政策的实施期为 5 年。

第 11-2 条　农渔民投融资援助计划

1. 根据法律第 12-2 条第 1 款的农渔民投融资援助计划应为农民和渔民分别制定。

2. 农林畜产食品部长官应与企划财政部长官协商，制定农民投融资援助计划。

3. 海洋水产部长官应与企划财政部长官协商,制定渔民投融资援助计划。

第 11-3 条　农渔民援助绩效分析报告

根据法律第 12-2 条第 2 款的农渔民援助绩效分析报告应为农民和渔民分别编写。

第 12 条　自由贸易协定实施援助基金的损失处理

根据法律第 15 条第 1 款实施项目时,由农林畜产食品部长官认定的自然灾害或因非项目经营者过错情况下不得已所产生的任何损失,可由法律第 13 条第 1 款规定的自由贸易协定实施援助基金(以下简称"基金")承担损失处理费用。

第 13 条　基金运营和管理事务的委托

1. 农林畜产食品部长官应根据法律第 16 条第 2 款规定,将基金运营和管理有关的下列事务委托由《韩国农水产食品流通公社法》设立的韩国农水产食品流通公社(以下简称"基金受托人")。

(1) 基金的收入和支出;

(2) 基金财产的获取、运营和处置;

(3) 根据第 14 条管理盈余资金;

(4) 农林畜产食品部长官规定的与基金运营和管理有关的其他事务。

2. 基金受托人须将基金账目与其他账目分开核算,以明确基金的运营和管理。

3. 第 1 款各项所述事务处理所发生的开支由基金承担。

第 14 条　盈余资金的管理

根据法律第 16 条,农林畜产食品部长官可按如下方式管理基金的盈余资金:

(1) 存入金融公司等;

(2) 根据《资本市场和金融投资业法》第 4 条购买证券。

第 15 条　基金结算

1. 基金受托人应在每个财政年度编制基金结算报告,并在下一个财政年度 2 月 15 日前提交农林畜产食品部长官。

2. 农林畜产食品部长官应审查基金受托人提交的基金结算报告,并在下一财政年度的 2 月底前提交企划财政部长官。

3. 第 1 款规定的基金结算报告应附有下列各项文件:

(1) 运营计划和运营业绩；

(2) 资产负债表；

(3) 损益表；

(4) 留存收益分配表或亏损处置表；

(5) 澄清结算细节所需的其他文件。

第 16 条　农渔民等援助委员会的组织和营运

1. 根据法律第 19 条，自由贸易协定实施农民等援助委员会成员由如下人员担任：

(1) 相关机构负责人指定的企划财政部次官、产业通商资源部次官、农林畜产食品部次官；

(2) 农民团体和消费者团体代表、注册评估师、学界专家，以及相关领域学识和经验丰富人士，由农林畜产食品部长官任命，不超过 14 人；

(3) 相关领域学识和经验丰富人士，经拥有管辖权的国会常设委员会建议，农林畜产食品部长官任命，不超过 2 人。

2. 根据法律第 19 条，自由贸易协定实施渔民等援助委员会成员由如下人员担任：

(1) 相关机构负责人指定的企划财政部次官、产业通商资源部次官、海洋水产部次官；

(2) 渔民团体和消费者团体代表、注册评估师、学界专家，以及相关领域学识和经验丰富人士，由海洋水产部长官任命，不超过 14 人；

(3) 相关领域学识和经验丰富人士，经拥有管辖权的国会常设委员会建议，海洋水产部长官任命，不超过 2 人。

3. 委员会会议须在过半数在籍成员出席的情况下召开，而决议须以出席委员过半数赞成通过。

4. 第 1 款第(2)项、第(3)项和第 2 款第(2)项、第(3)项规定的委员任期为 2 年；第 1 款第(2)项和第 2 款第(2)项下的委员(农渔民和消费者团体代表除外)，第 1 款第(3)项和第 2 款第(3)项下的委员只能连任一次。但因解除委员委任等新委任的补缺委员，其任期为前任委员的剩余任期。

5. 农林畜产食品部长官或海洋水产部长官应从下属公务员中任命干事 1 名，处理委员会事务。

6. 委员长可给予利害相关方等出席委员会会议、发表或听取意见的机会。

7. 除本法令明文规定外，委员会运行所需事项经委员会会议表决由委员长决定。

第 17 条 委员会成员的排除和回避

1. 如果一委员属于下列任一情形,应被排除在有关事项的审议之外:

(1) 通过服务、咨询、研究或其他方式直接参与审议对象的有关活动;

(2) 与审议对象有直接利害关系。

2. 在属于第 1 款的情况下,该委员应主动回避参与相关事项的审议。

第 18 条 委员会成员的解职

如果一委员符合下列任一情形,可终止其任命。

(1) 因身心障碍无法履职;

(2) 因玩忽职守、丧失尊严或其他原因不适合担任委员;

(3) 因职务相关刑事案件被起诉;

(4) 符合第 17 条第 1 款任一项,但未能回避,从而损害审议的公正性。

第 19 条 津贴支付

可在预算范围内向出席委员会会议的委员支付津贴和差旅费,但作为公职人员的委员出席与其职责直接相关的会议时,本条不适用。

第 20 条 援助中心的指定等

1. 根据法律第 20 条第 1 款,农林畜产食品部长官或海洋水产部长官在经委员会审议后,从下列任何一个机构中指定援助中心:

(1)《政府资助研究机构设立、运行和培育法》第 8 条第 1 款和附表中的政府资助研究机构;

(2) 符合《高等教育法》第 2 条第 1 款至第 6 款、具备农业和渔业等相关研究人员和设施的学校;

(3) 具备第(1)项或第(2)项规定研究人员和设施的农渔业等相关其他研究机构或团体。

2. 援助中心应向农林畜产食品部长官或海洋水产部长官报告如下事项:

(1) 农林畜产食品部长官或海洋水产部长官规定的主要农产品或水产品每月国内平均价格,及其从相关协定缔约方的进口量:次月底报告;

(2) 国内主要农产品或水产品是否属法律第 7 条第 1 款各项所列情形之一:每年 3 月 31 日前报告;

(3) 上一财政年度农渔民援助综合对策对农渔民等财政援助的结果和效果:每年 3 月 31 日前报告;

(4) 农林畜产食品部长官或海洋水产部长官认为撰写提交国会的绩效分析报告所需的调查和分析事项:每年 3 月 31 日前报告。

3. 援助中心其他职责范围、援助中心所需支持等具体事项由农林畜产食品部长官或海洋水产部长官决定。

第 21 条　停业援助金的追回

法律第 21 条第 1 款第(3)项中的"根据总统令规定",指农渔民等在获得停业援助金后 5 年内,恢复停业援助金支付对象品种的种植、饲养、狩猎、采集或养殖等业务。

第 22 条　授权等

1. 根据法律第 23 条第 1 款,海洋水产部长官应将《渔业法》第 40 条下向获得沿海或近海渔业许可者支付停业援助金的相关权限,授予广域市市长、道知事、特别自治道知事。

2. 根据法律第 23 条第 1 款,农林畜产食品部长官或海洋水产部长官应将如下权限授予市/郡/区(指自治区)行政长官:

(1) 根据法律第 6 条,支付损失补偿直接支付金相关权限;

(2) 根据第 9 条,支付停业援助金相关权限(不包括根据《渔业法》第 40 条向获得沿海渔业和近海渔业许可者支付停业援助金相关权限);

(3) 根据法律第 21 条第 1 款,追回援助金权限。

3. 农林畜产食品部长官根据法律第 23 条第 2 款要求基金受托人代表其征收农产品等的公开销售税,在此情况下,与该征收有关的费用应由基金支付,支付标准由农林畜产食品部长官决定。

4. 海洋水产部长官根据法律第 23 条第 2 款要求《水产业合作社法》设立的水产业合作社中央会代表其征收水产品的公开销售税,在此情况下,与该征收相关的费用由《渔业和渔村发展基本法》第 46 条规定的渔业发展基金支付,支付标准由海洋水产部长官决定。

第 23 条　唯一识别信息的处理

农林畜产食品部长官或海洋水产部长官履行如下任何职责时,可根据《〈个人信息保护法〉实施令》第 19 条第 1 款收集或使用包括居民身份证号在内的信息。

(1) 根据法律第 5 条、第 6 条、第 9 条至第 11 条,对农渔民等和生产者团体的援助;

(2) 根据法律第 21 条第 1 款追回援助金;

(3) 根据法律第 22 条征收公开销售税。

《制造业等贸易调整援助法》

（2007 年 4 月 29 日实施,2006 年 4 月 28 日第 7947 号法律制定）

第 1 条　目的

本法旨在通过制定有效措施,对在履行政府所达成自由贸易协定过程中遭受或将遭受损害的制造业和制造业相关服务业企业及其劳动者提供援助,以促进国民经济的均衡发展。

第 2 条　定义

本法中,"贸易调整"指最大限度减少或克服制造业或总统令所规定制造业相关服务业企业或其所属劳动者等,在履行自由贸易协定过程中遭受或将遭受的明确损害所需经营、技术咨询、业务转换和劳动者职业变更、再就业等活动。

第 3 条　援助基本原则

政府应在《建立世界贸易组织的马拉喀什协定》允许范围内,根据本法为顺利进行贸易调整提供必要援助。

第 4 条　贸易调整援助综合对策的制定

1. 产业资源部长官与劳动部长官应共同制定贸易调整援助综合对策（以下简称"综合对策"）,以对贸易调整提供有效援助。

2. 综合对策应包括如下事项:

（1）贸易调整的援助对策;

（2）与贸易调整有关的制度完善;

（3）顺利推进贸易调整援助的其他必要事项。

3. 制定综合对策时,产业资源部长官和劳动部长官应根据第 14 条,在贸易调整援助委员会对该方案进行审议后确定。该做法同样适用于综合对策的修订。

4. 如有必要,为制定综合对策,产业资源部长官和劳动部长官可对在实施自由贸易协定过程中遭受或将遭受的切实损害（以下简称"贸易损害"）和贸易调整的实际状况进行调查（以下简称"实际状况调查"）。

5. 综合对策的制定方法、实际状况调查的时间和方法,以及其他必要事项由总统令规定。

第5条　贸易调整援助制度相关调查、研究等

为贸易调整援助政策制定及制度改善，产业资源部长官和劳动部长官可进行必要的调查和研究。

第6条　贸易调整企业的认定等

1. 制造业和总统令所规定制造业相关服务业（以下简称"制造业等"）企业如果遭受贸易损害，可向产业资源部长官提出申请，要求认定为第7条至第10条所规定贸易调整援助的受援企业（以下简称"贸易调整企业"）。

2. 产业资源部长官在收到第1款所述申请后，如果该企业符合下列所有要求，可认定其为贸易调整企业。在此情况下，对于是否符合第(1)项和第(2)项规定，须经《不公平贸易行为调查和产业损害救济法》第27条设立的贸易委员会（以下简称"贸易委员会"）审议，对于是否符合第(3)项规定，须由第15条设立的贸易调整计划评估委员会审议。

(1) 企业肯定遭受或将遭受严重损害（在总统令规定的时间至少6个月内，总销售额或产量减少25％以上）；

(2) 与企业生产的商品及相关服务等同类的商品及相关服务，或与之直接竞争的商品及相关服务的进口（限从自由贸易协定其他缔约国进口）增加，可能是第(1)项所规定损害的主要原因；

(3) 该企业制定的贸易调整计划（以下简称"贸易调整计划"）符合确保企业竞争力要求。

3. 贸易调整企业提交的贸易调整计划，如果包含劳动者相关部分，产业资源部长官应就此通知劳动部长官。

4. 如果认为有必要核查第2款各项所述要求，产业资源部长官或贸易委员会可要求相关行政机构或企业等提供相关资料等必要协助。在此情况下，收到请求的相关行政机构长官应予以回应，有正当理由者除外。

5. 第1款规定的认定申请、第2款规定的认定程序、第2款第(1)项规定的严重损害标准、第2款第(2)项规定的相关服务范围、第3款规定的通知程序、第4款规定的协助请求，以及其他必要事项由总统令规定。

第7条　贸易调整所需信息的提供

1. 产业资源部长官应向贸易调整企业提供有关资金、人力资源、技术、市场、选址等贸易调整所需信息。

2. 产业资源部长官应根据第1款制定信息提供所需政策。

3. 产业资源部长官可要求相关中央行政机构、地方政府和由《政府投资机构管理基本法》规定的政府投资机构(以下简称"相关行政机构等")长官,提交根据第 1 款提供信息所需资料。

第 8 条　短期经营稳定和确保竞争力的融资援助

1. 政府可根据《中小企业振兴和产品购买促进法》第 41 条规定,由中小企业振兴和产业基础基金向贸易调整企业提供如下融资:

(1) 生产设施运行和维护所需原材料和辅助材料的购置资金;

(2) 业务转换等实施贸易调整计划所需技术开发、设备投资、选址确保和人力资源培训等资金;

(3) 总统令规定的短期内稳定经营或确保竞争力所需其他资金。

2. 第 1 款规定的融资标准、对象、规模、方法和程序等必要事项由总统令规定。

第 9 条　贸易调整计划实施所需咨询援助

1. 产业资源部长官可为贸易调整企业实施业务转换等贸易调整计划,提供所需经营、会计、法律、技术、生产等咨询援助。

2. 根据第 1 款规定的援助方法和程序等必要事项由总统令规定。

第 10 条　向企业结构调整组合出资

1. 根据《产业发展法》第 14 条注册的企业结构调整专门公司根据该法第 15 条设立企业结构调整组合,如果对贸易调整企业进行投资,政府可按总统令规定的比例,在企业结构调整组合投资金额的 50% 内进行出资。

2. 第 1 款规定的出资方法和程序,以及其他必要事项由总统令规定。

第 11 条　贸易调整劳动者的认定等

1. 经营遭受贸易损害的制造业等企业的劳动者代表或企业主可向劳动部长官提出申请,要求将符合第 2 款条件的劳动者认定为第 12 条和第 13 条所规定贸易调整援助的受援劳动者(以下简称"贸易调整劳动者")。

2. 如果劳动者符合下列各项要求,劳动部长官可依职权或在收到根据第 1 款提出的申请后,认定其为贸易调整劳动者:

(1) 已失业或极有可能失业,或工作时间已经或极有可能缩短至少总统令规定的时间;

(2) 下列任一企业的所属劳动者(包括失业者):

(a) 贸易调整企业;

(b) 贸易调整企业的供货企业;

(c) 因自由贸易协定实施导致进口商品增加,将与进口商品同类或直接竞争商品的生产设施移至海外的企业;

(d) 符合第 6 条第 2 款第(1)项和第(2)项要求的企业,但因未提出认定申请或所提交贸易调整计划不适当而未被认定为贸易调整企业者。

3. 第 1 款和第 2 款规定的申请人资格、提出申请和认定的方法和程序、贸易调整企业的供货企业范围等必要事项由总统令规定。

第 12 条　职业变更等所需信息等的提供

1. 劳动部长官应向贸易调整劳动者提供改变职业或再就业所需信息,如关于产业趋势、人才需求、职业培训和创业等信息,并向其提供改变职业或再就业所需咨询。

2. 劳动部长官应根据第 1 款为提供信息和咨询制定必要政策。

3. 劳动部长官可要求任何相关行政机构长官提供有关职业变更和再就业相关资料。

第 13 条　职业变更等的援助政策

1. 劳动部长官可利用《雇佣政策基本法》或《雇佣保险法》所规定的各项援助政策,为贸易调整劳动者迅速改变职业或重新就业提供援助。

2. 劳动部长官可在预算限度内,向实施与贸易调整劳动者迅速改变职业或重新就业相关项目人员提供必要的资金支持。

第 14 条　贸易调整援助委员会

1. 财政经济部应设立贸易调整援助委员会(以下简称"援助委员会"),审议下列贸易调整援助相关事项:

(1) 综合对策等贸易调整援助基本政策和制度;

(2) 贸易调整相关援助措施的调整;

(3) 与贸易调整援助措施相关的中央行政机构协助事项;

(4) 总统令规定的贸易调整援助其他必要事项。

2. 援助委员会成员包括 1 名委员长在内不超过 15 人。

3. 委员长由财政经济部长官担任,其他委员为如下人员:

(1) 产业资源部、劳动部、企划预算处长官和总统令规定的相关行政机构长官;

(2) 财政经济部长官委任的产业或劳动相关团体推荐人士和学界专家。

4. 援助委员会应设立工作委员会以有效开展其工作。

5. 援助委员会和工作委员会组成和运行等必要事项由总统令规定。

第 15 条　贸易调整计划评估委员会

1. 为审议贸易调整计划的可行性等问题,在产业资源部设立贸易调整计划评估委员会(以下简称"评估委员会")。

2. 评估委员会成员不超过 30 名,其中包括 1 名委员长。

3. 评估委员会委员长在委员中互选产生,委员由产业资源部长官任命或委任的有关公务员和产业界学识和经验丰富人士担任。

4. 评估委员会的组成和运行等必要事项由总统令规定。

第 16 条 贸易调整援助中心的设立

1. 产业资源部长官应在《中小企业振兴和产品购买促进法》第 47 条第 1 款规定的中小企业振兴公团设立贸易调整援助中心,以全面开展与贸易调整援助有关的咨询、信息、公关和调查等活动,以及对贸易调整企业的其他援助活动。

2. 第 1 款规定的贸易调整援助中心的组织、运行和监督等必要事项由总统令规定。

第 17 条 认定的撤销等

1. 当贸易调整企业符合下列任何一项时,产业资源部长官可撤销根据第 6 条的认定或中止第 7 条至第 10 条规定的援助,但如果企业符合第(1)项或第(2)项,则须撤销认定:

(1) 以欺骗或者其他非法手段获得贸易调整企业的认定;

(2) 不符合第 6 条第 2 款规定的条件;

(3) 在获得贸易调整企业认定后,未能在总统令规定的不超过 6 个月的期限内实施其贸易调整计划;

(4) 在总统令规定的不超过 6 个月的期限内未能开展业务;

(5) 无正当理由不提交第 19 条第 1 款规定的报告,或不履行该条第 2 款规定的报告义务。

2. 如果贸易调整劳动者符合下列任何一项,劳动部长官应撤销认定:

(1) 通过欺骗或任何其他非法手段获得贸易调整劳动者的认定;

(2) 不符合第 11 条第 2 款规定的条件。

第 18 条 援助金的收回等

1. 对于通过欺骗或任何其他非法手段获得本法规定援助者,产业资源部长官和劳动部长官可责令其返还全部或部分已提供援助金,并可根据总统令规定的标准,追加收取不超过通过欺骗或任何其他非法手段所获援助金相当的金额。

2. 如果根据第 1 款收到返还或追加征收令者,未能在规定期限内缴纳返还金或追加征收金,则应以国家税款滞纳金的方式处分。

第 19 条 报告

1. 贸易调整企业应在认定之日起 1 年后的 3 个月内向产业资源部长官提交其贸易调整计划启动报告,并应在贸易调整计划实施期结束后 3 个月内提交贸易调整计划完成报告。

2. 如果对执行贸易调整援助政策有必要,产业资源部长官可要求任何贸易调整企业或第 10 条下的企业结构调整组合就其业务事项提交报告。

3. 对于获得第 13 条第 2 款所述资金援助、实施与贸易调整劳动者迅速改变职业或重新就业相关项目人员,劳动部长官可要求其就项目相关事项提交报告。

4. 根据第 1 款提交启动和完成报告、根据第 2 款和第 3 款提交报告的必要事项由总统令规定。

第 20 条 出入、检查等

1. 为核实贸易调整计划执行情况,必要时产业资源部长官可指派其管辖公务员出入贸易调整企业的办公室、营业场所、经营场地、工厂、仓库等必要场所,检查与贸易调整有关的文件、账簿和其他物品,或向有关人员进行询问。

2. 如有必要,劳动部长官可指派其管辖公务员出入第 13 条第 2 款所述受援者的办公室,检查与此类援助有关的文件、账簿和其他物品,或向相关人员进行询问。

3. 根据第 1 款和第 2 款出入一场所进行检查的任何公务员,应在检查日期前 7 天将检查计划告知被检查人,包括检查时间、检查理由和检查内容等。但是,如果事先通知不利于实现检查目标,或认为存在紧急情况,则前句不适用。

4. 根据第 1 款出入一场所进行检查或询问的公务员,应向有关人员出示表明其权限的证件,并交付记载姓名、出入、检查和询问时间和目的等的文件。

第 21 条 听证

如果产业资源部长官或劳动部长官根据第 17 条拟撤销贸易调整企业或劳动者的认定,应举行听证会。

第 22 条 授权

1. 产业资源部长官可根据总统令规定,将本法下权限部分授予其下属机构负责人、特别市市长、广域市市长或道知事。

2. 劳动部长官可根据总统令规定,将本法下权限部分授予地方劳动署长官。

第 23 条　事务委托

1. 产业资源部长官根据本法管辖的部分事务,可按总统令规定委托下列人员:

(1) 其他行政机构负责人;

(2) 根据《产业集群激活和工厂设立法》设立的韩国产业园区公团;

(3) 根据《中小企业振兴和产品购买促进法》设立的中小企业振兴公团;

(4) 总统令规定的任何其他产业相关机构或团体。

2. 劳动部长官根据本法管辖的部分事务,可按总统令规定委托下列人员:

(1) 根据《政府资助研究机构设立、运行和培育法》设立的韩国劳动研究院;

(2) 根据《韩国产业人力公团法》设立的韩国产业人力公团;

(3) 总统令规定的任何其他劳动相关机构或团体。

第 24 条　罚款

1. 未按第 19 条规定提交报告或报告不实者,拒绝、干涉或逃避第 20 条所规定检查者应处以 300 万韩元以下罚款。

2. 第 1 款规定的罚款,应由产业资源部长官或劳动部长官根据总统令规定征收。

3. 对第 2 款下罚款处分不服者,可在收到处分通知之日起 30 天内向产业资源部长官或劳动部长官提出异议。

4. 若第 2 款下罚款受处分者根据第 3 款提出异议,产业资源部长官或劳动部长官应立即向管辖法院通报事实,接到通报的管辖法院应根据《非诉讼案件程序法》进行审判。

5. 在第 3 款规定的期限内不提出异议且不缴纳罚款者,应以国家税款滞纳金方式处分。

附则

本法自公布 1 年后实施。

《制造业等贸易调整援助法》实施令

(2007 年 4 月 29 日实施,2007 年 3 月 16 日第 19933 号总统令制定)

第 1 条　目的

本法令旨在规定《制造业等贸易调整援助法》的授权事项及实施法律所需事项。

第 2 条　贸易调整援助对象行业范围

《制造业等贸易调整援助法》(以下简称"法律")第 2 条和第 6 条第 1 款"总统令所规定制造业相关服务业"指附表所规定的行业。

第 3 条　贸易调整援助综合对策的制定等

1. 为制定法律第 4 条第 1 款贸易调整援助综合对策(以下简称"综合对策"),必要时,产业资源部长官和劳动部长官可要求相关行政机构长官提交所需资料。

2. 根据法律第 4 条第 3 款制定综合对策时,产业资源部长官和劳动部长官应通报相关行政机构长官,并可要求其就实施综合对策提供必要协助。

第 4 条　实际状况调查的时间和方法等

1. 依据法律第 4 条第 4 款,产业资源部长官和劳动部长官可就下列事项进行实际状况调查。

(1) 国内产业按地区和行业所遭受的贸易损失现状;

(2) 根据法律第 6 条第 1 款贸易调整企业(以下简称"贸易调整企业")或根据法律第 11 条第 1 款贸易调整劳动者(以下简称"贸易调整劳动者")的申请和认定状况;

(3) 贸易调整援助政策成果,如贸易调整企业的经营情况、贸易调整劳动者的职业变更和再就业情况等;

(4) 掌握国内产业贸易调整和贸易损害状况所需其他事项。

2. 根据第 1 款进行的实际状况调查每两年进行一次,如果产业资源部长官或劳动部长官认为有必要,可以对特定地区或部门进行不定期调查。

3. 为进行实际状况调查,产业资源部长官和劳动部长官可要求其所管辖公务员进行现场调查,或进行书面或在线等方式的问卷调查。

4. 根据第 3 款的现场调查,应在调查前 7 天将包含调查日期、目的、内容等的调查计划通知调查对象。

第 5 条　严重损害标准等

1. 法律第 6 条第 2 款第(1)项"总统令规定的时间"指 6 个月。

2. 判断贸易损害是否属法律第 6 条第 2 款第(1)项规定的严重损害的标准如下:

(1) 遭受贸易损害的,须满足下列各项条件:

(a) 贸易损害应发生在贸易调整企业认定申请之日前 2 年内;

(b) 第 1 款规定时间内总销售额或生产量与上年度同期相比下降至少 25%。

(2) 可能遭受贸易损害的,应满足下列各项条件:

(a) 贸易损害预计将在贸易调整企业认定申请之日后 1 年内发生;

(b) 综合考虑企业营业收入、雇员人数、开工率、库存等变化,总销售额或生产量的预计损失可认为与第(1)项第(b)目的规定相当。

3. 法律第 6 条第 2 款第(2)项"相关服务"指附表规定行业所提供的服务。

第 6 条　贸易调整企业的认定程序等

1. 欲根据法律第 6 条第 1 款被认定为贸易调整企业的,须向产业资源部长官提交由产业资源部和劳动部联合部令(以下简称"联合部令")规定的《贸易调整企业认定申请书》,同时提交以下文件。在这种情况下,第(2)项规定的贸易调整计划实施期应为 5 年:

(1) 证明符合法律第 6 条第 2 款第(1)项和第(2)项条件的文件;

(2) 法律第 6 条第 2 款第(3)项下贸易调整计划相关文件。

2. 在收到根据第 1 款提交的贸易调整企业认定申请后,产业资源部长官应立即将该款第(1)项规定的文件送交根据法律第 6 条第 2 款后一部分规定(该款各项除外)设立的贸易委员会(以下简称"贸易委员会")。

3. 贸易委员会应审查根据第 2 款收到的文件,审议申请人是否符合法律第 6 条第 2 款第(1)项和第(2)项,并应在收到之日起 1 个月内将审议结果通知产业资源部长官。但出于审议内容复杂或申请人基于合理理由请求延长审议期限等原因,认为需要延长审议期限的,审议期限最多可延长 1 个月。

4. 产业资源部长官根据第 3 款规定,收到贸易委员会有关申请人符合法律第 6 条第 2 款第(1)项和(2)项的审议结果通报后,应立即将第 1 款第(2)项下的文件发送给法律第 15 条规定的贸易调整计划评估委员会(以下简称"评估委员会")。

5. 收到第 4 款规定的文件后,评估委员会应对申请人是否符合法律第 6 条第 2 款第(3)项进行审查,并自收到之日起 1 个月内将审查结果告知产业资源部长官。

6. 在收到第 3 款和第 5 款规定的审议结果通知后,产业资源部长官应决定是否将相关企业认定为贸易调整企业,并立即将其决定书面通知第 1 款所述申请人和劳动部长官。

7. 审议法律第 6 条第 2 款第(1)项和第(2)项相关事项所需细节,由贸易委员会确定并公布,评估该款第(3)项相关事项所需细节,由产业资源部长官决定并公布。

第 7 条　融资援助申请程序等

1. 法律第 8 条第 1 款第(3)项"总统令规定的资金"指下列任一情形:

(1) 稳定经营的资金,用于消除因结构调整等造成的资金供求暂时不平衡;

(2) 信息化相关系统和设备的购买或更换所需资金;

(3) 技术商业化所需资金;

(4) 开发国内外市场所需资金。

2. 如果根据第 6 条第 6 款认定为贸易调整企业欲根据法律第 8 条第 1 款获得融资援助,应按联合部令规定,在认定后 3 年内向产业资源部长官提出融资援助申请。

3. 在收到根据第 2 款提出的申请后,产业资源部长官应在考虑资金需求计划适当性、现有融资规模、偿还能力等因素后,决定是否提供融资。

4. 除第 1 款至第 3 款规定外,融资援助的标准、方法、程序等必要事项,由产业资源部长官制定并公布。

第 8 条　咨询援助申请程序等

1. 根据第 6 条第 6 款认定为贸易调整企业欲根据法律第 9 条第 1 款获得咨询援助,应按联合部令规定,在认定后 3 年内向产业资源部长官提出咨询援助申请。

2. 咨询援助方法、程序等其他必要事项由产业资源部长官制定并公布。

第 9 条　向企业结构调整组合出资方法、申请程序等

1. 根据法律第 10 条第 1 款,"总统令规定的比例"指如下相关划分的比例:

(1) 法律第 10 条第 1 款下企业结构调整组合(以下简称"企业结构调整

组合")对贸易调整企业的投资比例(以下简称"投资比例")超过 50% 的,出资额不超过 50%;

(2) 投资比例超过 30%,但小于 50% 的,出资额不超过 30%;

(3) 投资比例低于 30% 的,出资额不超过 10%。

2. 根据法律第 10 条第 1 款,企业结构调整专门公司欲从政府获得对企业结构调整组合的出资,应在相关组合所投资企业被认定为贸易调整企业后 5 年内,按联合部令规定向产业资源部长官提交出资援助申请。

3. 收到根据第 2 款提交的申请后,产业资源部长官应审查投资计划等的可行性,决定是否出资,并将审查结果书面通知申请人。

4. 在根据第 3 款接受出资的企业结构调整组合出资者中,《产业发展法》第 15 条第 4 款规定的业务执行组合社员,应在每个财政年度结束后 3 个月内向产业资源部长官提交该组合每个财政年度的结算报表,以及注册会计师书面审计意见。

5. 除第 1 款至第 4 款规定外,出资方法、程序等必要事项由产业资源部长官制定并公布。

第 10 条　贸易调整劳动者的认定条件等

1. 法律第 11 条第 1 款中的"劳动者代表"指属于下列任一情况者:

(1) 有超过半数劳动者组成工会的情况下,为工会代表;

(2) 无超过半数劳动者组成工会的情况下,企业半数以上劳动者的代表;

(3) 如果相关企业已停业,停业前符合第(1)项或第(2)项者;

(4) 如果相关企业已停业,且在停业前无符合第(1)项或第(2)项的人员,则为符合劳动部长官规定并公布标准者。

2. 法律第 11 条第 2 款第(1)项"极有可能失业"者,指根据《劳动标准法》第 32 条收到解雇预通知或以其他方式收到解雇预通知者。

3. 法律第 11 条第 2 款第(1)项"已经缩短至少总统令规定的时间"的情形,指至少 2 个月内周平均工作时间不足《劳动标准法》第 20 条规定的工作时间,且与前 6 个月的周平均工作时间相比至少缩短 30%。

4. 法律第 11 条第 2 款第(1)项"极有可能缩短"的情形,指包括第 3 款缩短工作时间在内的根据《工会和劳资关系调整法》签订的集体谈判协议或根据《劳动标准法》签订的劳动合同,或根据《劳动标准法》的就业规则或以其他相应方式预定缩短工作时间的情形。

5. 法律第 11 条第 2 款第(2)项第(b)目"向贸易调整企业供货企业",指属于下列任何一种的销售额或产量至少占其总销售额或总产量 20% 的企业：

(1) 为贸易调整企业的商品生产供应原材料或中间产品；

(2) 贸易调整企业生产商品的附加或增值业务，如组装、包装等。

第 11 条 贸易调整劳动者的认定程序

1. 欲根据法律第 11 条第 1 款标准认定为贸易调整劳动者的，应按联合部令规定向劳动部长官提交申请。如果劳动者属于法律第 11 条第 2 款第(2)项第(a)目规定范围，应自其所属企业被认定为贸易调整企业之日起 2 年内；如果劳动者属于法律第 11 条第 2 款第(2)项第(b)目至第(c)目规定范围，则自其属于该条该款第(1)项规定的范围之日起 2 年内。

2. 劳动部长官应在收到申请之日起 1 个月内，以书面形式通知根据第 1 款提交申请者是否被认定为贸易调整劳动者。

第 12 条 贸易调整援助委员会的构成与运行

1. 根据法律第 14 条第 1 款设立的贸易调整援助委员会(以下简称"援助委员会")委员长代表援助委员会全权负责各项工作。

2. 如果援助委员会委员长因特殊情况无法履行职责，应由其预先指定的成员代行委员长职务。

3. 法律第 14 条第 1 款第(4)项下"总统令规定的事项"应指以下内容：

(1) 预估贸易调整援助预算和获取资金的计划；

(2) 评估和分析贸易调整援助政策的实施绩效；

(3) 援助委员会委员长认为有效推进贸易调整所必需的其他事项。

4. 法律第 14 条第 3 款第(1)项下"总统令规定的相关行政机构长官"，指科学技术部长官、外交通商部长官、行政自治部长官、信息通信部长官和中小企业特别委员会委员长。

5. 援助委员会成员任期 2 年，但公务员以其任职期为限。

6. 援助委员会委员长召集援助委员会会议并任主席。

7. 如果委员长召集会议，应在会议召开前 7 天将会议时间、地点和议程以书面形式告知每位成员，但上述规定不适用于紧急情况或其他特殊情形。

8. 援助委员会会议法定人数为在籍成员的过半数出席，决议应以出席成员的过半数赞成通过。

9. 为处理其事务，援助委员会设干事 1 名，由委员长从财政经济部公务员中任命。

10. 除第 1 款至第 9 款规定外，援助委员会运行所需事项由委员长经援助委员会会议表决后决定。

第 13 条　工作委员会的构成和运行

1. 根据法律第 14 条第 5 款,工作委员会成员包括委员长在内不超过20 人。

2. 工作委员会委员长由产业资源部次官担任,委员由下列人员担任:

(1) 援助委员会委员长及法律第 14 条第 3 款第(1)项委员所属行政机构高级公务员团的普通职务公务员,由所属行政机构负责人推荐、工作委员会委员长任命者;

(2) 符合下列各项之一,由工作委员会委员长委任者:

(a) 在大学或公认研究机构担任助理教授以上或相当职位 10 年以上者;

(b) 担任律师、专利代理人、注册劳务师或注册会计师 5 年以上者;

(c) 在贸易或劳务管理领域有 10 年以上工作经验的企业高管或相当经验者;

(d) 贸易或劳动相关团体管理人员或卸任管理人员。

3. 工作委员会的委员任期 2 年,但公务员以其任职期为限。

4. 为处理其事务,工作委员会应设干事 1 名,由委员长从产业资源部公务员中任命。

5. 工作委员会应对提交给援助委员会的案件进行事先审查和调整。

6. 除第 1 款至第 5 款外,有关工作委员会运行所需事项,由援助委员会委员长经援助委员会会议表决后决定。

第 14 条　贸易调整计划评估委员会的构成和运行

1. 根据法律第 15 条第 1 款规定,贸易调整计划评估委员会(以下简称"评估委员会")委员长代表评估委员会全权负责各项工作。

2. 评估委员会委员长因特殊情况无法履行职责,应由其预先指定的成员代行委员长职务。

3. 评估委员会委员由产业资源部长官从下列人员中任命或委任:

(1) 法律第 14 条第 3 款第(1)项委员所属行政机构公务员;

(2) 符合第 13 条第 2 款第(2)项各目任一规定者,但被委任为工作委员会委员者除外。

4. 评估委员会委员任期 2 年,但公务员以其任职期为限。

5. 评估委员会委员长召集评估委员会会议,并担任主席。

6. 如果委员长召集会议,应在会议召开前 3 天将会议时间、地点和议程以书面形式告知每位成员,但上述规定不适用于紧急情况或其他特殊情形。

7. 评估委员会会议法定人数为在籍成员的过半数出席,决议应以出席成员的过半数赞成通过。

8. 为有效开展贸易调整计划等审议工作,必要时评估委员会可设立分委员会。

第 15 条　委员的排除和回避

1. 评估委员会委员,若符合下列任何一项,不得参加评估委员会相关会议。

(1) 评估委员会委员或其配偶或前配偶,是申请贸易调整企业认定的企业(以下简称为"相关企业")员工或前员工;

(2) 评估委员会委员与相关企业员工有亲属关系,或评估委员会委员或其所属法人担任相关企业的法律、经营等的咨询、顾问等;

(3) 评估委员会委员或其所属法人为相关企业代理人或前代理人。

2. 如果相关企业难以期待评估委员会委员的审议公正,可向评估委员会提出对该委员的回避申请,评估委员会委员长若认为该回避申请妥当,应作出回避决定。

3. 评估委员会委员属第 1 款各项或第 2 款情形,本人可自行回避审议。

第 16 条　运行细则

除本令规定事项外,关于评估委员会及其分委员会的构成和运行等必要细节事项,经评估委员会会议表决后,由评估委员会委员长作出决定。

第 17 条　意见征求和材料提交

贸易委员会、援助委员会、工作委员会或评估委员会(本条和第 18 条中简称"委员会")为审议提交委员会的议案或开展其他业务活动,必要时可邀请相关人士或专家出席并听取其意见,或提交必要材料。

第 18 条　津贴和旅费

在预算限制范围内,可向出席委员会会议的成员、相关人士和专家支付津贴和差旅费,但如果成员为公务员,且出席委员会会议与其管辖业务直接相关,则上述规定不适用。

第 19 条　贸易调整援助中心的构成和运行

1. 为有效推进对贸易调整企业的援助工作,产业资源部长官可根据法律第 16 条在贸易调整援助中心(以下简称"援助中心")设立一个负责贸易调整援助的工作小组,成员主要由援助中心负责人、中小企业振兴公团职员组成,以及一个综合咨询办公室,主要由根据第 2 款派遣的人员组成。

2. 为执行对贸易调整企业的援助工作,如有必要,产业资源部长官可要求与贸易调整援助有关的法人或团体派遣其雇员到援助中心工作。

3. 援助中心负责人应在每年 2 月底前编制并向产业资源部长官报告上一年度贸易调整援助绩效结果和本年度贸易调整援助实施计划,并在每季度结束后 1 个月内向产业资源部长官报告季度绩效。

4. 产业资源部长官可向援助中心提供必要经费,用于根据法律第 16 条有效执行对贸易调整企业的援助工作。

5. 除第 1 款至第 4 款规定外,援助中心的组成和运行必要事项由中心负责人经援助委员会审议后确定。

第 20 条 贸易调整企业认定的撤销期限

1. 法律第 17 条第 1 款第(3)项"总统令规定的期限"指 6 个月。

2. 法律第 17 条第 1 款第(4)项"总统令规定的期限"指 3 个月。

第 21 条 追加征收金标准

1. 产业资源部长官和劳动部长官应根据法律第 18 条第 1 款,对通过欺诈或其他不正当手段获得援助者追加收费,金额不超过通过欺诈或其他不正当手段所获援助金的 10%。

2. 根据法律第 18 条第 1 款返还或追加征收程序和根据第 1 款追加征收金标准详细事项,分别由产业资源部长官和劳动部长官制定并公布。

第 22 条 报告要求

1. 根据法律第 19 条第 2 款,产业资源部长官可要求贸易调整企业和企业结构调整组合就下列事项进行报告:

(1)贸易调整企业执行贸易调整计划情况;

(2)企业结构调整组合的投资实施情况和结果;

(3)实施贸易调整援助政策所需的其他事项。

2. 根据法律第 19 条第 3 款,劳动部长官可要求从事与贸易调整劳动者迅速变更职业或再就业有关项目人员报告以下事项:

(1)贸易调整劳动者迅速变更职业或再就业相关项目的实施情况;

(2)执行贸易调整劳动者援助政策所需的其他事项。

3. 根据第 6 条第 6 款认定的贸易调整企业,应在第 6 条第 1 款后半部分规定的贸易调整计划执行期内,在每个财政年度结束后 3 个月内就第 1 款第(1)项规定的贸易调整计划的执行情况向产业资源部长官提交报告。

第 23 条 授权

根据法律第 22 条第 2 款,劳动部长官可将其关于下列事项的权限授予地方劳动署长官:

1. 根据法律第 11 条第 2 款,认定贸易调整劳动者;

2. 根据法律第 12 条第 1 款,提供职业变更等所需信息及咨询;

3. 根据法律第 13 条,对职业变更或再就业的援助;

4. 根据法律第 17 条第 2 款,撤销认定;

5. 根据法律第 18 条第 1 款,收取返还金或追加征收金;

6. 根据法律第 19 条第 3 款,要求提交报告;

7. 根据法律第 20 条第 2 款,出入、检查和询问;

8. 根据法律第 21 条,举行听证会;

9. 根据法律第 24 条第 1 款和第 2 款,征收罚款。

第 24 条　事务委托

根据法律第 23 条第 1 款,产业资源部长官可将下列事务委托该款第(3)项中小企业振兴公团:

1. 根据法律第 6 条第 1 款,受理贸易调整企业认定申请;

2. 根据法律第 6 条第 3 款,通知劳动部长官;

3. 根据法律第 7 条,提供贸易调整所需信息;

4. 根据法律第 8 条,为贸易调整企业提供融资援助;

5. 根据法律第 9 条,为贸易调整企业提供咨询援助;

6. 根据法律第 18 条第 1 款,收取返还金和追加征收金;

7. 根据法律第 19 条第 1 款和第 2 款,接受贸易调整计划启动报告、贸易调整计划完成报告及报告事项;

8. 根据第 9 条第 2 款,受理出资援助申请;

9. 根据第 9 条第 3 款,审查投资计划的可行性,并通知审查结果;

10. 根据第 9 条第 4 款,接受每个会计年度的结算报表。

附则

本令自 2007 年 4 月 29 日起实施。

《自由贸易协定下的贸易调整援助法》

(2008 年 6 月 22 日实施,2007 年 12 月 21 日第 8771 号法律,部分修订)

第 1 条　目的

本法旨在通过制定有效措施,对在履行政府所达成自由贸易协定过程中遭受或将遭受损害的制造业或服务业企业及其劳动者提供援助,以促进国民经济的均衡发展。

第 2 条　定义

本法所用术语定义如下:

1. "自由贸易协定",指大韩民国与任何其他国家或区域贸易集团就贸易自由化达成的国际协定,包括有关降低或取消商品、服务等关税和扩大市场准入等事项。

2. "贸易调整",指为最大限度减少或克服制造业或总统令所规定服务业(以下简称"贸易调整援助对象行业")企业或其劳动者,在履行自由贸易协定过程中遭受或将遭受确切损害所需要的活动。

第 3 条　援助基本原则

政府应在《建立世界贸易组织的马拉喀什协定》允许范围内,根据本法为有效的贸易调整提供必要援助。

第 4 条　贸易调整援助综合对策的制定

1. 产业资源部长官与劳动部长官应共同制定贸易调整援助综合对策(以下简称"综合对策"),以对贸易调整提供有效援助。

2. 综合对策应包括如下事项:

(1) 贸易调整的援助对策;

(2) 与贸易调整有关的制度完善;

(3) 顺利推进贸易调整援助的其他必要事项。

3. 制定综合对策时,产业资源部长官和劳动部长官应根据第 14 条,在贸易调整援助委员会对该方案进行审议后定稿。该做法同样适用于综合对策的修订。

4. 如有必要,为制定综合对策,产业资源部长官与劳动部长官可对在执行自由贸易协定过程中遭受或将遭受的确切损害(以下简称"贸易损害")和贸易调整的实际状况进行调查(以下简称"实际状况调查")。

5. 综合对策的制定方法、实际状况调查的时间和方法等必要事项由总统令规定。

第 5 条　贸易调整援助制度相关调查、研究等

为贸易调整援助政策制定及制度改善,产业资源部长官和劳动部长官可进行必要的调查和研究。

第 6 条　贸易调整援助企业的认定等

1. 如果至少在总统令规定的时间内贸易调整援助对象行业的任何企业遭受了贸易损害,可向产业资源部长官提出申请,要求认定为第 7 条至第 10 条(第 9-2 条除外)所规定贸易调整援助的受援企业(以下简称"贸易调整援助企业")。

2. 产业资源部长官在收到第 1 款所述申请后,如果该企业符合下列各项条件,可认定其为贸易调整援助企业。在此情况下,对于是否符合第(1)项和第(2)项规定,应由根据《不公平贸易行为调查和产业损害救济法》第 27 条设立的贸易委员会(以下简称"贸易委员会")审议,对于是否符合第(3)项规定,须由第 15 条设立的贸易调整计划评估委员会审议。

(1) 企业遭受或肯定将遭受严重损害(在总统令规定的时间至少 6 个月内,总销售额或产量减少 25％以上,或综合考虑企业营业收入、雇员人数、生产率、库存等,损失相当于总销售额或产量 25％以上);

(2) 与企业生产的商品和服务同类的商品或服务的进口,或与之直接竞争的商品和服务的进口(限从自由贸易协定其他缔约国进口)增加,是第(1)项所规定损害的主要原因;

(3) 相关企业制定的贸易调整计划(以下简称"贸易调整计划")符合确保企业竞争力要求。

3. 根据第 1 款提出贸易调整援助企业认定申请的企业所提交贸易调整计划,如果包含劳动者相关部分,产业资源部长官应就此通知劳动部长官。

4. 如果认为有必要核查第 2 款各项条件,产业资源部长官或贸易委员会可要求相关行政机构或企业等提供相关资料等必要协助。在此情况下,收到此类请求的相关行政机构长官应遵从该请求,但特殊情形除外。

5. 第 1 款规定的认定申请程序、第 2 款规定的认定程序、第 2 款第(1)项规定的严重损害标准、第 2 款第(2)项规定的服务进口范围、第 3 款规定的通知程序、第 4 款规定的协助请求,以及其他必要事项由总统令规定。

第7条 贸易调整所需信息的提供

1. 产业资源部长官应向贸易调整援助企业提供有关资金、人力资源、技术、市场、选址等贸易调整所需信息。

2. 产业资源部长官应制定根据第1款提供信息所需政策。

3. 产业资源部长官可要求相关中央行政机构、地方政府和由《公共机构管理法》规定的任何公共机构(以下简称"相关行政机构")长官提交根据第1款提供信息所需数据资料。

第8条 短期经营稳定和确保竞争力的融资援助

1. 政府可从《中小企业振兴和产品购买促进法》第63条设立的中小企业振兴和产业基础基金向贸易调整援助企业提供如下融资:

(1) 生产设施运行和维护所需原材料和辅助材料的购置资金;

(2) 业务转换等实施贸易调整计划所需技术开发、设备投资、选址确保和人力资源培训等资金;

(3) 总统令规定的短期内稳定经营或确保竞争力所需任何其他资金。

2. 第1款规定的融资标准、对象、规模、方法和程序等必要事项由总统令规定。

第9条 贸易调整计划实施所需咨询援助

1. 产业资源部长官,可向贸易调整援助企业实施业务转换等贸易调整计划提供所需商业管理、会计、法律事务、技术、生产等咨询援助。

2. 根据第1款规定的援助方法和程序等必要事项由总统令规定。

第9-2条 贸易调整援助企业认定前援助

1. 尽管有第9条规定,根据第6条第1款申请认定为贸易调整援助企业的任何企业如果符合下列各项要求,产业资源部长可在作出认定前,为该企业提供商业管理、会计、法律事务、技术、生产等咨询援助:

(1) 根据第6条第2款后句规定的贸易委员会审议,该企业符合第6条第2款第(1)项和第(2)项规定的所有条件;

(2) 在根据第6条第2款后句由贸易调整计划评估委员对该企业是否符合第6条第2款第(3)项规定审议结束前,预计该企业经营状况将恶化到难以恢复的程度。

2. 第1款规定的援助方法和程序等必要事项由总统令规定。

第10条 向企业结构调整组合出资

1. 根据《产业发展法》第14条注册的企业结构调整专门公司,根据该法第15条设立企业结构调整组合,如果对贸易调整援助企业进行投资,政府可按总统令规定的比例,在企业结构调整组合投资金额的50%内进行出资。

2. 第1款规定的出资方法和程序,以及其他必要事项由总统令规定。

第11条　贸易调整援助劳动者的认定等

1. 遭受贸易损害的贸易调整援助对象行业企业劳动者代表或业主可向劳动部长官提出申请,要求将符合第2款条件的劳动者认定为第12条和第13条所规定贸易调整援助的受援劳动者(以下简称"贸易调整援助劳动者")。

2. 如果劳动者符合下列各项要求,劳动部长官可依职权或在收到根据第1款提出的申请后,认定其为贸易调整援助劳动者:

(1) 已失业或极有可能失业,或工作时间已经或极有可能缩短至总统令规定的时间;

(2) 下列任一企业的所属劳动者(包括失业者):

(a) 贸易调整援助企业;

(b) 贸易调整援助企业的供货企业;

(c) 因自由贸易协定实施导致进口商品增加,将与进口商品同类或直接竞争商品的生产设施移至海外的企业;

(d) 符合第6条第2款第(1)项和第(2)项条件的企业,但因未提出认定申请或所提交贸易调整计划不适当而未被认定为贸易调整援助企业者。

3. 第1款和第2款规定的申请人资格、提出申请和认定的方法和程序、贸易调整援助企业的供货企业范围等必要事项由总统令规定。

第12条　职业变更等所需信息的提供等

1. 劳动部长官应向贸易调整援助劳动者提供改变职业或再就业所需信息,如关于产业趋势、人力需求、职业培训和创业等信息,并向其提供改变职业或再就业所需咨询。

2. 劳动部长官应根据第1款为提供信息和咨询制定必要政策。

3. 劳动部长官可要求相关行政机构长官提供有关职业变更和再就业相关资料。

第13条　职业变更等的援助政策

1. 劳动部长官可利用《雇佣政策基本法》或《雇佣保险法》所规定的各项援助政策,为贸易调整援助劳动者迅速改变职业或重新就业提供援助。

2. 劳动部长官可在预算限度内,向实施与贸易调整援助劳动者迅速改变职业或重新就业相关项目人员提供必要的资金支持。

第 14 条　贸易调整援助委员会

1. 财政经济部应设立贸易调整援助委员会(以下简称"援助委员会"),审议下列贸易调整援助相关事项。

(1) 综合对策等贸易调整援助基本政策和制度;

(2) 贸易调整相关援助措施的调整;

(3) 与贸易调整援助措施相关的中央行政机构协调事项;

(4) 总统令规定的贸易调整援助其他必要事项。

2. 援助委员会成员包括 1 名委员长在内不超过 15 人。

3. 委员长由财政经济部长官担任,其他委员为如下人员:

(1) 产业资源部、劳动部、企划预算处长官和总统令规定的相关行政机构长官;

(2) 财政经济部长官委任的产业或劳动相关团体推荐人士和学界专家。

4. 援助委员会应设立工作委员会以有效开展其业务。

5. 援助委员会和工作委员会组成和运行等必要事项由总统令规定。

第 15 条　贸易调整计划评估委员会

1. 为审议贸易调整计划的可行性等问题,在产业资源部设立贸易调整计划评估委员会(以下简称"评估委员会")。

2. 评估委员会成员不超过 30 名,其中包括 1 名委员长。

3. 评估委员会委员长在委员中互选产生,委员由产业资源部长官任命或委任的有关公务员和产业界学识和经验丰富人士担任。

4. 评估委员会的组成和运行等必要事项由总统令规定。

第 16 条　贸易调整援助中心的设立

1. 产业资源部长官应在根据《中小企业振兴和产品购买促进法》第 68 条第 1 款设立的中小企业振兴公团设立贸易调整援助中心,以全面开展与贸易调整援助有关的咨询、信息、公关和调查等活动,以及对贸易调整援助企业的其他援助活动。

2. 第 1 款规定的贸易调整援助中心的组织、运行和监督等必要事项由总统令规定。

第 17 条　认定的撤销等

1. 当贸易调整援助企业属于下列任何一项时,产业资源部长官可撤销根据第 6 条的认定或中止第 7 条至第 10 条(第 9-2 条除外)规定的援助,但如果企业符合第(1)项或第(2)项,则须撤销认定:

(1) 以欺骗或者其他非法手段获得贸易调整援助企业的认定;

（2）不符合第 6 条第 2 款规定的条件；

（3）在获得贸易调整援助企业认定后，未能在总统令规定的不超过 6 个月的期限内实施其贸易调整计划；

（4）在总统令规定的不超过 6 个月的期限内未能开展业务；

（5）无正当理由不提交第 19 条第 1 款规定的报告，或不履行该条第 2 款规定的报告义务。

2. 如果贸易调整援助劳动者属于下列任何一项，劳动部长官应撤销认定：

（1）通过欺骗或任何其他非法手段获得贸易调整援助劳动者的认定；

（2）不符合第 11 条第 2 款规定的条件。

第 18 条　援助金的收回等

1. 对于通过欺骗或任何其他非法手段获得本法规定援助者，产业资源部长官和劳动部长官可责令其返还全部或部分已提供援助金，并可根据总统令规定的标准，追加收取不超过通过欺骗或任何其他非法手段所获援助金相当的金额。

2. 如果根据第 1 款收到返还或追加征收令者，未能在规定期限内缴纳返还金或追加征收金，则应以国家税款滞纳金的方式处分。

第 19 条　报告

1. 贸易调整援助企业应在认定之日起 1 年后的 3 个月内向产业资源部长官提交其贸易调整计划启动报告，并应在贸易调整计划实施期结束后 3 个月内提交贸易调整计划完成报告。

2. 如果对执行贸易调整援助政策有必要，产业资源部长官可要求任何贸易调整援助企业或第 10 条下的企业结构调整组合就其业务事项提交报告。

3. 对于获得第 13 条第 2 款所述资金援助、实施与贸易调整援助劳动者迅速改变职业或重新就业相关项目人员，劳动部长官可要求其提交有关业务事项报告。

4. 根据第 1 款提交启动和完成报告、根据第 2 款和第 3 款提交报告的必要事项由总统令规定。

第 20 条　出入、检查等

1. 为核实贸易调整计划执行情况，必要时产业资源部长官可指派其管辖公务员出入贸易调整援助企业的办公室、营业场所、经营地、工厂、仓库或任何其他必要场所，检查与贸易调整有关的文件、账簿和其他物品，或向有关人员进行询问。

2. 如有必要,劳动部长官可指派其管辖公务员出入获得 13 条第 2 款所述援助者的办公室,检查与此类援助有关的文件、账簿和其他物品,或向相关人员进行询问。

3. 根据第 1 款和第 2 款出入一场所进行检查的任何公务员,应在检查日期前 7 天将检查计划告知被检查人,包括检查时间、检查理由和检查内容等。但是,如果事先通知不利于实现检查目标,或认为存在紧急情况,则前句不适用。

4. 根据第 1 款出入一场所进行检查或询问的公务员应向有关人员出示表明其权限的证件,并出示记载姓名、出入、检查和询问时间和目的等的文件。

第 21 条　听证

如果产业资源部长官或劳动部长官,根据第 17 条拟撤销贸易调整援助企业或劳动者的认定,应举行听证会。

第 22 条　授权

1. 产业资源部长官可根据总统令规定,将本法下权限部分授予其下属机构负责人、特别市市长、广域市市长、道知事或特别自治道知事。

2. 劳动部长官可根据总统令规定,将本法下权限部分授予地方劳动署长官。

第 23 条　事务委托

1. 产业资源部长官根据本法管辖的部分事务,可按总统令规定委托下列人员:

(1) 其他行政机构负责人;

(2) 根据《产业集群激活和工厂设立法》设立的韩国产业园区公团;

(3) 根据《中小企业振兴和产品购买促进法》设立的中小企业振兴公团;

(4) 总统令规定的任何其他产业相关机构或团体。

2. 劳动部长官根据本法管辖的部分事务,可按总统令规定委托下列人员:

(1) 根据《政府资助研究机构设立、运行和培育法》设立的韩国劳动研究院;

(2) 根据《韩国产业人力公团法》设立的韩国产业人力公团;

(3) 总统令规定的任何其他劳动相关机构或团体。

第 24 条　罚款

1. 符合下列任一规定者应处以 300 万韩元以下罚款:

（1）未按第 19 条规定提交报告或报告不实者；

（2）拒绝、干涉或逃避第 20 条所规定检查者。

2. 第 1 款规定的罚款，应由产业资源部长官或劳动部长官根据总统令规定征收。

3. 对第 2 款下的罚款处分不服者，可在被告知该处分之日起 30 天内向产业资源部长官或劳动部长官提出异议。

4. 若受到第 2 款罚款处分者根据第 3 款提出异议，产业资源部长官或劳动部长官应立即向管辖法院通报事实，接到通报的管辖法院将根据《非诉讼案件程序法》进行审判。

5. 在第 3 款规定的期限内不提出异议且不缴纳罚款者，应以国家税款滞纳金方式处分。

附则

第 1 条　实施日

本法自公布之日起 6 个月后实施。

第 2 条　与其他法令关系

本法实施时，如果其他法令引用了此前的《制造业等贸易调整援助法》或其规定，如果本法有与之相应规定，则可更换之前规定，引用本法或本法的相关规定。

《自由贸易协定下的贸易调整援助法》实施令

(2008 年 6 月 22 日实施,2008 年 6 月 20 日第 20844 号总统令,部分修订)

第 1 条　目的

本法令旨在规定《自由贸易协定下的贸易调整援助法》的授权事项及实施法律所需事项。

第 2 条　贸易调整援助对象行业范围

《自由贸易协定下的贸易调整援助法》(以下简称"法律")第 2 条第 2 款"总统令所规定服务业"指附表所规定的行业。

第 3 条　贸易调整援助综合对策的制定等

1. 如有必要,为制定法律第 4 条第 1 款贸易调整援助综合对策(以下简称"综合对策"),知识经济部长官和劳动部长官可要求相关行政机构长官提交所需材料。

2. 根据法律第 4 条第 3 款制定综合对策时,知识经济部长官和劳动部长官应通报相关行政机构长官,并可要求其就实施综合对策提供必要协助。

第 4 条　实际状况调查的时间和方法等

1. 依据法律第 4 条第 4 款,知识经济部长官和劳动部长官可就下列事项进行实际状况调查:

(1) 国内产业按地区和行业所遭受的贸易损失现状;

(2) 根据法律第 6 条第 1 款贸易调整援助企业(以下简称"贸易调整援助企业"),或根据法律第 11 条第 1 款贸易调整援助劳动者(以下简称"贸易调整援助劳动者")的申请和认定状况;

(3) 贸易调整援助政策成果,如贸易调整援助企业的经营情况、贸易调整援助劳动者的职业变更和再就业情况等;

(4) 掌握国内产业贸易调整和贸易损害状况所需其他事项。

2. 根据第 1 款进行的实际状况调查每两年进行一次,如果知识经济部长官或劳动部长官认为有必要,可以对特定地区或部门进行不定期调查。

3. 为进行实际状况调查,知识经济部长官和劳动部长官可要求其所管辖公务员进行现场调查,或进行书面或在线等方式的问卷调查。

4. 根据第 3 款的现场调查,应在调查前 7 天将包含调查时间、目的、内容等的调查计划通知调查对象。

第 5 条　严重损害标准等

1. 法律第 6 条第 2 款第(1)项"总统令规定的时间"指 6 个月。

2. 判断贸易损害是否属法律第 6 条第 2 款第(1)项规定的严重损害的标准如下:

(1) 遭受贸易损害的,此类损害应发生在贸易调整援助企业认定申请之日前 2 年内,并满足下列条件之一:

(a) 第 1 款规定时间内,总销售额或产量与上年同期相比下降至少 25%;

(b) 综合考虑企业营业收入、雇员人数、开工率、库存和其他有关事实情况,损害可认定为与第(a)目的规定相当。

(2) 预计遭受贸易损害的,应满足下列各项条件:

(a) 贸易损害将在贸易调整援助企业认定申请之日后 1 年内发生;

(b) 综合考虑企业营业收入、雇员人数、开工率、库存等变化,总销售额或产量的预计损失可认定为与第(1)项第(a)目的规定相当。

3. 已删除。

第 6 条　贸易调整援助企业的认定程序

1. 欲根据法律第 6 条第 1 款被认定为贸易调整援助企业的,须向知识经济部长官提交由知识经济部和劳动部联合部令(以下简称"联合部令")规定的《贸易调整援助企业认定申请书》,同时提交以下文件。在这种情况下,第(2)项规定的贸易调整计划实施期应为 5 年:

(1) 证明符合法律第 6 条第 2 款第(1)项和第(2)项条件的文件;

(2) 与法律第 6 条第 2 款第(3)项下贸易调整计划相关的文件。

2. 在收到根据第 1 款提交的贸易调整援助企业认定申请后,知识经济部长官应立即将该款第(1)项规定的文件送交根据法律第 6 条第 2 款后一部分规定(该款各项除外)设立的贸易委员会(以下简称"贸易委员会"),将该款第(2)项规定的文件送交根据法律第 15 条设立的贸易调整计划评估委员会(以下简称"评估委员会")。

3. 贸易委员会应审查根据第 2 款收到的文件,审议申请人是否符合法律第 6 条第 2 款第(1)项和第(2)项,并应在收到申请之日起 1 个月内将审议结果通知知识经济部长官。但出于审议内容复杂或申请人基于合理理由请求延长审议期限等原因,认为需要延长审议期限的,审议期限最多可延长 1 个月。

4. 已删除。

5. 评估委员会应审查根据第 2 款收到的文件,审议申请人是否符合法律第 6 条第 2 款第(3)项规定,并应在收到申请之日起 1 月内将审议结果通知知识经济部长官。

6. 在收到第 3 款和第 5 款规定的审议结果通知后,知识经济部长官应决定是否将相关企业认定为贸易调整援助企业,并立即将其决定书面通知第 1 款所述申请人和劳动部长官。

7. 审议法律第 6 条第 2 款第(1)项和第(2)项规定相关事项所需细节,由贸易委员会确定并公布,评估该款第(3)项相关事项所需细节,由知识经济部长官决定并公布。

8. 法律第 6 条第 1 款"总统令规定的时间",指贸易调整援助企业认定申请之日前 2 年。

9. 法律第 6 条第 2 款第(2)项"服务的进口",指提供如下任何服务:

(1) 在自由贸易协定成员国向大韩民国境内提供服务;

(2) 在自由贸易协定成员国境内向大韩民国居民提供服务;

(3) 自由贸易协定成员国居民在大韩民国境内通过商业存在提供服务;

(4) 自由贸易协定成员国居民通过向大韩民国境内移动提供服务。

10. 第 9 款中"居民",指下列任何人:

(1) 在有关国家有住所或居所的自然人;

(2) 总部设在有关国家的法人。

11. 第 9 款第(3)项中"商业存在",指在大韩民国境内从事提供服务的下列任何行为:

(1) 法人的成立、收购和运营;

(2) 分支机构和其他办事处的设立和运营。

12. 在判断是否为第 11 款规定的商业存在时,属于下列任一情形的国内法人应视为自由贸易协定对方国家法人:

(1) 自由贸易协定对方国家自然人,或根据自由贸易协定对方国家法律成立的法人拥有至少 50% 有表决权股份或股权的国内法人;

(2) 自由贸易协定对方国家自然人,或根据自由贸易协定对方国家法律成立的法人有权任命多数董事或依法指导其活动的国内法人。

第 7 条　融资援助申请程序等

1. 法律第 8 条第 1 款第(3)项"总统令规定的资金"指下列任一情形:

(1) 稳定经营的资金,用于消除因结构调整等造成的资金供求暂时不平衡；

（2）信息化相关系统和设备的购买或更换所需资金；

（3）技术商业化所需资金；

（4）开发国内外市场所需资金。

2. 如果根据第 6 条第 6 款认定为贸易调整援助企业欲根据法律第 8 条第 1 款获得融资援助，应按联合部令规定，在认定后 3 年内向知识经济部长官提出融资援助申请。

3. 在收到根据第 2 款提出的申请后，知识经济部长官应在考虑资金需求计划适当性、现有融资规模、偿还能力等因素后，决定是否提供融资。

4. 除第 1 款至第 3 款规定外，融资援助的标准、方法、程序等必要事项，由知识经济部长官制定并公布。

第 8 条　咨询援助申请程序等

1. 根据第 6 条第 6 款认定为贸易调整援助企业欲根据法律第 9 条第 1 款获得咨询援助，应按联合部令规定，在认定后 3 年内向知识经济部长官提出咨询援助申请。

2. 咨询援助方法、程序等必要事项由知识经济部长官制定并公布。

第 8-2 条　贸易调整援助企业认定前咨询援助程序

1. 根据法律第 9-2 条第 1 款，在被认定为贸易调整援助企业前，欲获得咨询援助的企业应根据共同部令规定，向知识经济部长官提交咨询援助申请书。

2. 知识经济部长官对认为具备法律第 9-2 条第 1 款所有条件的企业，即使未提交第 1 款下的申请，也可以在职权范围内提供经营、会计、法律事务、技术和生产等方面的咨询援助。

第 9 条　向企业结构调整组合出资方法和申请程序等

1. 根据法律第 10 条第 1 款，"总统令规定的比例"指如下相关划分的比例：

（1）法律第 10 条第 1 款下企业结构调整组合（以下简称"企业结构调整组合"）对贸易调整援助企业的投资比例（以下简称"投资比例"）超过 50％的，出资额不超过 50％；

（2）投资比例超过 30％，但小于 50％的，出资额不超过 30％；

（3）投资比例低于 30％的，出资额不超过 10％。

2. 根据法律第 10 条第 1 款，企业结构调整专门公司欲从政府获得对企业结构调整组合的出资，应在所投资企业被认定为贸易调整援助企业后 5 年内,按联合部令规定向知识经济部长官提交出资援助申请。

3. 收到根据第 2 款提交的申请后,知识经济部长官应审查投资计划等的可行性,决定是否出资,并将审查结果书面通知申请人。

4. 在根据第 3 款接受出资的企业结构调整组合出资者中,《产业发展法》第 15 条第 4 款规定的业务执行组合社员,应在每个财政年度结束后 3 个月内向知识经济部长官提交相关组合每个财政年度的结算报表,以及注册会计师书面审计意见。

5. 除第 1 款至第 4 款规定外,出资方法、程序等必要事项由知识经济部长官制定并公布。

第 10 条　贸易调整援助劳动者的认定条件等

1. 法律第 11 条第 1 款中的"劳动者代表"指符合下列任一情形者:

(1) 有超过半数劳动者组成工会的情况下,为工会代表;

(2) 无超过半数劳动者组成工会的情况下,企业半数以上劳动者的代表;

(3) 如果相关企业已停业,停业前符合第(1)项或第(2)项者;

(4) 如果相关企业已停业,且在停业前无符合第(1)项或第(2)项者,则为符合劳动部长官规定并公布标准者。

2. 法律第 11 条第 2 款第(1)项"极有可能失业"者,指根据《劳动标准法》第 26 条收到解雇预通知或以其他方式收到解雇预通知者。

3. 法律第 11 条第 2 款第(1)项"已经缩短至少总统令规定的时间"的情形,指至少 2 个月内周平均工作时间不足《劳动标准法》第 2 条第 1 款第(7)项规定的工作时间,且与前 6 个月的周平均工作时间相比至少缩短 30%。

4. 法律第 11 条第 2 款第(1)项"极有可能缩短"的情形,指包括第 3 款缩短工作时间在内的根据《工会和劳资关系调整法》签订的集体谈判协议或根据《劳动标准法》签订的劳动合同,或根据《劳动标准法》的就业规则或以其他相应方式预定缩短工作时间的情形。

5. 法律第 11 条第 2 款第(2)项第(b)目"贸易调整援助企业的供货企业",指属于下列任何一种的销售额或产量至少占其总销售额或总产量 20%的企业:

(1) 为贸易调整援助企业的商品生产供应原材料或中间产品;

(2) 贸易调整援助企业生产商品的附加或增值业务,如组装、包装等。

第 11 条　贸易调整援助劳动者的认定程序

1. 欲根据法律第 11 条第 1 款标准认定为贸易调整援助劳动者的,应按联合部令规定向劳动部长官提交申请。如果劳动者属于法律第 11 条第 2 款第(2)项第(a)目规定的范围,应自其所属企业被认定为贸易调整援助企业之日起2年内;如果劳动者属于法律第11条第2款第(2)项第(b)目至第(c)目规定的范围,则自其属于该条该款第(1)项规定的范围之日起2年内。

2. 劳动部长官应在收到申请之日起1个月内,以书面形式通知根据第1款提交申请者是否被认定为贸易调整援助劳动者。

第12条　贸易调整援助委员会的构成与运行

1. 根据法律第14条第1款设立的贸易调整援助委员会(以下简称"援助委员会")委员长,代表援助委员会全权负责各项工作。

2. 如果援助委员会委员长因特殊情况无法履行职责,应由其预先指定的成员代行委员长职务。

3. 法律第14条第1款第(4)项下"总统令规定的事项"应指以下内容:

(1) 预估贸易调整援助预算和获取资金的计划;

(2) 评估和分析贸易调整援助政策的实施绩效;

(3) 援助委员会委员长认为有效支持贸易调整所必需的其他事项。

4. 法律第14条第3款第(1)项下"总统令规定的相关行政机构长官",指教育科学技术部长官、外交通商部长官、行政安全部长官、文化体育观光部长官和广播通信委员会委员长。

5. 援助委员会成员任期2年,但公务员以其任职期为限。

6. 委员长召集援助委员会会议并任主席。

7. 如果委员长召集会议,应在会议召开前7天将会议时间、地点和议程以书面形式告知每位成员,但上述规定不适用于紧急情况或其他特殊情形。

8. 援助委员会会议法定人数为在籍成员的过半数出席,决议应以出席成员的过半数赞成通过。

9. 为处理其事务,援助委员会应设干事1名,由委员长从企划财政部公务员中任命。

10. 除第1款至第9款规定外,援助委员会运行所需事项应由委员长经援助委员会会议表决后决定。

第13条　工作委员会的构成和运行

1. 根据法律第14条第5款,工作委员会成员包括委员长在内不超过20人。

2. 工作委员会委员长由知识经济部次官担任,委员由下列人员担任。

(1) 援助委员会委员长及法律第14条第3款第(1)项委员所属行政机构高级公务员团的普通职务公务员,由所属行政机构负责人推荐、工作委员会委员长任命者；

（2）符合下列各项之一，由工作委员会委员长委任者：

（a）在大学或公认研究机构担任助理教授以上或相当职位 10 年以上者；

（b）担任律师、专利代理人、注册劳务师或注册会计师 5 年以上者；

（c）在贸易或劳务管理领域有 10 年以上工作经验的企业高管或相当经验者；

（d）贸易或劳动相关团体管理人员或卸任管理人员。

3. 工作委员会的委员任期 2 年，但公务员以其任职期为限。

4. 为处理其事务，工作委员会应设干事 1 名，由委员长从知识经济部公务员中任命。

5. 工作委员会应对提交给援助委员会的案件进行事先审查和调整。

6. 除第 1 款至第 5 款外，有关工作委员会运行所需事项，由援助委员会委员长经援助委员会会议表决后决定。

第 14 条　贸易调整计划评估委员会的构成和运行

1. 根据法律第 15 条第 1 款规定，贸易调整计划评估委员会（以下简称"评估委员会"）委员长代表评估委员会全权负责各项工作。

2. 评估委员会委员长因特殊情况无法履行职责，应由其预先指定的成员代行委员长职务。

3. 评估委员会委员由知识经济部长官从下列人员中任命或委任。

（1）法律第 14 条第 3 款第（1）项委员所属行政机构公务员；

（2）符合第 13 条第 2 款第（2）项各目任一规定者，但被委任为工作委员会委员者除外。

4. 评估委员会委员任期 2 年，但公务员以其任职期为限。

5. 评估委员会委员长召集评估委员会会议，并担任主席。

6. 如果委员长召集会议，应在会议召开前 3 天将会议时间、地点和议程以书面形式告知每位成员，但上述规定不适用于紧急情况或其他特殊情形。

7. 评估委员会会议法定人数为在籍成员的过半数出席，决议应以出席成员的过半数赞成通过。

8. 为有效开展贸易调整计划等审议工作，必要时评估委员会可设立分委员会。

第 15 条　委员的排除和回避

1. 评估委员会委员，若符合下列任何一项，不得参加评估委员会相关会议。

（1）评估委员会委员或其配偶或前配偶，是申请贸易调整援助企业认定的企业（以下简称为"相关企业"）员工或前员工；

（2）评估委员会委员与相关企业员工有亲属关系，或评估委员会委员或其所属法人担任相关企业的法律、经营等的咨询、顾问等；

（3）评估委员会委员或其所属法人为相关企业代理人或前代理人。

2. 如果相关企业难以期待评估委员会委员的审议公正，可向评估委员会提出对该委员的回避申请，评估委员会委员长若认为该回避申请妥当，应作出回避决定。

3. 评估委员会委员属第 1 款各项或第 2 款情形，本人可自行回避审议。

第 16 条　运行细则

除本令规定事项外，关于评估委员会及其分委员会的构成和运行等必要细节事项，经评估委员会会议表决后，由评估委员会委员长作出决定。

第 17 条　意见征求和材料提交

贸易委员会、援助委员会、工作委员会或评估委员会（本条和第 18 条中简称"委员会"）为审议提交委员会的议案或开展其他业务活动，必要时可邀请相关人士或专家出席并听取其意见，或要求提交必要材料。

第 18 条　津贴和旅费

在预算限制范围内，可向出席委员会会议的成员、相关人士和专家支付津贴和差旅费，但如果成员为公务员，且出席委员会会议与其管辖业务直接相关，则上述规定不适用。

第 19 条　贸易调整援助中心的构成和运行

1. 为有效推进对贸易调整援助企业的援助工作，知识经济部长官可根据法律第 16 条在贸易调整援助中心（以下简称"援助中心"）设立一个负责贸易调整援助的工作小组，成员主要由援助中心负责人、中小企业振兴公团职员组成，以及一个综合咨询办公室，主要由根据第 2 款派遣的人员组成。

2. 为执行对贸易调整援助企业的援助工作，如有必要，知识经济部长官可要求与贸易调整援助有关的法人或团体派遣其雇员到援助中心工作。

3. 援助中心负责人应在每年 2 月底前编制，并向知识经济部长官报告上一年度贸易调整援助绩效结果和本年度贸易调整援助实施计划，并在每季度结束后 1 个月内向知识经济部长官报告季度绩效。

4. 知识经济部长官可向援助中心提供必要经费，用于根据法律第 16 条有效执行对贸易调整援助企业的援助工作。

5. 除第 1 款至第 4 款规定外,援助中心的组成和运行必要事项由中心负责人经援助委员会审议后确定。

第 20 条 贸易调整援助企业认定的撤销期限

1. 法律第 17 条第 1 款第(3)项"总统令规定的期限"指 6 个月。

2. 法律第 17 条第 1 款第(4)项"总统令规定的期限"指 3 个月。

第 21 条 追加征收金标准

1. 知识经济部长官和劳动部长官应根据法律第 18 条第 1 款,对通过欺诈或其他不正当手段获得援助者追加收费,金额不超过通过欺诈或其他不正当手段所获援助金的 10%。

2. 根据法律第 18 条第 1 款返还或追加征收程序和根据第 1 款追加征收金标准详细事项,分别由知识经济部长官和劳动部长官确定并公布。

第 22 条 报告要求

1. 根据法律第 19 条第 2 款,知识经济部长官可要求贸易调整援助企业、企业结构调整组合就下列事项提交报告:

(1) 贸易调整援助企业执行贸易调整计划情况;

(2) 企业结构调整组合的投资实施情况和结果;

(3) 执行贸易调整援助政策所需的其他事项。

2. 根据法律第 19 条第 3 款,劳动部长官可要求从事与贸易调整援助劳动者迅速变更职业或再就业相关项目人员报告以下事项:

(1) 贸易调整援助劳动者迅速变更职业或再就业相关项目的实施情况;

(2) 执行贸易调整援助劳动者援助政策所需的其他事项;

(3) 根据第 6 条第 6 款认定的贸易调整援助企业,应在第 6 条第 1 款后半部分规定的贸易调整计划执行期内,在每个财政年度结束后 3 个月内就第 1 款第(1)项规定的贸易调整计划的执行情况向知识经济部长官提交报告。

第 23 条 授权

根据法律第 22 条第 2 款,劳动部长官应将其关于下列事项的权限授予地方劳动署长官:

1. 根据法律第 11 条第 2 款,认定贸易调整援助劳动者;

2. 根据法律第 12 条第 1 款,提供职业变更等所需信息及咨询;

3. 根据法律第 13 条,对职业变更或再就业的援助;

4. 根据法律第 17 条第 2 款,撤销认定;

5. 根据法律第 18 条第 1 款,收取返还金或追加征收金;

6. 根据法律第 19 条第 3 款,要求提交报告;

7.根据法律第 20 条第 2 款,出入、检查和询问;

8.根据法律第 21 条,举行听证会;

9.根据法律第 24 条第 1 款和第 2 款,征收罚款。

第 24 条　事务委托

根据法律第 23 条第 1 款,知识经济部长官应将下列事务委托该款第(3)项中小企业振兴公团:

1.根据法律第 6 条第 1 款,受理贸易调整援助企业认定申请;

2.根据法律第 6 条第 3 款,通知劳动部长官;

3.根据法律第 7 条,提供贸易调整所需信息;

4.根据法律第 8 条,为贸易调整援助企业提供融资援助;

5.根据法律第 9 条和第 9-2 条,为贸易调整援助企业和贸易调整援助申请企业提供咨询援助;

6.根据法律第 18 条第 1 款,收取返还金和追加征收金;

7.根据法律第 19 条第 1 款和第 2 款,接受贸易调整计划启动报告、贸易调整计划完成报告及报告事项;

8.根据第 9 条第 2 款,受理出资援助申请;

9.根据第 9 条第 3 款,审查投资计划的可行性,并通知审查结果;

10.根据第 9 条第 4 款,接受每个财政年度的结算报表。

附则

本令自 2008 年 6 月 22 日起实施。

《贸易调整援助法》

(2022年4月20日实施,2021年10月19日第18503号法律,部分修订)

第1条 目的

本法旨在通过制定有效措施,对在履行政府所达成自由贸易协定或通商环境急剧变化过程中,遭受或将遭受损害的制造业或服务业企业及其劳动者提供援助,以促进国民经济的均衡发展。

第2条 定义

本法所用术语定义如下:

1. "自由贸易协定",指大韩民国与任何其他国家或区域贸易集团就贸易自由化达成的国际协定,包括有关降低或取消商品、服务等关税和扩大市场准入等事项。

2. "贸易调整",指为最大限度减少或克服制造业或总统令所规定服务业(以下简称"贸易调整援助对象行业")企业或其劳动者,在履行自由贸易协定过程中所遭受或将遭受确切损害(以下简称"贸易损害")所需要的活动。

3. "通商损失应对",指为最大限度减少或克服贸易调整援助对象行业企业或其劳动者,因国际供应链崩溃等通商环境剧变等所遭受或将遭受确切损害所需要的活动。

第3条 援助基本原则

政府应在《建立世界贸易组织的马拉喀什协定》允许范围内,根据本法为有效的贸易调整和通商损失应对提供必要援助。

第4条 贸易调整援助综合对策的制定

1. 产业通商资源部长官与雇佣劳动部长官应共同制定贸易调整援助综合对策(以下简称"综合对策"),以对贸易调整提供有效援助。

2. 综合对策应包括如下事项:

(1) 贸易调整的援助对策;

(2) 与贸易调整有关的制度完善;

(3) 有效促进贸易调整援助的其他必要事项。

3. 已删除。

4. 如有必要,为制定综合对策,产业通商资源部长官与雇佣劳动部长官可对贸易损害和贸易调整实际状况进行调查(以下简称"实际状况调查")。

5. 综合对策的制定方法、实际状况调查的时间和方法等必要事项由总统令规定。

第 5 条　调查、研究等

为贸易调整和通商损失应对援助政策制定及制度改善,产业通商资源部长官和雇佣劳动部长官可进行必要的调查和研究。

第 5-2 条　稳定经营和确保竞争力的咨询援助

1. 如果至少在总统令规定的时间内贸易调整援助对象行业的任何企业符合下列各项条件,产业通商资源部长官可向该企业提供贸易调整所需的有关商业管理、会计、法律事务、技术、生产等方面的咨询援助:

(1) 企业在总统令规定的时间至少 6 个月内符合下列条件之一:

(a) 企业的总销售额或产量至少按照总统令规定的幅度下降或肯定将下降;

(b) 综合考虑企业的营业收入、雇员人数、开工率、库存等,贸易损失相当于或肯定相当于第(a)目规定;

(2) 与企业生产的商品或服务同类的商品或服务的进口,或与之直接竞争的商品或服务的进口(限从自由贸易协定其他签署国进口)增加,是第(1)项所规定损害的主要原因。

2. 根据第 1 款提供援助的方法和程序等必要事项由总统令规定。

第 6 条　贸易调整援助企业的认定等

1. 如果至少在总统令规定的时间内,贸易调整援助对象行业的任何企业遭受了任何贸易损害,可向产业通商资源部长官提出申请,要求认定为第 7 条至第 10 条所规定的贸易调整援助的受援企业(以下简称"贸易调整援助企业")。

2. 产业通商资源部长官在收到第 1 款所述申请后,如果该企业符合下列各项条件,可认定其为贸易调整援助企业:

(1) 企业遭受或肯定将遭受严重损害(在总统令规定的时间至少 6 个月内,总销售额或产量至少以总统令规定的 5%至 10%的幅度减少,或综合考虑企业营业收入、雇员人数、开工率、库存等,总销售额或产量至少以总统令规定的 5%至 10%的幅度减少);

(2) 与企业生产的商品或服务同类的商品和服务的进口,或与之直接竞

争的商品和服务的进口(限从自由贸易协定其他签署国进口)增加,是第(1)项所规定损害的主要原因;

(3) 已删除。

3. 已删除。

4. 如果认为有必要核查第2款各项条件,产业通商资源部长官可要求任何有关行政机构或企业等提供相关资料等必要协助。在此情况下,收到此类请求的相关行政机构长官应遵从该请求,但特殊情形除外。

5. 在认定贸易调整援助企业时,产业通商资源部长官应及时将事实通知雇佣劳动部长官。

6. 第1款规定的认定申请程序,第2款规定的认定程序,第2款第(1)项规定的严重损害标准,第2款第(2)项规定的同类商品和服务、直接竞争商品和服务及服务进口范围,第4款规定的协助请求等必要事项由总统令规定。

第7条 贸易调整所需信息的提供

1. 产业通商资源部长官应向贸易调整援助企业提供有关资金、人力资源、技术、市场、选址等贸易调整所需信息。

2. 产业通商资源部长官应制定根据第1款提供信息所需政策。

3. 产业通商资源部长官可要求相关中央行政机构、地方政府和由《公共机构管理法》规定的任何公共机构(以下简称"相关行政机构")长官,提交根据第1款提供信息所需数据资料。

第8条 贸易调整计划制定或实施所需咨询援助

1. 产业通商资源部长官可为贸易调整援助企业制定或实施业务转换等贸易调整计划(以下简称"贸易调整计划"),提供所需商业管理、会计、法律事务、技术、生产等咨询援助。

2. 根据第1款规定的援助方法和程序等必要事项由总统令规定。

第9条 短期经营稳定和确保竞争力的融资援助

1. 政府可从《中小企业振兴法》第63条设立的中小风险企业创业和振兴基金向贸易调整援助企业提供融资,以支付业务转换等实施贸易调整计划所需下列资金:

(1) 生产设施运行和维护所需原材料和辅助材料的购置资金;

(2) 技术开发、设施投资、选择确保和人力资源培训等资金;

(3) 总统令规定的短期内稳定经营或确保竞争力所需任何其他资金。

2. 贸易调整援助企业欲根据第1款获得融资援助,应向产业通商资源部长官提交融资申请和贸易调整计划。

3. 如果贸易调整援助企业提交的第 2 款规定的贸易调整计划包含与劳动者有关的事项,产业通商资源部长官应将该事实通知雇佣劳动部长官。

4. 产业通商资源部长官在审查贸易调整援助企业根据第 2 款所提交贸易调整计划是否适合确保企业竞争力后,应决定是否提供融资援助。

5. 如果贸易调整援助企业在获得融资援助后 6 个月内未能在总统令规定期限内执行贸易调整计划,产业通商资源部长官可停止融资援助。

6. 第 1 款规定的融资标准、对象、规模、方法和程序等必要事项由总统令规定。

第 9-2 条

已删除。

第 10 条   向企业结构改善机构专用私募基金出资

1. 如果根据《产业发展法》第 20 条设立的企业结构改善机构专用私募基金欲投资于贸易调整援助企业,政府可按总统令规定的比例,在此类基金投资金额的 50% 内进行出资。

2. 第 1 款规定的出资方法和程序等必要事项由总统令规定。

第 11 条   贸易调整援助劳动者的认定等

1. 遭受贸易损害的贸易调整援助对象行业企业劳动者代表或业主,可向雇佣劳动部长官提出申请,要求将符合第 2 款条件的劳动者认定为第 12 条和第 13 条所规定贸易调整援助的受援劳动者(以下简称"贸易调整援助劳动者")。

2. 如果劳动者符合下列各项条件,雇佣劳动部长官可依职权或在收到根据第 1 款提出的申请后,认定其为贸易调整援助劳动者:

(1)已失业或极有可能失业,或工作时间已经或极有可能缩短至少总统令规定的时间;

(2)下列任一企业的所属劳动者(包括失业者):

(a)已删除;

(b)贸易调整援助企业的供货企业;

(c)因自由贸易协定实施导致进口商品增加,将与进口商品同类或直接竞争商品的生产设施移至海外的企业;

(d)符合第 6 条第 2 款第(1)项和第(2)项条件的企业,但因未提出申请而未被认定为贸易调整援助企业者。

3. 如果根据第 6 条被认定为贸易调整援助企业,所属劳动者(包括贸易调整援助企业认定申请日前 2 年内失业劳动者)应根据第 2 款认定为贸易调整援助劳动者。

4. 第 1 款和第 2 款规定的申请人资格、申请和认定的方法和程序、贸易调整援助企业的供货企业范围等相关事项由总统令规定。

第 12 条　变更职业等所需信息的提供等

1. 雇佣劳动部长官应向贸易调整援助劳动者提供改变职业或再就业所需信息,如关于产业趋势、人才需求、职业培训和创业等信息,并向其提供改变职业或再就业所需咨询。

2. 雇佣劳动部长官应为根据第 1 款提供信息和咨询制定必要政策。

3. 雇佣劳动部长官可要求相关行政机构长官提供有关职业变更和再就业的资料。

第 13 条　职业变更等的援助政策

1. 雇佣劳动部长官可利用《雇佣政策基本法》或《雇佣保险法》所规定的各项援助政策,为贸易调整援助劳动者迅速改变职业或重新就业提供援助。

2. 雇佣劳动部长官可在预算限度内,向实施与贸易调整援助劳动者迅速改变职业或重新就业相关项目人员提供必要的资金支持。

第 13-2 条　个体经营者援助特例

雇佣劳动部长官可向遭受贸易损害而停业的个体经营者(指《增值税法》第 3 条第 1 款所定义的独立从事贸易调整援助对象行业,且未雇用正式员工的经营者)提供第 12 条和第 13 条规定的援助。

第 14 条　通商损失援助企业的认定等

1. 为向从事贸易调整援助对象行业企业的通商损失应对提供有效援助,产业通商资源部长官可接受申请,对需要援助的企业(以下简称"通商损失援助企业")作出认定。

2. 依据第 1 款认定通商损失援助企业时,产业通商资源部长官应提前与相关中央行政机构负责人按总统令确定的程序对其必要性等进行协商,并将援助对象、援助内容、援助期限、认定申请方法等公布于政府公报和网站。

3. 根据第 1 款和第 2 款被认定为通商损失援助企业的,应符合下列各项条件。

(1) 企业已经或肯定将遭受下列任何一项通商损失:

(a) 以至少 6 个月为基准,与上年同期相比,总销售额或产量减少 5% 以上;

(b) 以至少 6 个月为基准,与上年同期相比,综合考虑营业收入、雇员人数、开工率、库存等,损失相当于总销售额或产量减少5%以上。

(2) 第(1)项下通商损失的主要原因应符合以下任何一项:

(a) 全球经济和金融危机导致贸易显著减少;

(b) 全球或局部地区供应链崩溃导致贸易显著下降;

(c) 对方国家贸易限制等措施导致贸易环境显著恶化;

(d) 因国家间纷争、边境封锁等造成人员、物资流动限制而产生的贸易显著减少;

(e) 对企业销售和雇佣造成重大损害的其他贸易和通商环境的急剧变化。

4. 尽管有第3款规定,考虑到通商损失的程度等因素,产业通商资源部长官在必要时可根据总统令规定,调整该款第(1)项规定的损失计算期、销售额、产量减少比例。在此情况下,应将调整后的内容公布于政府公报和网站。

5. 如果认为有必要核查第3款和第4款所述条件,产业通商资源部长官可要求相关行政机构或企业等提供相关数据等必要协助。在此情况下,收到此类请求的相关行政机构长官应遵从该请求,但特殊情形除外。

6. 在认定通商损失援助企业时,产业通商资源部长官应及时将事实通知雇佣劳动部长官。

7. 对通商损失援助企业的援助适用第5-2条(该条第1款第(2)项除外)、第7条至第10条。在此情况下,"贸易调整"视作"通商损失应对","贸易损害"视作"通商损失","贸易调整援助企业"视作"通商损失援助企业","贸易调整计划"视作"通商损失应对计划"。

8. 为尽量减少或消除通商损失,除第7款下的援助外,如果需要追加援助,产业通商资源部长官可依据总统令要求相关行政机构采取必要措施。在此情况下,收到此类请求的相关行政机构长官应遵从该请求,但特殊情形除外。

9. 除第1款至第8款规定的事项,通商损失援助企业的认定和援助所需事项由总统令规定。

第15条 通商损失援助劳动者的认定等

1. 遭受通商损失的贸易调整援助对象行业企业所属劳动者,如果符合下列各项条件,雇佣劳动部长官可接受其劳动者代表或业主提出的申请,或依据职权,认定第3款规定的通商损失援助受援劳动者(以下简称"通商损失援助劳动者")。

（1）已失去或极有可能失去工作，或工作时间已经或极有可能缩短至少总统令规定的时间；

（2）下列任一企业的所属劳动者（包括失业者）：

（a）遭商损失援助企业的供货企业；

（b）符合第 14 条第 3 款和第 4 款条件的企业，但因未提出申请而未被认定为通商损失援助企业的。

2. 如果根据第 14 条被认定为通商损失援助企业，所属劳动者（包括通商损失援助企业认定申请日之后失业者）应根据第 1 款认定为通商损失援助劳动者。

3. 对通商损失援助劳动者（包括根据第 2 款认定的通商损失援助劳动者）、通商损失援助劳动者迅速变更职业或再就业相关项目实施者，以及因通商损失而停业个体经营者的援助，适用第 12 条、第 13 条和第 13-2 条。在此情况下，"贸易损害"视作"通商损失"，"贸易调整援助劳动者"视作"通商损失援助劳动者"。

4. 除第 1 款至第 3 款规定外，通商损失援助劳动者的认定及援助所需事项由总统令规定。

第 16 条　贸易调整援助中心的设立

1. 产业通商资源部长官应在根据《中小企业振兴法》第 68 条第 1 款设立的中小风险企业振兴公团设立贸易调整援助中心，以全面开展与贸易调整援助有关的下列工作：

（1）与贸易调整援助有关的咨询、指导、宣传和调查；

（2）协助遭受任何贸易损害的企业准备必要文件，以根据第 6 条第 1 款申请贸易调整援助企业的认定，并代表该企业提出申请；

（3）贸易调整援助企业的其他援助活动。

2. 第 1 款规定的贸易调整援助中心的组织、运行和监督等必要事项由总统令规定。

第 16-2 条　专门机构的指定

1. 产业通商资源部长官或雇佣劳动部长官可指定专门机构，根据第 14 条或第 15 条，向通商损失援助企业或通商损失援助劳动者提供有效援助。

2. 第 1 款规定的专门机构指定及撤销等必要事项，由总统令规定。

第 17 条　认定的撤销等

1. 当贸易调整援助企业或通商损失援助企业属于下列任何一项时，产业通商资源部长官可撤销根据第 6 条或第 14 条的认定或中止第 7 条至第

10条(包括根据第14条第7款的适用情形)规定的援助,但如果企业符合第(1)项或第(2)项,则须撤销认定:

(1)以欺骗或者其他非法手段取得贸易调整援助或通商损失援助资格认定的企业;

(2)不符合第6条第2款或第14条第3款、第4款规定的条件;

(3)已删除;

(4)在总统令规定的不超过6个月的期限内未能开展业务;

(5)无正当理由不提交第19条第2款规定的报告。

2.如果贸易调整援助劳动者或通商损失援助劳动者属于下列任何一项,雇佣劳动部长官应撤销认定:

(1)通过欺骗或任何其他非法手段获得贸易调整援助劳动者或通商损失援助劳动者的认定;

(2)不符合第11条第2款或第15条第1款规定的条件。

第18条　援助金的收回等

1.对于通过欺骗或任何其他非法手段获得本法规定援助者,产业通商资源部长官和雇佣劳动部长官可责令其返还全部或部分已提供援助金,并可根据总统令规定的标准,追加收取不超过通过欺骗或任何其他非法手段所获援助金相当的金额。

2.如果根据第1款收到返还或追加征收令者,未能在规定期限内缴纳返还金或追加征收金,则应以国家税款滞纳金的方式处分。

第19条　报告

1.已删除。

2.如果对执行贸易调整援助或通商损失应对援助政策有必要,产业通商资源部长官可要求任何贸易调整援助企业、通商损失援助企业或第10条第1款下的企业结构改善机构专用私募基金就其业务事项提交报告。

3.对于获得第13条第2款(包括第15条第3款的适用情形)所述资金援助、实施与贸易调整援助劳动者,或通商损失援助劳动者迅速改变职业或重新就业相关项目人员,雇佣劳动部长官可要求其提交有关业务事项报告。

4.根据第2款和第3款提交报告的必要事项,由总统令规定。

第20条　出入、检查等

1.为核实贸易调整计划或通商损失应对计划的执行情况,必要时产业通商资源部长官可指派其管辖公务员出入贸易调整援助企业或通商损失援助企业的办公室、营业场所、经营场地、工厂、仓库或任何其他必要场所,检查与贸易调整有关的文件、账簿和其他物品，或向有关人员进行询问。

2. 如有必要，雇佣劳动部长官可指派其管辖公务员出入获得第 13 条第 2 款（包括根据第 15 条第 3 款的适用情形）所述援助者的办公室，检查与此类援助有关的文件、账簿和其他物品，或向相关人员进行询问。

3. 根据第 1 款和第 2 款出入一场所进行检查的任何公务员，应在检查日期前 7 天将检查计划告知被检查人，包括检查时间、检查理由和检查内容等。但是，如果事先通知不利于实现检查目标，或认为存在紧急情况，则前句不适用。

4. 根据第 1 款出入一场所进行检查或询问的公务员，应向有关人员出示表明其权限的证件，并出示记载姓名、出入、检查和询问时间和目的等的文件。

第 21 条　听证

如果产业通商资源部长官或雇佣劳动部长官根据第 17 条拟撤销贸易调整援助企业或劳动者、通商损失援助企业或劳动者的认定，应举行听证会。

第 22 条　授权

1. 产业通商资源部长官可根据总统令规定，将本法下权限部分授予其下属机构负责人、特别市市长、广域市市长、特别自治市市长、道知事或特别自治道知事。

2. 雇佣劳动部长官可根据总统令规定，将本法下权限部分授予地方雇佣劳动署长官。

第 23 条　事务委托

1. 产业通商资源部长官根据本法管辖的部分事务，可按总统令规定委托给下列人员：

（1）其他行政机构负责人；

（2）根据《产业集群激活和工厂设立法》设立的韩国产业园区公团；

（3）根据《中小企业振兴法》设立的中小风险企业振兴公团；

（4）总统令规定的任何其他产业相关机构或团体。

2. 雇佣劳动部长官根据本法管辖的部分事务，可按总统令规定委托给下列人员：

（1）根据《政府资助研究机构设立、运行和培育法》设立的韩国劳动研究院；

（2）根据《韩国产业人力公团法》设立的韩国产业人力公团；

（3）总统令规定的任何其他劳动相关机构或团体。

第 24 条　罚款

1. 符合下列任一规定者应处以 300 万韩元以下罚款：

（1）未按第 19 条规定提交报告或报告不实者。

（2）拒绝、干涉或逃避根据第 20 条接受检查者。

2. 第 1 款规定的罚款，应由产业通商资源部长官或雇佣劳动部长官根据总统令规定征收。

3—5 已删除。

附则

第 1 条　实施日

本法自公布之日起 6 个月实施。

第 2 条　其他法律的修改

1.《税收特例限制法》部分修改如下：

第 33 条第 1 款全段中《自由贸易协定下的贸易调整援助法》改为《贸易调整援助法》。

2.《地方税特例限制法》部分修改如下：

第 121 条第 1 款正文中《自由贸易协定下的贸易调整援助法》改为《贸易调整援助法》。

《贸易调整援助法》实施令

(2022 年 4 月 20 日实施,2022 年 4 月 19 日第 32588 号总统令,部分修订)

第 1 条　目的

本法令旨在规定《贸易调整援助法》的授权事项及实施该法所需事项。

第 2 条　贸易调整援助对象行业范围

《贸易调整援助法》(以下简称"法律")第 2 条第 2 款"总统令所规定服务业"指附表 1 所规定的行业。

第 3 条　贸易调整援助综合对策的制定等

1. 如有必要,为制定法律第 4 条第 1 款贸易调整援助综合对策(以下简称"综合对策"),产业通商资源部长官和雇佣劳动部长官可要求相关行政机构长官提交所需材料。

2. 制定综合对策时,产业通商资源部长官和雇佣劳动部长官应通报相关行政机构长官,并可要求其就实施综合对策提供必要协助。

第 4 条　实际状况调查的时间和方法等

1. 依据法律第 4 条第 4 款,产业通商资源部长官和雇佣劳动部长官可就下列事项进行实际状况调查:

(1) 国内产业按地区和行业所遭受的贸易损害现状;

(2) 根据法律第 6 条第 1 款贸易调整援助企业(以下简称"贸易调整援助企业")或根据法律第 11 条第 1 款贸易调整援助劳动者(以下简称"贸易调整援助劳动者")的申请和认定状况;

(3) 贸易调整援助政策成果,如贸易调整援助企业的经营状况、贸易调整援助劳动者的职业变更和再就业状况等;

(4) 掌握国内产业贸易调整和贸易损害状况所需其他事项。

2. 根据第 1 款进行的实际状况调查每两年进行一次,如果产业通商资源部长官或雇佣劳动部长官认为有必要,可以对特定地区或部门进行不定期调查。

3. 为进行实际状况调查,产业通商资源部长官和雇佣劳动部长官可要求其所管辖公务员进行现场调查,或进行书面或在线等方式的问卷调查。

4. 根据第 3 款的现场调查,应在调查前 7 天将包含调查时间、目的、内容等的调查计划通知调查对象。

第 4-2 条　稳定经营和确保竞争力的咨询援助

1. 法律第 5-2 条第 1 款(该款各项除外)中"总统令规定的时间",指稳定经营和确保竞争力的咨询援助申请之日前 2 年。

2. 法律第 5-2 条第 1 款第(1)项(该项各目除外)中"总统令规定的时间",指根据下列相关划分的期限内 6 个月(考虑到企业的结算情况等,产业通商资源部长官认为有必要时,为 1 年):

(1) 企业的总销售额或产量下降:为申请稳定经营和确保竞争力的咨询援助之日前 2 年内;

(2) 企业的总销售额或产量肯定将下降:为申请稳定经营和确保竞争力的咨询援助之日后 1 年内。

3. 法律第 5-2 条第 1 款第(1)项第(a)目中的"企业的总销售额或产量至少按照总统令规定的幅度下降或肯定将下降",指在第 2 款(该款各项除外)规定的时间内,总销售额或生产量与上年同期总销售额或产量相比,下降或肯定将下降 5% 以上。

第 4-3 条　稳定经营和确保竞争力的咨询援助程序

1. 根据法律第 5-2 条第 1 款,欲获得咨询援助者须向产业通商资源部长官提交该部部令规定的《稳定经营和确保竞争力咨询援助申请书》,并附文件证明其符合法律第 5-2 条第 1 款各项条件。

2. 收到根据第 1 款下的申请后,产业通商资源部长官应根据《电子政府法》第 36 条第 1 款,通过共享行政信息确认下列事项。但是,若申请人不同意核查营业登记证的,应当附上营业登记证明。

(1) 法人登记证(仅限申请人是法人);

(2) 营业登记证明。

3. 除第 1 款和第 2 款规定的事项外,有关稳定经营和确保竞争力的咨询援助方法等必要事项,由产业通商资源部长官规定并公布。

第 5 条　严重损害标准等

1. 法律第 6 条第 2 款第(1)项"总统令规定的时间",指 6 个月(考虑到企业的结算情况等,产业通商资源部长官认为必要时,为 1 年)。

2. 判断贸易损害是否属法律第 6 条第 2 款第(1)项规定的严重损害的标准如下:

(1) 遭受贸易损害的,此类损害应发生在贸易调整援助企业认定申请之

日前 2 年内,并满足下列条件之一:

(a) 第 1 款规定时间内,总销售额或产量与上年同期相比下降至少 10％;

(b) 综合考虑企业营业收入、雇员人数、开工率、库存和其他有关事实情况,损害可认为与第(a)目的规定相当。

(2) 预计遭受贸易损害的,应满足下列各项条件:

(a) 贸易损害将在贸易调整援助企业认定申请之日后 1 年内发生;

(b) 综合考虑企业营业收入、雇员人数、开工率、库存等变化,总销售额或产量的预计损失可认为与第(1)项第(a)目的规定相当。

3. 已删除。

第 6 条　贸易调整援助企业的认定程序

1. 欲根据法律第 6 条第 1 款被认定为贸易调整援助企业的,须向产业通商资源部长官提交由产业通商资源部和雇佣劳动部联合部令(以下简称"联合部令")规定的《贸易调整援助企业认定申请书》,并附文件证明其符合法律第 6 条第 2 款第(1)项和第(2)项条件。

(1) 已删除。

(2) 已删除。

2. 已删除。

3. 收到根据第 1 款提出的申请后,产业通商资源部长官应在申请书收到之日起 30 日内作出是否认定的决定。但是,若认为确认法律第 6 条第 2 款第(1)项和第(2)项规定的条件需要延长时间,则延长不超过 30 天。

4. 已删除。

5. 已删除。

6. 产业通商资源部长官根据第 3 款的认定决定,应当书面告知申请人及雇佣劳动部长官。

7. 确认法律第 6 条第 2 款第(1)项和第(2)项条件的细节,应由产业通商资源部长官规定并公布。

8. 法律第 6 条第 1 款"总统令规定的时间",指贸易调整援助企业认定申请日前 2 年。

9. 法律第 6 条第 2 款第(2)项"同类商品和服务",指下列商品和服务:

(1) 产业通商资源部长官认可的具有相同物理特征(包括成分)、质量、用途和分销路径,以及具有《〈关税法〉实施令》第 98 条规定的关税和统计综合分类表下相同编码的商品,或与之相当的商品;

(2) 产业通商资源部长官认可的具有相同提供方式、目的、用途、质量、消费者范围和监管法规的服务,或与之相当的服务。

10. 法律第6条第2款第(2)项"直接竞争的商品和服务",指即使不属于第9款规定的同类商品和服务,但其用途或消费者评价相同或在商业用途上可以相互替代的商品和服务。

11. 法律第6条第2款第(2)项"服务的进口",指提供如下任何服务:

(1) 在自由贸易协定成员国向大韩民国境内提供服务;

(2) 在自由贸易协定成员国境内向大韩民国居民提供服务;

(3) 自由贸易协定成员国居民在大韩民国境内通过商业存在提供服务;

(4) 自由贸易协定成员国居民通过向大韩民国境内移动提供服务。

12. 第11款中"居民",指下列任何人:

(1) 在有关国家有住所或居所的自然人;

(2) 总部设在有关国家的法人。

13. 第11款第(3)项中"商业存在",指在大韩民国境内从事提供服务的下列任何行为:

(1) 法人的成立、收购和运营;

(2) 分支机构和其他办事处的设立和运营。

14. 在判断是否为第13款规定的商业存在时,属于下列任何一情形的国内法人应视为自由贸易协定对方国家法人:

(1) 自由贸易协定对方国家自然人,或根据自由贸易协定对方国家法律成立的法人拥有至少50%有表决权股份或股权的国内法人;

(2) 自由贸易协定对方国家自然人,或根据自由贸易协定对方国家法律成立的法人有权任命多数董事或依法指导其活动的国内法人。

第7条 咨询援助申请程序等

1. 贸易调整援助企业欲根据法律第8条第1款获得咨询援助,应按联合部令规定,在认定后3年内向产业通商资源部长官提出咨询援助申请。

2. 除第1款规定事项外,咨询援助方法、程序等必要事项由产业通商资源部长官制定并公布。

第8条 融资援助申请程序等

1. 贸易调整援助企业欲根据法律第9条第1款获得融资援助,应按联合部令规定,在认定后3年内向产业通商资源部长官提交法律第9条第2款下的融资援助申请和贸易调整计划(以下简称"贸易调整计划")。

2. 第1款下贸易调整计划的实施期为5年。

3. 法律第9条第1款第(3)项"总统令规定的资金"指下列任一情形:

（1）稳定经营的资金，用于消除因结构调整等造成的资金供求暂时不平衡；

（2）信息化相关系统和设备的购买或更换所需资金；

（3）技术商业化所需资金；

（4）开发国内外市场所需资金。

4. 法律第 9 条第 5 款"总统令规定的期限"为 6 个月。

5. 除第 1 款至第 4 款规定外，贸易调整计划可行性评估标准和融资援助的标准、对象、规模、方法、程序等必要事项，由产业通商资源部长官制定并公布。

第 8-2 条

已删除。

第 9 条　向企业结构改善机构专用私募基金出资方法和申请程序等

1. 根据法律第 10 条第 1 款，"总统令规定的比例"，指如下相关划分的比例：

（1）法律第 10 条第 1 款下企业结构改善机构专用私募基金（以下简称"企业结构改善机构专用私募基金"）对贸易调整援助企业的投资比例（以下简称"投资比例"）超过 50%的，出资额不超过 50%；

（2）投资比例超过 30%，但小于 50%的，出资额不超过 30%；

（3）投资比例低于 30%的，出资额不超过 10%。

2. 根据法律第 10 条第 1 款，《资本市场和金融投资业法》第 249 条第 14 款规定的业务执行社员（以下简称"业务执行社员"）欲从政府获得向企业结构改善机构专用私募基金的出资，应在该私募基金所投资企业被认定为贸易调整援助企业后 5 年内，按联合部令规定向产业通商资源部长官提交出资援助申请。

3. 收到根据第 2 款提交的申请后，产业通商资源部长官应审查投资计划等的可行性，决定是否进行出资，并将审查结果书面通知申请人。

4. 根据第 3 款获得出资的企业结构改善机构专用私募基金业务执行社员，应在每个财政年度结束后 3 个月内，向产业通商资源部长官提交该基金每个财政年度的结算报表，以及注册会计师书面审计意见。

5. 除第 1 款至第 4 款规定外，出资方法和程序等必要事项由产业通商资源部长官制定并公布。

第 10 条　贸易调整援助劳动者的认定条件等

1. 法律第 11 条第 1 款中的"劳动者代表"，指符合下列任一情形者：

（1）有超过半数劳动者组成工会的情况下，为工会代表；

（2）无超过半数劳动者组成工会的情况下，企业半数以上劳动者的代表；

（3）如果相关企业已停业，停业前符合第（1）项或第（2）项者；

（4）如果相关企业已停业，且在停业前无符合第（1）项或第（2）项的人员，则为符合雇佣劳动部长官规定并公布标准者。

2.法律第 11 条第 2 款第（1）项"极有可能失业"者，指根据《劳动标准法》第 26 条收到解雇预通知或以其他方式收到解雇预通知者。

3.法律第 11 条第 2 款第（1）项"工作时间已经缩短至总统令规定的时间"的情形，指至少 2 个月内周平均工作时间比《劳动标准法》规定的工作时间短，且与前 6 个月的周平均工作时间相比至少缩短 30％。

4.法律第 11 条第 2 款第（1）项"极有可能缩短"的情形，指包括第 3 款缩短工作时间在内的根据《工会和劳资关系调整法》签订的集体谈判协议或根据《劳动标准法》签订的劳动合同，或根据《劳动标准法》的就业规则或以其他相应方式预定缩短工作时间的情形。

5.法律第 11 条第 2 款第（2）项第（b）目"贸易调整援助企业的供货企业"，指属于下列任何一种的销售额或产量至少占其总销售额或产量 20％的企业：

（1）为贸易调整援助企业的商品生产供应原材料或中间产品；

（2）贸易调整援助企业生产商品的附加或增值业务，如组装、包装等。

第 11 条　贸易调整援助劳动者的认定程序

1.欲根据法律第 11 条第 1 款标准认定为贸易调整援助劳动者的，应按联合部令规定自其属于该条第 2 款第（1）项规定之日起 2 年内向雇佣劳动部长官提交申请。

2.雇佣劳动部长官应在收到申请之日起 1 个月内，以书面形式通知根据第 1 款提交申请者是否被认定为贸易调整援助劳动者。

第 12 条

已删除。

第 13 条

已删除。

第 14 条

已删除。

第 15 条

已删除。

第 16 条

已删除。

第 17 条

已删除。

第 18 条

已删除。

第 18-2 条　通商损失援助企业的认定等

1. 产业通商资源部长官根据法律第 14 条第 2 款,与相关中央行政机构负责人协商该条第 1 款规定的认定必要性等时,须经根据《通商条约国内对策委员会规定》设立的通商条约国内对策委员会(以下简称"通商条约国内对策委员会")的审议。

2. 相关中央行政机构负责人可要求产业通商资源部长官,向根据《对外经济长官会议规定》举行的对外经济长官会议提交根据法律第 14 条第 1 款提供援助的原则、方向等相关议案。

3. 欲根据法律第 14 条第 1 款被认定为援助企业的,须向产业通商资源部长官提交共同部令规定的《通商损失援助企业认定申请书》,并附文件证明其符合该条第 3 款各项条件。

4. 收到第 3 款规定的《通商损失援助企业认定申请书》后,产业通商资源部长官应在受理日起 30 天内决定是否认定。但是,如有不得已情况,可延长认定期限一次,时间不超过 30 天。

5. 产业通商资源部长官根据第 4 款的认定决定,应当书面告知申请人和雇佣劳动部长官。

6. 产业通商资源部长官根据法律第 14 条第 4 款前段,欲调整损失计算期和销售额、生产量减少比例时,须经通商条约国内对策委员会审议。

7. 对于根据法律第 14 条第 1 款认定为通商损失援助企业(以下简称"通商损失援助企业"),产业通商资源部长官认为,其稳定经营、维持雇佣、开拓销路、原材料供求和提高生产效率等需要追加援助,可经通商条约国内对策委员会审议,要求相关行政机构负责人采取必要措施。

第 18-3 条　通商损失援助劳动者的认定标准

根据法律第 15 条第 1 款,对于遭受通商损失的劳动者认定为通商损失援助劳动者的标准,适用第 10 条第 2 款至第 5 款规定。在此种情况下,"贸易调整援助企业"视为"通商损失援助企业"。

第 18-4 条　通商损失援助劳动者的认定程序

1. 欲根据法律第 15 条第 1 款申请认定为通商损失援助劳动者的,应从其符合该款第(1)项之日起 2 年内,根据共同部令规定,向雇佣劳动部长官提交《通商损失援助劳动者认定申请书》。

2. 雇佣劳动部长官收到根据第 1 款提交的《通商损失援助劳动者认定申请书》,应从受理日起 30 天内以书面形式告知申请人是否认定。

第 19 条　贸易调整援助中心的构成和运行

1. 为有效推进对贸易调整援助企业的援助工作,产业通商资源部长官可根据法律第 16 条在贸易调整援助中心(以下简称"援助中心")设立一个负责贸易调整援助的工作小组,成员主要由援助中心负责人、中小风险企业振兴公团职员组成,以及一个综合咨询办公室,主要由根据第 2 款派遣的人员组成。

2. 为执行对贸易调整援助企业的援助工作,如有必要,产业通商资源部长官可要求与贸易调整援助有关的法人或团体派遣其雇员到援助中心工作。

3. 援助中心负责人应在每年 2 月底前编制,并向产业通商资源部长官报告上一年度贸易调整援助绩效结果和本年度贸易调整援助实施计划,并在每季度结束后 1 个月内向产业通商资源部长官报告季度绩效。

4. 产业通商资源部长官可向援助中心提供必要经费,用于根据法律第 16 条有效执行对贸易调整援助企业的援助工作。

5. 除第 1 款至第 4 款规定外,援助中心的组成和运行必要事项由中心负责人规定。

第 19-2 条　通商损失援助专门机构的指定等

1. 根据法律第 16-2 条第 1 款,产业通商资源部长官或雇佣劳动部长官可经通商条约国内对策委员会审议,指定下列机构或团体专门负责通商损失援助企业或通商损失援助劳动者的援助工作:

(1)《公共机构管理法》第 4 条规定的公共机构;

(2) 根据《政府资助研究机构设立、运行和培育法》,受政府资助的研究机构;

(3) 产业通商资源部长官或雇佣劳动部长官认为具备通商损失应对援助所需专业人员和专门组织的机构或团体。

2. 产业通商资源部长官或雇佣劳动部长官根据第 1 款所指定的专门机构(以下简称"通商损失援助专门机构"),若符合下列任何一项,可取消其指

定。但若符合第(1)项,则应取消其指定:

(1) 通过虚假或其他不正当手段获得指定者;

(2) 不具备指定条件者;

(3) 因重大公益原因难以继续开展迪商损失援助专门机构业务者。

3. 产业通商资源部长官或雇佣劳动部长官根据第 1 款和第 2 款指定通商损失援助专门机构或取消其指定时,应在产业通商资源部或雇佣劳动部网站上公布。

4. 通商损失援助专门机构负责人为应对通商损失,必要时可向相关行政机构负责人请求协助。

5. 通商损失援助专门机构负责人,应向产业通商资源部长官或雇佣劳动部长官提交对通商损失援助企业或通商损失援助劳动者的主要援助业绩。

第 20 条　贸易调整援助和通商损失援助企业认定的撤销期限

1. 已删除。

2. 法律第 17 条第 1 款第(4)项"总统令规定的期限"指 3 个月。

第 21 条　追加征收金标准

1. 产业通商资源部长官和雇佣劳动部长官应根据法律第 18 条第 1 款,对通过欺诈或其他不正当手段获得援助者追加收费,金额不超过通过欺诈或其他不正当手段所获援助金的 10%。

2. 根据法律第 18 条第 1 款返还或追加征收程序和根据第 1 款追加征收金标准详细事项,分别由产业通商资源部长官和雇佣劳动部长官确定并公布。

第 22 条　报告要求

1. 根据法律第 19 条第 2 款,产业通商资源部长官可要求贸易调整援助企业、通商损失援助企业和企业结构改善机构专用私募基金就下列事项提交报告:

(1) 贸易调整计划或通商损失应对计划的执行情况;

(2) 企业结构改善机构专用私募基金的投资实施情况和结果;

(3) 执行贸易调整援助或通商损失援助政策所需的其他事项。

2. 根据法律第 19 条第 3 款,雇佣劳动部长官可要求从事与贸易调整援助或通商损失援助劳动者迅速变更职业或重新就业有关项目人员报告以下事项:

(1) 贸易调整援助或通商损失援助劳动者迅速变更职业或再就业相关项目的实施情况;

（2）执行贸易调整援助或通商损失援助劳动者援助政策所需的其他事项。

3. 获得法律第9条第1款融资援助的贸易调整援助或通商损失援助企业，应在第8条第2款规定的贸易调整计划或通商损失应对计划执行期内，在每个财政年度结束后12个月内就第1款第（1）项规定的贸易调整计划或通商损失应对计划的执行情况向产业通商资源部长官提交报告。

第 23 条　授权

根据法律第22条第2款，雇佣劳动部长官应将其关于下列事项的权限授予地方雇佣劳动署长官：

1. 根据法律第11条第2款，认定贸易调整援助劳动者，或根据法律第15条第1款，认定通商损失援助劳动者；

2. 根据法律第12条第1款（包括适用第15条第3款的情形），提供职业变更等所需信息及咨询；

3. 根据法律第13条（包括适用第15条第3款的情形），对职业变更或再就业的援助；

4. 根据法律第17条第2款，撤销认定；

5. 根据法律第18条第1款，收取返还金或追加征收金；

6. 根据法律第19条第3款，要求提交报告；

7. 根据法律第20条第2款，出入、检查或询问；

8. 根据法律第21条，举行听证会；

9. 根据法律第24条第1款和第2款，征收罚款。

第 24 条　事务委托

1. 根据法律第23条第1款，产业通商资源部长官可将下列事务委托《中小企业振兴法》设立的中小风险企业振兴公团：

（1）根据法律第5-2条第1款，提供贸易调整所需企业管理、会计、法律事务、技术、生产等方面的咨询援助；

（2）根据法律第6条第1款，受理贸易调整援助企业认定申请；

（3）根据法律第6条第2款第（1）项和第（2）项，核实申请企业是否满足条件；

（4）根据法律第7条，提供贸易调整所需信息；

（5）根据法律第8条第1款，为贸易调整援助企业提供咨询援助；

（6）根据法律第9条第1款，为贸易调整援助企业提供融资援助；

（7）根据法律第9条第3款，通知雇佣劳动部长官；

（8）根据法律第 9 条第 4 款，审查贸易调整计划的可行性；

（9）根据法律第 18 条第 1 款，收取返还金和追加征收金；

（10）根据法律第 19 条第 2 款，接受报告事项；

（11）根据第 9 条第 2 款，受理出资援助申请；

（12）根据第 9 条第 3 款，审查投资计划的可行性，并通知审查结果；

（13）根据第 9 条第 4 款，接受每个财政年度的结算报表。

2. 根据法律第 23 条第 1 款，产业通商资源部长官可将下列事务委托通商损失援助专门机构：

（1）根据法律第 14 条第 1 款，受理通商损失援助企业认定申请；

（2）根据法律第 14 条第 3 款，核实申请企业是否满足条件；

（3）根据法律第 14 条第 6 款，对通商损失援助企业的认定作出通报；

（4）根据法律第 14 条第 7 款，适用法律第 5-2 条第 1 款的，提供通商损失应对所需有关商业管理、会计、法律事务、技术、生产等方面的咨询援助；

（5）根据法律第 14 条第 7 款，适用法律第 7 条第 1 款的，提供通商损失应对所需信息；

（6）根据法律第 14 条第 7 款，适用法律第 8 条第 1 款的，对通商损失援助企业提供相关咨询援助；

（7）根据法律第 14 条第 7 款，适用法律第 9 条第 1 款的，对通商损失援助企业提供融资援助所需业务；

（8）根据法律第 14 条第 7 款，适用法律第 9 条第 4 款的，对通商损失应对计划是否符合要求进行审查；

（9）根据法律第 14 条第 7 款，适用第 9 条第 2 款的，受理出资援助申请；

（10）根据法律第 14 条第 7 款，适用第 9 条第 3 款的，对投资计划的可行性进行审核并通报结果；

（11）根据法律第 14 条第 7 款，适用第 9 条第 4 款的，接受会计年度结算书；

（12）根据法律第 14 条第 8 款和本法令第 18-2 条第 7 款，提供追加援助所需业务；

（13）根据法律第 18 条第 1 款，收取返还金和追加征收金；

（14）根据法律第 19 条第 2 款，接受报告。

第 24-2 条　唯一识别信息的处理

产业通商资源部长官（包括根据第 24 条第 2 款受产业通商资源部长官

委托事务者)和雇佣劳动部长官(包括根据第 23 条获雇佣劳动部长官授权者)为了执行下列各项事务,在不可避免情况下,可以处理包括《〈个人信息保护法〉实施令》第 19 条第 1 款居民身份证号在内的信息:

    1. 根据法律第 6 条,认定贸易调整援助企业;

    2. 根据法律第 11 条,认定贸易调整援助劳动者;

    3. 根据法律第 14 条,认定通商损失援助企业;

    4. 根据法律第 15 条,认定通商损失援助劳动者。

第 25 条　罚款征收标准

法律第 24 条第 1 款规定的罚款征收标准见附表 2。

第四部分　日本雇佣调整补贴
相关法律法规

日本并没有如美国、欧盟和韩国一样为贸易引致的调整援助专门立法，而是分散在以下两类法律制度中：一是特定产业、特定地区，尤其是衰退产业、衰退地区产业调整、结构改善相关援助法律制度；二是劳动力援助法律制度。

前一类法律制度自 20 世纪 70 年代以来经历了三个阶段的演变。第一阶段为 1978—1983 年以《特定衰退产业安定临时措施法》[《特定不況産業安定臨時措置法》(昭和 53 年(1978 年)法律第 44 号)]为代表的"特安法"时期，相关法律还包括：《特定衰退行业离职人员临时措施法》[《特定不況業種離職者臨時措置法》(昭和 52 年(1977 年)法律第 95 号)]、《特定衰退地区离职人员临时措施法》[《特定不況地域離職者臨時措置法》(昭和 53 年(1978 年)法律第 107 号)]、《特定衰退地区中小企业对策临时措施法》[《特定不況地域中小企業対策臨時措置法》(昭和 53 年(1978 年)法律第 106 号)]。

第二阶段为 1983—1988 年以《特定产业结构改善临时措施法》[《特定産業構造改善臨時措置法》(昭和 58 年(1983 年)法律第 53 号)]为代表的"产构法"时期，相关法律还包括：《特定行业相关地区中小企业对策临时措施法》[《特定業種関連地域中小企業対策臨時措置法》(昭和 58 年(1983 年)法律第 31 号)]、《特定衰退行业、特定衰退地区相关劳动者雇佣安定特别措施法》[《特定不況業種·特定不況地域関係労働者の雇用の安定に関する特別措置法》(昭和 58 年(1983 年)法律第 39 号)]。

第三阶段为 1987—1996 年以《产业结构转换圆滑化临时措施法》[《産業構造転換円滑化臨時措置法》(昭和 62 年(1987 年)法律第 24 号)]为代表的"圆滑法"时期，相关法律还包括：《特定地区中小企业对策临时措施法》[《特定地域中小企業対策臨時措置法》(昭和 61 年(1986 年)法律第 97 号)]、《特定衰退行业相关劳动者雇佣安定特别措施法》[《特定不況業種関係労働者の雇用の安定に関する特別措置法》(昭和 62 年(1987 年)法律第 23 号)]。

上述产业、企业和地区结构调整援助制度不明确区分诱因，但偏重贸易自由化诱因。然而，这些法律均为临时措施法，实施期为 20 世纪 70—90 年代，均已废止。而 20 世纪末以来的产业结构调整相关法律，如《产业活力再生和产业活动革新特别措施法》[《産業活力の再生及び産業活動の革新に関する特別措置法》(平成 11 年(1999 年)法律第 131 号)]、《产业竞争力强化法》[《産業競争力強化法》(平成 25 年(2013 年)法律第 98 号)]则旨在推动企业业务革新和技术创新，因而侧重技术进步引致的结构调整。因此，截至本书出版，日本基本不存在针对乃至兼顾贸易自由化诱因的产业或企业调整援助制度。

后一类法律主要是《雇佣保险法》[《雇用保险法》(昭和49年(1974年)法律第116号)]。该法由失业保障和失业预防两大系统构成,失业预防中的"雇佣安定事业"目前提供如下12种"雇佣关系补贴":雇佣调整补贴、劳动力流动援助补贴、65岁以上雇佣促进补贴、特定求职者雇佣发展补贴、试用期雇佣补贴、中途录用等援助补贴、区域雇佣发展补贴、全年雇佣补贴、工作生活平衡援助等补贴、人力资源保障等援助补贴、职业发展补贴和产业雇佣稳定补贴。

其中,雇佣调整补贴为经济波动、产业结构变化及其他经济原因所致经营活动收缩,但采取雇佣调整措施维持所属员工雇佣关系的企业主提供资金援助,而"经济波动、产业结构变化及其他经济原因"是指经济波动、产业结构变化、地区经济衰退、竞争产品和服务(包括进口)的出现、物价和汇率及其他价格变动等经济状况变化,实践中也涵盖自然灾害、瘟疫等重大突发事件所致经济波动。因此,该补贴是一项针对贸易自由化、技术进步、重大突发事件等诱因的劳动力调整援助制度。劳动力流动援助补贴对因经营规模缩小被迫离职劳动者采取再就业援助措施的企业主进行援助,而"经营规模缩小"的原因同样是经济波动、产业结构变化及其他经济原因。此外,2021年2月设立的产业雇佣安定补贴对伴随新冠病毒感染的经济原因所致经营活动收缩的企业主提供维持劳动关系的雇佣补贴,而"伴随新冠病毒感染的经济原因"是指受新冠病毒感染影响的经济波动、产业结构变化、地区经济衰退、竞争产品和服务(包括进口)的出现、物价和汇率及其他价格变动等经济状况变化。

鉴于此,本部分仅包含日本劳动力援助中与贸易诱因有关的援助法律,主要是"雇佣安定事业"中的雇佣调整补贴、劳动力流动援助补贴和产业雇佣安定补贴相关法律,即《雇佣保险法》第4章第62条—第65条,但该部分仅为原则性条款,具体规则授权厚生劳动省令制定,因此,本部分还包含厚生劳动省《〈雇佣保险法〉实施规则》的相关条款。

《雇佣保险法》和《〈雇佣保险法〉实施规则》分别于1974年和1975年实施,截至2023年底,两者分别经历了68次和199次修订,本部分仅翻译两者最新修订版,即令和4年(2022年)6月17日法律第68号对《雇佣保险法》的修订和令和5年(2023年)3月31日厚生劳动省令第62号对《〈雇佣保险法〉实施规则》的修订。

《雇佣保险法》

［昭和 49 年(1974 年)12 月 28 日法律第 116 号公布，
令和 4 年(2022 年)6 月 17 日法律第 68 号修订］

目　录

第4章　雇佣安定事业等

第1节　雇佣安定事业

第62条

1. 政府对参保人、原参保人、拟参保人(本章以下简称"参保人等")可实施以下事业作为雇佣安定事业,以预防失业、改善就业状态、增加就业机会及稳定就业。

(1) 对因经济波动、产业结构变化或其他经济原因被迫缩减经营活动,而使工人停工或采取其他必要措施稳定工人就业的企业主,提供必要补贴和援助。

(2) 为被迫离职工人提供《劳动政策综合推进、劳动者就业稳定和职业生活改善法》第26条第1款规定休假,或为促进此类工人再就业采取其他必要措施的企业主,提供必要补贴和援助。

(3) 为提高退休年龄、引入《老年人雇佣安定法》[昭和46年(1971年)法律第68号]第9条规定的继续雇佣制度、实施该法第10-2条第4款规定的老年人就业保障措施等延长老年人就业的企业主,或为该法第2条第2款规定的老年人(本项以下简称"老年人等")提供再就业援助的企业主,或对雇用老年人等和为稳定老年人等就业采取其他必要措施的企业主,提供必要补贴和援助。

(4) 经《老年人雇佣安定法》第34条第1款同意,就该款规定的地区老年人就业机会保障计划(根据该条第4款规定同意变更时,为变更后的计划。在下一条第1款第(8)项中称"同意地区老年人就业机会保障计划"),实施该法34条第2款第(3)项所规定事业中与雇佣稳定有关的事业。

(5) 为将经营场所搬迁到需要增加就业机会的地区雇用新工人的企业主、在人口多的地区常年雇用季节性失业人员的企业主,或在需要改善就业条件的地区采取必要措施稳定工人就业的企业主,提供必要补贴和援助。

(6) 除上述各项所列外,厚生劳动省令规定的对于促进残疾人及其他就业困难人员就业、促进全国就业形势恶化时工人就业和稳定参保人员就业等所必需的其他事业。

2. 前款各项实施所需标准,由厚生劳动省令规定。

3. 政府应根据《法人行政机构老年人、残疾人和求职者就业支持组织法》[平成14年(2002年)法律第165号]及基于该法律的命令,将第1款各项所列事业部分委托法人行政机构老年人、残疾人和求职者就业支持机构。

第2节　能力开发事业

第63条
略。
第64条
略。
第64-2条
略。
第65条
略。

《雇佣保险法》实施规则

[昭和 50 年(1975 年)3 月 10 日劳动省令第 3 号公布,令和 5 年(2023 年)
3 月 31 日厚生劳动省令第 62 号修订]

目　　录

第 4 章　雇佣安定事业等

第 1 节　雇佣安定事业

(本法第 62 条第 1 款第(1)项所列事业)

第 102-2 条

作为本法第 62 条第 1 款第(1)项所列事业,应提供雇佣调整补贴。

(雇佣调整补贴)

第 102-3 条

1. 对符合下列各项情形之一的企业主,应提供雇佣调整补贴:

(1) 属以下任一情形的企业主:

(A) 因经济波动、产业结构变化或其他经济原因,企业经营活动被迫大幅缩减。

(B) 由于就业形势迅速恶化或有可能恶化,厚生劳动大臣指定的特别需要维持就业和其他劳动者就业稳定地区(以下称"就业维持等地区")的营业场所的企业主,由于经济波动、产业结构变化或其他经济原因而被迫缩减其营业场所的经营活动。

(C) 按厚生劳动大臣规定的标准,在相当程度上接受厚生劳动大臣指定企业主(本条以下称"指定企业主")委托从事制造、修理和其他行为,并经都道府县劳动局长认证的企业主,由于经济波动、产业结构变化或其他经济原因而被迫缩减营业场所的经营活动。

(D) 按厚生劳动大臣规定的标准,在相当程度上向指定企业主提供产品或服务,并经都道府县劳动局长认证的企业主,由于经济波动、产业结构变化或其他经济原因而被迫缩减营业场所的经营活动。

(E) 从事《港口运输事业法》[昭和 26 年(1952 年)法律第 161 号]第 2 条第 1 款第(4)项规定行为的企业主,随着本州四国联络桥建设所伴随的《一般旅客定期航线事业等相关特别措施法》第 2 条第 1 款规定的本州四国联络桥的使用,其营业场所的经营活动被迫缩减(对于经营活动缩减,仅限经都道府县劳动局长认定的企业主)。

(2) 属以下任一情形的企业主:

(A) 对前项营业场所的参保人[在(e)规定的基本判断期第一天的前一天作为参保人被企业主持续雇佣时间少于6个月的参保人、被预先通知解雇的参保人等(称被预先通知解雇参保人及其他同等人员(不包括在解雇或其他离职日的次日明确从事稳定职业者)。第(B)目同),以及临时工参保人和就业保障局局长规定的稳定就业补助金领取者除外。本条以下称"对象参保人"]给予以下情形的停工或教育培训(指旨在获得或提高与就业有关的知识、技能或技术的停工或教育培训。本条以下称"停工等"),并支付该停工等相关津贴或工资的企业主。

(a) 根据下列企业主分类,在各自规定的期限(本条以下称"对象期")内进行。

(i) 属前项第(A)目企业主:下一期申报时该企业主指定日期(对于前项第(A)目过去曾领取过雇佣调整补贴的企业主,指定日期仅限企业主之前的对象期限到期日的次日起超过一年的日期)起1年;

(ii) 属前项第(B)目企业主:该项第(B)目指定日期起1年;

(iii) 属前项第(C)目或第(D)目企业主:该项第(C)目或第(D)目指定日期起2年;

(iv) 属前项第(E)目企业主:该项第(E)目认证之日起2年。

(b) 符合以下任何一项:

(i) 停工应在规定工作日的全天,或在规定工作日规定工作时间的一部分((e)中称"短期停工")进行;

(ii) 教育培训应在规定工作时间内进行。

(c) 发放停工津贴不违反《劳动基准法》第26条规定。

(d) 停工等期限、停工工人范围、津贴或工资支付标准及其他与停工实施有关事项,须事先与相关企业过半数工人组织的工会(如果没有过半数工人组织的工会,则与过半数工人的代表。以下称"工会等")达成书面协议,并按协议规定执行。

(e) 在相关营业场所,对象参保人在基本判断期[指(a)至(d)相应停工等日期所属月份(如果每月将固定日期设置为工资截至日期,则为工资截至期限)。本条下同]内的停工等总天数(对于短期停工,停工时数除以停工当日规定的工作时数折合为停工天数),应大于或等于该对象参保人在基本判断期内规定的劳动延日数*的十五分之一,对于中小企业主〔资本金或总投资额不超过 3 亿日元(以零售或服务业为主营业务的企业主为 5 000 万日元,以批发为主营业务的企业主为 1 亿日元)且固定员工人数不超过 300 人(以零售业为主的企业主为 50 人,以批发或服务业为主业的企业主为 100人)的企业主。下同〕,为二十分之一。

(B) 对于前项营业场所的参保人(参保人在派遣日前一天被该营业场所企业主连续聘用不足 6 个月、被预先通知解雇参保人等以及临时工参保人除外。以下称"被派遣参保人"),进行符合下列任何情形的派遣,根据事先与雇用被派遣人的企业主(以下称"派遣地企业主")签订的派遣合同,承担被派遣人部分工资的企业主(以下称"派遣方企业主"):

(a) 派遣日期在对象期限内。

(b) 被派遣人在派遣地企业主经营业务的场所(本条以下简称"派遣地企业")首次受聘的期限为 3 个月以上。自派遣之日起至派遣结束为期 1 年,派遣结束后,必须返回派遣方企业主与该派遣有关的企业(本条以下简称"派遣方企业")。

(c) 被派遣人在派遣地企业从事业务期(本条以下称"派遣期")内的正常工资(指工作日正常支付的工资,下同),其金额大致相当于其派遣前的正常工资额。

(d) 派遣时间、拟派遣对象工人范围及其他与派遣实施相关事项,应事先在派遣方企业主和该派遣方企业主该派遣相关营业场所工会等间签订书面协定,并按该协定规定执行。

(e) 须征得被派遣人同意。

(3) 就前项规定的停工等或派遣的实施,事先向都道府县劳动局长申报的企业主。

(4) 根据下列企业主分类,准备指定文件的企业主:

(A) 属第(2)项第(A)目企业主:阐明该营业场所对象参保人的停工等实施情况及津贴或工资支付情况的文件。

(B) 属第(2)项第(B)目企业主:阐明被派遣人相关派遣实施情况和被派遣人工资承担情况的文件。

2. 雇佣调整补贴金额,按下列各项企业主分类,为该项所规定的数额。

(1) 属前款第(2)项第(A)目企业主:按厚生劳动大臣规定方法计算的

---

*　单位劳动力工作日总数。——译者注

相当于企业主在基本判断期内支付给该项第(A)目规定的停工等对象参保人津贴或工资二分之一(中小企业主为三分之二)的金额(如果该金额除以该津贴支付基础天数所得额超过日基本津贴*最高金额,应为日基本津贴最高金额乘以该天数所得金额)加上该项第(A)目规定的教育培训天数相应培训费。

(2) 属前款第(2)项第(B)目企业主:企业主根据该项第(B)目下合同规定承担的该项第(B)目被派遣人在派遣期(本条以下称"支付对象期")内工资额(如果该金额超过该被派遣人派遣前正常工资额乘以165,再乘以支付对象期天数除以365所得值,则为正常工资额乘以165,再乘以支付对象期天数除以365所得金额)二分之一(中小企业主为三分之二)的金额(如果该金额超过日基本津贴最高金额乘以330,再乘以支付对象期天数除以365所得值,应为日基本津贴最高金额乘以330,再乘以支付对象期天数除以365所得金额)。

3. 对于一个对象期,停工等雇佣调整补贴的支付期限为,该营业场所对象参保人基本判断期内的停工等(仅限于针对该停工等支付雇佣调整补贴)实施总天数除以该营业场所对象参保人数量所得累计天数达到100天。但是,对于符合第1款第(1)项第(A)目情形,欲领取停工等相关雇佣调整补贴(本款以下称"第(A)目情形雇佣调整补贴")的企业主,对于过去曾领取过第(A)目情形雇佣调整补贴[指现在欲领取第(A)目情形雇佣调整补贴所涉及的对象期开始之日起计算,过去三年内对象期开始的第(A)目情形雇佣调整补贴,其支付天数上限根据本文规定计算(本款以下称"基准雇佣调整补贴"),并对支付对象实施了"停工等]的企业主,其现在欲就该情形领取雇佣调整补贴的支付天数上限,不管本文如何规定,为150天减去基准雇佣调整补贴对象期开始之日后支付合计天数(该天数超过100天的,为100天)。

4. 如果一个营业场所符合两个以上对象期,该营业场所企业主的基本判断期,根据其申请,视为属于任意一个对象期,支付雇佣调整补贴。

5. 与派遣有关的雇佣调整补贴,在企业主已派遣参保人情况下(仅限于支付雇佣调整补贴或第113条第1款规定的全年雇佣补贴情形),当参保人在该派遣完成后再次被派遣,不再支付第二次派遣的相关补贴。但是,如果从派遣结束之日第二天开始计算,到第二次派遣前一天超过6个月,上述限制不适用。

---

* "日基本津贴"由《雇佣保险法》第16条规定。——译者注

6. 与派遣有关的雇佣调整补贴,对就业保障局长规定的为谋求其他企业主雇佣稳定而支付福利金(本款以下称"就业促进福利金")的参保人,在企业主通过派遣或调解雇佣情况下(仅限于支付该被雇用参保人就业促进福利金情况),从事作为该就业促进福利金对象的参保人工作的本营业场所参保人被派遣时,不予支付。

7. 与派遣有关的雇佣调整补贴,雇用其他企业主的被派遣参保人的企业主,在该雇佣时,若从事该雇佣人员工作的本营业场所参保人被派遣,或进行雇佣调解(仅限支付就业保障局长规定的就业稳定福利金情况),不予支付。

(本法第 62 条第 1 款第(2)项和第(3)项所列事业)

第 102-4 条

作为本法第 62 条第 1 款第(2)项和第(3)项所列事业,应提供劳动力流动援助补贴。

(劳动力流动援助补贴)

第 102-5 条

1. 劳动力流动援助补贴为再就业支持模块奖励和早期雇佣支持模块奖励。*

2. 对符合第(1)项或第(2)项的企业主,按第(3)项规定的金额支付再就业支持模块奖励。

(1) 属以下任一情形的企业主。

(A) 属以下任一种情形的企业主:

(a) 已制定再就业援助计划并经公共职业安定所长认证的企业主。

(b) 在(a)的再就业援助计划中,记载了属于再就业援助计划对象的参保人〔短期就业特殊参保人、临时工参保人、被该企业主作为参保人持续雇佣不满 1 年者,以及有望返回该企业主营业场所者(下一项中统称为"短期就业特殊参保人等")除外,以下称"计划对象参保人"〕再就业援助必要事项的企业主。

(c) 已就(a)的再就业援助计划征得工会等同意的企业主。

(d) 委托职业介绍经营者(《职业安定法》第 32-3 条第 1 款规定的职业

---

* "再就业支持模块奖励"和"早期雇佣支持模块奖励"的日语原文分别是"再就職支援コース奨励金"和"早期雇入れ支援コース奨励金"。"コース"即英语"course"的口语音译,可解释"通道""泳道""跑道""路线""课程"等,本书根据上下文一律译作"模块"。——译者注

介绍收费经营者,仅限符合职业安定局长规定标准者。下项、下款和第 4 款同)对计划对象参保人的再就业提供帮助,并承担该委托所需费用的企业主。

(e) 具备阐明(d)所述委托所需费用负担状况文件的企业主。

(f) (d)所述委托涉及的计划对象参保人超过职业安定局长规定数量的企业主。

(g) 从(d)所述委托涉及的计划对象参保人离职之日第二天起的 6 个月(如果该计划对象参保人年龄超过 45 岁,为 9 个月)内实现该计划对象参保人再就业的企业主(从(d)所述委托之日起至实现该计划对象参保人再就业之日,(d)所述职业介绍经营者未对该计划对象参保人提供再就业相关援助情况除外。下款和第 4 款同)。

(h) 从资本金、资金、人事、交易等情况看,是与实现(g)所述再就业的该计划对象参保人前雇主关系密切的其他企业主以外的企业主。

(B) 属以下任一情形的企业主:

(a) 符合第(A)目(a)至(c)条件的企业主。

(b) 为计划对象参保人求职活动等给予休假(《劳动基准法》第 39 条规定的带薪年假除外。下项同)的企业主。

(c) 对计划对象参保人,在(b)所述休假支付正常工资额以上的企业主。

(d) 从被给予(b)所述休假的计划对象参保人离职之日第二天起的 6 个月(如果该计划对象参保人年龄超过 45 岁,为 9 个月)内实现该计划对象参保人再就业的企业主。

(e) 从资本金、资金、人事、交易等情况看,是与实现(d)所述再就业的该计划对象参保人前雇主关系密切的其他企业主以外的企业主。

(f) 备有阐明被给予(b)所述休假的计划对象参保人休假情况,及该计划对象参保人工资支付情况文件的企业主。

(C) 属以下任一情形的企业主:

(a) 符合第(A)目(a)至(c)条件的企业主。

(b) 委托教育培训机构等实施培训,使计划对象参保人掌握再就业单位履行职务所需知识或技能,以帮助其再就业,并承担该委托所需费用的企业主。

(c) 从(b)所述委托涉及的计划对象参保人离职之日第二天起的 6 个月(如果该计划对象参保人年龄超过 45 岁,为 9 个月)内实现该计划对象参保人再就业的企业主。

(d) 从资本金、资金、人事、交易等情况看,是与实现(c)所述再就业的该计划对象参保人前雇主关系密切的其他企业主以外的企业主。

(e) 备有阐明(b)所述委托所需费用负担状况文件的企业主。

(2) 属以下任一情形的企业主。

(A) 属以下任一情形的企业主:

(a) 是制作求职活动援助书的企业主。

(b) 在制作求职活动援助书之前,必须先制作记载该求职活动援助书所涵盖参保人(短期就业特殊参保人等除外,以下称"援助书对象参保人")再就业相关必要事项的求职活动援助基本计划书(指记载援助书对象参保人共同采取的再就业援助等相关措施内容的书面文件。本项以下同),并提交都道府县劳动局长。

(c) 对(b)所述求职活动援助基本计划书内容,获得工会等同意的企业主。

(d) 委托职业介绍经营者为援助书对象参保人提供再就业支持,并承担委托所需费用的企业主。

(e) 备有阐明(d)所述委托所需费用承担状况文件的企业主。

(f) (d)所述委托涉及的援助书对象参保人超过职业安定局长规定数量的企业主。

(g) 从(d)所述委托涉及的援助书对象参保人离职之日第二天起的6个月(如果该援助书对象参保人年龄超过45岁,为9个月)内,实现该援助书对象参保人再就业的企业主(从(d)所述委托之日起至实现该援助书对象参保人再就业之日,(d)所述职业介绍经营者未对该援助书对象参保人提供再就业相关支持的除外。下款和第4款同)

(h) 从资本金、资金、人事、交易等情况看,是与实现(g)所述再就业的该援助书对象参保人前雇主关系密切的其他企业主以外的企业主。

(B) 属以下任一情形的企业主:

(a) 符合第(A)目(a)至(c)条件的企业主。

(b) 为援助书对象参保人求职活动等提供休假的企业主。

(c) 对援助书对象参保人,在(b)所述休假支付正常工资额以上的企业主。

(d) 从被给予(b)所述休假的援助书对象参保人离职之日第二天起的6个月(如果该援助书对象参保人年龄超过45岁,为9个月)内,实现该援助书对象参保人再就业的企业主。

（e）从资本金、资金、人事、交易等情况看，是与实现（d）所述再就业的该援助书对象参保人前雇主关系密切的其他企业主以外的企业主。

（f）备有阐明被给予（b）所述休假的援助书对象参保人休假情况，及该援助书对象参保人工资支付情况文件的企业主。

（C）属以下任一情形的企业主：

（a）符合第（A）目（a）至（c）条件的企业主。

（b）委托教育培训机构等实施培训，使援助书对象参保人掌握在再就业单位履行职务所需知识或技能，以帮助其再就业，并承担该委托所需费用的企业主。

（c）从（b）所述委托涉及的援助书对象参保人离职之日第二天起的 6 个月（如果该援助书对象参保人年龄超过 45 岁，为 9 个月）内实现该援助书对象参保人再就业的企业主。

（d）从资本金、资金、人事、交易等情况看，是与实现（c）所述再就业的该援助书对象参保人前雇主关系密切的其他企业主以外的企业主。

（e）备有阐明（b）所述委托所需费用承担状况文件的企业主。

（3）根据以下第（A）目至第（C）目所列企业主分类，为各自规定的金额。

（A）根据以下所列企业主分类，为各自规定的金额。

（a）属第（1）项第（A）目或前项第（A）目的中小企业主：对于实现第（1）项第（A）目（g）或前项第（A）目（g）再就业的每个计划对象参保人或援助书对象参保人，为第（1）项第（A）目（d）或前项第（A）目（d）所需委托费用（在包含实施下一款规定的再就业支援型培训费用或实施第 4 款规定的团体工作费用的情况下，根据下一款或第 4 款规定支付给该企业主的相当金额除外。本第（A）目以下同）二分之一〔对于该计划对象参保人或该援助书对象参保人，按职业安定局长规定的条件实现再就业的（本第（A）目以下称"特定计划对象参保人等"），为三分之二〕（该计划对象参保人或该援助书对象参保人年龄超过 45 岁的，为三分之二；特定计划对象参保人等年龄超过 45 岁的，为五分之四）的金额（对一个营业场所，一个年度该计划对象参保人或该援助书对象参保人数量超过 500 人的，每个营业场所最多支付 500 人。本第（A）目以下同）。

（b）属第（1）项第（A）目或前项第（A）目的非中小企业主：对于实现第（1）项第（A）目（g）或前项第（A）目（g）再就业的每个计划对象参保人或援助书对象参保人，为第（1）项第（A）目（d）或前项第（A）目（d）所需委托费用四分之一（特定计划对象参保人等，为三分之一）（该计划对象参保人或该援助书对象参保人年龄超过 45 岁的,为三分之一;特定计划对象参保人等年龄超过 45 岁的,为五分之二)的金额。

(B) 属第(1)项第(B)目或前项第(B)目的企业主:第(1)项第(B)目(b)或前项第(B)目(b)的休假[仅限给予已实现第(1)项第(B)目(d)或前项第(B)目(d)再就业的计划对象参保人或援助书对象参保人]天数(该计划对象参保人或该援助书对象参保人,每人 180 天为限)合计乘以 5 000 日元(中小企业主为 8 000 日元)[所支付正常工资以上的金额不足 5 000 日元(中小企业主为 8 000 日元)的,为该正常工资以上的金额]所得金额(一个营业场所,一个年度该计划对象参保人或该援助书对象参保人数量超过 500 人的,每个营业场所最多支付 500 人)。

(C) 属第(1)项第(C)目或前项第(C)目的企业主:第(1)项第(C)目(b)或前项第(C)目(b)委托(仅限实现第(1)项第(C)目(c)或前项第(C)目(c)再就业的计划对象参保人或援助书对象参保人)所需费用的三分之二(对于该计划对象参保人或援助书对象参保人,该金额超过 30 万日元时,为 30 万日元)(一个营业场所,一个年度该计划对象参保人或该援助书对象参保人数量超过 500 人的,每个营业场所最多支付 500 人)。

3. 属前款第(1)项第(A)目或第(2)项第(A)目的企业主,委托该款第(1)项第(A)目(d)或第(2)项第(A)目(d)下的职业介绍经营者实施培训(本款以下称"再就业支援型培训"),学习在再就业单位履行职务所需知识和技能,作为计划对象参保人或援助书对象参保人再就业相关支持,并承担其费用。在此情况下,除了该款第(3)项规定的金额外,还应为计划对象参保人或援助书对象参保人(仅限该款第(1)项第(A)目(g)或第(2)项第(A)目(g)下实现再就业者)向该企业主支付每人每项再就业支援型培训所需委托费用的三分之二(对于该计划对象参保人或该援助书对象参保人,该金额超过 30 万日元时,为 30 万日元)(一个营业场所,一个年度该计划对象参保人或该援助书对象参保人数量超过 500 人的,每个营业场所最多支付 500 人)。

4. 属第 2 款第(1)项第(A)目或第(2)项第(A)目的企业主,委托该款第(1)项第(A)目(d)或第(2)项第(A)目(d)下的职业介绍经营者实施三次以上的团体工作,作为计划对象参保人或援助书对象参保人再就业相关支持,并承担其费用。在此情况下,除了该款第(3)项规定的金额外,还应为计划对象参保人或援助书对象参保人(仅限该款第(1)项第(A)目(g)或第(2)项第(A)目(g)下实现再就业者)向该企业主支付每人 1 万日元(一个营业场所,一个年度该计划对象参保人或该援助书对象参保人数量超过 500 人的,每个营业场所最多支付 500 人）。

5. 属第 2 款第（1）项第（B）目或第（2）项第（B）目的企业主,给予计划对象参保人或援助书对象参保人该款第（1）项第（B）目(b)或第（2）项第（B）目(b)下的休假,如果从该计划对象参保人或该援助书对象参保人离职之日第二天起 1 个月内实现再就业,除了该款第（3）项第（B）目规定的金额外,还应为计划对象参保人或援助书对象参保人向该企业主支付每人 10 万日元（一个营业场所,一个年度该计划对象参保人或该援助书对象参保人数量超过 500 人的,每个营业场所最多支付 500 人）。

6. 再就业支持模块奖励(不包括第 2 款第（3）项第（B）目和第（C）目规定的金额),对于实现该款第（1）项第（A）目(g)或第（2）项第（A）目(g)再就业的每个计划对象参保人或援助书对象参保人,超过 60 万日元或该款第（1）项第（A）目(d)或第（2）项第（A）目(d)委托所需费用中任意一个较低金额时,无论该款至第 4 款的规定如何,以较低者作为再就业支持模块奖励金额。

7. 早期雇佣支持模块奖励,对符合以下任一情形的企业主,第（1）项雇用有关的计划对象参保人或援助书对象参保人每人支付 30 万日元（对符合职业安定局长规定雇佣相关条件的计划对象参保人或援助书对象参保人,为 40 万日元）,但是,一个营业场所,一个年度该计划对象参保人或该援助书对象参保人数量超过 500 人的,每个营业场所最多支付 500 人。

（1）从计划对象参保险人或援助书对象参保人离职之日第二天起 3 个月内,雇用该计划对象参保人或该援助书对象参保人作为签订无期限劳动合同劳动者的企业主。

（2）从资本金、资金、人事、交易等情况看,是与前项雇用相关人员的企业主关系密切的其他企业主以外的企业主。

（3）从第（1）项雇佣日期前一天起算的 6 个月前开始的 1 年内(本项以下称“基准期”),解雇该雇佣所涉营业场所劳动者的企业主（因自然灾害或其他不得已原因导致业务无法继续或因劳动者自身原因而解雇的企业主除外）以外的企业主。

（4）第（1）项雇用相关营业场所受雇者,在基准期内离职人员中,根据该基准期内作为特定领取资格者 * 被决定领取资格 ** 的人员数量等判断,被

＊　“特定领取资格者”由《雇佣保险法》第 23 条规定。——译者注
＊＊　“领取资格”指《雇佣保险法》第 14 条第 2 款第（1）项规定的参保人领取基本津贴的资格,拥有“领取资格”的参保人称“领取资格者”。——译者注

认为是进行适当雇佣管理的企业主。

（5）备有阐明第（1）项雇用所涉营业场所劳动者离职情况，以及对该雇用所涉及人员支付工资情况文件的企业主。

8. 获得前款规定的早期雇佣支持模块奖励的企业主，从该受雇计划对象参保人或援助书对象参保人首个工资支付日所在月第2月起6个月，将各月工资支付日支付给该计划对象参保人或该援助书对象参保人的工资额，除以该受雇计划对象参保人或该援助书对象参保人前雇主在职业安定局长规定的月份，对该计划对象参保人或该援助书对象参保人支付的工资额所得比例，如果均达到职业安定局长设定的目标值，向该计划对象参保人或援助书对象参保人每人支付20万日元。

9. 对已获得第7款早期雇佣支持模块奖励且符合第（1）项的企业主，除第7款和前款规定的金额外，还应支付第（2）项规定的金额。

（1）属以下任一情形的企业主。

（A）向都道府县劳动局长提交职业培训计划［指第7款第（1）项下雇佣人员掌握业务相关知识或技能培训（本款以下称"受聘人力资源开发培训"）计划。本款以下同］并得到认证的企业主。

（B）选定职业能力发展促进者（指《职业能力发展促进法》第12条规定的职业能力发展促进者。下同）的企业主。

（C）根据职业培训计划，使第7款第（1）项受雇人员接受受聘人力资源开发培训的企业主（仅限受聘人力资源开发培训期间，对该受雇人员在规定工作时间支付正常工资的企业主）。

（2）以下第（A）目至第（C）目规定的金额合计。

（A）受聘人力资源开发培训［仅限该企业主自己运营的讲座等（称实习（指企业主在完成工作过程中，通过实际业务学习实践技能及相关知识的职业培训。以下同）以外职业培训等（称职业培训或教育培训。第138条除外，以下同）。以下同）运营所需经费及与培训（仅限该企业主委托教育训练设施等进行的讲座等）相关的入学费和听课费的合计金额［对于第7款第（1）项下每个受雇人员，该金额超过30万日元（对符合职业安定局长规定条件受雇人员的受聘人力资源开发培训，为40万日元。本第（A）目以下同）时，为30万日元］。

（B）对于第7款第（1）项下每个受雇人员，受聘人力资源开发培训（仅限讲座等）期间工资支付计算基础劳动时数（受雇人员每人上限600小时）乘以900日元（对符合职业安定局长规定条件受雇人员的受聘人力资源开发培训,为 1 000 日元)所得金额。

（C）对于第 7 款第(1)项下每个受雇人员,一项受聘人力资源开发培训(讲座等除外)时数(受雇人员每人上限 340 小时)乘以 800 日元(对符合职业安定局长规定条件受雇人员的受聘人力资源开发培训,为 900 日元)所得金额。

10. 符合前款第(1)项的企业主(仅限按职业安定局长在该款第(2)项第(A)目规定条件进行的雇佣),对于符合第 8 款要件的计划对象参保人或援助书对象参保人的同项规定适用是:同项第(A)目中有"40 万日元"的为"50 万日元",同项第(B)目中有"1 000 日元"的为"1 100 日元",同项第(C)目中有"900 日元"的为"1 000 日元"。

11. 一个年度内,符合第 9 款第(1)项的企业主的一个营业场所,该款第(2)项规定的早期雇佣支持模块奖励金超过 5 000 万日元时,无论该项规定如何,应向该营业场所的企业主支付 5 000 万日元。

（本法第 62 条第 1 款第(3)项所列事业）

第 103 条

作为本法第 62 条第 1 款第(3)项所列的事业,应支付 65 岁以上雇佣促进补贴,并就《老年人雇佣安定法》* 第 2 条第 2 款所规定的老年人等雇佣相关技术事项,向企业主提供咨询和其他援助。

（65 岁以上雇佣促进补贴）

第 104 条

略。

第 105 条至第 108 条

删除。

（本法第 62 条第 1 款第(3)项和第(6)项所列事业）

第 109 条

作为本法第 62 条第 1 款第(3)项和第(6)项所列事业,应支付特定求职者雇佣发展补贴、试用期雇佣补贴[试用期雇佣补贴中,青年、女性建筑工人试用模块补贴根据《建筑工人雇佣改善法》(昭和 51 年法律第 33 号,以下称《建筑劳动法》)第 9 条第 1 款的规定支付。第 110-3 条第 1 款和第 4 款同]和中途录用等援助补贴。

（特定求职者雇佣发展补贴）

---

* 昭和 46 年(1971 年)5 月 25 日法律第 68 号。——译者注

第 110 条

略。

第 110-2 条

删除。

（试用期雇佣补贴）

第 110-3 条

略。

（中途录用等援助补贴）

第 110-4 条

略。

（本法第 62 条第 1 款第(5)项所列事业）

第 111 条

本法第 62 条第 1 款第(5)项所列事业，给予区域雇佣发展补贴和全年雇佣补贴。

（区域雇佣发展补贴）

第 112 条

略。

（全年雇佣补贴）

第 113 条

略。

第 114 条

略。

（本法第 62 条第 1 款第(6)项厚生劳动省令规定的事业）

第 115 条

本法第 62 条第 1 款第(6)项厚生劳动省令规定的事业，除第 109 条、第 140 条和第 140-2 条规定外，还包括下列各项。

（1）为企业主或企业主团体提供工作生活平衡援助等补贴。

（2）为企业主提供人力资源保障等支持补贴（仅限第 118 条第 2 款第 (1)项第(C)目有关引进护理福利设备的补贴和该项有关实施可利用信息通信技术工作措施的补贴）。

（3）为《保障中小企业劳动力、创造良好就业机会的就业管理改善促进法》（平成 3 年法律第 57 号，以下称《中小企业劳动力保障法》）第 5 条第 1 款规定的认证工会等（以下简称"认证工会等"）或企业主提供人力资源保障等支持补贴(仅限第 118 条第 2 款第(1)项第(A)目中小企业劳动环境提升事业补贴,及与该项第(B)目完善雇佣管理制度相关补贴)。

(4) 对一般社团法人或一般财团法人,在为采取预防劳动者失业和其他稳定就业措施的企业主提供必要信息、咨询和其他援助业务中,对厚生劳动大臣指定业务所需经费,提供部分补助。

(5) 为促进本地区就业发展,进行调查研究并为企业主和其他人员提供咨询、指导和其他援助。

(6) 为促进护理休假(指根据《育儿护理休假法》第 2 条第(2)项规定的护理休假,以及该法第 24 条第 2 款规定,按照该护理休假制度采取措施有关的休假。下同)制度的普及,进行调查研究并为企业主和其他人提供咨询、指导和其他援助。

(7) 为确保中小企业劳动力和创造良好雇佣机会,为经认证中小企业等提供信息、咨询和其他援助。

(8) 对独立行政法人劳动者退休金互助机构,给予《中小企业退休金互助法》(昭和 34 年法律第 160 号)第 23 条第 1 款和第 45 条第 1 款规定措施所需经费的全部或者部分补助。

(9) 设立、经营残疾人职业中心(指《残疾人就业促进法》第 19 条第 1 款规定的残疾人职业中心)及其他为稳定残疾人就业而进行的必要事业。

(10) 办理《劳动者财产形成促进法》(昭和 46 年法律第 92 号)第 9 条第 1 款规定的必要资金贷款。

(11) 对因怀孕、生育或育儿而停工或退休的参保人等(指本法第 62 条第 1 款规定的参保人等。本条以下及第 138 条第(9)项同。)开展继续就业、促进再就业和其他稳定就业所必需的事业。

(12) 对独立行政法人劳动政策研究研修机构,根据《独立行政法人劳动政策研究研修机构法》(平成 14 年法律第 169 号)第 12 条规定,就独立行政法人劳动政策研究研修机构进行的内外劳动相关情况及劳动政策综合调查和研究等业务,提供为稳定参保人就业所需的援助。

(13) 除上述各项所列事业外,开展纠正青少年等不稳定就业状态、促进领取资格者和其他人再就业、保障就业领域男女机会平等和待遇平等、促进解决个人劳动争议[指《个人劳动争议解决促进法》(平成 13 年法律第 112 号)第 1 条规定的个人劳动争议]和其他稳定就业所必需的事业。

(14) 为企业主提供职业发展补贴。

(15) 根据《港口劳动法》(昭和 63 年法律第 40 号)第 28 条第 1 款规定,

对厚生劳动大臣指定的法人,提供该法第 30 条所列业务所需费用的全部或部分补贴。

(16) 对企业主或企业主团体或其联合团体,根据《建筑劳动法》第 9 条第(1)项和第(3)项规定,提供建筑领域职业发展制度等普及促进模块补贴、建筑领域年轻人和女性有吸引力岗位建筑事业模块补贴和建筑领域工人宿舍等设置资助模块补贴(人力资源保障等援助补贴中,仅限于改善建筑工人就业、促进再就业和稳定其他建筑工人就业所需补贴,以及便利建筑工人就业和派遣就业所需补贴。第 118 条第 1 款和第 4 款同)。

(17) 对为稳定失去住所离职人员等的就业而进行资金贷款担保的一般社团法人或一般财团法人,提供该担保所需的部分经费补贴。

(18) 对进行贷款担保以便利接受专业实践教育培训者参加该专业实践教育培训的一般社团法人或一般财团法人,提供该担保所需的部分经费补助。

(19) 向企业主提供产业雇佣安定补贴。

(20) 从事本法第 62 条第 1 款各项及前述各项所列事业的附带业务。

(工作生活平衡援助等补贴)

第 116 条

略。

第 117 条

删除。

(人力资源保障等援助补贴)

第 118 条

略。

(职业发展补贴)

第 118-2 条

略。

(产业雇佣安定补贴)

第 118-3 条

1. 支付技能提升支持模块奖励作为第 115 条第(19)项产业雇佣安定补贴。

2. 对符合下列任意一项的企业主支付技能提升支持模块奖励。

(1) 作为入选职业能力开发推进者的企业主,与雇用预先被派遣人的企业主(本条以下称"派遣地企业主")签订派遣相关合同,对于雇用的参保人

〔在派遣日前一天被该企业主连续雇用不足 6 个月的参保人;从派遣日前一天算起 6 个月作为签订有规定期限劳动合同工人而正在工作的;派遣中人员;从事劳务派遣事业(指《劳务派遣法》第 2 条第(1)项规定的劳务派遣事业。本项以下同)者及以承包形式从事合同业务者;派遣结束回到该企业主该派遣相关营业场所之日起 6 个月内作为签订有规定期限劳动合同工人而正在工作的;被预先告知解雇的参保人等(指被先告知解雇的参保人及与此相符者(在该解雇及其他离职日第二天明确从事稳定职业者除外)。本条以下同),以及临时工参保人除外。以下称"派遣方企业参保人"〕,使其符合以下任意一项派遣(指为对该派遣方参保人进行职业能力开发而进行派遣),并具备被派遣人派遣状况及其工资负担状况说明文件的企业主(本条以下称"派遣方企业主")。

　　(A) 在派遣地企业主经营业务(仅限《劳务派遣法》第 4 条第 1 款各项所规定业务以外的业务)的营业场所(第(B)目称"派遣地企业")中,被派遣人从事该营业场所经营活动 1 个月以上,从派遣之日起 2 年结束,该派遣结束后返回派遣方企业主该派遣相关营业场所。

　　(B) 被派遣人在派遣地企业从事业务期间(下一款称"派遣期")的正常工资,其金额超过其派遣前的正常工资额。

　　(C) 派遣时间、拟派遣对象工人范围及其他与派遣实施相关事项,应事先在派遣方企业主和该派遣方企业主该派遣相关营业场所工会等之间签订书面协定,并按该协定规定执行。

　　(D) 须征得被派遣人同意。

　　(E) 根据向都道府县劳动局长申报的派遣计划(包括职业能力开发计划。第(3)项同)进行。

　　(2) 从派遣日前一天开始起算 6 个月前开始到向都道府县劳动局长提交技能提升支持模块奖励申请书之日为止(下一项称"基准期"),解雇派遣方企业主营业场所劳动者的企业主(因自然灾害或其他不得已原因导致业务无法继续,或因劳动者自身责任而解雇的企业主除外)以外的企业主。

　　(3) 派遣计划相关派遣方企业主营业场所受雇者,在基准期间离职人员中,根据该基准期内作为特定领取资格者被决定领取资格的人员数量等判断,被认为是进行适当雇佣管理的企业主。

　　(4) 派遣结束后返回派遣方企业主该派遣相关营业场所人员(本项以下称"复职工人"),从首个工资支付日所在月第 2 月起 6 个月,将每个月工资支付日向该复职工人支付的工资额,除以该派遣前最近的工资支付日向该复职工人支付的工资额所得比例,均超过职业安定局长规定的比例。

3. 技能提升支持模块奖励,对于符合前款的雇主,在符合该款第(1)项第(A)目至第(E)目任一规定的被派遣人派遣期间(从派遣之日起算,超过1年的为1年。本款以下称"支付对象期")的工资,按该项下合同支付所承担金额(超过该被派遣人派遣前正常工资额的二分之一乘以支付对象期天数所得金额时,为该金额)二分之一(中小企业主为三分之二)的金额(该金额超过日基本津贴最高金额乘以支付对象期天数所得金额时,为日基本津贴最高金额乘以支付对象期天数所得金额)。

4. 技能提升支持模块奖励,对于派遣方企业主,在参保人被派遣情况下(仅限支付技能提升支持模块奖励情形),如果该派遣结束后再次派遣该参保人,不再予以支付。

5. 技能提升支持模块奖励,对于派遣方企业主,在就业保障局长规定的为谋求其他企业主雇佣稳定而支付福利金(本款以下称"就业促进福利金")的参保人通过派遣或调解雇佣情况下(仅限支付该被雇用参保人就业促进福利金情形),从事作为该就业促进福利金对象的参保人工作的本营业场所参保人被派遣时,不予支付。

6. 技能提升支持模块奖励,对于派遣地企业主,在雇用派遣方企业参保人时该派遣方企业参保人从事的本企业参保人被派遣、按第102-3条第1款第(2)项第(B)目规定给予停工或进行雇佣调解等场合(这些场合仅限支付就业保障局长规定的就业稳定福利金情形),不予支付。

7. 一个年度中,第2款各项均适用的企业主一营业场所所获第3款技能提升支持模块奖励超过1 000万日元时,不管该款规定如何,应向该企业主支付1 000万日元。

第 119 条

删除。

(对国家等不予支付)

第 120 条

虽有第 102-3 条第 1 款,第 102-5 条第 2 款和第 7 款,第 104 条,第 110 条第 2 款、第 7 款、第 9 款和第 10 款,第 110-3 条第 2 款和第 3 款,第 110-4 条第 2 款和第 3 款,第 112 条第 2 款和第 4 款,第 113 条第 1 款(包括依照附则第 16 条规定适用的场合),第 114 条第 1 款(包括依照附则第 16 条规定适用的场合),第 116 条第 2 款、第 3 款、第 6 款、第 9 款、第 14 款,第 118 条第 2 款,第 118-2 条第 2 款、第 5 款、第 7 款至第 10 款,以及第 118-3 条第 3 款的规定(下条称"雇佣关系补贴相关规定"),雇佣调整补贴、劳动力流动援助补贴、65 岁以上雇佣促进补贴、特定求职者雇佣发展补贴、试用期雇佣补贴、中途录用等援助补贴、区域雇佣发展补贴、全年雇佣补贴、工作生活平衡援助等补贴、人力资源保障等援助补贴、职业发展补贴和产业雇佣安定补贴(下一条称"雇佣关系补贴"),对国家、地方公共团体[《地方公共企业法》(昭和 27 年法律第 292 号)第 3 章规定适用的地方公共团体经营的企业除外]、行政执行法人和特定地方独立行政法人(以下简称"国家等")不予支付。

(对拖欠劳动保险费企业主等不予支付)

第 120-2 条

1. 虽有雇佣关系补贴相关规定,但对于接受或欲接受雇佣调整补贴及其他根据本法第 4 章规定支付补贴的企业主或企业主团体,若存在劳动保险费缴纳严重不当,或近 5 年内有欺诈和其他不法行为的,不予支付雇佣关系补贴。

2. 虽有雇佣关系补贴相关规定,但接受或欲接受雇佣调整补贴,以及其他根据本法第 4 章规定支付补贴的企业主或企业主团体或其关联组织的官员等(仅限于参与欺诈或其他不法行为者)是企业主或企业主团体的官员时,若近 5 年内有欺诈和其他不法行为,对该企业主或企业主团体,不予支付雇佣关系补贴。

3. 虽有雇佣关系补贴相关规定,但近 5 年内因办理雇佣调整补贴及其他根据本法第 4 章规定支付补贴手续的代理人(以下称"代理人等")或进行培训的机构(以下称"培训机构")作出虚假申报、报告、证明等,如果企业主、企业主团体或其关联组织接受或欲接受该补贴,而该代理人等或培训机构参与了雇佣关系补贴,对该企业主或企业团体,不予支付该补贴。

第五部分　加拿大贸易调整
　　　　　　援助法律法规

加拿大联邦政府曾设立过与美国类似的贸易调整援助制度,包括厂商和工人援助两部分,演变大致可分为三个阶段。但与美国贸易调整援助通过贸易法设立、拨款法据此拨款,再由政府部门制定实施条例不同,加拿大的贸易调整援助一般通过政府制定条例和设立项目方式运行。由于此类项目的核心是直接或间接资金援助,因此,其上位法为拨款法。

　　加拿大贸易调整援助制度始于 1965 年的《美国—加拿大汽车产品协定》。借鉴美国《1965 年汽车产品贸易法》下的厂商和工人贸易调整援助方案,加拿大于当年制定并实施了针对汽车厂商的《汽车制造业援助条例》(Automotive Manufacturing Assistance Regulations,C.R.C.,c. 966)和针对汽车制造业工人的《过渡援助福利条例》(Transitional Assistance Benefit Regulations,SOR/65-410)。

　　20 世纪 60 年代末到 70 年代初,加拿大实施了《一般调整援助条例》(General Adjustment Assistance Regulations,C.R.C.,c. 971)、《纺织服装工人调整援助条例》[Adjustment Assistance Regulations (Textile and Clothing Workers),C.R.C.,c. 316]、《鞋类和制革工人调整援助福利条例》[Adjustment Assistance Benefits Regulations (Footwear and Tanning Workers),C.R.C.,c. 317]等,前者是针对肯尼迪回合关税减让的厂商援助,后两者则是针对发展中国家进口冲击的劳动力援助。

　　20 世纪 70 年代末到 80 年代初,为应对东京回合关税减让,加拿大政府将上述厂商援助相关条例合并,实施《企业发展条例》(Enterprise Development Regulations,C.R.C.,c. 969)和《加拿大产业复兴条例》(Canadian Industrial Renewal Regulations,SOR/81-850),而工人调整援助则归入《劳动力调整福利法》(Labour Adjustment Benefits Act,R.S.C.,1985,c. L-1),并重点聚焦老年工人的调整援助。

　　根据《加拿大产业复兴条例》,政府在 1986 年 1 月 31 日后不再接受援助申请,《劳动力调整福利法》虽未规定实施期限,但政府在 1988 年后也不再据此指定受援工人的产业范围。1989 年 3 月,加拿大政府为《美国—加拿大自由贸易协定》生效后所面临调整问题专设的调整咨询理事会的研究结论和建议是:要确定失业是否为自由贸易协定所致极其困难,为受贸易自由化影响工人提供专门援助既不可行也不公平,因此,不建议设立此类援助项目。这样,到 20 世纪 80 年代末、90 年代初,加拿大明确针对贸易诱因的调整援助制度停止运行。

　　鉴于此,本部分仅包含 1982 年至 1992 年实施的《劳动力调整福利法》和 1981 年至 1985 年实施的《加拿大产业复兴条例》。

《劳动力调整福利法》

(R.S.C.，1985，c. L-1)

简略标题

简略标题

1. 本法可引称为《劳动力调整福利法》。

解释

定义

2.（1）本法中：

周平均可保收入，指就雇员而言，根据《就业保险法》确定的雇员每周可保险收入的平均值。

理事会，指根据第 6 节设立的劳动力调整审查理事会。

仲裁委员会［已废止，2012，c. 19，s.273］。

加拿大机构，指在加拿大从事商品生产或服务提供的任何机构。

委员会，指加拿大就业保险委员会。

指定产业，指根据第 3 节指定的产业。

裁员生效日，指理事会根据第 11(3)小节确定的雇员被解雇日期。

雇员，指在加拿大机构受雇的任何个人。

产业重组，包括技术变革。

劳动力调整福利，指根据本法应支付的福利。

裁员，指仅因加拿大机构减少雇员数量所致该机构雇员的无限期离职。

部长，是指就业和社会发展部长。

符合资格雇员，指委员会根据本法认定有资格获得劳动力调整福利的雇员。

社会保障法庭，指根据《就业和社会发展部法》第 44 节设立的社会保障法庭。

周，指从周日开始的连续 7 天。

年，指日历年。

假设

（2）就本法任何条款提及人年满 65 岁而言，某人在其实际年满 65 岁的日历月的下一个日历月起被视为已年满 65 岁。

行业的指定

行业的指定

3.（1）就本法而言，总督可通过命令普遍或在加拿大任何区域指定任何产业。

普遍指定标准

（2）如果总督认为满足下列条件，则可依据第（1）小节普遍指定某产业：

（a）因进口竞争或根据加拿大政府产业调整鼓励政策或方案实施的产业调整，该产业在加拿大普遍正经历非周期性重大经济调整；

（b）第（a）段所述经济调整，正在导致该产业在加拿大普遍的重大失业。

区域指定标准

（3）如果总督认为满足下列条件，则可依据第（1）小节在任何区域指定某产业：

（a）该区域产业正经历非周期性重大经济调整；

（b）第（a）段所述经济调整，正导致该地区严重经济扰乱和该地区该产业重大失业。

普遍指定期限

4.（1）根据第 3（1）小节普遍指定一产业的命令，其有效期自该命令之日起不超过 3 年，具体由该命令规定，除非总督在命令所规定的有效期届满前，作出延期令，将该命令有效期延长不超过 3 年，具体由延期令规定。

不进一步延期

（2）就根据第 3（1）小节作出的任何一项命令而言，根据第（1）小节作出的延期令不得超过一项。

区域指定期限

（3）根据第 3（1）小节在一区域指定加拿大一产业的命令，其有效期自该命令之日起为期 1 年，除非总督在 1 年有效期届满前，作出延期令，将该命令有效期延长不超过 6 个月，具体由延期令规定。

进一步延期

（4）如果总督根据第（3）小节作出延期令，延长一项有效命令，他可在该命令延长期限届满前，作出一项进一步延期令，将命令有效期进一步延长不超过 6 个月,具体由进一步延期令规定。

权利的延续

(5) 根据本节或第 3 节所作命令的撤销或期满,并不影响在该命令生效期间被解雇人员在命令撤销或期满后,根据第 11 节或第 13 节提出与该命令有关的申请或凭借该命令申请领取劳动力调整福利。

追溯适用

5.(1) 在符合第(2)小节规定情况下,总督可在根据第 3 节或第 4 节所作任何命令中宣布:

(a) 命令中的产业指定具有追溯效力,并自该命令规定的其发布日期前某日适用;

(b) 本法适用于命令所指定产业中加拿大机构在根据第(a)段规定的日期或之后发生的裁员。

限制

(2) 总督不可依据第(1)(a)段规定早于 1978 年 5 月 1 日的日期。

劳动力调整审查理事会

理事会成立

6.(1) 特设立一理事会,名为"劳动力调整审查理事会",成员不超过 5 名。

成员任命和任期

(2) 理事会每一名成员应由部长任命,任期不定。

代表

(3) 理事会一名成员应在与部长认为适当的代表雇员的组织协商后任命,并应是雇员代表,另一名成员应在与部长认为适当的代表雇主的组织协商后任命,并应是雇主代表。

临时替代成员

(4) 如果理事会任何成员缺席或无法行事,部长可任命一人临时担任成员,但未经部长批准,如此任命的任何人无权担任成员超过 90 天。

同上

(5) 依据第(4)小节获委任的成员任期不定,并可行使委员会成员的所有权力及执行委员会成员的所有职责及职能。

报酬和费用

(6) 非受雇于联邦公共行政部门的理事会成员,有权就其与理事会工作有关的服务获得总督授权的报酬和费用。

主席和副主席

7.（1）部长应指定一名理事会成员为理事会主席，另一名成员为理事会副主席。

主席缺席或无能力

（2）如果理事会主席缺席或不能行事，或该职位空缺，则理事会副主席可行使主席的所有权力及执行主席的所有职责和职能。

首席执行官

（3）理事会主席是理事会首席执行官，监督和指导理事会工作和职员，并主持理事会会议。

总部

8.（1）理事会总部须设在加拿大经总督命令指定的地点。

开会

（2）理事会可在其认为适当处理其事务所需或适宜的时间和地点在加拿大举行会议。

规则

（3）理事会可就以下事项订立规则：

（a）理事会会议；

（b）处理提交理事会事宜及事务的方式；

（c）理事会权力的行使及职责和职能的履行。

职员

（4）部长可应理事会请求，为理事会提供适当开展业务所需的专业、技术、秘书、文书和其他协助。

权力和职责

9. 理事会应行使本法授予或规定的权力，履行本法赋予或规定的职责和职能，或为实现本法目标而可能附带产生的职责和职能。

劳动力调整福利权利

享受福利的权利

10. 劳动力调整福利应按本法规定支付给任何符合资格雇员。

理事会认证

认证申请

11.（1）任何被解雇的雇员可直接或通过雇主、工会或任何人向理事会提出申请,证明其有资格向委员会申请劳动力调整福利。

申请的形式和内容

(2)根据第(1)小节提出的申请,须以理事会指示的格式及方式提交,并须列明提交申请的雇员姓名及理事会要求的其他信息。

调查

(3)收到根据第(1)小节提出的申请后,理事会应进行其认为必要的调查,以决定申请中指名的雇员向委员会申请劳动力调整福利的资格,为此,理事会须确定该雇员的解雇日期。

对申请作出决定

(4)理事会在完成根据第(3)小节进行的调查后,须决定该雇员是否有资格向委员会申请劳动力调整福利,并应将其决定以书面形式通知申请人。

证明

(5)如果理事会依据第(4)小节认定雇员有资格向委员会申请劳动力调整福利,理事会须向委员会提交书面证明。

认证内容

(6)第(5)小节下的证明,须以委员会指示的形式及方式呈交,并须列明获证明雇员的姓名、其裁员生效日及委员会要求的有关该雇员解雇的其他信息。

认证要求

12.如果满足下列条件,理事会可证明根据第11节提出的申请中所列举姓名的雇员有资格向委员会申请劳动力调整福利:

(a)该雇员已被解雇;

(b)该雇员被解雇时所在加拿大机构是指定产业的一部分;

(c)第(b)段所述加拿大机构的雇员人数在任何12个月期间(含雇员的裁员生效日)因裁员而减少至少10%或50名雇员,以较少者为准;

(d)该雇员被解雇是由于第3(2)小节或第3(3)小节所指经济调整,视情况而定。

向委员会提出的申请

符合资格申请人

13.(1)根据第11节被认证的雇员可向委员会申请劳动力调整福利。

申请的形式和内容

(2)根据第(1)小节提出的申请,应以委员会指示的格式和方式提交,并须列明委员会所要求的资料。

出席

（3）就本节而言，委员会可要求申请人在适当时间及地点到场，以便亲自提出申请或提供第（2）小节所规定的信息。

调查

（4）委员会在收到根据第（1）小节提出的申请后，须进行其认为需要的调查，以决定申请人是否有资格领取劳动力调整福利。

对申请作出决定

（5）在符合第（6）小节规定的情况下，委员会在完成根据第（4）小节进行的调查后，须决定申请人是否有资格领取劳动力调整福利，并应将其决定以书面形式通知申请人。

转交社会保障法庭

（6）委员会可在收到根据第（1）小节提出的申请后 14 天内，随时将该申请或因该申请而产生的问题转交社会保障法庭总务科，以就该申请或问题作出决定。

社会保障法庭诉讼

（7）如果根据第（6）小节将一项申请或问题转交社会保障法庭总务科，该法庭必须按《就业和社会发展部法》规定的上诉程序，就该申请或问题进行诉讼。

不符合要求

（8）尽管有本法任何其他规定，不符合第（2）小节或第（3）小节要求且未能按第（9）小节豁免的申请人，只要此类不符要求的情况持续存在，就没有资格获得劳动力调整福利。

要求的免除或变更

（9）如果委员会认为在特定个案或某类或某组案例中，根据具体情况需要为申请人利益而免除或变更第（2）小节或第（3）小节的任何规定，则可作此免除或变更。

福利资格

福利资格

14.（1）在下列情况下，委员会可决定根据第 11 节认证的雇员有资格领取劳动力调整福利：

（a）该雇员是居住在加拿大的加拿大公民，或是《移民和难民保护法》第

2(1)小节意义上的永久居民;

（b）裁员生效日之前 15 年内,在相关指定产业至少工作 10 年;

（c）在裁员生效日,不小于 54 岁,但不足 65 岁;

（d）该雇员已要求并用尽《就业保险法》第一部分规定的其有权享受的解雇后所有福利;

（e）未满 65 岁;

（f）无论是否接受过培训或重新安置援助,目前无就业前景,或已接受收入低于其周平均可保收入的工作。

同上

（2）尽管有第（1）小节规定,如果委员会认为根据第 11 节认证的雇员,若非第（1）（b）段和/或第（1）（c）段所列规定,即有资格根据第（1）小节领取劳动力调整福利,如果不给予其该福利,将遭受严重经济困难,委员会可以确定该雇员有资格获得劳动力调整福利,如果:

（a）其符合第（1）（a）段、第（1）（d）段、第（1）（e）段和第（1）（f）段所规定的要求。

（b）下列两项,即:

（i）其在裁员生效日的年龄;

（ii）其在裁员生效日之前,在相关指定产业的就业年数

之和等于或超过 80 年。

（c）其在裁员生效日不足 65 岁。

同上

（3）尽管有第（1）小节规定,如果根据第 11 节认证的雇员,若非第（1）（b）段所列规定,即有资格根据第（1）小节领取劳动力调整福利,如果该雇员证明其实质上符合该小节规定,且其不符合规定仅因疾病、伤残、裁员或任何其他合理原因,则委员会可决定该雇员有资格领取劳动力调整福利。

定义

（4）本节中:

相关指定产业,指指定产业,就雇员而言,包括其被解雇时所在的加拿大机构。

就业年,指就雇员而言,其至少工作 1 000 小时获得报酬的一年。

在其他指定产业的就业

15. 如果解雇雇员的加拿大机构在雇员被解雇时是根据第 3 节普遍指定产业的一部分,则委员会在对该雇员适用第 14（1）（b）段或第 14（2）（b）段

时,应将其裁员生效日之前在所指定任何其他产业的任何雇佣期,计为在该产业的雇佣期,无论该指定在该日期是否有效。

半年度审查

16.(1)委员会应最少每 6 个月对每名符合资格雇员情况审查一次,以决定其是否继续满足第 14(1)(f)段所列规定,如果委员会认定其不符合规定,则应以书面形式将决定通知该员工。

出席

(2)就第(1)小节而言,委员会可要求符合资格雇员在适当时间及地点到场,以提供委员会进行审查所要求的信息。

不符合要求

(3)尽管有本法任何其他规定,不符合第(2)小节要求且未能按第(4)小节予以豁免的符合资格雇员,只要此类不符要求的情况持续存在,就无资格获得劳动力调整福利。

要求的免除或变更

(4)如果委员会认为,根据具体情况可为符合资格雇员免除或变更第(2)小节规定的任何出席要求,则可作此免除或变更。

决定的撤销

(5)如果委员会已依据第(1)小节将其决定通知符合资格雇员,并在此后根据该小节的审查中,认定该雇员当时符合规定,则委员会应撤销其先前决定,并将其决定以书面形式通知该雇员。

劳动力调整福利

福利的计算和支付

17.(1)如果委员会确定根据第 11 节认证的雇员有资格获得劳动力调整福利,委员会应根据本法计算每周的后付福利金额,并每两周向符合资格员工支付后付福利。

福利的开始

(2)支付给符合资格雇员的劳动力调整福利应从以下两者较晚者开始:

(a)员工被解雇后,其根据《就业保险法》第一部分享受的雇员福利用尽的下一周;

(b)其根据第 13 节向委员会申请劳动力调整福利的那一周。

附加福利

(3)如果被解雇后根据《就业保险法》第一部分享受的雇员福利用尽那

一周后,被理事会根据第11节认证为符合资格雇员,除了根据本法本应支付给该雇员的劳动力调整福利之外,劳动力调整福利从以下两者较晚者开始支付:

(a) 那一周;

(b) 其向理事会申请认证的那一周,

到其被认证的那一周。

一次性付款

(4) 尽管有第(1)小节规定,对于按该小节向符合资格雇员支付福利首两周前的一段时间应支付给该雇员的任何劳动力调整福利款,须一次性支付。

福利暂停

18.(1) 收到根据第16(1)小节决定通知的符合资格雇员,从向其发送通知的那一周,至随后根据第16(5)小节向其发送撤销该决定的通知的那一周,不可向其支付劳动力调整福利。

福利终止

(2) 符合资格雇员年满65岁的一周之后,不得向其支付劳动力调整福利。

同上

(3) 符合资格雇员死亡的那一周,劳动力调整福利应停止支付。

初始福利金额

19.(1) 支付给符合资格雇员的劳动力调整福利的初始金额为每周金额,等于其周平均可保收入的60%,该金额应四舍五入到最接近的分。或者,如果与两个分值等距,则取较大者。

工作分担协议

(2) 就本法而言,符合资格雇员在《就业保险法》第24节批准的工作分担协议下任何就业周的周可保收入,为以下两者较小者:

(a) 根据协议雇员为其雇主工作一整周的该周总收入;

(b) 根据该法确定的该周最高周可保收入。

年度调整

20.(1) 每年应对符合资格雇员的每周劳动力调整福利金额进行调整,以使该员工在裁员生效日当年之后的任何一年中每周的福利金额与如下值相等:

(a) 以下两项的乘积:

（i）根据第 19(1)小节确定的初始福利金额；

（ii）该下一年养老金指数与裁员生效日当年养老金指数的比率,四舍五入至最接近的千分位,或如果该比率与两个千分位等距,则取较大者。

（b）将第(a)段所得乘积四舍五入至最接近的分,或如果该乘积与两个分值等距,则取较大者。

养老金指数

（2）在本节中,任何一年养老金指数指根据《加拿大养老金计划》第 43 节计算的该年养老金指数。

扣减

21.（1）应从每周支付给符合资格雇员的劳动力调整福利中扣除以下金额：

（a）员工如下收入每加元扣 60 分：

（i）与该福利开始后继续或开始的任何任职或就业有关的休假工资、遣散费、薪金、工资或其他报酬,包括酬金,但不包括任何工人补偿福利或其他残疾支付；

（ii）该员工在该福利开始后继续或开始的独自或与他人经营的任何业务收入,

并根据相关条例分摊到该周。

（b）员工如下收入每加元扣 1 加元：

（i）员工因任何任职或就业而获得的雇主养老金计划下的福利；

（ii）《加拿大养老金计划》或省养老金计划下的退休金；

（iii）《就业保险法》第一部分规定的福利；

（iv）[已废除,1996 年,c. 23, s. 181]；

（v）与该福利开始前终止的任何任职或就业有关的休假工资、遣散费、薪金、工资或其他报酬,包括酬金,但不包括任何工人补偿福利或其他残疾支付；

（vi）该员工在该福利开始前终止的独自或与他人经营的任何业务收入,

并根据相关条例分摊到该周。

定义

（2）在第(1)小节中：

业务,包括各种专业、职业、贸易、制造或事业,以及贸易性质的创业或企业,但不包括任职或就业。

就业，指个人为其他人，包括女王陛下或外国服务的状况。

任职，指个人有权获得固定或可确定津贴或报酬的状况，包括由公众投票选出或以代表身份选出或任命的任何职务，也包括公司董事职位。

福利认定

22.（1）如果应予支付劳动力调整福利的符合资格雇员，在其裁员生效日后和该福利开始之前，根据或就雇主养老金计划收到其因在被解雇的加拿大机构中任职或就业而获得的一次性支付，则该支付被视为第21(1)(b)(i)小段所述福利。

收入报告

（2）获支付劳动力调整福利的符合资格雇员，须按委员会指示的格式、方式及时间，向委员会提交报告，列明其在报告所关乎的时段所收到的薪酬、收入、福利、退休金或第21(1)(a)段或第21(1)(b)段所述津贴，及委员会要求的其他信息。

不符合要求

（3）尽管有本法任何其他规定，不符合第（2）小节要求且未能按第（4）小节予以豁免的符合资格雇员，只要此类不符要求的情况持续存在，就无资格获得劳动力调整福利。

要求的免除或变更

（4）如果委员会认为在特定个案或某类或某组案例中，根据具体情况需要为符合资格雇员利益而免除或变更第（2）小节的任何规定，则可作此免除或变更。

福利不可转让

23. 劳动力调整福利不能作为担保进行转让、收费、附加、预期或给予，并且根据第22(1)小节和第26(1)小节，任何将此福利作为担保意欲进行转让、收费、附加、预期或给予的交易均无效。

管理和实施

虚假或误导性陈述

24.（1）如果理事会知悉事实，在其看来，证明任何人就根据第11节提出的申请，作出明知虚假或误导的陈述或表述，或参与或默许此类陈述或表述，理事会可撤销对申请中所列举任何雇员的认证。

意向通知

（2）理事会依据第（1）小节撤销雇员认证前，须书面通知该雇员其撤销意向。

提出书面陈述的权利

（3）依据第（2）小节收到通知的雇员，可在通知日期后 30 内，或在理事会允许的较长时间内，就其认证的拟撤销，向理事会作出书面申诉。

决定通知

（4）如果理事会依据第（1）小节撤销雇员认证，应书面通知该雇员和委员会。

限制

（5）尽管有本法任何其他规定，根据第（1）小节被撤销证明的符合资格雇员在撤销之前或之后的任何时间，均无资格根据被撤销的证明领取劳动力调整福利。

同上

（6）依据第（1）小节对认证的撤销不得超过作出虚假或误导性陈述之日后 72 个月。

不排除重新认证

（7）对依据第（1）小节被撤销认证的雇员，本节不得解释为阻止其依据第 11 节向理事会重新申请认证并获得核证。

应偿还金额的重新考虑

25.（1）在符合第（5）小节规定的情况下，委员会可在向任何人支付劳动力调整福利后 12 个月内，随时重新考虑：

（a）其根据第 13 节提出的任何申请；

（b）其在根据第 16(1)小节进行审查过程中提供的任何信息；

（c）其根据第 22(2)小节递交的任何报告。

如果委员会认定其因该项申请、信息或报告而领取了无资格领取的劳动力调整福利，或领取的福利超过应支付福利，则委员会应计算该福利或多支付金额，并将其决定书面通知此人。

应付金额的重新考虑

（2）委员会可在应向某人支付劳动力调整福利后 36 个月内，随时重新考虑：

（a）其根据第 13 节提出的任何申请；

（b）其在根据第 16(1)小节进行审查过程中提供的任何信息；

（c）其根据第 22(2)小节递交的任何报告。

如果委员会认定此人没有领取其有资格领取的劳动力调整福利，或领取的福利少于应支付福利,则委员会应计算该福利或少支付金额,并将其决定书面通知此人。

应偿还金额

(3) 如果委员会认定某人领取了无资格领取的劳动力调整福利,或领取的福利超过应支付福利,则依据第(1)小节计算的该福利或超额即为根据第26节应予以偿还的款额,而就第26(2)小节而言,该认定的通知日期即为法律责任产生日期。

应付金额

(4) 如果委员会认定某人没有领取其有资格领取的劳动力调整福利,或领取的福利少于应支付福利,则依据第(2)小节计算的该福利或差额即为应支付此人的款额。

延长时间

(5) 如果委员会认为某人就第(1)小节所述任何申请、信息或报告作出虚假或误导性陈述或表述,委员会可在向此人支付劳动力调整福利后的72个月内,随时根据该小节重新考虑该申请、信息或报告。

超额付款的责任

26.(1) 如果某人领取了无资格领取的劳动力调整福利,或领取的福利超过应支付福利,有责任偿还相当于该福利或超额支付的金额,视情况而定,该金额是欠女王陛下因其加拿大权利而产生的债务,可在联邦法院或任何其他有管辖权法院如实收回,或以《就业保险法》有关福利支付金额追回规定的任何其他方式收回。

限制

(2) 根据第(1)小节作为债务的应付款额,在该法律责任产生日期后超过72个月,不得追讨。

多付款项的退还

27. 领取了无资格领取的劳动力调整福利或领取的福利超过应支付福利者,应根据具体情况,立即向委员会返还此类福利额或超额。

理事会官员权力

28.(1) 依据第(4)小节获授权的理事会官员,如有合理理由相信任何雇员曾受雇,可在任何合理时间进入任何房屋或场所(但不包括私人住宅)或设计用作及正用作永久或临时私人住宅的任何房屋或场所的任何部分,并可进行所需的审查及询问,以决定该雇员是否有资格向委员会申请劳动力调整福利。

就业和社会发展部雇员的权力

(2) 根据第(5)小节授权的就业和社会发展部雇员,如有合理理由相信任何雇员曾受雇,可在任何合理时间进入任何房屋或场所(但不包括私人住宅)或设计用作及正用作永久或临时私人住宅的任何房屋或场所的任何部分,并可进行所需的审查及询问,以决定该雇员是否有资格获得劳动力调整福利。

信息

(3) 下列人员,即:

(a) 占用第(1)小节或第(2)小节所述房屋或场所的任何人,在该房屋或场所发现的每个人,及占用人的服务人员或代理人;

(b) 可合理认为是或曾经是员工雇主的任何人、其服务人员和代理人,及与其地产有关的破产受托人、管理人或清算人;

(c) 第(a)段或第(b)段所述任何人所雇用或为其代理的任何人。

应第(1)小节或第(2)小节所述官员口头或书面要求,立即向该官员或其指定的任何人出示该官员要求的与本法管理有关的所有文件或其他信息。

部长授权

(4) 应理事会请求,部长可书面授权理事会任何官员就授权中指定或描述的任何特定雇员行使第(1)小节授予的权力,管理或接收根据本节要求就此作出的任何誓言、郑重宣誓或法定声明,并在进入该小节所述任何房屋或场所时,如果被要求,该官员应向该房屋或场所负责人出示授权。

部长授权

(5) 应委员会请求,部长可书面授权就业和社会发展部任何雇员就授权中指定或描述的任何特定雇员行使第(2)小节授予的权力,管理或接收根据本节要求就此作出的任何誓言、郑重宣誓或法定声明,并在进入该小节提及任何房屋或场所时,如果被要求,该雇员应向该房屋或场所负责人出示授权。

专员权力

(6) 依据第(4)小节或第(5)小节获授权接收或管理任何誓言、郑重宣誓或法定声明的每名官员,均具有誓言或宣誓管理专员为此所拥有的所有权力。

《就业保险法》第 125 节和第 134 节的适用

29. (1)《就业保险法》第 125 节和第 134 节及根据具体情形所作的修改,适用于根据本法的任何起诉或其他诉讼,如同根据该法的起诉或其他诉讼一样。

《就业保险法》第 126(14) 至第 126(22) 小节的适用

(2)《就业保险法》第 126(14) 至第 126(22) 小节及根据具体情形所作的修改,适用于本法的管理和执行。

一般规定

磋商

30. 委员会可与理事会进行一般性磋商,或就本法下的任何特定申请进行磋商。

理事会的终局决定

31.(1) 理事会根据本法所作决定具有终局性和约束力,不得向任何法院提出上诉或复审,但根据《联邦法院法》向联邦法院的上诉或复审除外。

对委员会决定的上诉

(2) 任何人都可在委员会根据本法(第 14(2) 小节或第 14(3) 小节除外) 所作决定送达之日后 30 天内,或在委员会因特殊原因在任何特定案件中允许的任何延长时间内,向社会保障法庭提出上诉。

(3) [已废除,2012, c. 19, s. 275]。

决定的修正

(4) 尽管有第(1) 小节规定,理事会或委员会根据新事实的陈述,或在确信其决定是在不知道某些重要事实或基于对某些重要事实错误判断的情况下作出,可撤销或修改其根据本法作出的任何决定。

机密信息

32.(1) 理事会或委员会在根据本法履行其职责过程中获得的所有书面或口头信息都是保密的,只能提供给参与管理或执行本法的人员,不得强制理事会、委员会、部长或任何此类人员提供与此类信息相关的证据或出示包含此类信息的任何文件。

适用

(2) 第(1) 小节不适用于在任何法院进行的与本法管理和执行有关的诉讼。

法规

33. 总督可制定法规:

(a) 规定批准向无资格领取此类福利人员或领取超过应付福利人员支付劳动力调整福利的金额,并规定注销这些金额和根据第 26 节所欠金额及向此类人员的任何追讨费用；

（b）对第 21(1)(a) 段所指薪酬或收入的分配，以及第 21(1)(b) 段所指福利、退休金、津贴、薪酬或收入的分配，作出规定；

（c）用于普遍实施本法的意图和条款。

违法行为

34. 任何人

（a）就第 11 节或第 13 节下的申请、第 16(1) 小节下的审查或第 22(2) 小节下的报告，作出或参与或默许作出其明知是虚假或误导的陈述或表述；

（b）作为收款人，为其没有资格享受的劳动力调整福利转让任何支票；

（c）违反或未能遵守本法或法规的任何规定，

犯有可按简易程序定罪处罚的罪行，一经定罪，可处以不超过 500 加元的罚款或不超过 6 个月的监禁，或两者并罚。

从统一收入基金中支付

35. 劳动力调整福利应从国家财政收入基金中支付。

季度报告

36.（1）部长应在每年 3 月 31 日、6 月 30 日、9 月 30 日和 12 月 31 日之后尽快撰写关于前三个月本法执行情况的报告。其中包括一份说明，表明在这三个月中根据第 11 节和第 13 节提出申请的数量，以及领取劳动力调整福利的人数。部长应在其完成报告后，议会两院开会首个 15 天中的任何一天，将报告提交议会。

信息

（2）理事会和委员会应根据部长请求，向其提供根据第(1)小节撰写报告可能需要的有关本法执行情况的信息。

《加拿大产业复兴条例》

(SOR/81-850　October 15，1981)

简略标题

1. 本条例可引称为《加拿大产业复兴条例》。

解释

2. 本条例中：

申请，指依照本条例提出的贷款申请、保险申请或出资申请。

委员会［撤销，SOR/86-718，s. 1］。

企业，指符合资格制造商或指定企业。

出资，指根据《拨款法》投票授权的任何出资。

指定企业，指在指定社区进行制造或加工活动，或其他商业活动的人。

指定社区，指根据《地区经济发展拓展部法》第 6 节，为本条例目的而指定的区域。

符合资格制造商，指从事或即将从事符合资格制造或加工活动的制造商。

符合资格制造或加工活动，指由归类或通常归类为 1970 年《标准产业分类》(S.I.C.)第 5 类制造业中的以下任何一类的机构制造或提供商品或服务的活动：

(a) 第 3 大组，S.I.C. 1624 下的机构，橡胶鞋制造商。

(b) 第 4 大组：

(i) S.I.C. 172 下的机构，皮革制革商；

(ii) S.I.C. 174 下的机构，制鞋商；

(iii) S.I.C. 175 下的机构，主要从事生产皮革手套和连指手套。

(c) 第 5 大组，纺织业，但不包括 S.I.C.1899 下的机构，未另作规定的纺织业杂项，主要从事卫生产品的制造，且其用于制造卫生产品的纺织材料的制造仅仅是为了制造其自身的卫生产品。

(d) 第 6 大组，针织业。

　　(e) 第 7 大组,服装业。

　　(f) 第 20 大组:

　　(i) S.I.C. 3931 下的机构,体育用品制造商,其中体育、休闲或运动鞋的制造是生产的主要部分;

　　(ii) S.I.C. 3993 下的机构,主要从事生产涂层织物,包括油布、人造革和除胶布外的防水织物。

　　外部或其他企业,指在指定社区以外地方进行制造或加工活动或其他商业活动的人,或在如下区域打算并已准备进行制造或加工活动或其他商业活动的人:

　　(a) 指定社区;

　　(b) 指定社区以外的社区,人口少于 10 万人,位于加拿大就业中心地区,符合资格制造业就业人数至少占制造业就业人数的 20%、总就业人数的 5%,并受到符合资格制造或加工活动重大停工或裁员的严重影响。

　　制造商,指在加拿大从事制造或加工活动的人。

　　制造或加工活动,指任何货物、产品、商品或物品:

　　(a) 由任何原材料或其他物质或两者共同制作、制造、加工或提炼;

　　(b) 改造或重建,但不修复;

　　(c) 使任何原材料或其他物质经历显著的化学、生物化学或物理变化,包括保存或提高原材料或其他物质保质性所作的变化,但不包括因生长或腐烂而引起的变化。

　　部长,指地区产业拓展部长。

　　人,包括个人、合伙企业、社团、法人团体、受托人、执行人、管理人或法定代表人,但不包括主要从事纸浆和纸张制造的个人、合伙企业、社团、法人团体、受托人、执行人、管理人或法定代表人,纸浆和纸张制造属 1980 年《标准产业分类》制造业第 5 类第 271 组。

　　私人贷款者,指除下列以外的财务稳健可靠贷款人:

　　(a) 加拿大政府;

　　(b) 加拿大任一省政府;

　　(c) 第(a)段或第(b)段所指任何政府机构或由该政府或其任何机构有效控制的任何公司;

　　(d) 任何市政公司。

　　重组,指企业在产品、生产方法、市场或管理程序方面的运营发生重大变化,并包括与此类运营直接相关的营运资本获得或购买、建造或改造机器、设备、建筑物、土地或其他设施。

第一部分　部长

3.（1）部长应根据本条例对发放或授权的贷款、保险和出资进行管理。

（2）部长可代表女王陛下签订并执行任何实施本条例所需协议。

（3）对于根据本条例提供或授权的任何贷款、保险或出资，部长可要求提供与此类贷款、保险或出资相关的必要信息和文件，并作出与此类贷款、保险或出资相关的必要规定。

（4）只有申请人在无部长援助可能无法实施项目的情况下，部长才可根据本条例发放贷款、提供保险或给予出资。

（5）部长应尽一切必要或适当努力，促进本条例的有效实施，其根据本条例管理的任何贷款或保险应最大限度减少女王陛下因此遭受或可能遭受的任何损失，其根据本条例管理的任何出资应最大限度地为加拿大带来潜在经济收益。

第二部分　贷款

4. 根据第 7 节规定，如果部长据此授权为私人贷款者向一人提供的贷款提供保险，部长可以下列条件向该人提供贷款，金额不超过私人贷款者贷款总额的 50%：

（a）私人贷款者同意提供贷款，该贷款已由部长根据本条例规定的条款和条件授权提供保险；

（b）部长发放的贷款利率应不低于私人贷款者对受保贷款收取的利息和保险费的总和；

（c）贷款对于防止获私人贷款者贷款的项目实施出现严重延误至关重要；

（d）贷款偿还时间应为私人贷款者发放贷款的首次偿还日，或部长与申请人贷款协议中规定的日期；

（e）如果私人贷款者没有在部长确定的合理时间内支付偿还贷款的款项，部长应规定偿还贷款的日期。

5. 根据第 7 节规定，如果一人或经法律授权开展该人业务活动的受托人或接管人以前通过本条例下提供或授权的贷款或贷款保险获得过援助，为在以前所发放或保险的贷款方面保护皇家利益，部长可向该人或受托人或接管人发放贷款。

6.(1)如果一人在合格顾问协助下提交了充分的计划,此类计划由合格顾问基于可行性研究制定,目的是与一企业合并或对其收购,且提交计划的人要求贷款:

(a)购买企业的有效所有权控制权或与其活动相关的企业全部或大部分资产;

(b)实施与企业的合并或兼并,

部长可向该人发放金额不超过150万加元的贷款。

(2)尽管有第(1)小节规定,凡任何人证明其有能力进行该小节所述可行性研究和计划制定,则该可行性研究及计划制定可在无合格顾问协助的情况下进行。

贷款条件

7.只有在一人无法以合理条件从其他来源获得用于第4节或第5节所述目的的充足资金时,部长才应根据第4节或第5节发放贷款。

贷款申请

8.(1)根据本条例要求贷款的人应向部长提出申请,并提供处理申请所需信息。

(2)如果部长批准贷款申请,申请人应与女王陛下签订贷款协议。

利息

9.根据第5节或第6节发放任何贷款的利率,应由部长自该申请获其批准之日起确定,且不得低于加拿大政府向皇家公司收取的类似期限贷款利率,也不得高出该利率3%。*

贷款和还款期限

10.(1)根据本条例发放的贷款期限不超过20年,由部长确定。

(2)依据本条例提供的全部或任何部分贷款,可按照贷款协议条款在还款日期前偿还,无需给予通知、奖励或罚款。

保证

11.(1)如果根据本条例发放或授权贷款的偿还需要保证,部长应获得或持有适当保证。

(2)部长可放弃、再转让或取回其根据第(1)小节获得或持有的任何保证,以换取其他保证或修改其条款。

(3)部长可根据第(1)小节所述保证指定要求其任命的任何受托人、接

─────────

* 原文为:not higher than 3 per cent above the rate。——译者注

管人、接管经理或其他人员。

第三部分　保险

一般规定

12. 根据第 17 节规定,部长可为私人贷款者对下列的贷款提供保险:

(a) 企业要求贷款,为提高其国际贸易竞争地位而重组业务;

(b) 符合资格制造商要求贷款,从事受国际贸易竞争的产品制造;

(c) 指定企业要求贷款,从事受国际贸易竞争的制造或加工活动或其他商业活动;或

(d) 一人要求贷款,收购从事符合资格制造或加工活动,或位于指定社区的公司或公司集团,且该收购将导致制造或加工活动或其他商业活动显著增加。

13. 根据第 17 节规定,部长可为私人贷款者为企业或法律授权开展企业活动的受托人或接管人的贷款提供保险,如果:

(a) 该企业面临国际贸易竞争。

(b) 该企业面临财务困难,可能导致其大部分业务停止和大量员工被解雇。

(c) 该企业提议出售其全部或大部分资产,或持有该企业有效所有权控制权的人提议出售该控制权,且:

(i) 该企业需要贷款以继续经营,直至出售资产或出售企业有效所有权控制权,视情况而定;

(ii) 出售将在合理时间内完成;

(iii) 该出售将增加大量员工继续就业的前景。

14. (1) 根据第(3)小节规定,如果一人为下述目的要求贷款,部长可为私人贷款者对其贷款提供保险:

(a) 获得一企业有效所有权控制权;

(b) 获得一企业全部或大部分资产;

(c) 因该人收购一企业全部或大部分资产而重组其业务。

(2) 根据第(3)小节规定,如果加拿大一企业因一人获得其有效所有权控制权而需要贷款重组其业务,部长可为私人贷款者对该企业的贷款提供保险。

(3) 部长可根据第(1)小节或第(2)小节基于以下条件提供保险:

(a) 第(1)小节或第(2)小节所述需要贷款的人或企业已经同意:

（i）向私人贷款者提供或促使向其提供贷款金额 10％的适当担保；

（ii）向私人贷款者提供对所获资产或已获得有效所有权控制权的公司资产的适当担保。

（b）需要贷款的收购或重组：

（i）对于防止所收购公司的活动或因使用所收购资产导致的活动受到严重扰乱至关重要；

（ii）将导致加拿大制造或加工活动或其他商业活动的增长、效率提高或国际竞争力上升；

（iii）除非所需贷款由部长保险，否则无法继续；

（iv）除非部长和私人贷款者同意将第（1）小节所述人或第（2）小节所述企业对贷款者的负债限制在所提供贷款金额的 10％，否则无法继续。

15. 根据第 17 节规定，在加拿大从事或即将从事为参与国际贸易竞争的加拿大企业直接或间接提供服务的人向私人贷款者要求贷款，如果其贷款目的是建立、重组或改善其业务，以提高企业在国际贸易竞争中的地位，则部长可为此类贷款提供保险。

16. 根据第 17 节规定，如果一人或经法律授权开展该人活动的受托人或接管人，以前通过本条例下提供或授权的贷款或贷款保险获得过援助，为在以前所发放或保险的贷款方面保护皇家利益，部长可向该人或受托人或接管人提供贷款保险。

保险条件

17. 只有当第 12 节、第 13 节、第 15 节和第 16 节所指需要贷款的企业或人，在贷款无部长保险情况下无法以合理条件获得足够融资时，部长才应根据这些条款提供保险。

保险金额

18. 部长根据：

（a）第 12 节、第 14 节或第 15 节提供的保险，不得超过贷款金额的 90％；

（b）第 13 节或第 16 节提供的保险，不得超过贷款金额的 100％。

保险申请

19. 私人贷款者如希望部长根据本条例为贷款提供保险，应向部长提出申请，并提供处理申请所需信息。

降低保险和保险费

20.（1）部长根据本条例提供的任何保险金额可根据私人贷款者要求，

在部长同意的时间和方式下减少。

（2）私人贷款者应支付的保险费应为不时生效的保险金额的每年 1％，并应每半年向部长提前支付一次。

（3）尽管有第（2）小节的规定，对于根据第 13 节、第 14 节或第 16 节提供的保险，部长可以放弃或减少保险金额，并相应改变保险费的支付条件。

（4）如果私人贷款者发放的贷款金额以定期预付款的形式预付，部长可根据私人贷款者要求，根据本条例为此类预付款提供保险。

保险的支付

21. 凡私人贷款者要求偿还根据本条例已被保险的贷款，则应付给私人贷款者的款额不得超过以下两者较低者：

（a）该要求提出之日有效的保险金额。

（b）如果：

（i）根据第 12 节或第 15 节被保险的贷款，私人贷款者所遭受损失的 90％；

（ii）根据第 13 节或第 16 节被保险的贷款，私人贷款者所遭受损失的 100％。

22. 尽管有第 21 节的规定，如果私人贷款者要求偿还由部长根据第 14 节提供保险的贷款，应付给私人贷款者的金额不得超过以下两者较小者：

（a）该要求提出之日有效的保险金额；

（b）私人贷款者所遭受损失的 90％，不包括私人贷款者根据第 14（3）（a）（i）小段所获担保收回或可收回的任何金额。

第四部分　出资

23. 部长应根据本部分规定管理出资。

24. 部长可在以下任何方面为企业出资：

（a）聘请合格顾问提供服务的费用，以制定建议满足本条例规定的贷款或贷款保险资格或第（c）段或第（d）段规定的出资资格。

（b）聘请合格顾问鉴定新的或改进的产品，或对此类产品进行产品测试或市场测试的费用。

（c）开发和设计一种新的或改进的、技术先进的产品、工艺或服务能力，为加拿大的商业开发和利益提供良好前景，这种开发和设计在科学和技术上可行，但存在技术风险。

（d）在合格工业设计师指导工业设计活动的情况下，通过扩大企业的工业设计方案,设计新的批量生产耐用产品的项目费用。

(e) 聘请合格顾问制定市场战略或进行市场可行性研究的服务费用,以开发由部长根据本条例提供或授权贷款、贷款保险或出资的项目。

(f) 聘请合格顾问进行研究以确定项目实施计划可行性的费用,以显著提高项目生产率或效率,如果:

(i) 增强项目涉及与企业传统生产率或效率实践的重大偏离,并仅涉及现有可用技术;

(ii) 存在显著提高生产率或效率的潜力,且增强项目的效益具有明显不确定性。

(g) 聘请合格顾问的费用,以保护女王陛下在部长根据本条例所提供任何贷款、保险或出资方面的利益。

25.(1) 根据第 24 节的出资额应被认为是使企业从事该节所述任何事项所必需,同时不会对其造成重大经济困难。

(2) 尽管有第(1)小节规定,对于:

(a) 第 24 节第(a)至(f)段所述任何事项,出资不得超过企业费用的 75%;

(b) 第 24 节第(g)段所述利益不应超过企业成本的 100%。

(3) 如果部长就第 24 节第(b)段所述成本为企业出资,该企业应向女王陛下支付该段所述新的或改进产品的任何出口销售额的 5% 作为特许权使用费,但:

(a) 特许权使用费总额不得超过出资额;

(b) 向企业出资之日起 5 年后,销售无需再支付特许权使用费。

26. 尽管有第 24 节规定,部长只能在以下情况下根据该节就一项目为企业出资:

(a) 该项目及其成果的开发对企业资源而言是一重大负担;

(b) 若无部长出资,该项目无法在加拿大实施,而项目及其成果的开发为加拿大带来重大利益。

27.(1) 根据第 28.1 节规定,部长可就以下方面为指定企业出资:

(a) 指定企业聘请所需合格顾问提供服务的费用,以对指定企业的运营进行全面分析,并制定适当经营重组计划,提高其在加拿大商品和服务生产和贸易中实现高效和持续增长的能力,或适应国内外经济环境的变化,或协助实施这些计划;

(b) 营运调整或重组项目费用,以提高其促进加拿大国际竞争产品和服务的生产和贸易高效和持续增长的能力,或适应国内外经济环境变化,且若无部长出资,该项目无法进行。

(2) 依据第(1)小节的出资额不得超过:

(a) 第(1)小节第(a)段所述顾问服务费用的75%;

(b) 指定企业在指定社区内承担第(1)小节第(b)段所述项目资本成本的50%;

(c) 与第(b)段所述项目相关生产前费用的50%。

(3) 尽管有第(1)小节规定,如果指定企业确定其有能力进行全面分析并制定该小节所述重组计划,则可在无合格顾问协助情况下进行分析并制定重组计划。

28.(1) 根据第28.1节规定,部长可在以下方面为外部或其他企业出资:

(a) 聘请合格顾问提供服务以制定建议书的费用,该建议书根据第(b)段规定可获得出资;

(b) 在指定社区建立制造或加工活动或其他商业活动的项目资本成本,且若无部长出资,该项目无法在指定社区进行。

(2) 依据第(1)小节的出资额不得超过:

(a) 第(1)小节第(a)段所述顾问服务费用的75%;

(b) 外部或其他企业在指定社区内承担第(1)小节第(b)段所述项目资本成本的50%;

(c) 与第(b)段所述项目相关生产前费用的50%。

(3)和(4)[撤销,SOR/82-404,s.5]。

28.1.(1) 只有在下列情况下,部长才可根据第27节和第28节出资:

(a) 部长批准援助申请的日期在顾问服务和相关费用或资本项目和相关费用(包括生产前费用)开始之前;

(b) 部长为项目资本成本和与项目相关生产前费用提供的出资,以及加拿大政府或加拿大任何一个省政府提供或同意提供的与这些资本成本和生产前费用相关的任何出资,不超过相当于项目资本成本和与项目相关生产前费用之和50%的金额;

(c) 全额偿还部长为资本项目和与项目相关生产前费用所提供的出资是出资条件;

(d) 该项目为加拿大提供显著的净经济利益,且不会在相关部门或行业产生竞争性产能过剩;

(e) 对于调整、重组或建立业务的项目,与此类项目相关的资本成本和生产前费用之和将不少于 10 万加元。

（2）尽管有第（1）小节第（c）段的规定，如果：

（a）该段规定的出资偿还条件将导致该项目无法在指定社区进行；

（b）该项目为加拿大提供特殊利益，

部长可免除还款要求，或偿还金额少于出资全额。

29.（1）如果指定企业、符合资格制造商或外部或其他企业需要合格顾问的服务：

（a）进行可行性研究并协助制定以下方面的计划：

（i）对于外部或其他企业，其与一企业的合并或对一企业的收购；

（ii）对于符合资格制造商或指定企业，设立机构为符合资格制造商或指定企业提供采购、营销、培训或其他服务。

（b）实施第（a）段所述计划，

部长可为指定企业、符合资格制造商、外部或其他企业、人或顾问提供不超过服务成本 75% 的费用。

（2）尽管有第（1）小节规定，如果指定企业、符合资格制造商或外部或其他企业证明其有能力进行可行性研究并制定该小节所述计划，则可在无合格顾问协助的情况下进行该可行性研究和计划制定。

30.（1）如果

（a）企业提交经营重组或经营调整计划，使其能够适应国内外贸易环境的变化。

（b）企业要求部长出资：

（i）支付顾问制定计划的服务费用；

（ii）支付顾问为第（i）小段所述计划进行全面分析的服务费用；

（iii）支付顾问协助企业实施第（i）小段所述计划的服务费用；

（iv）支付实施第（a）段所述重组或调整计划的费用。

部长可向企业提供出资，金额不超过：

（c）第（b）段第（i）小段、第（ii）小段和第（iii）小段所述顾问服务费用的 75%；

（d）重组计划涉及企业经营现代化或业务调整以使企业能够适应国内外贸易环境变化，有关机械、设备或建筑物购置、建造、扩建、改造、安装或转换直接成本的 50%，且此类直接成本不少于 5 万加元。

（2）尽管有第（1）小节规定，如果企业证明其有能力进行该小节所述全面分析和制定计划，则可在无合格顾问协助的情况下进行该全面分析和计划制定。

30.1.（1）如果：

（a）一人提交建立新企业的计划。

（b）部长认为，此人需要部长出资：

（i）支付顾问服务费用，以制定计划；

（ii）支付顾问服务费用，对第（i）小段所述计划进行全面分析；

（iii）支付顾问服务费用，协助企业实施第（i）小段所述计划；

（iv）支付建立新企业的费用，

部长可向该人提供不超过以下金额的出资：

（c）第（b）段第（i）小段、第（ii）小段和第（iii）小段所述顾问服务费用的 75％；

（d）与建立新企业有关的机械、设备或建筑物的购置、建造、安装直接费用的 50％。

（2）尽管有第（1）小节规定，如果任何人证明其有能力进行该小节所述全面分析和计划制定，则可在无合格顾问协助的情况下进行该全面分析和计划制定。

31.（1）如果：

（a）企业提交在合格顾问协助下制定的计划，该计划基于合格顾问协助下进行的可行性研究，以设立一人向该企业和至少一个其他企业提供采购、营销、培训和其他服务；

（b）企业要求为实施第（a）段所述计划出资，

部长可为该人提供出资：

（c）对于其设立公司的费用，金额不超过 20 000 加元。

（d）在该人设立后最初 3 年的每一年，金额不超过以下两者较低者：

（i）各年分别为部长批准的一般和营业费用的 50％、$33\frac{1}{3}$％和 25％；

（ii）15 万加元。

（e）金额不超过机械、设备或建筑物购置、建造、扩建、改造、安装或转换直接成本的 25％，且此类直接成本不少于 5 万加元。

（2）尽管有第（1）小节规定，如果企业证明其有能力进行可行性研究和制定该小节所述计划，则可在无合格顾问协助的情况下进行该可行性研究和计划制定。

32. 如果一人需要合格顾问提供服务，对指定社区进行全面分析，为如下情况制定满意计划：

（a）指定社区的中长期产业发展。

（b）提高指定社区企业能力：

（i）以实现加拿大商品和服务生产和贸易的高效和持续增长；

（ii）以适应国内外经济环境的变化，

部长可就合格顾问的服务费用向该人提供出资，金额不超过此类费用的100%。

33. 1986 年 1 月 31 日后，部长不再接受任何申请。

图书在版编目(CIP)数据

主要国家和地区贸易调整援助法律法规/张斌编著
.—上海:上海人民出版社,2024
(上海 WTO 事务咨询中心系列丛书)
ISBN 978 - 7 - 208 - 18817 - 4

Ⅰ.①主… Ⅱ.①张… Ⅲ.①对外贸易法-法律援助
-立法-研究-中国 Ⅳ.①D922.295.4

中国国家版本馆 CIP 数据核字(2024)第 058223 号

责任编辑 王　吟
封面设计 零创意文化

上海 WTO 事务咨询中心系列丛书

主要国家和地区贸易调整援助法律法规
张　斌 编著

出　　版　上海人 ̄ ̄ ̄出版社
　　　　　　(201101　上海市闵行区号景路 159 弄 C 座)
发　　行　上海人民出版社发行中心
印　　刷　上海景条印刷有限公司
开　　本　720×1000　1/16
印　　张　24.5
插　　页　2
字　　数　404,000
版　　次　2024 年 5 月第 1 版
印　　次　2024 年 5 月第 1 次印刷
ISBN 978 - 7 - 208 - 18817 - 4/D·4289
定　　价　110.00 元